ACCESO GRATIS ***a la Lectura en la Nube + Actualizaciones***

Actualización permanente hasta por un año desde su publicación

Para visualizar el libro electrónico en la nube de lectura envíe junto a su nombre y apellidos una fotografía del código de barras situado en la contraportada del libro y otra del ticket de compra a la dirección:

ebooktirant@tirant.com

En un máximo de 72 horas laborables le enviaremos el código de acceso con sus instrucciones.

Código Sustantivo del Trabajo

Procedimiento de selección de originales, ver página web:
www.tirant.net/index.php/editorial/procedimiento-de-seleccion-de-originales

Código Sustantivo del Trabajo

5ª Edición

IVÁN CAMILO JIMÉNEZ URIBE
JULIANA MORAD ACERO
Profesores de la Universidad Javeriana

tirant lo blanch
Bogotá D.C., 2025

EDITA: TIRANT LO BLANCH
Calle 11 # 2-16 (Bogotá D.C.)
Telf.: 4660171
Email: tlb@tirant.com
Librería virtual: www.tirant.com/co/
ISBN: 979-13-7010-272-2

ÍNDICE

CÓDIGO SUSTANTIVO DEL TRABAJO

PRIMERA PARTE. DERECHO INDIVIDUAL DEL TRABAJO

ÍNDICE TEMÁTICO. CÓDIGO SUSTANTIVO DEL TRABAJO

ÍNDICE TEMÁTICO. CÓDIGO PROCESAL DEL TRABAJO Y DE LA SEGURIDAD SOCIAL

ABREVIATURAS

- Artículo: Art.
- Artículos: Arts.
- Parágrafo: Par.
- Inciso: Inc.
- Numeral: Num.
- Decreto: Dcto.
- Decreto Ley: Dcto.-Ley.
- Decretos Legislativos: Dcto.-Legislt.
- Ley: L
- Constitución Política de 1991: C.Pol
- Código Sustantivo del Trabajo: CST
- Código Procesal del Trabajo y Seguridad Social: CPTSS
- Código General del Proceso: CGP
- Código Civil: CC
- Código de Comercio: CCo
- Corte Constitucional: C. Const.
- Corte Suprema de Justicia: CSJ
- Corte Suprema de Justicia Sala Laboral / Civil / Penal: CSJ, S.L., / S.C., / S.P.
- Consejo de Estado: CE
- Sección: Secc.
- Sala Consulta y Servicio Civil: Sala Consulta S y CC.
- Consejo de Estado: CE, Secc. Primera /Segunda/Tercera/Cuarta/
- Consejo de Estado: CE, Sala Consulta S y CC.
- Concordancias: Concord.
- Sentencia: Sent.
- Magistrado Ponente: M.P.
- Radicación: Rad.
- Derogado: Derog.
- Modificado: Modif.
- Subrogado: Subrog.
- Adicionado: Adic.
- Convenio (OIT)): Conv.
- Sistema de Gestión Seguridad Salud en el Trabajo: SG-SST

- Administradoras de Riesgos Laborales: ARL
- Accidente de Trabajo: AT
- Enfermedad Laboral: EL
- Empresa de servicios Temporales: EST
- Resolución: Res. Número/año
- Ministerio del Trabajo: Min. Trabajo
- Cooperativa de trabajo Asociado: CTA
- Reglamento Interno de Trabajo: RIT
- Salarios mínimos legales mensuales vigentes: SMLMV

NOTA DE COMPILADORES

Los apartes tachados corresponden a apartes declarados inexequibles y los subrayados a aquellos que han sido declarados exequibles o condicionalmente exequibles. Vale indicar además que se asumen las siguientes notas de vigencias:

1. Derogado: perdió vigencia y deja de existir por norma posterior.
2. Subrogado: norma remplazada por otra.
3. Modificado: Una especie de subrogación que no cambia toda la norma. Se conserva estructura de norma anterior con algunos cambios.
4. Adicionado: Introduce nuevo contenido que no había antes.

CÓDIGO SUSTANTIVO DEL TRABAJO

TÍTULO PRELIMINAR
PRINCIPIOS GENERALES

ARTÍCULO 1. OBJETO

La finalidad primordial de este Código es la de lograr la justicia en las relaciones que surgen entre empleadores y trabajadores, dentro de un espíritu de coordinación económica y equilibrio social.

ARTÍCULO 2. APLICACIÓN TERRITORIAL

El presente Código rige en todo el territorio de la República para todos sus habitantes, sin consideración a su nacionalidad.

ARTÍCULO 3. RELACIONES QUE REGULA

El presente Código regula las relaciones de derecho individual del Trabajo de carácter particular, y las de derecho colectivo del Trabajo, oficiales y particulares.

Nota de vigencia: C.Const. mediante Sent. C-055/1999. M.P.: Carlos Gaviria Diaz. Declaró exequible el Artículo 3, en el entendido que:
«Considera la Corte que constitucionalmente nada impide al legislador expedir uno o varios ordenamientos en los que consagre las disposiciones que deben regir las relaciones laborales de los trabajadores tanto del sector público como del privado, siempre y cuando respete las normas del estatuto supremo y garantice los principios mínimos fundamentales contemplados en el artículo 53 ibidem, cuya finalidad protectora cubre a todos los trabajadores, cualquiera que sea el régimen al que deban sujetarse. En consecuencia, la decisión de expedir uno o varios ordenamientos de índole laboral es un asunto de técnica legislativa que compete decidir exclusivamente al Congreso de la República, dentro de la facultad que tiene de hacer las leyes y de expedir códigos en todos los ramos de la legislación».

ARTÍCULO 4. SERVIDORES PÚBLICOS

Las relaciones de derecho individual del Trabajo entre la Administración Pública y los trabajadores de ferrocarriles, empresas, obras públicas y demás servidores del Estado, no se rigen por este Código, sino por los estatutos especiales que posteriormente se dicten.

ARTÍCULO 5. DEFINICIÓN DE TRABAJO

El trabajo que regula este Código es toda actividad humana libre, ya sea material o intelectual, permanente o transitoria, que una persona natural ejecuta conscientemente al servicio de otra, y cualquiera que sea su finalidad, siempre que se efectúe en ejecución de un contrato de trabajo.

ARTÍCULO 6. TRABAJO OCASIONAL

Trabajo ocasional, accidental o transitorio, es el de corta duración y no mayor de un mes, que se refiere a labores distintas de las actividades normales del empleador.

ARTÍCULO 7. OBLIGATORIEDAD DEL TRABAJO

El trabajo es socialmente obligatorio.

ARTÍCULO 8. LIBERTAD DE TRABAJO

Nadie puede impedir el trabajo a los demás, ni que se dediquen a la profesión, industria o comercio que les plazca, siendo lícito su ejercicio, sino mediante resolución de autoridad competente encaminada a tutelar los derechos de los trabajadores o de la sociedad, en los casos que se prevean en la ley.

ARTÍCULO 9. PROTECCIÓN AL TRABAJO

El trabajo goza de la protección del Estado, en la forma prevista en la Constitución Nacional y las leyes. Los funcionarios públicos están obligados a prestar a los trabajadores una debida y oportuna protección para la garantía y eficacia de sus derechos, de acuerdo con sus atribuciones.

ARTÍCULO 10. IGUALDAD DE LOS TRABAJADORES Y LAS TRABAJADORAS

Todos los trabajadores y trabajadoras son iguales ante la ley, tienen la misma protección y garantías, en consecuencia, queda abolido cualquier tipo de distinción por razón del carácter intelectual o material de la labor, su forma o retribución, el género o sexo salvo las excepciones establecidas por la ley.

Modif. Art. 2 L. 1496/2011.

ARTÍCULO 11. DERECHO AL TRABAJO

Toda persona tiene derecho al trabajo y goza de libertad para escoger profesión u oficio, dentro de las normas prescritas por la Constitución y la Ley.

ARTÍCULO 12. DERECHOS DE ASOCIACIÓN Y HUELGA

El Estado colombiano garantiza los derechos de asociación y huelga, en los términos prescritos por la Constitución Nacional y las leyes.

ARTÍCULO 13. MÍNIMO DE DERECHOS Y GARANTÍAS

Las disposiciones de este Código contienen el mínimo de derechos y garantías consagradas en favor de los trabajadores. No produce efecto alguno cualquiera estipulación que afecte o desconozca este mínimo.

ARTÍCULO 14. CARÁCTER DE ORDEN PUBLICO. IRRENUNCIABILIDAD

Las disposiciones legales que regulan el trabajo humano son de orden público y, por consiguiente, los derechos y prerrogativas que ellas conceden son irrenunciables, salvo los casos expresamente exceptuados por la ley.

ARTÍCULO 15. VALIDEZ DE LA TRANSACCIÓN

Es válida la transacción en los asuntos del trabajo, salvo cuando se trate de derechos ciertos e indiscutibles.

ARTÍCULO 16. EFECTO

1. Las normas sobre trabajo, por ser de orden público, producen efecto general inmediato, por lo cual se aplican también a los contratos de trabajo que estén vigentes o en curso en el momento en que dichas normas empiecen a regir, pero no tienen efecto retroactivo, esto es, no afectan situaciones definidas o consumadas conforme a leyes anteriores.

2. Cuando una ley nueva establezca una prestación ya reconocida espontáneamente o por convención o fallo arbitral por el empleador, se pagará la más favorable al trabajador.

Nota de vigencia: C.Const. mediante Sent. C-177/2005. M.P: Manuel José Cepeda, declaró exequible el Num. 1 del Artículo 16, por cuanto:
«El inciso primero del artículo 16 el Código Sustantivo del Trabajo no vulnera la prohibición de menoscabo de los derechos de los trabajadores, por cuanto él prohíbe la aplicación retroactiva de la ley laboral, estos es su aplicación para las situaciones ya definidas o consumadas de acuerdo con leyes anteriores, sobre las cuales operan los derechos adquiridos».

ARTÍCULO 17. ÓRGANOS DE CONTROL

La vigilancia del cumplimiento de las disposiciones sociales está encomendada a las autoridades administrativas del Trabajo.

ARTÍCULO 18. NORMA GENERAL DE INTERPRETACIÓN

Para la interpretación de este Código debe tomarse en cuenta su finalidad, expresada en el artículo 1°.

ARTÍCULO 19. NORMAS DE APLICACIÓN SUPLETORIA

Cuando no haya norma exactamente aplicable al caso controvertido, se aplican las que regulen casos o materias semejantes, los principios que se deriven de este Código, la jurisprudencia, la costumbre o el uso, la doctrina, los Convenios y Recomendaciones adoptados por la Organización y las Conferencias Internacionales del Trabajo, en cuanto no se opongan a las leyes sociales del país, los principios del derecho común que no sean contrarios a los del Derecho del Trabajo, todo dentro de un espíritu de equidad.

Nota de vigencia: C.Const. mediante Sent. C-401/2005. M.P: Manuel José Cepeda Espinosa, condicionó la expresión "convenios" del Artículo 19 en el entendido de que: «(i) no exista convenio aplicable directamente, como fuente principal o prevalente, al caso controvertido, y (ii) el convenio que se aplique supletoriamente esté debidamente ratificado por Colombia».

ARTÍCULO 20. CONFLICTOS DE LEYES

En caso de conflicto entre las leyes del trabajo y cualesquiera otras, prefieren aquéllas.

ARTÍCULO 21. NORMAS MAS FAVORABLES

En caso de conflicto o duda sobre la aplicación de normas vigentes de trabajo, prevalece la más favorable al trabajador. La norma que se adopte debe aplicarse en su integridad.

PRIMERA PARTE
DERECHO INDIVIDUAL DEL TRABAJO

TÍTULO I
CONTRATO INDIVIDUAL DE TRABAJO

CAPÍTULO I
DEFINICIÓN Y NORMAS GENERALES

ARTÍCULO 22. DEFINICIÓN

1. Contrato de trabajo es aquél por el cual una persona natural se obliga a prestar un servicio personal a otra persona, natural o jurídica, bajo la continuada dependencia o subordinación de la segunda y mediante remuneración.

2. Quien presta el servicio se denomina trabajador, quien lo recibe y remunera, empleador, y la remuneración, cualquiera que sea su forma, salario.

Nota de vigencia: C.Const. mediante Sent. C-397/2006. M.P: Jaime Araujo Rentería, declaró exequible el Num. 1 del Artículo 22, por cuanto:

«La Corte considera que, con un criterio racional, la enajenación de la fuerza o energía de trabajo por parte del trabajador al empleador, y el consiguiente sometimiento de aquel a la autoridad de éste, en virtud de un contrato que ambos celebran en ejercicio de la autonomía de su voluntad privada y bajo el régimen de normas legales y reglamentarias que otorgan al primero una protección especial, por causa de su condición de desigualdad frente al segundo, para desarrollar actividades económicas productivas de carácter lícito y crear riqueza, y, así mismo, para obtener el trabajador los medios económicos necesarios para atender sus necesidades vitales y las de las personas cercanas a él, que contemplan las normas demandadas, no son contrarios al principio constitucional de la dignidad humana, ni a los derechos a la libertad o al libre desarrollo de la personalidad del trabajador. Por este aspecto, no es válida la afirmación del demandante en el sentido de que las disposiciones impugnadas contemplan una dependencia absoluta o ilimitada del trabajador, pues dicha condición no forma parte expresamente de su contenido, ni se puede deducir del mismo. Sobre el particular, debe recordarse que, según lo expuesto a menudo por esta corporación, las normas legales deben siempre interpretarse y aplicarse a la luz de los valores, principios y derechos constitucionales y, como se anotó en estas consideraciones, el ejercicio del poder subordinante por parte del empleador está sujeto a los límites impuestos por la dignidad del trabajador, sus derechos fundamentales y los principios mínimos fundamentales establecidos en el Art. 53 de la Constitución, a los cuales se agregan los principios y derechos contenidos en los tratados y convenios internacionales en materia laboral ratificados por el Estado colombiano que forman parte integrante del bloque de constitucionalidad, conforme a lo dispuesto en los Art. 93 y 94 ibídem y la jurisprudencia de la Corte Constitucional».

ARTÍCULO 23. ELEMENTOS ESENCIALES

1. Para que haya contrato de trabajo se requiere que concurran estos tres elementos esenciales.

a. La actividad personal del trabajador, es decir, realizada por sí mismo;

b. La continuada subordinación o dependencia del trabajador respecto del empleador, que faculta a éste para exigirle el cumplimiento de órdenes, en cualquier momento, en cuanto al modo, tiempo o cantidad de trabajo, e imponerle reglamentos, la cual debe mantenerse por todo el tiempo de duración del contrato. Todo ello sin que afecte el honor, la dignidad y los derechos mínimos del trabajador en concordancia con los tratados o convenios internacionales que sobre derechos humanos relativos a la materia obliguen al país; y

c. Un salario como retribución del servicio.

2. Una vez reunidos los tres elementos de que trata este artículo, se entiende que existe contrato de trabajo y no deja de serlo por razón del nombre que se le dé ni de otras condiciones o modalidades que se le agreguen.

NOTA: Subrog. Art. 1 L. 50/1990

Nota de vigencia: C.Const. mediante Sent. C-397/2006. M.P: Jaime Araujo Rentería, declaró exequibles los Num. 1-3, Num. 1 literal b y Num. 2-3, toda vez que:

«Tomando en cuenta lo expuesto anteriormente en estas consideraciones, la Corte considera que, con un criterio racional, la enajenación de la fuerza o energía de trabajo por parte del trabajador al empleador, y el consiguiente sometimiento de aquel a la autoridad de éste, en virtud de un contrato que ambos celebran en ejercicio de la autonomía de su voluntad privada y bajo el régimen de normas legales y reglamentarias que otorgan al primero una protección especial, por causa de su condición de desigualdad frente al segundo, para desarrollar actividades económicas productivas de carácter lícito y crear riqueza, y, así mismo, para obtener el trabajador los medios económicos necesarios para atender sus necesidades vitales y las de las personas cercanas a él, que contemplan las normas demandadas, no son contrarios al principio constitucional de la dignidad humana, ni a los derechos a la libertad o al libre desarrollo de la personalidad del trabajador».

C.Const C 386/2000. M.P: Jaime Araújo Rentería, declaró exequible la expresión mínimos bajo el entendido que:

«En consecuencia, el literal b) del artículo 23 del CST no puede entenderse como una norma aislada ni del ordenamiento jurídico superior, ni del conformado por los tratados y convenios humanos del trabajo, ni de las demás disposiciones pertenecientes al régimen legal contenido en el referido código que regulan las relaciones individuales y colectivas del trabajo, de las cuales pueden derivarse derechos para el trabajador que deben ser respetados por el empleador. Por consiguiente, sin perjuicio del respeto de los derechos mínimos mencionados, cuando el empleador ejercite los poderes propios de la subordinación laboral está obligado a acatar los derechos de los trabajadores que se encuentran reconocidos tanto en la Constitución, como en las demás fuentes formales del derecho del trabajo».

ARTÍCULO 24. PRESUNCIÓN

Modif. Art. 2° L. 50/90. Se presume que toda relación de trabajo personal está regida por un contrato de trabajo.

Nota de vigencia: C.Const. mediante Sent. C-665/1998. M.P: Hernando Herrera Vergara, declaró inexequible el Inc. 2 del Artículo 24, por cuanto:
«La Carta Política establece en cabeza de todos los trabajadores, sin discriminación alguna, una especial protección del Estado, y les garantiza el ejercicio pleno y efectivo de un trabajo en condiciones dignas y justas, así como un trato igual. Por lo tanto, cuando a un reducido sector de trabajadores que prestan sus servicios personales remunerados en forma habitual, en desarrollo de un contrato civil o comercial, y pretenden alegar la subordinación jurídica, al trasladársele la carga de la prueba de la subordinación, se produce ciertamente, dentro del criterio de la prevalencia de la realidad sobre la forma, una discriminación en relación con el resto de los trabajadores, colocando a aquellos, en una situación más desfavorable frente al empleador, no obstante que la Constitución exige para todos un trato igual. Se declarará la inexequibilidad del inciso segundo del artículo 2o. de la Ley 50 de 1990, en el entendido de que dicha norma es violatoria del derecho a la igualdad con respecto a los trabajadores que en la realidad han prestado sus servicios bajo la continuada dependencia o subordinación del empleador, y que en forma evidente han reunido los presupuestos propios de la relación de trabajo, lo que deberá ser examinado y decidido por el juez laboral en el correspondiente juicio».

ARTÍCULO 25. CONCURRENCIA DE CONTRATOS

Aunque el contrato de trabajo se presente involucrado o en concurrencia con otro, u otros, no pierde su naturaleza, y le son aplicables, por tanto, las normas de este Código.

ARTÍCULO 26. COEXISTENCIA DE CONTRATOS

Un mismo trabajador puede celebrar contratos de trabajo con dos o más empleadores, salvo que se haya pactado la exclusividad de servicios en favor de uno solo.

ARTÍCULO 27. REMUNERACIÓN DEL TRABAJO

Todo trabajo dependiente debe ser remunerado.

ARTÍCULO 28. UTILIDADES Y PERDIDAS

El trabajador puede participar de las utilidades o beneficios de su empleador, pero nunca asumir sus riesgos o pérdidas.

CAPÍTULO II
CAPACIDAD PARA CONTRATAR

ARTÍCULO 29. CAPACIDAD

Tienen capacidad para celebrar el contrato individual de trabajo, todas las personas que hayan cumplido dieciocho (18) años de edad.

ARTÍCULO 30. INCAPACIDAD

Derog. Art. 238 Dcto.-Ley 2737/1989 - Sent. C-170/2004.

NOTA: Modif. Art. 3 Dcto.-Ley. 2351/1965.

Concord. Arts 1, 2, 3, 4 Res. 1796/2018.

Concord. Art. 35 y 114 L. 1098/2006.

ARTÍCULO 31. TRABAJO SIN AUTORIZACIÓN

Si se estableciere una relación de trabajo con un menor sin sujeción a lo preceptuado en el artículo anterior, el presunto empleador estará sujeto al cumplimiento de todas las obligaciones inherentes al contrato, pero el respectivo funcionario de trabajo puede, de oficio o a petición de parte, ordenar la cesación de la relación y sancionar al empleador con multas.

Concord. Art. 237-264 y L. 1098/06.

CAPÍTULO III
REPRESENTANTES DEL EMPLEADOR Y SOLIDARIDAD

ARTÍCULO 32. REPRESENTANTES DEL EMPLEADOR

Modif. Art. 1° Dcto.-Ley. 2351/1965. Son representantes del empleador y como tales lo obligan frente a sus trabajadores además de quienes tienen ese carácter según la ley, la convención o el reglamento de trabajo, las siguientes personas:

a) Las que ejerzan funciones de dirección o administración, tales como directores, gerentes, administradores, síndicos o liquidadores, mayordomos o capitanes de barco, y quienes ejercitan actos de representación con la aquiescencia expresa o tácita del empleador;

b) Los intermediarios.

ARTÍCULO 33. SUCURSALES

Modif. Art. 2° Dcto.-Ley 2351/1965.

1. Los empleadores que tengan sucursales o agencias dependientes de su establecimiento en otros municipios distintos del domicilio principal, debe constituir públicamente en cada uno de ellos un apoderado, con la facultad de representarlos en juicios o controversias relacionados con los contratos de trabajo que se hayan ejecutado o deban ejecutarse en el respectivo municipio.

2. A falta de tal apoderado, se tendrá como hechas al empleador las notificaciones administrativas o judiciales que se hagan a quien dirija la correspondiente agencia o sucursal; y éste será solidariamente responsable cuando omita darle al patrono aviso oportuno de tales notificaciones.

ARTÍCULO 34. CONTRATISTAS INDEPENDIENTES

Modif. Art. 3° Dcto.-Ley 2351/1965.

1. Son contratistas independientes y, por tanto, verdaderos empleadores y no representantes ni intermediarios, las personas naturales o jurídicas que contraten la ejecución de una o varias obras o la prestación de servicios en beneficio de terceros, por un precio determinado, asumiendo todos los riesgos, para realizarlos con sus propios medios y con libertad y autonomía técnica y directiva. Pero el beneficiario del trabajo o dueño de la obra, a menos que se trate de labores extrañas a las actividades normales de la empresa o negocio, será solidariamente responsable con el contratista por el valor de los salarios y las prestaciones e indemnizaciones a que tengan derecho los trabajadores, solidaridad que no obsta para que el beneficiario estipule con el contratista las garantías del caso o para que repita contra él lo pagado a estos trabajadores.

2. El beneficiario del trabajo o dueño de la obra, también será solidariamente responsable, en las condiciones fijadas en el inciso anterior, de las obligaciones

de los subcontratistas frente a sus trabajadores, aún en el caso de que los contratistas no estén autorizados para contratar los servicios de subcontratistas.

Nota de vigencia: C.Const mediante Sent. C-593/2014. M.P: Jorge Ignacio Pretelt Chaljub declaró exequible la expresión «a menos que se trate de labores extrañas a las actividades normales de su empresa o negocio" del inc. 1 del Artículo 34» pues:

«En este mismo orden de ideas, el trato es proporcionado, y permite proteger y garantizar los derechos de los trabajadores sin imponer cargas excesivas a ninguno de los extremos de la relación laboral. Sobre este particular es razonable que el legislador infiera que el empleador que contrata con un tercero la prestación de un servicio propio de su giro ordinario, pueda estar encubriendo verdaderos contratos laborales, y en virtud de ello la ley lo hace responsable de forma solidaria con los pagos de los salarios y de las prestaciones sociales. Por el contrario, imponer al patrono el pago solidario de cargas laborales de cualquier tipo de contratación que realice, dificultaría el tráfico jurídico y la efectiva contratación de personal para los efectos para los que fue creado. Verbigracia, sería excesivo que una compañía de zapatos que contratara el arreglo de sus computadores o de su fachada, se hiciese responsable de los salarios y demás cargas laborales de los trabajadores de la empresa contratista.

Finalmente, no se sacrifican en forma desproporcionada los derechos de los trabajadores que desarrollan funciones ajenas a las actividades de la empresa, por cuanto el mismo artículo 34 establece que el contratista que emplea a terceros para el desarrollo de labores contratadas por un precio determinado, es un verdadero patrono y por tanto, se encuentra obligado al pago de todos sus salarios y prestaciones sociales. Es decir, dichos empleados también tienen amparadas las garantías consagradas en el artículo 53 Superior».

ARTÍCULO 35. SIMPLE INTERMEDIARIO

1. Son simples intermediarios, las personas que contraten servicios de otras para ejecutar trabajos en beneficio y por cuenta exclusiva de un empleador.

2. Se consideran como simples intermediarios, aun cuando aparezcan como empresarios independientes, las personas que agrupan o coordinan los servicios de determinados trabajadores para la ejecución de trabajos en los cuales utilicen locales, equipos, maquinarias, herramientas u otros elementos de un empleador para el beneficio de éste y en actividades ordinarias inherentes o conexas al mismo.

3. El que celebrare contrato de trabajo obrando como simple intermediario debe declarar esa calidad y manifestar el nombre del empleador. Si no lo hiciere así, responde solidariamente con el empleador de las obligaciones respectivas.

ARTÍCULO 36. RESPONSABILIDAD SOLIDARIA

Son solidariamente responsables de todas de las obligaciones que emanen del contrato de trabajo las sociedades de personas y sus miembros y éstos entre sí en relación con el objeto social y sólo hasta el límite de responsabilidad de cada socio, y los condueños o comuneros de una misma empresa entre sí, mientras permanezcan en indivisión.

CAPÍTULO IV
MODALIDADES DEL CONTRATO. FORMA, CONTENIDO, DURACIÓN, REVISIÓN, SUSPENSIÓN Y PRUEBA DEL CONTRATO

ARTÍCULO 37. FORMA

El contrato de trabajo puede ser verbal o escrito; para su validez no requiere forma especial alguna, salvo disposición expresa en contrario.

ARTÍCULO 38. CONTRATO VERBAL

Modif. Art. 1° Dcto. 617/1954. Cuando el contrato sea verbal, el empleador y el trabajador deben ponerse de acuerdo, al menos acerca de los siguientes asuntos:

1. La índole del trabajo y el sitio en donde ha de realizarse;
2. La cuantía y forma de la remuneración, ya sea por unidad de tiempo, por obra ejecutada, por tarea, a destajo u otra cualquiera, y los periodos que regulen su pago;
3. La duración del contrato.

ARTÍCULO 39. CONTRATO ESCRITO

El contrato de trabajo escrito se extiende en tantos ejemplares cuantos sean los interesados, destinándose uno para cada uno de ellos; está exento de impuestos de papel sellado y de timbre nacional y debe contener necesariamente, fuera de las cláusulas que las partes acuerden libremente, las siguientes: la identificación y domicilio de las partes; el lugar y la fecha de su celebración; el lugar en donde se haya contratado el trabajador y en donde haya de prestar el servicio; la naturaleza del trabajo; la cuantía de la remuneración, su forma y periodos de pago; la estimación de su valor, en caso de que haya suministros de habitación y alimentación como parte del salario; y la duración del contrato, su desahucio y terminación.

ARTÍCULO 40. CARNÉ

Modif. Art. 51 L. 962/2005. Las empresas podrán, a su juicio y como control de identificación del personal que le preste servicios en sus distintas modalidades, expedirles a sus trabajadores, contratistas y su personal y a los trabajadores en misión un carné en donde conste, según corresponda, el nombre del trabajador directo, con el número de cédula y el cargo. En tratándose de contratistas el de las personas autorizadas por este o del trabajador en misión, precisando en esos casos el nombre o razón social de la empresa contratista o de servicios temporal e igualmente la clase de actividad que desarrolle. El carné deberá estar firmado por persona autorizada para expedirlo.

PARÁGRAFO. La expedición del carné no requerirá aprobación por ninguna autoridad judicial o administrativa.

ARTÍCULO 41. REGISTRO DE INGRESO DE TRABAJADORES

1. Los empleadores que mantengan a su servicio cinco (5) o más trabajadores, y que no hubieren celebrado contrato escrito o no hubieren expedido el carnet, deben llevar un registro de ingreso de trabajadores, firmado por las dos partes, donde se consignarán al menos los siguientes puntos:

a) La especificación del trabajo y el sitio en donde ha de realizarse;

b) La cuantía y forma de la remuneración;

c) La duración del contrato.

2. Si durante la vigencia del contrato se modificaren alguna o algunas de las especificaciones antes dichas, estas modificaciones deben hacerse constar en registro separado con referencia a las anteriores. De estos registros debe expedirse copia a los trabajadores cuando lo soliciten. El registro de ingreso puede extenderse y firmarse en forma colectiva cuando se contratan a la vez varios trabajadores.

ARTÍCULO 42. CERTIFICACIÓN DEL CONTRATO

Cuando se ocupen menos de cinco (5) trabajadores y no se haya celebrado contrato escrito, los empleadores, a solicitud de los trabajadores, bien directamente o por conducto de las autoridades administrativas del Trabajo, deben expedir una certificación del contrato en donde hagan constar, por lo menos: nombre de los contratantes, fecha inicial de la prestación del servicio, naturaleza del contrato y su duración. Si el empleador lo exige, al pie de la certificación se hará constar la declaración de conformidad del trabajador o de sus observaciones.

Concord. Artículo 46 Dcto. 2852/2013

ARTÍCULO 43. CLÁUSULAS INEFICACES

En los contratos de trabajo no producen ningún efecto las estipulaciones o condiciones que desmejoren la situación del trabajador en relación con lo que establezcan la legislación del trabajo, los respectivos fallos arbitrales, pactos, convenciones colectivas y reglamentos de trabajo y las que sean ilícitas o ilegales por cualquier aspecto; pero a pesar de la ineficacia de esas estipulaciones, todo trabajo ejecutado en virtud de ellas, que constituya por sí mismo una actividad lícita, da derecho al trabajador para reclamar el pago de sus salarios y prestaciones legales por el tiempo que haya durado el servicio hasta que esa ineficacia se haya reconocido o declarado judicialmente.

ARTÍCULO 44. CLÁUSULA DE NO CONCURRENCIA

La estipulación por medio de la cual un trabajador se obliga a no trabajar en determinada actividad o a no prestar sus servicios a los competidores de su empleador, una vez concluido su contrato de trabajo no produce efecto alguno. ~~*Sin embargo, es válida esta estipulación hasta por un año cuando se trate de trabajadores técnicos, industriales o agrícolas, en cuyo caso debe pactarse por el periodo de abstención, una indemnización, que en ningún caso puede ser inferior a la mitad del salario.*~~

Nota de vigencia: CSJ Sala Plena mediante Sent. del 18 de julio de 1973 declaró inexequible la segunda parte del Artículo declarada inexequible —aparte tachado.

ARTÍCULO 45. DURACIÓN

El contrato de trabajo puede celebrarse por tiempo determinado, por el tiempo que dure la realización de una obra o labor determinada, por tiempo indefinido o para ejecutar un trabajo ocasional, accidental o transitorio.

Nota de vigencia: C.Const. Mediante Sent. C-016/1998. M.P: Fabio Morón Diaz declaró exequible el Artículo 45, en el entendido que:

«"Los contratos de trabajo a término fijo no son ***per se*** *inconstitucionales, siempre que de acuerdo con el principio de la autonomía de la voluntad provengan del acuerdo entre los empleadores y los trabajadores y no de la imposición del legislador". Ese acuerdo de voluntades está restringido por la normativa constitucional y por la regulación legal que rige la materia, las cuales se superponen*

a la voluntad de las partes; es así como, por ejemplo, las partes están impedidas para acordar condiciones de trabajo que vulneren o transgredan sus derechos fundamentales, y en el caso específico que se analiza, el del contrato a término fijo, las mismas están supeditadas a las disposiciones de las normas impugnadas, que establecen una serie de condiciones que rigen ese tipo de contratos; así por ejemplo, en ningún caso podrán las partes pactar un término superior a tres años, tampoco podrán prescindir de la formalidad del contrato escrito, pero sí podrán en cambio, al término de la vigencia del contrato, renovarlo indefinidamente».

ARTÍCULO 46. CONTRATO A TÉRMINO FIJO

Subrog. Art. 3° L. 50/1990. El contrato de trabajo a término fijo debe constar siempre por escrito y su duración no puede ser superior a tres años, pero es renovable indefinidamente.

1. Si antes de la fecha del vencimiento del término estipulado, ninguna de las partes avisare por escrito a la otra su determinación de no prorrogar el contrato, con una antelación no inferior a treinta (30) días, éste se entenderá renovado por un período igual al inicialmente pactado, y así sucesivamente.

2. No obstante, si el término fijo es inferior a un (1) año, únicamente podrá prorrogarse sucesivamente el contrato hasta por tres (3) períodos iguales o inferiores, al cabo de los cuales el término de renovación no podrá ser inferior a un (1) año, y así sucesivamente.

PARÁGRAFO. En los contratos a término fijo inferior a un año, los trabajadores tendrán derecho al pago de vacaciones y prima de servicios en proporción al tiempo laborado cualquiera que éste sea.

CSJ, S.L. mediante Sent. 109/1991. M.P: Simón Rodríguez Rodríguez, declaró exequible las siguientes expresiones: "y así sucesivamente" pertenecientes a los numerales 1 y 2 del Artículo 46, indicando que:

«El artículo 3° de la Ley 50 de 1990, modificatoria del artículo 16 del C.S.T. consagra en su inciso 1° el régimen del contrato de trabajo a término fijo, para lo cual impone que siempre debe constar por escrito y su duración no puede ser superior a 3 años pero es renovable indefinidamente. Es esta la regla general. Más los numerales 1 y 3 del artículo 3° contemplan las hipótesis de que las partes antes del vencimiento del contrato y con una anticipación mínima de treinta (30) días no manifiesten su deseo de no prorrogarlo, entonces se contempla el fenómeno jurídico de la tácita reconducción, consistente, en el evento del numeral 1° cuando el lapso convenido es de un año o más, en que él mismo se entenderá renovado por un periodo igual al originalmente pactado y de ahí en adelante se observará este mismo procedimiento.

El numeral 2° previene el caso de un contrato cuyo término fijo, sea inferior a un (1) año, a cuyo efecto se dispone que la prórroga sólo podrá hacerse hasta por tres (3) periodos iguales o inferiores, terminados los cuales el periodo de renovación no podrá ser menor de un (1) año, luego de lo cual y hacia el futuro se conservará esta misma modalidad de prórroga automática.

Explicado así el alcance del artículo 46 del C.S.T. no se ve cómo pueda quebrantar el artículo 17 de la C.N. 1886 (hoy art. 53 C.N. 1991), porque en ninguna situación de desprotección se coloca al trabajador. Antes por el contrario y en aras de la seguridad jurídica de él y también de su empleador se consagra la renovación automática del contrato en caso de silencio de las partes, ocurrido con una antelación de un mes a la fecha de su expiración.

Introdujo el nuevo artículo 46 algunas innovaciones al anterior en lo siguiente:

Aunque no se establece como periodo mínimo del contrato el de un año, como sí ocurría en la legislación anterior y salvo algunas excepciones, se busca en la versión del novedoso artículo 46 desalentar la contratación por plazos inferiores a ése, ya que, como se dijo, sólo se permite, si en esta íntima forma se ha pactado, una renovación automática por igual lapso no superior a 3 periodos o inferiores, luego de los cuales la renovación no podrá ser inferior a un año.

De ahí también que expresamente se ordene en el artículo 46 nuevo que en los contratos de trabajo de periodos inferiores a un año, los asalariados tendrán derecho a vacaciones y prima de servicios proporcionales».

Nota de vigencia: C.Const. mediante Sent. C-588/1995. M.P: Antonio Barrera Carbonell, declaró exequible la expresión "pero es renovable indefinidamente" que hace parte del inciso 1 del artículo 46, indicando que:

«El principio de la estabilidad en el empleo no se opone a la celebración de contratos a término definido. Las relaciones laborales no son perennes o indefinidas, pues tanto el empleador como el trabajador, en las condiciones previstas en la ley y en el contrato tienen libertad para ponerles fin. La estabilidad, por lo tanto, no se refiere a la duración infinita del contrato de trabajo, de modo que aquélla se torne en absoluta, sino que, ella sugiere la idea de continuidad, a lo que dura o se mantiene en el tiempo. Bajo este entendido, el contrato a término fijo responde a la idea de la estabilidad en el empleo. Por lo tanto, no es cierto que sólo el contrato a término indefinido confiere estabilidad en el empleo, pues el patrono siempre tiene la libertad de terminarlo, bien invocando una justa causa o sin ésta, pagando una indemnización».

«Bajo este entendido, es obvio que el contrato a término fijo responde a la idea de la estabilidad en el empleo, porque aun cuando las partes en ejercicio de la autonomía de la voluntad determinan libremente, acorde con sus intereses, las condiciones de la durabilidad de la relación de trabajo, ésta puede prolongarse indefinidamente en el tiempo, más aún cuando se da la circunstancia de que subsiste la materia del trabajo y las causas que le dieron origen al contrato. En otros términos, más que la fijación de un espacio de tiempo preciso en la duración inicial de la relación de trabajo, lo relevante es la expectativa cierta y fundada del trabajador de conservar el empleo en cuanto cumpla con sus obligaciones laborales y el interés del empleador, motivado en las necesidades de la empresa, de prolongar o mantener el contrato de trabajo. Por lo tanto, no es cierto, como lo afirma la demandante que sólo el contrato a término indefinido confiere estabilidad en el empleo, pues el patrono siempre tiene la libertad de terminarlo, bien invocando una justa causa o sin ésta, pagando una indemnización.»

Concord. Artículo 1 Dcto. 1127/1991.

ARTÍCULO 47. DURACIÓN INDEFINIDA

Modif. Art. 5° Dcto.-Ley 2351/1965; Subrog. Art. 6° L. 50/1990; Modif. Art. 28 L. 789/2002

1. El contrato de trabajo no estipulado a término fijo, o cuya duración no esté determinada por la de la obra, o la naturaleza de la labor contratada, o no se refiera a un trabajo ocasional o transitorio, será contrato a término indefinido.

2. El contrato a término indefinido tendrá vigencia mientras subsistan las causas que le dieron origen, y la materia del trabajo. Con todo, el trabajador podrá darlo por terminado mediante aviso escrito con antelación no inferior a treinta (30) días, para que el empleador lo reemplace. En caso de no dar aviso oportunamente o de cumplirlo solo parcialmente, se aplicará lo dispuesto en el ARTÍCULO 8o., numeral 7o. (Artículo 64 CST), para todo el tiempo, o para el lapso dejado de cumplir.

NOTA: Por la modificación del Artículo 64 CST, efectuada por el Artículo 28 Ley 789/2002, el preaviso al que hace referencia esta disposición quedó sin efecto.

ARTÍCULO 48. CLÁUSULA DE RESERVA

Derog. Dcto.-Ley 2351/1965

ARTÍCULO 49. PRÓRROGA

Derog. Dcto.-Ley 2351/1965

ARTÍCULO 50. REVISIÓN

Todo contrato de trabajo es revisable cuando quiera que sobrevengan imprevisibles y graves alteraciones de la normalidad económica. Cuando no haya acuerdo entre las partes acerca de la existencia de tales alteraciones, corresponde a la justicia del Trabajo decidir sobre ella y, mientras tanto, el contrato sigue en todo su vigor.

ARTÍCULO 51. SUSPENSIÓN

Subrog. Art. 4° L. 50/1990. El contrato de trabajo se suspende:

1. Por fuerza mayor o caso fortuito que temporalmente impida su ejecución.

2. Por la muerte o la inhabilitación del empleador, cuando éste sea una persona natural y cuando ello traiga como consecuencia necesaria y directa la suspensión temporal del trabajo.

3. Por suspensión de actividades o clausura temporal de la empresa, establecimiento o negocio, en todo o en parte, hasta por ciento veinte (120) días por razones técnicas o económicas u otras independientes de la voluntad del empleador,

mediante autorización previa del Ministerio de Trabajo y Seguridad Social. De la solicitud que se eleve al respecto el empleador deberá informar en forma simultánea, por escrito, a sus trabajadores.

4. Por licencia o permiso temporal concedido por el empleador al trabajador o por suspensión disciplinaria.

5. Por ser llamado el trabajador a prestar el servicio militar. En este caso el empleador está obligado a conservar el puesto del trabajador hasta por {treinta (30) días} después de terminado el servicio. Dentro de este término el trabajador puede reincorporarse a sus tareas, cuando lo considere conveniente, y el empleador está obligado a admitirlo tan pronto como éste gestione su reincorporación.

6. Por detención preventiva del trabajador o por arresto correccional que no exceda de ocho (8) días por cuya causa no justifique la extinción del contrato.

7. Por huelga declarada en la forma prevista en la Ley.

Nota de vigencia: C.Const. mediante Sent. C-1369/2000. M.P: Antonio Barrera Carbonell declaró condicionalmente exequible el num. 7 del art. 51 «bajo el entendido de que la huelga suspende los contratos de trabajo por el tiempo que dure y, en consecuencia, el empleador no tiene la obligación de pagar salarios y demás derechos laborales durante este lapso. Pero habrá lugar al pago de salarios y prestaciones cuando ésta sea imputable al empleador, por desconocer derechos laborales legales o convencionales, jurídicamente exigibles. Y que en todo caso, le sea o no imputable la huelga deberá el empleador garantizar el derecho irrenunciable a la seguridad social de los trabajadores que participaron en el cese de actividades mediante el pago de los correspondientes aportes para salud y pensiones».

Nota de vigencia: C. Const. mediante Sentencia C-993/2000 M.P. Antonio Barrera Carbonell declaró exequible el numeral 7o atendiendo lo siguiente: «bajo el entendido de que las consecuencias de la suspensión del contrato de trabajo durante la huelga sólo se predican cuando ésta sea imputable al empleador, por desconocer derechos laborales, legales o convencionales jurídicamente exigibles, y que éste debe, en todo caso, esto es, le sea o no imputable la huelga, garantizar el derecho irrenunciable a la seguridad social de los trabajadores que participaron en el cese de actividades, mediante el pago de los correspondientes aportes para salud y pensiones. Bajo cualquier otro entendimiento la referida disposición es INEXEQUIBLE»

ARTÍCULO 52. REANUDACIÓN DEL TRABAJO

Desaparecidas las causas de la suspensión temporal del trabajo, el empleador debe avisar a los trabajadores, en los casos de que tratan los tres (3) primeros ordinales del artículo anterior, la fecha de la reanudación del trabajo, mediante notificación personal o avisos publicados no menos de dos veces en un periódico de la localidad, y debe admitir a sus ocupaciones anteriores a todos los trabajadores que se presenten dentro de los tres (3) días siguientes a la notificación o aviso.

ARTÍCULO 53. EFECTOS DE LA SUSPENSIÓN

Durante el período de las suspensiones contempladas en el artículo 51 se interrumpe para el trabajador la obligación de prestar el servicio prometido, y para el empleador la de pagar los salarios de esos lapsos, pero durante la suspensión corren a cargo del empleador, además de las obligaciones ya surgidas con anterioridad, las que le correspondan por muerte o por enfermedad de los trabajadores. Estos períodos de suspensión pueden descontarse por el empleador al liquidar vacaciones, cesantías y jubilaciones.

Nota de vigencia: C.Const. mediante Sent. C-1369/2000. M.P: Antonio Barrera Carbonell declaró condicionalmente exequible el num. 7 del Artículo 51 «bajo el entendido de que la huelga suspende los contratos de trabajo por el tiempo que dure y, en consecuencia, el empleador no tiene la obligación de pagar salarios y demás derechos laborales durante este lapso. Pero habrá lugar al pago de salarios y prestaciones cuando ésta sea imputable al empleador, por desconocer derechos laborales legales o convencionales, jurídicamente exigibles. Y que en todo caso, le sea o no imputable la huelga deberá el empleador garantizar el derecho irrenunciable a la seguridad social de los trabajadores que participaron en el cese de actividades mediante el pago de los correspondientes aportes para salud y pensiones».

ARTÍCULO 54. PRUEBA DEL CONTRATO

La existencia y condiciones del contrato pueden acreditarse por los medios probatorios ordinarios.

Normas Concordantes: Art. 51 del Código Procesal del Trabajo y la Seguridad Social y Artículo 165 del Código General del Proceso.

CAPÍTULO V
EJECUCIÓN Y EFECTO DEL CONTRATO

ARTÍCULO 55. EJECUCIÓN DE BUENA FE

El contrato de trabajo, como todos los contratos, deben ejecutarse de buena fe y, por consiguiente, obliga no sólo a lo que en él se expresa sino a todas las cosas que emanan precisamente de la naturaleza de la relación jurídica o que por la ley pertenecen a ella.

ARTÍCULO 56. OBLIGACIONES DE LAS PARTES EN GENERAL

De modo general, incumben al empleador obligaciones de protección y de seguridad para con los trabajadores, y a éstos obligaciones de obediencia y fidelidad para con el empleador.

ARTÍCULO 57. OBLIGACIONES ESPECIALES DEL EMPLEADOR

Son obligaciones especiales del empleador:

1. Poner a disposición de los trabajadores, salvo estipulación en contrario, los instrumentos adecuados y las materias primas necesarias para la realización de las labores.

2. Procurar a los trabajadores locales apropiados y elementos adecuados de protección contra los accidentes y enfermedades profesionales en forma que se garanticen razonablemente la seguridad y la salud.

3. Prestar inmediatamente los primeros auxilios en caso de accidente o de enfermedad. A este efecto en todo establecimiento, taller o fábrica que ocupe habitualmente más de diez (10) trabajadores, deberá mantenerse lo necesario, según reglamentación de las autoridades sanitarias.

4. Pagar la remuneración pactada en las condiciones, períodos y lugares convenidos.

5. Guardar absoluto respeto a la dignidad personal del trabajador, a sus creencias y sentimientos.

6. Conceder al trabajador las licencias necesarias para el ejercicio del sufragio; para el desempeño de cargos oficiales transitorios de forzosa aceptación; en caso de grave calamidad doméstica debidamente comprobada; para desempeñar comisiones sindicales inherentes a la organización o para asistir al entierro de sus compañeros, siempre que avise con la debida oportunidad al empleador o a su representante y que, en los dos (2) últimos casos, el número de los que se ausenten no sea tal que perjudique el funcionamiento de la empresa. En el reglamento de trabajo se señalarán las condiciones para las licencias antedichas. ~~*Salvo convención en contrario, el tiempo empleado en estas licencias puede descontarse al trabajador o compensarse con tiempo igual de trabajo efectivo en horas distintas de su jornada ordinaria, a opción del empleador.*~~

7. Dar al trabajador que lo solicite, a la expiración de contrato, una certificación en que consten el tiempo de servicio, la índole de la labor y el salario devengado; e igualmente, si el trabajador lo solicita, hacerle practicar examen sanitario y darle certificación sobre el particular, si al ingreso o durante la permanencia en el trabajo hubiere sido sometido a examen médico. Se considera que el

trabajador, por su culpa, elude, dificulta o dilata el examen, cuando transcurrido cinco (5) días a partir de su retiro no se presenta donde el médico respectivo para la práctica del examen, a pesar de haber recibido la orden correspondiente.

8. Pagar al trabajador los gastos razonables de venida y de regreso, si para prestar sus servicios lo hizo cambiar de residencia, salvo si la terminación del contrato se origina por culpa o voluntad del trabajador. Si el trabajador prefiere radicarse en otro lugar, el empleador le debe costear su traslado hasta la concurrencia de los gastos que demandaría su regreso al lugar donde residía anteriormente. En los gastos de traslado del trabajador, se entienden comprendidos los de los familiares que con el convivieren; y

9. Cumplir el reglamento y mantener el orden, la moralidad y el respeto a las leyes.

10. Conceder al trabajador en caso de fallecimiento de su cónyuge, compañero o compañera permanente o de un familiar hasta el grado segundo de consanguinidad, primero de afinidad y primero civil, una licencia remunerada por luto de cinco (5) días hábiles, cualquiera sea su modalidad de contratación o de vinculación laboral. La grave calamidad doméstica no incluye la Licencia por Luto que trata este numeral.

Este hecho deberá demostrarse mediante documento expedido por la autoridad competente, dentro de los treinta (30) días siguientes a su ocurrencia.

PARÁGRAFO. Las EPS tendrán la obligación de prestar la asesoría psicológica a la familia.

11. Adic. Art. 3° L. 1468/2011. Conceder en forma oportuna a la trabajadora en estado de embarazo, la licencia remunerada consagrada en el numeral 1 del artículo 236, de forma tal que empiece a disfrutarla de manera obligatoria una (1) semana antes o dos (2) semanas antes de la fecha probable del parto, según decisión de la futura madre conforme al certificado médico a que se refiere el numeral 3 del citado artículo 236.

12. Adic. Art. 4° L. 2174/2021. Conceder la licencia de 10 días hábiles para el cuidado de la niñez, al padre, madre o quien detente la custodia y cuidado personal de los menores de edad que padezcan una enfermedad terminal o cuadro clínico severo derivado de un accidente grave y requieran un cuidado permanente; o requiera cuidados paliativos para el control del dolor y otros síntomas.

Num. 10 Adic. Art. 1° L. 1280/2009.

Num. 11 Adic. Art. 3° L. 1468/2011

Num. 11 Adic. Art. 4° L. 2174/2021

Notas de vigencia: C.Const. mediante Sent. C-930/2009. M.P: Jorge Ignacio Pretelt Chaljub declaró exequible condicionadamente el Num. 6 del art. 57 "a que se entienda que para el caso de la licencia por grave calamidad doméstica debidamente comprobada, habrá un lapso razonable de permiso remunerado cada mes; y para las licencias obligatorias que se conceden al trabajador para el desempeño de cargos oficiales transitorios de forzosa aceptación, distintos de jurado electoral, clavero o escrutador; las licencias obligatorias para que los trabajadores del sector privado desempeñen comisiones sindicales inherentes a la organización; y las licencias obligatorias para que los trabajadores asistan al entierro de sus compañeros, el tiempo empleado no podrá descontarse del salario del trabajador ni obligarse a compensar con tiempo igual de trabajo efectivo en horas distintas de su jornada ordinaria", y aparte tachado inexequible.

C.Const. mediante Sent. C-930/2009. M.P: Jorge Ignacio Pretelt Chaljub declaró inexequible aparte tachado toda vez que:
«La Corte analizará en primer lugar el supuesto regulado por la norma acusada, en el que la licencia obligatoria se concede por desempeño de cargos oficiales transitorios de forzosa aceptación distintos de jurado electoral, clavero o escrutador. Se trata de uno de aquellos eventos en los cuales la suspensión del trabajo no obedece a causas imputables al trabajador ni tampoco al empleador, sino al legislador. Conforme a la disposición acusada, no mediando "convención en contrario", el empleador puede descontar del salario del empleado el tiempo empleado en atender estas licencias, u obligarlo a compensarlo con tiempo igual de trabajo efectivo en horas distintas de su jornada ordinaria, a su elección. De esta manera, la norma permite que la carga de estos empleos oficiales de forzosa aceptación recaiga en el trabajador, que debe asumirla o bien económicamente con el descuento sobre su salario, o bien en trabajo personal con afectación de su derecho al descanso.
«A juicio de la Corte, la anterior prescripción legal no resulta conforme a la Constitución, pues el legislador, teniendo la opción de hacer recaer esta carga en la parte fuerte de la relación laboral, prefirió asignársela a la parte débil, sin tener en cuenta que para el trabajador el salario y el descanso son derechos fundamentales irrenunciables, al estar en directa relación con otros derechos constitucionales como la vida digna, por ejemplo; al paso que para el empleador la prestación efectiva del servicio es un derecho, pero no de rango fundamental. Adicionalmente, el principio de favorabilidad que obliga a interpretar las fuentes formales del derecho —entre ellas la Constitución— en la forma que más conviene al trabajador, ha debido orientar el desarrollo legislativo de la Carta en el sentido de privilegiar la posición del trabajador frente a la del empleador, a la hora de determinar a cuál de los dos correspondería asumir la carga económica o personal de las licencias para desempeñar cargos oficiales transitorios de forzosa aceptación».

C.Const. mediante Sent. C-892/2012. M.P: Luis Ernesto Vargas Silva declaró exequible condicionadamente el num. 10 del art. 57 "en el entendido que también incluye a los parientes del trabajador en el segundo grado civil".

ARTÍCULO 58. OBLIGACIONES ESPECIALES DEL TRABAJADOR

Son obligaciones especiales del trabajador:

1. Realizar personalmente la labor, en los términos estipulados; observar los preceptos del reglamento y acatar y cumplir las órdenes e instrucciones que de modo particular la impartan el empleador o sus representantes, según el orden jerárquico establecido.

2. No comunicar con terceros, salvo la autorización expresa, las informaciones que tenga sobre su trabajo, especialmente sobre las cosas que sean de naturaleza

reservada o cuya divulgación pueda ocasionar perjuicios al empleador, lo que no obsta para denunciar delitos comunes o violaciones del contrato o de las normas legales del trabajo ante las autoridades competentes.

3. Conservar y restituir un buen estado, salvo el deterioro natural, los instrumentos y útiles que le hayan sido facilitados y las materias primas sobrantes.

4. Guardar rigurosamente la moral en las relaciones con sus superiores y compañeros.

5. Comunicar oportunamente al empleador las observaciones que estime conducentes a evitarle daños y perjuicios.

6. Prestar la colaboración posible en casos de siniestro o de riesgo inminente que afecten o amenacen las personas o cosas de la empresa o establecimiento.

7. Observar con suma diligencia y cuidado las instrucciones y órdenes preventivas de accidentes o de enfermedades profesionales.

8. Adic. Art. 4° L. 1468/2011. La trabajadora en estado de embarazo debe empezar a disfrutar la licencia remunerada consagrada en el numeral 1 del artículo 236, al menos una semana antes de la fecha probable del parto.

Num. 8° Adic. Art. 4° L. 1468/2011.

ARTÍCULO 59. PROHIBICIONES A LOS EMPLEADORES

Modificado por el art. 4° Dcto. 2663/1050 Se prohíbe a los empleadores:

1. Deducir, retener o compensar suma alguna del monto de los salarios y prestaciones en dinero que corresponda a los trabajadores, sin autorización previa escrita de éstos para cada caso, o sin mandamiento judicial, con excepción de los siguientes:

a) Respeto de salarios, pueden hacerse deducciones, retenciones o compensaciones en los casos autorizados por los artículos 113, 150, 151, 152 y 400.

b) Las cooperativas pueden ordenar retenciones hasta de un cincuenta por ciento (50%) de salarios y prestaciones, para cubrir sus créditos, en la forma y en los casos en que la ley las autorice.

c) Num. 1-C inexequible Sent. C-247/2001. M.P: Carlos Gaviria Diaz.

2. Obligar en cualquier forma a los trabajadores a comprar mercancías o víveres en almacenes o proveedurías que establezca el empleador.

3. Exigir o aceptar dinero del trabajador como gratificación para que se le admita en el trabajo o por otro motivo cualquiera que se refiera a las condiciones de éste.

4. Limitar o presionar en cualquier forma a los trabajadores en el ejercicio de su derecho de asociación.

5. Imponer a los trabajadores obligaciones de carácter religioso o político, o dificultarles o impedirles el ejercicio del derecho del sufragio.

6. Hacer, autorizar, o tolerar propaganda política en los sitios de trabajo.

7. Hacer o permitir todo género de rifas, colectas o suscripciones en los mismos sitios.

8. Emplear en las certificaciones de que trata el ordinal 7o. del artículo 57 signos convencionales que tiendan a perjudicar a los interesados, o adoptar el sistema de "lista negra", cualquiera que sea la modalidad que utilicen, para que no se ocupe en otras empresas a los trabajadores que se separen o sean separados del servicio.

9. Ejecutar o autorizar cualquier acto que vulnere o restrinja los derechos de los trabajadores o que ofenda su dignidad.

ARTÍCULO 60. PROHIBICIONES A LOS TRABAJADORES

Se prohíbe a los trabajadores:

1. Sustraer de la fábrica, taller o establecimiento, los útiles de trabajo y las materias primas o productos elaborados. Sin permiso del empleador.

2. Presentarse al trabajo en estado de embriaguez o bajo la influencia de narcóticos o drogas enervantes.

3. Conservar armas de cualquier clase en el sitio del trabajo, a excepción de las que con autorización legal puedan llevar los celadores (D. 2478/48).

4. Faltar al trabajo sin justa causa de impedimento o sin permiso del empleador, excepto en los casos de huelga, en los cuales deben abandonar el lugar del trabajo.

5. Disminuir intencionalmente el ritmo de ejecución del trabajo, suspender labores, promover suspensiones intempestivas del trabajo o excitar a su declaración o mantenimiento, sea que participe o no en ellas.

6. Hacer colectas, rifas y suscripciones o cualquier clase de propaganda en los lugares de trabajo.

7. Coartar la libertad para trabajar o no trabajar, o para afiliarse o no a un sindicato o permanecer en él o retirarse.

8. Usar los útiles o herramientas suministradas por el empleador en objetos distintos del trabajo contratado.

Nota de vigencia: C.Const. mediante Sent. C-636/2016. M.P: Alejandro Linares Cantillo. declaró exequible condicionadamente el Num. 2 del Artículo. 60 "en el entendido que la prohibición allí contemplada solo se configura cuando el consumo de alcohol, narcóticos o cualquier otra droga enervante afecte de manera directa el desempeño laboral del trabajador".

CAPÍTULO VI
TERMINACIÓN DEL CONTRATO DE TRABAJO

ARTÍCULO 61. TERMINACIÓN DEL CONTRATO

Subrog. Art. 5 L. 50/1990.

1. El contrato de trabajo termina:

a) Por muerte del trabajador;

b) Por mutuo consentimiento;

c) Por expiración del plazo fijo pactado;

d) Por terminación de la obra o labor contratada;

e) Por liquidación o clausura definitiva de la empresa o establecimiento;

f) Por suspensión de actividades por parte del empleador durante más de ciento veinte (120) días;

g) Por sentencia ejecutoriada;

h) Por decisión unilateral en los casos de los artículos 7o., del Decreto-ley 2351 de 1965, y 6o. de esta ley;

i) Por no regresar el trabajador a su empleo, al desaparecer las causas de la suspensión del contrato.

2. En los casos contemplados en los literales e) y f) de este artículo, el empleador deberá solicitar el correspondiente permiso al Ministerio de Trabajo y Seguridad Social e informar por escrito a sus trabajadores de este hecho. El Ministerio de Trabajo y Seguridad Social resolverá lo relacionado con el permiso en un plazo de dos (2) meses. El cumplimiento injustificado de este término hará incurrir al funcionario responsable en causal de mala conducta sancionable con arreglo al régimen disciplinario vigente.

Notas de vigencia: C.Const mediante Sent. C-016/1998. M.P: Fabio Morón Diaz, declaró exequible el Literal C del Artículo. 61, por cuanto: «La renovación sucesiva del contrato a término fijo, no riñe con los mandatos de la Constitución, ella permite la realización del principio de estabilidad laboral, pues siempre que al momento de la expiración del plazo inicialmente pactado, subsistan la materia de trabajo y las causas que lo originaron y el trabajador haya cumplido efectivamente sus obligaciones, a éste se le deberá garantizar su renovación».

C.Const. mediante Sent. C-1507/2000. M.P: José Gregorio Hernández Galindo, declaró exequible condicionadamente el Literal H del Artículo 61 sólo en los términos de esta sentencia, por cuanto:

«Ahora bien, las normas bajo estudio simplemente prevén la posibilidad de que el contrato de trabajo se dé por terminado sin justa causa por parte del patrono, y contemplan las consecuencias patrimoniales de dicho evento, esto es, la indemnización de los perjuicios ocasionados a la otra parte contratante, en este caso, el trabajador. Estima la Corte que esta previsión legal en forma alguna comporta violación de los preceptos constitucionales invocados por el demandante y que, por el contrario, supone un desarrollo adecuado de los postulados del Estado Social de Derecho,

en tanto que el legislador ha establecido en cabeza del patrono una responsabilidad pecuniaria, que debe ser acorde al perjuicio sufrido por el trabajador, cuando opta por terminar la relación contractual sin que medie justa causa. Allí la protección legal para el empleado no se expresa normalmente con el reintegro del despido sino mediante la indemnización por el daño que se le ocasiona, lo cual no se opone a los principios fundamentales».

ARTÍCULO 62. TERMINACIÓN DEL CONTRATO POR JUSTA CAUSA

Subrog. Art. 7 Dcto.-Ley 2351/1965. Son justas causas para dar por terminado unilateralmente el contrato de trabajo:

A) Por parte del empleador:

1. El haber sufrido engaño por parte del trabajador, mediante la presentación de certificados falsos para su admisión o tendientes a obtener un provecho indebido.

2. Todo acto de violencia, injuria, malos tratamientos o grave indisciplina en que incurra el trabajador en sus labores, contra el empleador, los miembros de su familia, el personal directivo o los compañeros de trabajo.

3. Todo acto grave de violencia, injuria o malos tratamientos en que incurra el trabajador fuera del servicio, en contra del empleador, de los miembros de su familia o de sus representantes y socios, jefes de taller, vigilantes o celadores.

4. Todo daño material causado intencionalmente a los edificios, obras, maquinarias y materias primas, instrumentos y demás objetos relacionados con el trabajo, y toda grave negligencia que ponga en peligro la seguridad de las personas o de las cosas.

5. Todo acto inmoral o delictuoso que el trabajador cometa en el taller, establecimiento o lugar de trabajo o en el desempeño de sus labores.

6. Cualquier violación grave de las obligaciones o prohibiciones especiales que incumben al trabajador de acuerdo con los artículos 58 y 60 del Código Sustantivo del Trabajo, o cualquier falta grave calificada como tal en pactos o convenciones colectivas, fallos arbitrales, contratos individuales o reglamentos.

7. La detención preventiva del trabajador por más de treinta (30) días, a menos que posteriormente sea absuelto; o el arresto correccional que exceda de ocho (8) días, o aun por tiempo menor, cuando la causa de la sanción sea suficiente por sí misma para justificar la extinción del contrato.

8. El que el trabajador revele los secretos técnicos o comerciales o dé a conocer asuntos de carácter reservado, con perjuicio de la empresa.

9. El deficiente rendimiento en el trabajo en relación con la capacidad del trabajador y con el rendimiento promedio en labores análogas, cuando no se corrija en un plazo razonable a pesar del requerimiento del empleador.

10. La sistemática inejecución, sin razones válidas, por parte del trabajador, de las obligaciones convencionales o legales.

11. Todo vicio del trabajador que perturbe la disciplina del establecimiento.

12. La renuencia sistemática del trabajador a aceptar las medidas preventivas, profilácticas o curativas, prescritas por el médico del empleador o por las autoridades para evitar enfermedades o accidentes.

13. La ineptitud del trabajador para realizar la labor encomendada.

14. El reconocimiento al trabajador de la pensión de la jubilación o invalidez estando al servicio de la empresa.

15. La enfermedad contagiosa o crónica del trabajador, que no tenga carácter de profesional, así como cualquiera otra enfermedad o lesión que lo incapacite para el trabajo, cuya curación no haya sido posible durante ciento ochenta (180) días. El despido por esta causa no podrá efectuarse sino al vencimiento de dicho lapso y no exime al empleador de las prestaciones e indemnizaciones legales y convencionales derivadas de la enfermedad.

En los casos de los numerales 9 a 15 de este artículo, para la terminación del contrato, el empleador deberá dar aviso al trabajador con anticipación no menor de quince (15) días.

B) Por parte del trabajador:

1. El haber sufrido engaño por parte del empleador, respecto de las condiciones de trabajo.

2. Todo acto de violencia, malos tratamientos o amenazas graves inferidas por el empleador contra el trabajador o los miembros de su familia, dentro o fuera del servicio, o inferidas dentro del servicio por los parientes, representantes o dependientes del empleador con el consentimiento o la tolerancia de éste.

3. Cualquier acto del empleador o de sus representantes que induzca al trabajador a cometer un acto ilícito o contrario a sus convicciones políticas o religiosas.

4. Todas las circunstancias que el trabajador no pueda prever al celebrar el contrato, y que pongan en peligro su seguridad o su salud, y que el empleador no se allane a modificar.

5. Todo perjuicio causado maliciosamente por el empleador al trabajador en la prestación del servicio.

6. El incumplimiento sistemático sin razones válidas por parte del empleador, de sus obligaciones convencionales o legales.

7. La exigencia del empleador, sin razones válidas, de la prestación de un servicio distinto, o en lugares diversos de aquél para el cual se le contrató, y

8. Cualquier violación grave de las obligaciones o prohibiciones que incumben al empleador, de acuerdo con los artículos 57 y 59 del Código Sustantivo

del Trabajo, o cualquier falta grave calificada como tal en pactos o convenciones colectivas, fallos arbitrales, contratos individuales o reglamentos.

PARÁGRAFO. La parte que termina unilateralmente el contrato de trabajo debe manifestar a la otra, en el momento de la extinción, la causal o motivo de esa determinación. Posteriormente no pueden alegarse válidamente causales o motivos distintos.

Notas de vigencia:
C.Const. mediante Sent. C-299/1998. M.P: Carlos Gaviria Diaz. declaró exequible condicionadamente el Literal A Num. 3 del Artículo. 62 «bajo el entendido de que para aplicar esta causal es requisito indispensable que se oiga previamente al trabajador en ejercicio del derecho de defensa»

C.Const. mediante Sent. C-931/2014. M.P: Jorge Ignacio Pretelt Chaljub. declaró exequible el Literal A Num. 5 del Artículo 62, por cuanto:
«La facultad de terminar el contrato de trabajo por justa causa con base en el acto "inmoral" debe enmarcarse en lo dispuesto en la ley. Para el caso, deben aplicarse criterios como los señalados en la jurisprudencia ya citada sobre la aplicación de conceptos indeterminados, en el sentido de que: (i) dicho concepto debe entenderse como moral social y debe producir una desaprobación objetiva de acuerdo con los parámetros axiológicos aceptados por la sociedad, lo que excluye un reproche subjetivo crítico o intolerante; y (ii) la realización del acto considerado `inmoral` debe darse en el lugar de trabajo o en ejecución de las labores, y afectar el normal desarrollo de las funciones de la empresa. Es decir, dicho acto debe trascender la esfera privada y del interés particular a un ámbito laboral, por afectar derechos de terceros, y la convivencia digna y respetuosa que debe guiar las relaciones de trabajo, de conformidad con lo dispuesto en la Constitución y la ley».

C.Const. mediante C-1443/2000. M.P: Alfredo Beltrán Sierra. declaró exequible condicionadamente el Literal A Num. 14 del art. 62 «siempre y cuando además de la notificación del reconocimiento de la pensión no se pueda dar por terminada la relación laboral sin que se le notifique debidamente su inclusión en la nómina de pensionados correspondiente».

C.Const. mediante Sent. C-079/96. M.P: Hernando Herrera Vergara. se declaró inhibida para pronunciarse sobre el aparte subrayado por cuanto: «el arresto correccional, fue eliminado al expedirse el Decreto 522 de 1971. En consecuencia, la alusión que del mismo hace la causal 7 carece de aplicabilidad en el momento».

C.Const, mediante Sent. C 1443/00 M.P: Alfredo Beltrán Sierra declaró la parte subrayada del numeral 14 condicionalmente exequible por cuanto: «Declarar EXEQUIBLE la expresión demandada del numeral 14 del artículo 7 del Decreto 2351 de 1965, bajo la condición señalada en esta sentencia. Es decir, que el empleador cuando el trabajador haya cumplido los requisitos para obtener su pensión, no puede dar por terminado el contrato de trabajo, en forma unilateral, por justa causa, si previamente al reconocimiento de la pensión de jubilación, omitió consultar al trabajador si deseaba hacer uso de la facultad prevista en el artículo 33, parágrafo 3, de la Ley 100 de 1993. Bajo cualquier otra interpretación, se declara inexequible».

C.Const. mediante Sent. C 200/19 M.P: Gloria Stella Ortiz Delgado se declara condicionalmente exequible el numeral 15 solamente por el cargo analizado, bajo el entendido que: «carece de todo efecto jurídico el despido o la terminación del contrato de trabajo de una persona por razón de su situación de salud cuando no exista autorización previa del inspector de trabajo. Además de la ineficacia descrita previamente, quienes fueren despedidos o su contrato terminado por razón de su situación de salud, sin la autorización del inspector de trabajo, tendrán derecho a una indemnización equivalente a ciento ochenta días del salario, sin perjuicio de las demás prestaciones e indemnizaciones a que haya lugar de acuerdo con el Código Sustantivo del Trabajo y demás normas que lo modifiquen, adicionen, complementen o aclaren, en los términos de la parte motiva de esta providencia».

C.Const. mediante Sent. C-542/1997. M.P: Hernando Herrera Vergara y por Sent. C-594/1997 M.P: Alejandro Martínez Caballero, declaró exequible el Parágrafo del Artículo. 62, por cuanto: «Se entiende que cuando el parágrafo señala que la parte debe indicar la causal o motivo que fundamenta la decisión de terminar unilateralmente el contrato, no basta con invocar genéricamente una de las causales previstas por la ley laboral para tal efecto sino que es necesario precisar los hechos específicos que sustentan la determinación, ya que el sentido de la norma es permitir que la otra parte conozca las razones de la finalización unilateral de la relación de trabajo. Así lo ha entendido la doctrina y la propia jurisprudencia de la Sala de Casación Laboral, con criterios que la Corte Constitucional comparte plenamente. La Corte concluye que el parágrafo demandado, lejos de desconocer la Carta, es un desarrollo del principio de buena fe en el ámbito de las relaciones laborales, pues permite precisamente a la otra parte conocer esos hechos justificantes, a fin de poder defenderse adecuadamente».

Concord. Arts. 2, 3, 4 Dcto. 1373/1966.

Concord. Artículo 11 Dcto. 015/1995.

ARTÍCULO 63. TERMINACIÓN CON PREVIO AVISO

Subrog. Art. 7 Dcto.-Ley 2351/1965.

ARTÍCULO 64. TERMINACIÓN UNILATERAL DEL CONTRATO DE TRABAJO SIN JUSTA CAUSA

Modif. Art. 8 Dcto.-Ley 2351/1965; Subrog. Art. 6 L. 50/1990; Modif. Art. 28 L. 789/2002. En todo contrato de trabajo va envuelta la condición resolutoria por incumplimiento de lo pactado, con indemnización de perjuicios a cargo de la parte responsable. Esta indemnización comprende el lucro cesante y el daño emergente.

En caso de terminación unilateral del contrato de trabajo sin justa causa comprobada, por parte del empleador o si éste da lugar a la terminación unilateral por parte del trabajador por alguna de las justas causas contempladas en la ley, el primero deberá al segundo una indemnización en los términos que a continuación se señalan:

En los contratos a término fijo, el valor de los salarios correspondientes al tiempo que faltare para cumplir el plazo estipulado del contrato; o el del lapso determinado por la duración de la obra o la labor contratada, caso en el cual la indemnización no será inferior a quince (15) días.

En los contratos a término indefinido la indemnización se pagará así:

a) Para trabajadores que devenguen un salario inferior a diez (10) salarios mínimos mensuales legales:

1. Treinta (30) días de salario cuando el trabajador tuviere un tiempo de servicio no mayor de un (1) año.

2. Si el trabajador tuviere más de un (1) año de servicio continuo se le pagarán veinte (20) días adicionales de salario sobre los treinta (30) básicos del numeral 1, por cada uno de los años de servicio subsiguientes al primero y proporcionalmente por fracción;

b) Para trabajadores que devenguen un salario igual o superior a diez (10), salarios mínimos legales mensuales.

1. Veinte (20) días de salario cuando el trabajador tuviere un tiempo de servicio no mayor de un (1) año.

2. Si el trabajador tuviere más de un (1) año de servicio continuo, se le pagarán quince (15) días adicionales de salario sobre los veinte (20) días básicos del numeral 1 anterior, por cada uno de los años de servicio subsiguientes al primero y proporcionalmente por fracción.

PARÁGRAFO TRANSITORIO. Los trabajadores que al momento de entrar en vigencia la presente ley, tuvieren diez (10) o más años al servicio continuo del empleador, se les aplicará la tabla de indemnización establecida en los literales b), c) y d) del artículo 6o. de la Ley 50 de 1990, exceptuando el parágrafo transitorio, el cual se aplica únicamente para los trabajadores que tenían diez (10) o más años el primero de enero de 1991.

Notas de vigencia:

C. Const mediante Sent. C 569/1993 M.P. José Gregorio Hernández la Corte declare la exequibilidad del parágrafo transitorio por cuanto a juicio de esta corporación: «Considera la Corte que el precepto atacado no puede concebirse como una transgresión al artículo 53, inciso último, del Ordenamiento Fundamental, según el cual está prohibido al legislador menoscabar los derechos de los trabajadores —prohibición que no se atenúa por obtenerse el consentimiento del trabajador—, pues no estamos ante la pérdida de un derecho sino que el artículo 4, literal d), de la Ley 50 de 1990 —ya declarado exequible por la Corte Suprema de Justicia—, consagra específicamente la compensación de un derecho en cuanto prevé que, al perder el empleado su trabajo por causa no justificada, recibe una indemnización consistente en cuarenta (40) días adicionales de salario sobre los cuarenta y cinco (45) básicos por cada uno de los años de servicio subsiguientes al primero y proporcionalmente por fracción. Se pasa, pues, de un régimen a otro, con diferencias en el tipo de compensación que se establece, es decir que el derecho no se suprime, ya que no se hace tránsito a la vigencia de una norma en cuya virtud aquella quede excluida.

La disposición acusada concede al trabajador que se halla en la hipótesis descrita la posibilidad de optar, en su caso, por el régimen jurídico que le resulte más conveniente. No se lo coloca, entonces, en la circunstancia de renunciar a uno de sus derechos laborales mínimos ni se le impone un cambio legislativo que le sea perjudicial».

C.Const. mediante Sent. C-038/2004. M.P: Eduardo Montealegre Lynett. Declaró exequible el Artículo 28 L. 789/2002, toda vez que: «aunque el artículo 28 acusado reduce los montos de la indemnización por despido injusto, por lo cual constituye un retroceso en la protección del derecho a la estabilidad del empleo, sin embargo mantiene sanciones por ese comportamiento indebido del empleador, con lo cual sigue amparando la estabilidad laboral, tal y como lo ordenan la Carta y los tratados de derechos humanos»

C.Const. mediante Sent. C-1507/2000. M.P: José Gregorio Hernández Galindo. declaró exequible condicionadamente los Num. 1, 2, 3, 4, 6 del Artículo 64 bajo los términos de esta sentencia, por cuanto:
«Al respecto, debe decirse que el contrato que se celebra con el fin de establecer una relación laboral nace a la vida jurídica por el acuerdo de voluntades de las partes, y que nada se opone a que respecto de dicho convenio opere la condición resolutoria, pues resulta contrario a la autonomía de la voluntad, como expresión de la libertad, que ambas partes queden atadas a perpetuidad por ese vínculo. Desde el punto de vista constitucional, no se puede avalar la petrificación de los lazos contractuales. Es posible afirmar que el reconocimiento de la libertad para contratar contempla también un aspecto negativo, cual es el de la autonomía para dar por terminada la relación contractual, sin perjuicio de la asunción de las responsabilidades patrimoniales que dicho evento pueda generar respecto de la parte afectada con esa conducta.
Ahora bien, no obstante lo anterior, es importante recordar que esa autonomía de las partes contratantes no es absoluta, y que, en todo caso está morigerada por una serie de principios y preceptos constitucionales y legales que tienden a amparar especialmente al empleado. Precisamente con el fin de proteger al trabajador, la ley ha previsto la indemnización de perjuicios cuando se da por terminado unilateralmente el contrato sin justa causa. Así, aparte de establecer que la indemnización comprende el daño emergente y el lucro cesante, se establecen unas reglas sobre la indemnización que habrá de recibir el empleado, de acuerdo con las clases de contrato laboral, y los años de servicio».

C.Const. mediante Sent. C-1110/2001. M.P: Clara Inés Vargas Hernández. Declaró exequible el Num. 5 del Artículo 64, toda vez que: «la norma bajo estudio simplemente regula la posibilidad de que el contrato de trabajo se dé por terminado sin justa causa por parte del trabajador y contempla, al efecto, una adecuada consecuencia patrimonial consistente en pagar al patrono una indemnización en una suma equivalente a treinta días de salario, previsión legal que en forma alguna comporta violación del precepto constitucional invocado por el demandante y que, por el contrario prevé un desarrollo ajustado a los postulados del Estado Social de Derecho, en tanto que los trabajadores reciben un trato distinto por la ley que se encuentra razonablemente justificado en su situación de debilidad en la relación laboral».

C.Const. mediante Sent. C-533/2012. M.P: Nilson Pinilla Pinilla declaro exequible los textos modificados por las Leyes 50 de 1990 y 789 de 2002, por cuanto: «En el presente caso se demandan por omisión legislativa relativa los artículos 6° de la Ley 50 de 1990 y 28 de la Ley 789 de 2002, normas que introdujeron reformas al Código Sustantivo del Trabajo, que suprimieron la posibilidad de que el juez laboral ordene el reintegro del trabajador cuando es despedido sin justa causa, desconociendo la protección del derecho al trabajo y algunos de los principios mínimos fundamentales que lo componen, como la estabilidad y la no regresividad de los derechos sociales. Observa la Corte Constitucional que efectivamente el artículo 8° del Decreto 2351 de 1965 regulaba la terminación unilateral de los contratos de trabajo sin justa causa, consagrando el derecho del trabajador a recibir una indemnización acorde con el tipo de contrato y el tiempo laborado, e igualmente el numeral 5° de esa norma que facultaba al juez laboral a (i) ordenar el reintegro de aquellos trabajadores despedidos sin justa causa, que llevasen más de 10 años continuos de servicio, junto con el pago de las prestaciones sociales dejadas de percibir; o (ii), condenar al pago de la indemnización a que hubiese lugar. Esta norma fue modificada inicialmente por el artículo 6° de la Ley 50 de 1990 y, posteriormente, por el artículo 28 de la Ley 789 de 2002, suprimiendo esa facultad, pero conservando transitoriamente las garantías del numeral 5° del artículo 8° del Decreto 2351 de 1965, para los trabajadores que llevasen más de 10 años de servicio continuo al mismo empleador, a primero de enero de 1991, cuando entró en vigencia la Ley 50 de 1990, encontrando la Corte que no existe la omisión legislativa alegada, en la medida en que no se ha incumplido un deber constitucional, pues si bien la Constitución establece que (i) el derecho al trabajo goza de especial protección por parte del Estado y (ii) el estatuto respectivo debe contener entre sus principios mínimos fundamentales la estabilidad en el empleo, el reintegro del trabajador que lleva más de 10 años de servicio continuo no constituye la única forma de proteger la estabilidad, al poder acudirse normativamente a la fijación de una indemnización de perjuicios, u otros mecanismos legales para procurar aquella garantía, además que las normas impugnadas reconocieron expresamente el derecho de los trabajadores que cumpliesen con la exigencia de llevar más de 10 años de servicio continuo con el empleador, a enero 1° de 1991, cuando entró en vigencia la Ley 50 de 1990, por tratarse de derechos adquiridos, y no concurriendo, en este caso específico, los elementos conducentes a configurar la existencia de una omisión legislativa relativa, se declarará la exequibilidad de los artículos 6° de la Ley 50 de 1990 y 28 de la Ley 789 de 2002, por el cargo de omisión legislativa analizado».

ARTÍCULO 65. INDEMNIZACIÓN POR FALTA DE PAGO

Modif. Art. 29 L. 789/2002. Si a la terminación del contrato, el empleador no paga al trabajador los salarios y prestaciones debidas, salvo los casos de retención autorizados por la ley o convenidos por las partes, debe pagar al asalariado, como indemnización, una suma igual al último salario diario por cada día de retardo, hasta por veinticuatro (24) meses, o hasta cuando el pago se verifique si el período es menor. Si transcurridos veinticuatro (24) meses contados desde la fecha de terminación del contrato, el trabajador no ha iniciado su reclamación por la vía ~~ordinaria o si presentara la demanda, no ha habido pronunciamiento judicial~~, el empleador deberá pagar al trabajador intereses moratorios a la tasa máxima de créditos de libre asignación certificados por la Superintendencia Bancaria, a partir de la iniciación del mes veinticinco (25) hasta cuando el pago se verifique.

Dichos intereses los pagará el empleador sobre las sumas adeudadas al trabajador por concepto de salarios y prestaciones en dinero.

2. Si no hay acuerdo respecto del monto de la deuda, o si el trabajador se niega a recibir, el empleador cumple con sus obligaciones consignando ante el juez de trabajo y, en su defecto, ante la primera autoridad política del lugar, la suma que confiese deber, mientras la justicia de trabajo decide la controversia.

PARÁGRAFO 1o. Para proceder a la terminación del contrato de trabajo establecido en el artículo 64 del Código Sustantivo del Trabajo, el empleador le deberá informar por escrito al trabajador, a la última dirección registrada, dentro de los sesenta (60) días siguientes a la terminación del contrato, el estado de pago de las cotizaciones de Seguridad Social y parafiscalidad sobre los salarios de los últimos tres meses anteriores a la terminación del contrato, adjuntando los comprobantes de pago que los certifiquen. Si el empleador no demuestra el pago de dichas cotizaciones, la terminación del contrato no producirá efecto. Sin embargo, el empleador podrá pagar las cotizaciones durante los sesenta (60) días siguientes, con los intereses de mora.

PARÁGRAFO 2o. Lo dispuesto en el inciso 1o. de este artículo solo se aplicará a los trabajadores que devenguen más de un (1) salario mínimo mensual vigente. Para los demás seguirá en plena vigencia lo dispuesto en el artículo 65 del Código Sustantivo de Trabajo vigente.

Notas de vigencia:

C.Const. mediante Sent. C-710/1996. M.P: Jorge Arango Mejía declaró exequible la frase "salvo los casos de retención autorizados por la ley o convenidos por las partes". Por cuanto: «Así, las cosas, es necesario concluir que existen tres clases de descuentos que el patrono puede hacer sobre el salario de sus trabajadores.

La primera, todos los descuentos que autorice el juez laboral, pues la intervención de este funcionario garantiza los derechos del trabajador. La segunda, los autorizados por el trabajador, siempre y cuando no se afecte el monto del salario mínimo legal o convencional ni la porción de éste considerada inembargable, y cuando la deuda no exceda tres veces el monto de su salario. Autorización que siempre debe constar por escrito. La tercera, los descuentos autorizados por la ley.

En relación con estos últimos, que incluyen entre otros, conceptos como cuotas sindicales y de cooperativas, el pago de multas, préstamos para vivienda, retención en la fuente, etc., consagrados, entre otras normas, en los artículos 113, 150, 151, 152, 156, 440, del Código Sustantivo del Trabajo, como no fueron objeto de acusación alguna, la Corte se abstendrá de hacer cualquier pronunciamiento en relación con su constitucionalidad.

La mención que hace el artículo 65, en relación con los descuentos autorizados legalmente, en términos generales, no desconoce derecho alguno del trabajador. Sin embargo, la Corte, en caso de presentarse demandas en contra de una o varias de las norma que específicamente consagran éstos, analizará su conformidad con el ordenamiento constitucional.

Teniendo en cuenta las anteriores consideraciones, la Corte desechará el cargo presentado en contra del aparte acusado del numeral primero del artículo 65 del Código Sustantivo del Trabajo, pues toda retención que el patrono haga del salario, debe estar autorizada por el trabajador o por el juez. En cuanto a las autorización legal, cada norma que consagra ese facultad debe ser objeto de acusación.

Por tanto, la violación al debido proceso y acceso a la justicia que alegan los demandantes no existe.

Finalmente, se advierte que los demandantes no presentaron cargo alguno en contra del numeral segundo del artículo 65, razón por la que la Corte se declarará inhibida para fallar en relación con él.»

C.Const. mediante Sent. C-079/1999. M.P: Martha Victoria Sáchica Méndez. Declaró exequible a expresión "a la terminación del contrato", contenida en el numeral 1o. del artículo 65 del Código Sustantivo del Trabajo toda vez que: «En ese orden, se insiste, la situación jurídica en un primer momento analizada, se circunscribe al ámbito de los trabajadores vinculados mediante relaciones laborales vigentes, en lo que toca con el cumplimiento de las obligaciones contractuales contraídas de mutuo acuerdo con su empleador y para la cual se ha consagrado una acción ordinaria para su indemnización en los términos del artículo 64 del C.S.T. En cambio, en el segundo caso, la regulación normativa versa sobre la especial circunstancia de incumplimiento de quien era empleador, una vez finalizado el contrato de trabajo, como una especie de prolongación de la protección de los derechos de quien ya esta desvinculado de su trabajo y por la misma razón en una situación más difícil que la de la persona que aún se encuentra laborando y que en criterio del legislador requiere de una garantía especial como la que consagra el citado artículo 65 del C.S.T. Se trata entonces, de situaciones disímiles que se evidencian estando o no vigente el vínculo contractual del trabajo y que por la misma razón, el no pago de los salarios y prestaciones causados tiene consecuencias distintas que sin embargo se enderezan en pero en ambos casos a proteger al trabajador o a quien ha dejado de serlo.

En síntesis, el criterio de diferenciación aplicado en el caso que se analiza y que se controvierte por el demandante, a partir de la vigencia o no de un vínculo contractual de naturaleza laboral, constituye una razón suficiente[6] para que el legislador hubiese ordenado un trato desigual respecto de los derechos originados en cada situación, comparadas las indemnizaciones aplicables según se trate de uno u otro evento, así como frente a los mecanismos de protección procesal de tales derechos, y los medios probatorios invocables, hecho que para la Corte representa un sustento objetivo y razonable.

De igual manera, la Corte encuentra que al comparar desde el punto de vista de las garantías procesales y sustantivas previstas en ambas regulaciones (arts. 64 y 65 C.S.T.) en forma precisa y especial, de acuerdo con las características de cada situación jurídica regulada y en desarrollo de la libertad de configuración normativa que permite al legislador, según su sabiduría, expedir regulaciones en sentido y términos diferentes en circunstancias similares —en cuanto tiene que ver con el no pago de salarios y prestaciones sociales— se encuentran fundamentadas sobre supuestos fácticos y jurídicos diferentes, lo que impide que el trato desigual adquiera la connotación de discriminatorio.

Adicionalmente, la Corte pone de presente que, como lo ha precisado la jurisprudencia, la sanción indemnizatoria prevista por el artículo 65 del C.S.T. no es —como lo insinúa el demandante— de aplicación automática, razón por la cual la condena correspondiente debe obedecer a una sanción impuesta a la conducta del empleador carente de buena fe que conduce a la ausencia o deficiencia en el pago de origen salarial o prestacional. En consecuencia, la absolución es posible si se demuestra una conducta de buena fe del empleador "mediante la presentación de razones atendibles que conduzcan a demostrar que ciertamente creía no deber" (Corte Suprema de Justicia, Sala de Casación Laboral, sentencia de mayo 14 de 1987).

Así las cosas, la indemnización moratoria se constituye en una garantía necesaria para quien ya no cuenta con un contrato de trabajo ni las acciones que del mismo se desprenden para defenderse: en su lugar, la configuración de una causal de terminación injustificada por parte del empleador por el incumplimiento que tratan los artículos 57 y 62 del C.S.T., en la forma ya mencionada que constituye un mecanismo de protección efectivo de los derechos contractuales vulnerados».

C.Const. mediante Sent. C-781/2003. M.P: Clara Inés Vargas Hernández. Declaró exequible el Num. 1 Inc. 1 del Artículo 65 excepto por el apartado «o si presentara la demanda, no ha habido pronunciamiento judicial" declarado inexequible». Por cuanto: «por cuanto no puede im-

putarse a los trabajadores la carga de asumir la mora judicial, so pena de desconocer sus derechos, en particular el derecho a recibir oportunamente el pago de salarios y prestaciones sociales».

C.Const. mediante Sent. C-892/2009. M.P: Luis Ernesto Vargas Silva. Declaró exequible el Num. 1 Inc. 2 del Artículo 65 y concretamente la expresión por concepto de salarios y prestaciones en dinero, toda vez que: «En este orden de ideas, resulta prima facie razonable que el legislador circunscriba la aplicación de los intereses moratorios supletorios a la indemnización moratoria al concepto "salarios y prestaciones en dinero", puesto que, como se indicó en precedencia, se trata de un criterio amplio, que abarca todos los ingresos relacionados con el reconocimiento económico de la labor que adelanta el trabajador. A su vez, también comprende distintas prestaciones que, al amparar los riesgos derivados de la actividad laboral, hacen parte de la garantía de ejercicio del empleo en condiciones dignas y justas. Por ende, retomando la definición que para el efecto ofrece el Convenio 95 de la OIT, el salario lo conforman todas aquellas sumas percibidas por el trabajador que, al margen de su denominación, son entregadas por el empleador con el fin de retribuir la actividad productiva que aquel ejerce. Por lo tanto, el ámbito de protección del ingreso laboral, desde la perspectiva constitucional, se funda en un criterio que vincula el monto protegido con el criterio de retribución tantas veces citado. A este concepto, el legislador ha sumado el de prestación, en aras de incluir en la cobertura de la indemnización moratoria y los intereses supletorios a los pagos realizados con el fin de cubrir los riesgos inherentes al ejercicio del empleo, aspectos que, como es obvio, también están intrínsecamente relacionados con la prestación personal de la labor».

C.Const. mediante Sent. C-781/2003. M.P: Clara Inés Vargas Hernández. Declaró exequible el Par. 2 del Artículo 65, toda vez que: «El trato diferente establecido en el parágrafo 2° de la Ley 789 de 2002, en favor de quienes perciben hasta un salario mínimo mensual vigente, está fundado en una justificación objetiva y razonable, ya que tal medida tiene por finalidad proteger a dichos trabajadores por tratarse de personas que, desde el punto de vista económico, se encuentran en una situación de vulnerabilidad manifiesta que las coloca en inferioridad de condiciones en relación con el resto de los trabajadores que reciben una asignación salarial superior. Situación que se acentúa cuando quedan cesantes en su empleo, y la mora supera los veinticuatro (24) meses, donde el no pago oportuno de los salarios y prestaciones sociales amenaza graves perjuicios tanto para el trabajador como para quienes de él dependen».

C.Const, mediante Sent. C 038/2004 M.P: Eduardo Montealegre Lynett declaró exequibles las expresiones "Lo dispuesto en el inciso 1º. de este artículo" y "Para los demás seguirá en plena vigencia lo dispuesto en el artículo 65 del Código Sustantivo de Trabajo vigente" del parágrafo 2 del artículo 29 de la Ley 789 de 2002, por cuanto: «Nótese que esa parte resolutiva no establece que las decisiones de exequibilidad hayan sido pronunciadas únicamente en relación a los cargos analizados, lo cual indica que la cosa juzgada es absoluta. La referencia que esa parte resolutiva hace a que el inciso primero y el parágrafo del artículo 29 de la Ley 789 de 2003 son declarados exequibles "en lo acusado" no pretende limitar el alcance de la cosa juzgada, que es absoluta, sino que simplemente recuerda que el numeral primero y el parágrafo de ese artículo 29 fueron demandados parcialmente en esa oportunidad. Así, del numeral primero sólo fue acusado el primer párrafo, pero no el segundo, mientras que del parágrafo segundo se acusó la expresión "solo se aplicará a los trabajadores que devenguen más de un (1) salario mínimo mensual vigente". Ahora bien, la Corte, en el fundamento 2º de esa sentencia, se negó explícitamente a realizar la unidad normativa, entonces la decisión de exequibilidad recayó únicamente sobre los "segmentos normativos" acusados del numeral primero y del parágrafo primero del artículo 29 de la Ley 789 de 2003».

ARTÍCULO 66. MANIFESTACIÓN DEL MOTIVO DE LA TERMINACIÓN

Modif. Par. Art. 7 Dcto.-Ley 2351/1965. La parte que termina unilateralmente el contrato de trabajo debe manifestar a la otra, en el momento de la extinción, la causal o motivo de esta determinación. Posteriormente no pueden alegarse válidamente causales o motivos distintos.

C.Const. mediante Sent. C-542/1997. M.P: Hernando Herrera Vergara y por Sent. C-594/1997 M.P: Alejandro Martínez Caballero. Declaró exequible el Par. 2 del Artículo 7, por cuanto: «Se entiende que cuando el parágrafo señala que la parte debe indicar la causal o motivo que fundamenta la decisión de terminar unilateralmente el contrato, no basta con invocar genéricamente una de las causales previstas por la ley laboral para tal efecto sino que es necesario precisar los hechos específicos que sustentan la determinación, ya que el sentido de la norma es permitir que la otra parte conozca las razones de la finalización unilateral de la relación de trabajo. Así lo ha entendido la doctrina y la propia jurisprudencia de la Sala de Casación Laboral, con criterios que la Corte Constitucional comparte plenamente. La Corte concluye que el parágrafo demandado, lejos de desconocer la Carta, es un desarrollo del principio de buena fe en el ámbito de las relaciones laborales, pues permite precisamente a la otra parte conocer esos hechos justificantes, a fin de poder defenderse adecuadamente».

CAPÍTULO VII
SUSTITUCIÓN DE EMPLEADORES

ARTÍCULO 67. DEFINICIÓN

Se entiende por sustitución de empleadores todo cambio de un empleador por otro, por cualquier causa, siempre que subsista la identidad del establecimiento, es decir, en cuanto éste no sufra variaciones esenciales en el giro de sus actividades o negocios.

ARTÍCULO 68. MANTENIMIENTO DEL CONTRATO DE TRABAJO

La sola sustitución de empleadores no extingue, suspende ni modifica los contratos de trabajo existentes.

ARTÍCULO 69. RESPONSABILIDAD DE LOS EMPLEADORES

Modif. Art. 70 Dcto. 2663 de 1950.

1. El antiguo y el nuevo empleador responden solidariamente las obligaciones que a la fecha de la sustitución sean exigibles a aquél, pero si el nuevo empleador las satisficiere, puede repetir contra el antiguo.

2. El nuevo empleador responde de las obligaciones que surjan con posterioridad a la sustitución.

3. En los casos de jubilación, cuyo derecho haya nacido con anterioridad a la sustitución, las pensiones mensuales que sean exigibles con posterioridad a esa sustitución deben ser cubiertas por el nuevo empleador, pero éste puede repetir contra el antiguo.

4. El antiguo empleador puede acordar con todos o con cada uno de sus trabajadores el pago definitivo de sus cesantías por todo el tiempo servido hasta el momento de la sustitución, como si se tratara de retiro voluntario, sin que se entienda terminado el contrato de trabajo.

5. Si no se celebrare el acuerdo antedicho, el antiguo empleador debe entregar al nuevo el valor total de las cesantías en la cuantía en que esta obligación fuere exigible suponiendo que los respectivos contratos hubieren de extinguirse por retiro voluntario en la fecha de sustitución, y de aquí en adelante queda a cargo exclusivo del nuevo empleador el pago de las cesantías que se vayan causando, aun cuando el antiguo empleador no cumpla con la obligación que se le impone en este inciso.

6. El nuevo empleador puede acordar con todos o cada uno de los trabajadores el pago definitivo de sus cesantías, por todo tiempo servido hasta el momento de la sustitución, en la misma forma y con los mismos efectos de que trata el inciso 4o. del presente artículo.

Modif. Art. 70 Dcto. 2663 de 1950.

ARTÍCULO 70. ESTIPULACIONES ENTRE LOS EMPLEADORES

El antiguo y el nuevo empleador pueden acordar modificaciones de sus propias relaciones, pero los acuerdos no afectan los derechos consagrados en favor de los trabajadores en el artículo anterior.

CAPÍTULO VIII
ENGANCHES COLECTIVOS

ARTÍCULO 71. DEFINICIÓN

Por enganche colectivo se entiende la contratación conjunta de diez (10) o más trabajadores para que se trasladen de una región a otra a prestar servicios a un empleador.

ARTÍCULO 72. ENGANCHE PARA EL EXTERIOR

Derog. Art. 65 L. 1429/2010.

ARTÍCULO 73. GASTOS DE MOVILIZACIÓN

Modif. Art. 53 L. 962/2005. Cuando los enganches se hagan para prestar servicios dentro del país, que impliquen movilización de los trabajadores ~~a distancias mayores de doscientos (200) kilómetros de su domicilio~~, los contratos deben contar por escrito, estipular que los gastos de ida y regreso de los trabajadores serán exclusivamente a cargo del {empleador}, ~~y llevar la aprobación del correspondiente funcionario del Trabajo o de la primera autoridad política del lugar en donde se realice el enganche.~~

C.Const. mediante Sent.C-710/1996. M.P: Jorge Arango Mejía. Declaró exequible el Artículo 73, toda vez que: «l patrono está indefectiblemente obligado a pagar siempre a su trabajador, los gastos de movilización, independientemente de la clase de contrato, del trabajo a realizar y, obviamente, de la distancia, salvo si la terminación del contrato es originada por culpa o voluntad del trabajador. Los contratos de enganche que impliquen un desplazamiento igual o mayor al señalado en la norma, obligan al patrono a suscribir un contrato, a solicitar la aprobación del inspector de trabajo y a estipular que los gastos de ida y regreso correrán por su cuenta. Es decir, para la celebración de esta clase de contratos, el legislador exige unas formalidades y requisitos, que no se requieren para los contratos laborales en general. Requisitos que no desconocen derecho alguno del patrono. Los requisitos que consagra la norma en estudio no son excesivos, pues exigir que el contrato conste por escrito, y que se estipule en él, que los gastos de ida y vuelta correrán por su cuenta, en nada vulnera derecho alguno del empleador. Además, esos requisitos obedecen a la naturaleza misma de los contratos de enganche».

CAPÍTULO IX
TRABAJADORES COLOMBIANOS Y EXTRANJEROS

ARTÍCULO 74. PROPORCIÓN E IGUALDAD DE CONDICIONES

Derog. Art. 65 L. 1429/2010.

ARTÍCULO 75. AUTORIZACIONES PARA VARIAR LA PROPORCIÓN

Derog. Art. 65 L. 1429/2010.

TÍTULO II
PERIODO DE PRUEBA Y APRENDIZAJE

CAPÍTULO I
PERIODO DE PRUEBA

ARTÍCULO 76. DEFINICIÓN

Período de prueba es la etapa inicial del contrato de trabajo que tiene por objeto, por parte del empleador, apreciar las aptitudes del trabajador, y por parte de éste, la conveniencia de las condiciones del trabajo.

ARTÍCULO 77. ESTIPULACIÓN

1. El período de prueba debe ser estipulado por escrito, y en caso contrario los servicios se entienden regulados por las normas generales del contrato de trabajo.
2. Num. 2 declarado inexequible por Sent. C-028/2019 M.P: Alberto Rojas Ríos.

C.Const. Mediante Sent. C 028/2019 M.P: Alberto Rojas Rías declaró inexequible numeral 2 por cuanto: «La Corte, al analizar la finalidad de la medida, encuentra que el numeral 2 del artículo 77 del Código Sustantivo del Trabajo se introdujo a través de un Decreto Legislativo, debido al Estado de Sitio de la época, que se convirtió en legislación permanente sin realizar debates o exposición de motivos sobre su contenido. La finalidad protectora no existe, porque la medida impone que las trabajadoras domésticas siempre tengan periodo de prueba, sin pactarlo por escrito, cuando para los demás trabajadores que conste por escrito es un requisito de validez. También explicó que distinguir a los trabajadores particulares de los domésticos, para justificar el trato normativo, en razón del carácter productivo o del tipo de tarea es irrazonable, máxime cuando el trabajo doméstico facilita llevar a cabo la actividad productiva de quienes lo contratan y, además, sostiene la vida familiar. La presunción del periodo de prueba es un medio que carece de legitimidad pues mantiene una distinción odiosa, que no se encuentra justificada.
En ese sentido la disposición no es legítima, ni razonable en el marco de la Constitución Política y por ello es inexequible, en tanto no debe presumirse el periodo de prueba de los trabajadores del hogar. Estos cuentan con la posibilidad de convenirlo, siempre que conste por escrito y con las reglas generales del Código Sustantivo del Trabajo».

ARTÍCULO 78. DURACIÓN MÁXIMA

Modif. Art. 7 L. 50/1990. El período de prueba no puede exceder de dos (2) meses.

En los contratos de trabajo a término fijo cuya duración sea inferior a un (1) año el período de prueba no podrá ser superior a la quinta parte del término inicialmente pactado para el respectivo contrato, sin que pueda exceder de dos meses.

Cuando entre un mismo empleador y trabajador se celebren contratos de trabajo sucesivos, no es válida la estipulación del período de prueba, salvo para el primer contrato.

ARTÍCULO 79. PRÓRROGA

Modif. Art. 8 L. 50/1990. Cuando el período de prueba se pacte por un plazo menor al de los límites máximos expresados, las partes pueden prorrogarlo antes de vencerse el período inicialmente estipulado, sin que el tiempo total de la prueba pueda exceder dichos límites.

ARTÍCULO 80. EFECTO JURÍDICO

Modif. Art. 3 Dcto.-Ley 617/1954

1. El periodo de prueba puede darse por terminado unilateralmente en cualquier momento, sin previo aviso.
2. Los trabajadores en periodo de prueba gozan de todas las prestaciones

CAPÍTULO II
CONTRATO DE APRENDIZAJE

NOTA: Este capítulo, que comprende los artículos 81 a 88 CST, fue derogado tácitamente por la entrada en vigencia de la Ley 789 de 2002, de que regula la figura del Contrato de Aprendizaje en los artículos 30 a 41, reglamentados por el Decreto 933 de 2003. A continuación, se encuentran los artículos 30 a 41 referidos.

ARTÍCULO 30. NATURALEZA Y CARACTERÍSTICAS DE LA RELACIÓN DE APRENDIZAJE

El contrato de aprendizaje es una forma especial dentro del Derecho Laboral, mediante la cual una persona natural desarrolla formación teórica práctica en una entidad autorizada, a cambio de que una empresa patrocinadora proporcione los medios para adquirir formación profesional metódica y completa requerida en el oficio, actividad u ocupación y esto le implique desempeñarse dentro del manejo administrativo, operativo comercial o financiero propios del giro ordinario de las actividades de la empresa, por cualquier tiempo determinado no superior a dos (2) años, y por esto reciba un apoyo de sostenimiento mensual, el cual en ningún caso constituye salario.

Son elementos particulares y especiales del contrato de aprendizaje:

a) La finalidad es la de facilitar la formación de las ocupaciones en las que se refiere el presente artículo;

b) La subordinación está referida exclusivamente a las actividades propias del aprendizaje;

c) La formación se recibe a título estrictamente personal;

d) El apoyo del sostenimiento mensual tiene como fin garantizar el proceso de aprendizaje.

Durante toda la vigencia de la relación, el aprendiz recibirá de la empresa un apoyo de sostenimiento mensual que sea como mínimo en la fase lectiva el equivalente al 50% de un (1) salario mínimo mensual vigente.

El apoyo del sostenimiento durante la fase práctica será equivalente al setenta y cinco por ciento (75%) de un salario mínimo mensual legal vigente.

El apoyo de sostenimiento durante la fase práctica será diferente cuando la tasa de desempleo nacional sea menor del diez por ciento (10%), caso en el cual será equivalente al ciento por ciento (100%) de un salario mínimo legal vigente.

En ningún caso el apoyo de sostenimiento mensual podrá ser regulado a través de convenios o contratos colectivos o fallos arbitrales recaídos en una negociación colectiva.

Si el aprendiz es estudiante universitario el apoyo mensual, el apoyo de sostenimiento mensual no podrá ser inferior al equivalente a un salario mínimo legal vigente.

Durante la fase práctica el aprendiz estará afiliado en riesgos profesionales por la ARP que cubre la empresa. En materia de salud, durante las fases lectiva y práctica, el aprendiz estará cubierto por el Sistema de Seguridad Social en Salud, conforme al régimen de trabajadores independientes, y pagado plenamente por la empresa patrocinadora en los términos, condiciones y beneficios que defina el Gobierno Nacional.

El contrato de aprendizaje podrá versar sobre ocupaciones semicalificadas que no requieran título o calificadas que requieran título de formación técnica no formal, técnicos profesionales o tecnológicos, de instituciones de educación reconocidas por el Estado y trabajadores aprendices del SENA.

El Contrato de aprendizaje podrá versar sobre estudiantes universitarios para los casos en que el aprendiz cumpla con actividades de 24 horas semanales en la empresa y al mismo tiempo cumpla con el desarrollo del pénsum de su carrera profesional, o que curse el semestre de práctica. En todo caso la actividad del aprendiz deberá guardar relación con su formación académica.

PARÁGRAFO. Para los departamentos de Amazonas, Guainía, Vichada, Vaupés, Chocó y Guaviare, el Gobierno incluirá una partida adicional en el Presupuesto General de la Nació n que transferirá con destino al reconocimiento del pago de los contratos de aprendizaje.

PARÁGRAFO TRANSITORIO. Los contratos de aprendizaje que se estén ejecutando a la promulgación de esta ley, continuarán rigiéndose por las normas vigentes a la celebración del contrato.

Declarado exequible por Sent. C 038/2004. M.P: Eduardo Montealegre Lynett, por cuanto: «El contrato de aprendizaje tiene objetivos y especificidades que lo distinguen de la relación de trabajo ordinaria, por lo que es razonable que ciertos aspectos del mismo queden excluidos de la negociación colectiva, a fin de asegurar la viabilidad del conjunto del sistema de capacitación de la mano de obra en el país. Y en ese contexto, la Corte considera que la exclusión de dicha negociación del apoyo de sostenimiento mensual de los aprendices es una restricción proporcionada al derecho de negociación colectiva de los trabajadores, puesto que los aprendices no son en sentido estricto trabajadores y resulta razonable que si la ley obliga a las empresas a vincular a un determinado número de aprendices, al menos establezca salvaguardas para asegurar que esa vinculación no resulte desproporcionadamente onerosa, como es la de limitar la negociación colectiva en este preciso aspecto».

Concord. Arts. 1, 2, 4, 5, 10 Dcto. 933/2003.

Concord. Artículo 1 Dcto. 451/2008.

ARTÍCULO 31. MODALIDADES ESPECIALES DE FORMACIÓN TÉCNICA, TECNOLÓGICA, PROFESIONAL Y TEÓRICO PRÁCTICA EMPRESARIAL

Además de lo dispuesto en el artículo anterior, se consideran modalidades de contrato de aprendizaje las siguientes:

a) Las prácticas con estudiantes universitarios, técnicos o tecnólogos que las empresas establezcan directamente o con instituciones de educación aprobadas por el Estado, de conformidad con las Leyes 30 de 1992 y 115 de 1994 o normas que la adicionen, modifiquen o sustituyan, que establezcan dentro de su programa curricular este tipo de prácticas para afianzar los conocimientos teóricos. En estos casos no habrá lugar a brindar formación académica, circunscribiéndose la relación al otorgamiento de experiencia y formación práctica empresarial. El número de prácticas con estudiantes universitarios debe tratarse de personal adicional comprobable con respecto al número de empleados registrados en el último mes del año anterior en las Cajas de Compensación;

b) La realizada en las empresas por jóvenes que se encuentren cursando los dos últimos grados de educación lectiva secundaria en instituciones aprobadas por el Estado;

c) El aprendiz alumno matriculado en los cursos dictados por Servicio Nacional de Aprendizaje, SENA, de acuerdo con el artículo 5o. del Decreto 2838 de 1960;

d) El aprendiz de capacitación de nivel semicalificado. Se entiende como nivel de capacitación semicalificado, la capacitación teórica y práctica que se oriente a formar para desempeños en los cuales predominan procedimientos claramente definidos a partir de instrucciones específicas (por ejem. Auxiliares de mecánica, auxiliares de cocina, auxiliares de electricista, plomería, etc.). Para acceder a este nivel de capacitación, las exigencias de educación formal y experiencia son mínimas. Este nivel de capacitación es específicamente relevante para jóvenes de los estratos más pobres de la población que ca recen de, o tienen bajos niveles de educación formal y experiencia.

PARÁGRAFO. En ningún caso los apoyos de sostenimiento mensual de que trata la presente ley podrán ser regulados a través de convenios o contratos colectivos o fallos arbitrales recaídos en una negociación colectiva.

(Para la financiación de los contratos de aprendizaje para las modalidades especiales de formación técnica, tecnológica, profesional y teórico práctica empresarial prevista en el artículo 31 de la Ley 789 de 2002, se podrán utilizar los recursos previstos en el artículo 16 de la Ley 344 de 1996, siempre que se vinculen a la realización de proyectos de transferencia de tecnología y proyectos de ciencia, tecnología e innovación que beneficien a micro, pequeñas y medianas empresas, Instituciones de Educación Superior reconocidas por el Ministerio de Educación Nacional, y Grupos de Investigación y Centros de Investigación y Desarrollo Tecnológico reconocidos por Colciencias. Estos proyectos no podrán ser concurrentes con los proyectos de formación que realiza el SENA.)

(Los empresarios podrán definir la proporción de aprendices de formación del SENA y practicantes universitarios en el caso de ocupaciones calificadas que requieran título de formación profesional, siempre y cuando la empresa realice actividades de ciencia, tecnología e innovación. El Gobierno Nacional, a través de Colciencias, definirá las condiciones y mecanismos de acreditación de la realización de dichas actividades.)

(Las empresas que cumplan con el número mínimo obligatorio de aprendices, de acuerdo a lo establecido en el artículo 33, o aquellas no obligadas a vincular aprendices, podrán vincular aprendices mediante las siguientes modalidades de Contrato de Aprendizaje Voluntario

(a) Para los estudiantes vinculados en el nivel de educación media: el contrato de pre-aprendizaje estará acompañado del pago de un apoyo de sostenimiento durante 2 años a cargo del empresario, siendo efectiva la práctica en la empresa en el segundo año, en horario contrario a su jornada académica y difiriendo en cuenta especial a favor del estudiante parte del apoyo; lo que le permitirá financiar su formación superior en cualquier modalidad una vez egrese, con un incentivo estatal articulado a la oferta de financiamiento de educación superior a cargo del ICETEX;)

(b) Para jóvenes entre 18 y 25 años que no hayan culminado el nivel de educación media y se encuentran fuera del Sistema de Formación de Capital Humano (SFCH): Los empresarios podrán vincular a través de un contrato de pre-aprendizaje, cuya duración no podrá exceder los 2 años, a jóvenes que se encuentren por fuera del sistema escolar y que no hayan culminado la educación media. Estos desarrollarán actividades laborales dentro de la empresa y deberán retornar al sistema educativo, los jóvenes recibirán del empresario un apoyo de sostenimiento, parte del apoyo será entregado directamente al beneficiario, y otra parte se destinará a una cuenta especial a favor del estudiante para posteriormente continuar con sus estudios de educación superior. Si este se vincula y permanece en el SFCH podrá acceder en cualquier momento a los recursos, siempre y cuando se destinen al pago de derechos estudiantiles.)

(**PARÁGRAFO.** Las presentes modalidades de Contrato de Aprendizaje voluntario deberán estar sujetas a lo definido en el artículo 30 de la Ley 789 de 2002).

Texto entre paréntesis corresponde al Artículo 168 L. 1450/2011.

ARTÍCULO 32. EMPRESAS OBLIGADAS A LA VINCULACIÓN DE APRENDICES

Las empresas privadas, desarrolladas por personas naturales o jurídicas, que realicen cualquier tipo de actividad económica diferente de la construcción, que ocupen un número de trabajadores no inferior a quince (15), se encuentran obligadas a vincular aprendices para los oficios u ocupaciones que requieran formación académica o profesional metódica y completa en la actividad económica que desempeñan.

Las empresas industriales y comerciales del Estado y las de Economía mixta del orden Nacional, departamental, distrital y municipal, estarán obligadas a la vinculación de aprendices en los términos de esta ley. Las demás entidades públicas no estarán sometidas a la cuota de aprendizaje, salvo en los casos que determine el Gobierno Nacional.

El empresario obligado a cumplir con la cuota de aprendizaje podrá tener practicantes universitarios bajo la modalidad de relación de aprendizaje, en el desarrollo de actividades propias de la empresa, siempre y cuando estos no superen el 25% del total de aprendices.

PARÁGRAFO. Empresas de menos de diez (10) trabajadores podrán voluntariamente tener un aprendiz de formación del SENA.

(Para la financiación de los contratos de aprendizaje para las modalidades especiales de formación técnica, tecnológica, profesional y teórico práctica empresarial prevista en el artículo 31 de la Ley 789 de 2002, se podrán utilizar los recursos previstos en el artículo 16 de la Ley 344 de 1996, siempre que se vinculen a la realización de proyectos de transferencia de tecnología y proyectos de ciencia, tecnología e innovación que beneficien a micro, pequeñas y medianas empresas, Instituciones de Educación Superior reconocidas por el Ministerio de Educación Nacional, y Grupos de Investigación y Centros de Investigación y Desarrollo Tecnológico reconocidos por Colciencias. Estos proyectos no podrán ser concurrentes con los proyectos de formación que realiza el SENA.)

(Los empresarios podrán definir la proporción de aprendices de formación del SENA y practicantes universitarios en el caso de ocupaciones calificadas que requieran título de formación profesional, siempre y cuando la empresa realice actividades de ciencia, tecnología e innovación. El Gobierno Nacional, a través de Colciencias, definirá las condiciones y mecanismos de acreditación de la realización de dichas actividades.)

(Las empresas que cumplan con el número mínimo obligatorio de aprendices, de acuerdo a lo establecido en el artículo 33, o aquellas no obligadas a vincular aprendices, podrán vincular aprendices mediante las siguientes modalidades de Contrato de Aprendizaje Voluntario.)

(a) Para los estudiantes vinculados en el nivel de educación media: el contrato de pre-aprendizaje estará acompañado del pago de un apoyo de sostenimiento durante 2 años a cargo del empresario, siendo efectiva la práctica en la empresa en el segundo año, en horario contrario a su jornada académica y difiriendo en cuenta especial a favor del estudiante parte del apoyo; lo que le permitirá financiar su formación superior en cualquier modalidad una vez egrese, con un incentivo estatal articulado a la oferta de financiamiento de educación superior a cargo del ICETEX;)

(b) Para jóvenes entre 18 y 25 años que no hayan culminado el nivel de educación media y se encuentran fuera del Sistema de Formación de Capital Humano (SFCH): Los empresarios podrán vincular a través de un contrato de pre-aprendizaje, cuya duración no podrá exceder los 2 años, a jóvenes que se encuentren por fuera del sistema escolar y que no hayan culminado la educación media. Estos desarrollarán actividades laborales dentro de la empresa y deberán retornar al sistema educativo, los jóvenes recibirán del empresario un apoyo de sostenimiento, parte del apoyo será entregado directamente al beneficiario, y otra parte se destinará a una cuenta especial a favor del estudiante para posteriormente continuar con sus estudios de educación superior. Si este se vincula y permanece en el SFCH podrá acceder en cualquier momento a los recursos, siempre y cuando se destinen al pago de derechos estudiantiles.)

(**PARÁGRAFO.** Las presentes modalidades de Contrato de Aprendizaje voluntario deberán estar sujetas a lo definido en el artículo 30 de la Ley 789 de 2002.)

Texto entre paréntesis corresponde al Artículo 168 L. 1450/2011.

ARTÍCULO 33. CUOTAS DE APRENDICES EN LAS EMPRESAS

La determinación del número mínimo obligatorio de aprendices para cada empresa obligada la hará la regional del Servicio Nacional de Aprendizaje, SENA, del domicilio principal de la empresa, en razón de un aprendiz por cada 20 trabajadores y uno adicional por fracción de diez (10) o superior que no exceda de veinte. Las Empresas que tengan entre quince (15) y veinte (20) trabajadores, tendrán un aprendiz.

La cuota señalada por el SENA deberá notificarse previamente al representante legal de la respectiva empresa, quien contará con el término de 5 días hábiles para objetarla, en caso de no ceñirse a los requerimientos de mano de obra calificada demandados por la misma. Contra el acto administrativo que fije la cuota procederán los recursos de ley.

PARÁGRAFO. Cuando el contrato de aprendizaje incluida dentro de la cuota mínima señalada por el SENA termine por cualquier causa, la empresa deberá reemplazar al aprendiz para conservar la proporción que le haya sido asignada. Se prohíbe la celebración de una nueva relación de aprendizaje expirada la duración de una anterior, con la misma o distinta empresa.

(Para la financiación de los contratos de aprendizaje para las modalidades especiales de formación técnica, tecnológica, profesional y teórico práctica empresarial prevista en el artículo 31 de la Ley 789 de 2002, se podrán utilizar los recursos previstos en el artículo 16 de la Ley 344 de 1996, siempre que se vinculen a la realización de proyectos de transferencia de tecnología y proyectos de ciencia, tecnología e innovación que beneficien a micro, pequeñas y medianas empresas, Instituciones de Educación Superior reconocidas por el Ministerio de Educación Nacional, y Grupos de Investigación y Centros de Investigación y Desarrollo Tecnológico reconocidos por Colciencias. Estos proyectos no podrán ser concurrentes con los proyectos de formación que realiza el SENA.)

(Los empresarios podrán definir la proporción de aprendices de formación del SENA y practicantes universitarios en el caso de ocupaciones calificadas que requieran título de formación profesional, siempre y cuando la empresa realice actividades de ciencia, tecnología e innovación. El Gobierno Nacional, a través de Colciencias, definirá las condiciones y mecanismos de acreditación de la realización de dichas actividades.)

(Las empresas que cumplan con el número mínimo obligatorio de aprendices, de acuerdo a lo establecido en el artículo 33, o aquellas no obligadas a vincular aprendices, podrán vincular aprendices mediante las siguientes modalidades de Contrato de Aprendizaje Voluntario.)

(a) Para los estudiantes vinculados en el nivel de educación media: el contrato de pre-aprendizaje estará acompañado del pago de un apoyo de sostenimiento durante 2 años a cargo del empresario, siendo efectiva la práctica en la empresa en el segundo año, en horario contrario a su jornada académica y difiriendo en cuenta especial a favor del estudiante parte del apoyo; lo que le permitirá financiar su formación superior en cualquier modalidad una vez egrese, con un incentivo estatal articulado a la oferta de financiamiento de educación superior a cargo del ICETEX;)

(b) Para jóvenes entre 18 y 25 años que no hayan culminado el nivel de educación media y se encuentran fuera del Sistema de Formación de Capital Humano (SFCH): Los empresarios podrán vincular a través de un contrato de pre-aprendizaje, cuya duración no podrá exceder los 2 años, a jóvenes que se encuentren por fuera del sistema escolar y que no hayan culminado la educación media. Estos desarrollarán actividades laborales dentro de la empresa y deberán retornar al sistema educativo, los jóvenes recibirán del empresario un apoyo de sostenimiento, parte del apoyo será entregado directamente al beneficiario, y otra parte se destinará a una cuenta especial a favor del estudiante para posteriormente continuar con sus estudios de educación superior. Si este se vincula y permanece en el SFCH podrá acceder en cualquier momento a los recursos, siempre y cuando se destinen al pago de derechos estudiantiles.)

(**PARÁGRAFO.** Las presentes modalidades de Contrato de Aprendizaje voluntario deberán estar sujetas a lo definido en el artículo 30 de la Ley 789 de 2002.)

Texto entre paréntesis corresponde al Artículo 168 L. 1450/2011.

ARTÍCULO 34. MONETIZACIÓN DE LA CUOTA DE APRENDIZAJE

Los obligados a cumplir la cuota de aprendizaje de acuerdo con los artículos anteriores podrán en su defecto cancelar al SENA una cuota mensual resultante de multiplicar el 5% del número total de trabajadores, excluyendo los trabajadores independientes o transitorios, por un salario mínimo legal vigente. En caso que la monetización sea parcial esta será proporcional al número de aprendices que dejen de hacer la práctica para cumplir la cuota mínima obligatoria.

ARTÍCULO 35. SELECCIÓN DE APRENDICES

La empresa obligada a la vinculación de aprendices, será la encargada de seleccionar los oficios u ocupaciones objeto de este contrato de aprendizaje así como las modalidades y los postulantes para los mismos, de acuerdo con los perfiles y requerimientos concretos de mano de obra calificada y semicalificada así como de la disponibilidad de personal que tenga para atender oficios u ocupaciones similares. En el caso de capacitación de oficios semicalificados, se deberá priorizar a los postulantes a aprendices de los estratos 1 y 2 del Sisbén.

Sin perjuicio de lo anterior, la empresa podrá acudir a los listados de preselección de aprendices elaborados por el SENA, priorizando la formación semicalificada, técnica o tecnológica.

PARÁGRAFO. Las empresas no podrán contratar bajo la modalidad de aprendices a personas que hayan estado o se encuentren vinculadas laboralmente a la misma.

Par. declarado exequible por Sent. C-457/2004 M.P: Marco Gerardo Monroy Cabra. Al respecto ha considerado la Corte que: «En el contrato de aprendizaje existe una cierta carga para el empleador al tener que vincular personas a las cuales deberá capacitar y de las que no podrá recibir el mismo grado de satisfacción de las necesidades de la empresa que el percibido de un trabajador ya capacitado. De no existir la prohibición cuestionada, se abriría la posibilidad de que, para cumplir la obligación de vincular a un determinado número de aprendices, el empleador desmejorara en su situación laboral a unos de sus trabajadores, lo cual liberaría a aquél de la carga de capacitación y le dejaría intactos los beneficios percibidos durante el proceso productivo, puesto que quien fuera trabajador ya tenía un rendimiento superior al de un aprendiz. Es decir, la Corporación evidencia que de no existir esta norma se abriría el camino para hacer fraude a la ley».

ARTÍCULO 36. LISTADO DE OFICIOS MATERIA DEL CONTRATO DE APRENDIZAJE

Podrán ser objeto del contrato de aprendizaje en cualquiera de sus modalidades, todos los oficios u ocupaciones que requieran de capacitación académica integral y completa para su ejercicio y se encuentren reconocidos como propios de formación educativa técnica-profesional, tecnológica o profesional universitaria titulada, de conformidad con los parámetros generales establecidos por las Leyes 30 de 1992 y 115 de 1994 o normas que las sustituyan, modifiquen, adicionen, reglamenten o regulen de manera específica estas materias.

El SENA publicará periódicamente el listado de oficios y especialidades por región respecto de los cuales ofrece programas de formación profesional integral, sin perjuicio de que puedan ser objeto de este contrato de aprendizaje los oficios u ocupaciones que requiriendo de capacitación de conformidad con el inciso primero de este artículo, no cuenten con programas y cursos de formación impartidos por esta institución.

La etapa lectiva o de formación profesional integral de tales oficios podrá ser realizada en el SENA, en instituciones educativas o especializadas reconocidas por el Estado, o directamente en la empresa previa autorización del SENA, de conformidad con lo establecido por la presente reglamentación.

ARTÍCULO 37. ENTIDADES DE FORMACIÓN

La formación profesional y metódica de aprendices podrá ser impartida por las siguientes entidades:

1. Servicio Nacional de Aprendizaje, SENA.
2. Instituciones educativas debidamente reconocidas por el Estado. Se le dará prelación al SENA en los programas acreditados que brinde la entidad.
3. Directamente por las empresas que cumplan con las condiciones de capacitación señaladas en el artículo 41 de esta ley.
4. Las demás que sean objeto de reglamentación por parte del Consejo Directivo del SENA.

PARÁGRAFO. Para los efectos legales, se entienden reconocidos por el SENA para la formación profesional de aprendices, todos los cursos y programas de formación y capacitación dictados por establecimientos especializados o instituciones educativas reconocidos por el Estado, de conformidad con las Leyes 30/92 y 115/94 y demás que las complementen, modifiquen o adicionen.

ARTÍCULO 38. RECONOCIMIENTO PARA EFECTOS DE LA FORMACIÓN PROFESIONAL IMPARTIDA DIRECTAMENTE POR LA EMPRESA

Las empresas que deseen impartir directamente la formación educativa a sus aprendices requerirán de autorización del SENA para dictar los respectivos cursos, para lo cual deberán cumplir las siguientes condiciones:

1. Ofrecer un contenido de formación lectiva y práctica acorde con las necesidades de la formación profesional integral y del mercado de trabajo.

2. Disponer de recursos humanos calificados en las áreas en que ejecuten los programas de formación profesional integral.

3. Garantizar, directamente o a través de convenios con terceros, los recursos técnicos, pedagógicos y administrativos que garanticen su adecuada implementación.

El Servicio Nacional de Aprendizaje, SENA, deberá pronunciarse sobre la solicitud de autorización de estos cursos de formación profesional dentro de los 30 días hábiles siguientes a su presentación. Si no lo hiciere, se entenderá aprobada la solicitud.

En todo caso, la respuesta negativa por parte de la entidad deberá estar motivada con las razones por las cuales no se cumplen adecuadamente los requisitos e indicar de manera expresa las exigencias que deben ser subsanadas por la empresa para acceder a la autorización.

PARÁGRAFO 1o. Las empresas cuyos cursos sean autorizados por el SENA, deberán encontrarse a paz y salvo con la entidad de seguridad social, ICBF, SENA y Cajas de Compensación, por todo concepto y mantener esta condición durante todo el tiempo de la autorización.

PARÁGRAFO 2o. Conforme a lo dispuesto en el artículo 49 de la Ley 119 de 1994, el SENA ofrecerá regularmente programas de actualización para instructores, en los que podrán participar aquellos vinculados a las empresas autorizadas, pagando el costo que fije el SENA.

PARÁGRAFO 3o. Las empresas que reciban autorización por parte del SENA para impartir la formación educativa, solicitarán el reembolso económico del costo de la formación, cuyo monto será definido por el SENA tomando en consideración los costos equivalentes en que incurre el SENA en cursos de formación similares. En ningún caso el monto reembolsable al año por empresa podrá superar el 50% del valor de los aportes parafiscales al SENA de la respectiva empresa.

ARTÍCULO 39. DISTRIBUCIÓN Y ALTERNANCIA DE TIEMPO ENTRE LA ETAPA LECTIVA Y PRODUCTIVA

La empresa y la entidad de formación podrán determinar la duración de la etapa productiva, al igual que su alternancia con la lectiva, de acuerdo con las necesidades de la formación del aprendiz y los requerimientos de la empresa. Para los técnicos o tecnólogos será de un (1) año.

La duración de formación en los programas de formación del SENA será la que señale el Director General de esta Institución, previo concepto del Comité de Formación Profesional Integral.

En el caso de cursos y programas impartidos por otras instituciones aprobadas por el Estado, el término máximo de formación lectiva será la exigida por la respectiva entidad educativa, de acuerdo con lo señalado por el Ministerio de Educación, para optar por el respectivo grado académico y/o técnico.

Los tiempos máximos que se fijen para la etapa de formación en la empresa autorizada, en ningún caso podrán ser superiores a los contemplados en la etapa de formación del SENA.

ARTÍCULO 40. FONDO EMPRENDER

Créase el Fondo Emprender, FE, como una cuenta independiente y especial adscrita al Servicio Nacional de Aprendizaje, SENA, el cual será administrado por esta entidad y cuyo objeto exclusivo será financiar iniciativas empresariales que provengan y sean desarrolladas por aprendices o asociaciones entre aprendices, practicantes universitarios o profesionales que su formación se esté desarrollando o se haya desarrollado en instituciones que para los efectos legales, sean reconocidas por el Estado de conformidad con las Leyes 30 de 1992 y 115 de 1994 y demás que las complementen, modifiquen o adicionen.

En el caso de las asociaciones estas tendrán que estar compuestas mayoritariamente por aprendices.

El Fondo Emprender se regirá por el Derecho privado, y su presupuesto estará conformado por el 80% de la monetización de la cuota de aprendizaje de que trata el artículo 34, así como por los aportes del presupuesto general de la nación, recursos financieros de organismos de cooperación nacional e internacional, recursos financieros de la banca multilateral, recursos financieros de organismos internacionales, recursos financieros de fondos de pensiones y cesantías y recursos de fondos de inversión públicos y privados.

PARÁGRAFO. El Gobierno Nacional determinará dentro de los 6 meses siguientes a la promulgación de esta ley, las condiciones generales que sean necesarias para el funcionamiento de este fondo. La decisión de financiación de los proyectos empresariales presentados al Fondo Emprender será tomada por el Consejo Directivo del SENA.

ARTÍCULO 41. APOYO DE SOSTENIMIENTO

El SENA destinará el 20% de los recaudos generados por la sustitución de la cuota de aprendizaje en dinero que se refiere el artículo 34 de la presente Ley, a la cuenta "Apoyos de sostenimiento del presupuesto general de la entidad", y con las siguientes destinaciones específicas:

a) Apoyo de sostenimiento durante las fases lectiva y práctica de los estudiantes del SENA que cumplan los criterios de rendimiento académico y pertenezcan a estratos 1 y 2;

b) Pago de la prima de la póliza de seguros que se establezca por el Gobierno Nacional para estos alumnos durante la fases lectiva y práctica;

c) Elementos de seguridad industrial y dotación de vestuario, según reglamentación que expida el Gobierno Nacional.

PARÁGRAFO. El Consejo Directivo Nacional del SENA reglamentará tanto el monto de los apoyos a conceder, la distribución en estos diversos conceptos, así como los criterios que permitan la operación de las condiciones antes establecidas para gozar de los mismos.

TÍTULO III
CONTRATO DE TRABAJO CON DETERMINADOS TRABAJADORES

CAPÍTULO I
TRABAJO A DOMICILIO

ARTÍCULO 89. CONTRATO DE TRABAJO

Hay contrato de trabajo con la persona que presta habitualmente servicios remunerados en su propio domicilio, sola o con la ayuda de miembros de su familia por cuenta de un empleador.

ARTÍCULO 90. AUTORIZACIÓN PREVIA

Derog. Par. 3 Art. 65 L. 1429/2010.

ARTÍCULO 91. LIBRO DE TRABAJADORES

Derog. Par. 3 Art. 65 L. 1429/2010.

ARTÍCULO 92. LIBRETA DE SALARIO

Derog. Par. 3 Art. 65 L. 1429/2010.

ARTÍCULO 93. INFORMES

Derog. Par. 3 Art. 65 L. 1429/2010.

CAPÍTULO II
AGENTES COLOCADORES DE PÓLIZAS DE SEGUROS

ARTÍCULO 94. AGENTES COLOCADORES DE PÓLIZAS DE SEGUROS Y TÍTULOS DE CAPITALIZACIÓN

Modif. Art. 9° L. 50/1990. Son agentes colocadores de pólizas de seguros y títulos de capitalización las personas naturales que promuevan la celebración de contratos de seguro y capitalización y la renovación de los mismos en relación con una o varias compañías de seguros o sociedades de capitalización.

ARTÍCULO 95. CLASES DE AGENTES

Modif. Por Artículo 10 L. 50/1990. Los agentes colocadores de pólizas de seguros y títulos de capitalización podrán tener el carácter de dependientes o independientes.

ARTÍCULO 96. AGENTES DEPENDIENTES

Modif. Art. 11 L. 50/1990. Son agentes dependientes las personas que han celebrado contrato de trabajo para desarrollar esta labor, con una compañía de seguros o una sociedad de capitalización.

PARÁGRAFO TRANSITORIO

No obstante lo dispuesto en los artículos anteriores, las relaciones laborales que se hubieren configurado entre los agentes colocadores de pólizas de seguros y de títulos de capitalización y una o varias compañías de seguros o sociedades de capitalización, con anterioridad a la vigencia de la presente ley, continuarán rigiéndose por las normas bajo las cuales se establecieron.

ARTÍCULO 97. AGENTES INDEPENDIENTES

Modif. Art. 12 L. 50/1990. En este evento no se podrán pactar cláusulas de exclusividad que le impidan al agente colocador celebrar contratos con varias compañías de seguros o sociedades de capitalización.

ARTÍCULO 97-A. COLOCADORES DE APUESTAS PERMANENTES

Adic. Art. 13 L. 50/1990. Los colocadores de apuestas permanentes, al igual que los agentes colocadores de pólizas de seguros y títulos de capitalización, podrán tener el carácter de dependientes o independientes. Son colocadores de apuestas dependientes los que han celebrado contratos de trabajo para desarrollar esa labor, con una empresa concesionaria. Son colocadores de apuestas independientes las personas que por sus propios medios se dediquen a la promoción o colocación de apuestas permanentes, sin dependencia de una empresa concesionaria, en virtud de un contrato mercantil. En este evento no se podrán pactar cláusulas de exclusividad.

PARÁGRAFO. Los colocadores de apuestas permanentes que con anterioridad a la vigencia de la presente ley estuvieren vinculados mediante contrato de trabajo, mantendrán tal vinculación de idéntica naturaleza.

CAPÍTULO III
REPRESENTANTES, AGENTES VIAJEROS Y AGENTES VENDEDORES

ARTÍCULO 98. CONTRATO DE TRABAJO

Subrog. Art. 3 Dcto.-Ley 3129/1956. Hay contrato de trabajo con los representantes, agentes vendedores y agentes viajeros, cuando al servicio de personas determinadas, bajo su continuada dependencia y mediante remuneración se dediquen personalmente al ejercicio de su profesión y no constituyan por sí mismos una empresa comercial. Esos trabajadores deben proveerse de una licencia para ejercer su profesión, que expedirá el Ministerio de Fomento (Ministerio de Comercio, Industria y Turismo).

CAPÍTULO IV
TRABAJADORES DE NOTARIAS PÚBLICAS Y OFICINAS DE REGISTRO DE INSTRUMENTOS PÚBLICOS Y PRIVADOS

ARTÍCULO 99

Derog. por Dcto.-Ley 59/1957.

ARTÍCULO 100

Derog. Art. 8 Dcto.-Ley 59/1957.

CAPÍTULO V
PROFESORES DE ESTABLECIMIENTOS PARTICULARES DE ENSEÑANZA

ARTÍCULO 101. DURACIÓN DEL CONTRATO DE TRABAJO

El contrato de trabajo con los profesores de establecimientos particulares de enseñanza se entiende celebrado por el año escolar, salvo estipulación ~~por tiempo menor~~.

Nota de vigencia: C.Const. mediante Sent. C-483/1995. M.P: José Gregorio Hernández Galindo. Declaró inexequible la expresión "por tiempo menor", por cuanto:

«En efecto, el artículo 53 de la Constitución, al disponer que el Congreso expedirá el estatuto del trabajo, ordena que la ley tenga en cuenta los principios mínimos fundamentales que la misma norma enuncia, uno de los cuales es el de la estabilidad en el empleo.
La limitante establecida por la norma acusada, según el análisis que precede, transgrede el principio en mención, al impedir a los profesores de establecimientos particulares de enseñanza la celebración de contratos de trabajo por un tiempo mayor al del año escolar, pues, dado que a la luz de la norma el máximo período de contratación es de un año, ocurre que no obstante haberse desempeñado de acuerdo con las condiciones fijadas por la ley y por el contrato mismo, de antemano se sabe que su vinculación laboral se verá interrumpida, con notorio sacrificio de su estabilidad en el empleo, pues nada les garantiza que seguirán trabajando durante el siguiente año lectivo, y con la necesaria pérdida de la continuidad indispensable para el cómputo y pago de sus prestaciones sociales».

ARTÍCULO 102. VACACIONES Y CESANTÍAS

Modif. Art. 5 Dcto.-Ley 3743/1950.

1. Para el efecto de los derechos de vacaciones y cesantía, se entiende que el trabajo del año escolar equivale a trabajo en un año del calendario.

2. Las vacaciones reglamentarias del respectivo establecimiento dentro del año escolar serán remuneradas y excluyen las vacaciones legales, en cuanto aquéllas excedan de quince (15) días.

Nota de vigencia: C.Const. mediante Sent. C-483/1995. M.P: José Gregorio Hernández Galindo. Declaró exequible el Artículo 102. Al respecto señaló la Corte que: «disposición enjuiciada no choca con norma o precepto constitucional alguno, pues su propósito fundamental consiste en prever las reglas aplicables para el pago de prestaciones, dado que el tiempo de vinculación del trabajador al servicio, por razón de la estructura educativa de los establecimientos docentes, no es continuo, sino que debe interrumpirse al finalizar el respectivo período académico.
Otro tanto puede decirse del numeral 2 del artículo acusado, a cuyo tenor las vacaciones reglamentarias del respectivo centro educativo, dentro del año escolar, serán remuneradas y excluyen las vacaciones legales en cuanto aquéllas excedan de quince (15) días.
Se trata, otra vez, de adaptar el sistema legal de vacaciones previsto para todos los trabajadores a la situación que se genera por la forma en que se dividen los períodos académicos, mediante la suspensión de las labores dentro del año escolar por las temporadas vacacionales de los estudiantes, quedando cobijados en ellas los docentes.
Si faltara la disposición especial que se considera, podría pensarse que los profesores, como trabajadores que son, gozarían del derecho a tomar sus vacaciones remuneradas individuales no obstante el disfrute real de ellas cuando son suspendidas las tareas escolares. Esto representaría un trato inequitativo y desigual, en cuanto preferente, e injustificado, en detrimento de los demás trabajadores, y además implicaría rupturas constantes en los períodos académicos normales, con notorio sacrificio de la continuidad que debe imperar en el quehacer educativo.
No encuentra la Corte que esta disposición lesione derechos de los docentes ni quebrante la normativa constitucional».

CAPÍTULO VI
CHOFERES DE SERVICIO FAMILIAR

ARTÍCULO 103. TERMINACIÓN DEL CONTRATO

Modif. Art. 4 Dcto.-Ley 617/1954.

1. Al contrato de trabajo con los choferes de servicio familiar se le aplican las disposiciones establecidas para trabajadores domésticos, pero la cesantía, las vacaciones remuneradas y el auxilio en caso de enfermedad no profesional se les liquidaran en la forma ordinaria.

2. En los casos de terminación unilateral del contrato de trabajo con el servicio doméstico y con los choferes de servicio familiar, conforme al artículo 48 del Código Sustantivo del Trabajo, el preaviso será de siete (7) días (este numeral fue derogado tácitamente, por efecto de la Sentencia C-038-2020).

Concord. Arts. 61, 62 y 64 CST.

TÍTULO IV
REGLAMENTO DE TRABAJO Y MANTENIMIENTO DEL ORDEN EN EL ESTABLECIMIENTO

CAPÍTULO I
REGLAMENTO

ARTÍCULO 104. DEFINICIÓN

Reglamento de trabajo es el conjunto de normas que determinan las condiciones a que deben sujetarse el empleador y sus trabajadores en la prestación del servicio.

ARTÍCULO 105. OBLIGACIÓN DE ADOPTARLO

1. Está obligado a tener un reglamento de trabajo todo empleador que ocupe más de cinco (5) trabajadores de carácter permanente en empresas comerciales, o más de diez (10) en empresas industriales, o más de veinte (20) en empresas agrícolas, ganaderas o forestales.

2. En empresas mixtas, la obligación de tener un reglamento de trabajo existe cuando el empleador ocupe más de diez (10) trabajadores.

ARTÍCULO 106. ELABORACIÓN

El empleador puede elaborar el reglamento sin intervención ajena, salvo lo dispuesto en pacto, convención colectiva, fallo arbitral o acuerdo con sus trabajadores.

Nota de vigencia: C.Const. mediante C-934/2004. M.P: Jaime Córdoba Triviño. Declaró exequible condicionalmente el Artículo 106 «siempre y cuando se entienda que en aquellas disposiciones del reglamento de trabajo que afecten directamente a los trabajadores, como son las escalas de sanciones y faltas y el procedimiento para formular quejas, debe el empleador escuchar a los trabajadores y abrir el escenario propio para hacer efectiva su participación».

ARTÍCULO 107. EFECTO JURÍDICO

El reglamento hace parte del contrato individual de trabajo de cada uno de los trabajadores del respectivo establecimiento, salvo estipulación en contrario, que, sin embargo, sólo puede ser favorable al trabajador.

ARTÍCULO 108. CONTENIDO

El reglamento debe contener disposiciones normativas de los siguientes puntos:

1. Indicación del empleador y del establecimiento o lugares de trabajo comprendidos por el reglamento.
2. Condiciones de admisión, aprendizaje y período de prueba.
3. Trabajadores accidentales o transitorios.
4. Horas de entrada y salida de los trabajadores; horas en que principia y termina cada turno si el trabajo se efectúa por equipos; tiempo destinado para las comidas y períodos de descanso durante la jornada.
5. Horas extras y trabajo nocturno; su autorización, reconocimiento y pago.
6. Días de descanso legalmente obligatorio; horas o días de descanso convencional o adicional; vacaciones remuneradas; permisos, especialmente lo relativo a desempeño de comisiones sindicales, asistencia al entierro de compañeros de trabajo y grave calamidad doméstica.
7. Salario mínimo legal o convencional.
8. Lugar, día, hora de pagos y período que los regula.
9. Tiempo y forma en que los trabajadores deben sujetarse a los servicios médicos que el empleador suministre.

10. Prescripciones de orden y seguridad.

11. Indicaciones para evitar que se realicen los riesgos profesionales e instrucciones, para prestar los primeros auxilios en caso de accidente.

12. Orden jerárquico de los representantes del empleador, jefes de sección, capataces y vigilantes.

13. Especificaciones de las labores que no deben ejecutar las mujeres y los menores de dieciséis (16) años *(debe entenderse que, por efecto de lo dispuesto por el Art. 44 de la Constitución Política de 1991, la vigencia de la Ley 1098 de 2006, y el Art. 9° de la Ley 73 de 1966, la mayoría de edad se obtiene a los 18 años de edad)*.

14. Normas especiales que se deben guardar en las diversas clases de labores, de acuerdo con la edad y el sexo de los trabajadores, con miras a conseguir la mayor higiene, regularidad y seguridad en el trabajo.

15. Obligaciones y prohibiciones especiales para el empleador y los trabajadores.

16. Escala de faltas y procedimientos para su comprobación; escala de sanciones disciplinarias y forma de aplicación de ellas.

17. La persona o personas ante quienes se deben presentar los reclamos del personal y tramitación de éstos, expresando que el trabajador o los trabajadores pueden asesorarse del sindicato respectivo.

18. Prestaciones adicionales a las legalmente obligatorias, si existieren.

19. Publicación y vigencia del reglamento.

Concord. Artículo 9 L. 73/1966.

Concord. Artículo 9 L. 1010/2006.

Concord. Artículo 5 Dcto. 884/2012.

Concord. Artículo 4 Dcto. 1015/1995.

Nota de vigencia: C.Const. mediante Sent. C-038/2021. M.P: Cristina Pardo Sclesinger. Declaró inexequible la expresión "las mujeres y" contemplada en el numeral 13 del artículo 108 del Decreto ley 2663 de 1950. Al respecto señaló la Corte que: «En síntesis, la protección que el ordenamiento nacional e internacional de los derechos humanos le confiere a los derechos fundamentales de las mujeres impone a todas las autoridades sin excepción garantizar que ellas tendrán las mismas oportunidades que los hombres en el ámbito laboral; que podrán elegir libremente su profesión o empleo, que gozarán del derecho al ascenso y estabilidad en el trabajo, así como podrán acceder a todas las prestaciones de servicio, a la formación profesional, actualización de conocimientos, derecho a igual remuneración y trato, al paso que a la seguridad social, protección a la salud y a la seguridad en las condiciones laborales».

ARTÍCULO 109. CLÁUSULAS INEFICACES

No producen ningún efecto las cláusulas del reglamento que desmejoren las condiciones del trabajador en relación con lo establecido en las leyes, contratos individuales, pactos, convenciones colectivas o fallos arbitrales, los cuales sustituyen las disposiciones del reglamento en cuanto fueren más favorables al trabajador.

ARTÍCULO 110. NORMAS EXCLUIDAS

El reglamento no debe contener las reglas de orden meramente técnico o administrativo que formule el empleador para la ejecución de los trabajos, ni normas distintas de las mencionadas en el artículo 108.

ARTÍCULO 111. SANCIONES DISCIPLINARIAS

Las sanciones disciplinarias no pueden consistir en penas corporales, ni en medidas lesivas de la dignidad del trabajador.

ARTÍCULO 112. SUSPENSIÓN DEL TRABAJO

Cuando la sanción consista en suspensión del trabajo, ésta no puede exceder de ocho (8) días por la primera vez, ni de dos (2) meses en caso de reincidencia de cualquier grado.

ARTÍCULO 113. MULTAS

1. Las multas que se prevean, sólo puede causarse por retrasos o faltas al trabajo sin excusa suficiente; no puede exceder de la quinta (5a) parte del salario de un (1) día, y su importe se consigna en cuenta especial para dedicarse exclusivamente a premios o regalos para los trabajadores del establecimiento.

2. El empleador puede descontar las multas del valor de los salarios.

3. La imposición de una multa no impide que el empleador prescinda del pago del salario correspondiente al tiempo dejado de trabajar.

Nota de vigencia: C.Const. mediante Sent. C-478/07. M.P: Rodrigo Escobar Gil. Declaró exequible el Artículo 113, toda vez que: «Para la Corte es claro que a través del artículo 113 del

CST se regulan dos asuntos propios de la problemática laboral, que si bien coinciden en cuanto a la fuente de la conducta: los retrasos o faltas al trabajo sin excusa suficiente, tienen connotaciones y efectos jurídicos sustancialmente distintos. Por un lado, se trata una situación que pertenece al ámbito propio del derecho disciplinario laboral, cual es la imposición de la sanción de multa, y por el otro, de un aspecto derivado propiamente del contrato de trabajo, como es el de prescindir del pago del salario correspondiente al tiempo dejado de trabajar, que por supuesto no tiene naturaleza punitiva. Así las cosas, contrario a lo afirmado por el actor, no encuentra la Corte que el artículo 113 del CST viole el principio del non bis in ídem. Inicialmente, por cuanto una de las dos consecuencias jurídicas previstas en la norma, la de prescindir del pago del salario correspondiente al tiempo dejado de trabajar, no tiene carácter punitivo y, por tanto, no se está en presencia del doble enjuiciamiento, que es presupuesto básico para determinar un posible desconocimiento del precitado principio. Adicionalmente, es menester destacar que los dos efectos jurídicos previstos en la norma acusada, no tienen la misma causa ni persiguen la misma finalidad. Tratándose de la sanción de multa, ésta es consecuencia del proceso disciplinario y con ella se persigue mantener el orden y la disciplina en el proceso económico de la empresa. En lo que hace a la posibilidad de prescindir del pago del salario correspondiente al tiempo dejado de trabajar, su fuente originaria y directa es el contrato de trabajo y su propósito específico es meramente económico».

ARTÍCULO 114. SANCIONES NO PREVISTAS

El empleador no puede imponer a sus trabajadores sanciones no previstas en el reglamento, en pacto, en convención colectiva, en fallo arbitral o en contrato individual.

ARTÍCULO 115. PROCEDIMIENTO PARA SANCIONES

Modif. Art. 10 Dcto. 2351/1965. Antes de aplicarse una sanción disciplinaria al empleador, debe dar oportunidad de ser oídos tanto al trabajador inculpado como a dos representantes del sindicato a que este pertenezca. No producirá efecto alguno la sanción disciplinaria que se imponga pretermitiendo este trámite.

Nota de vigencia: C.Const. mediante Sent. C-593/2014. M.P: Jorge Ignacio Pretelt Chaljub. Declaró exequible el Artículo 115, toda vez que: «La jurisprudencia ha señalado que el hecho que el artículo 29 de la Constitución disponga que el debido proceso se aplica a toda clase de actuaciones judiciales y administrativas implica que "en todos los campos donde se haga uso de la facultad disciplinaria, entiéndase ésta como la prerrogativa de un sujeto para imponer sanciones o castigos, deben ser observados los requisitos o formalidades mínimas que integran el debido proceso". En virtud de lo anterior, ha determinado que este mandato "no sólo involucra u obliga a las autoridades públicas, en el sentido amplio de este término, sino a los particulares que se arrogan esta facultad, como una forma de mantener un principio de orden al interior de sus organizaciones (v. gr. establecimientos educativos, empleadores, asociaciones con o sin ánimo de lucro, etc.)". Agregó la Corporación, en relación con la sujeción al debido proceso en los procedimientos en que los particulares tienen la posibilidad de aplicar sanciones o juzgar la conducta de terceros, lo siguiente "no podría entenderse cómo semejante garantía, reconocida al ser humano frente a quien juzga o evalúa su conducta, pudiera ser exigible únicamente al Estado. También los particulares, cuando se hallen en posibilidad de aplicar sanciones o castigos, están obligados por la Constitución a observar las reglas del debido proceso, y es un derecho fundamental de la persona procesada la de que, en su integridad, los fundamentos y postulados que a esa garantía corresponden le sean aplicados". En otras ocasiones, esta Corte ha llegado a la misma conclusión apoyada en el argumento de que "la garantía del debido proceso ha sido establecida en favor de la persona, de toda persona, cuya dignidad exige que, si se deducen en su contra consecuencias negativas derivadas del ordenamiento jurídico, tiene derecho a que su juicio se adelante según reglas predeterminadas, por el tribunal o autoridad competente y con todas las posibilidades de defensa y de contradicción, habiendo sido oído el acusado y examinadas y evaluadas las pruebas que obran en su contra y también las que constan en su favor"».

ARTÍCULO 116. APROBACIÓN Y PROCEDIMIENTO

Derog. Par. 3 Art. 65 L. 1429/2010.

ARTÍCULO 117. FORMA DE PRESENTACIÓN

Derog. Par. 3 Art. 65 L. 1429/2010.

ARTÍCULO 118. INVESTIGACIÓN

Derog. Par. 3 Art. 65 L. 1429/2010.

ARTÍCULO 119. OBJECIONES

Subrog. Art. 5 Dcto.-Ley 617/1954. Inc. 3 Modif. Art. 14 L. 11/1984. Modif. Art. 17 L. 1429/2010. El Empleador publicará en cartelera de la empresa el Reglamento Interno de Trabajo y en la misma informará a los trabajadores, mediante circular interna, del contenido de dicho reglamento, fecha desde la cual entrará en aplicación.

La organización sindical, si la hubiere, y los trabajadores no sindicalizados, podrán solicitar al empleador dentro de los quince (15) días hábiles siguientes los ajustes que estimen necesarios cuando consideren que sus cláusulas contravienen los artículos 106, 108, 111, 112 o 113 del Código Sustantivo del Trabajo.

Si no hubiere acuerdo el inspector del trabajo adelantará la investigación correspondiente, formulará objeciones si las hubiere y ordenará al empleador realizar las adiciones, modificaciones o supresiones conducentes, señalando como plazo máximo quince (15) días hábiles, al cabo de los cuales el empleador realizará los ajustes so pena de incurrir en multa equivalente a cinco (5) veces el salario mínimo legal mensual vigente.

Nota de vigencia: C.Const. mediante Sent. C-934/2004. M.P.: Jaime Córdoba Triviño. Declaró exequible condicionadamente el Artículo 119 «en el entendido de que para efectos de realizar las objeciones, la autoridad del trabajo debe tener en cuenta la ley, la Constitución y los convenios internacionales que consagren derechos de los trabajadores».

ARTÍCULO 120. PUBLICACIÓN

Modif. Art. 22 L. 1429/2010. Una vez cumplida la obligación del artículo 12, el empleador debe publicar el reglamento del trabajo, mediante la fijación de dos (2) copias en caracteres legibles, en dos (2) sitios distintos. Si hubiere varios lugares de trabajo separados, la fijación debe hacerse en cada uno de ellos.

ARTÍCULO 121. VIGENCIA

Derog. Par. 3 Art. 65 L. 1429/2010.

ARTÍCULO 122. PRUEBA DE LA PUBLICACIÓN

Derog. Par. 3 Art. 65 L. 1429/2010.

ARTÍCULO 123. PLAZO PARA LA PRESENTACIÓN

Derog. Par. 3 Art. 65 L. 1429/2010.

ARTÍCULO 124. REVISIÓN

Derog. Par. 3 Art. 65 L. 1429/2010

ARTÍCULO 125. PROCEDIMIENTO DE REVISIÓN

Derog. por parágrafo 3o. Art. 15 L. 1429/2010.

CAPÍTULO II
MANTENIMIENTO DEL ORDEN

ARTÍCULO 126. PROHIBICIONES

Los directores o trabajadores no pueden ser agentes de la autoridad pública en los establecimientos o lugares de trabajo, ni intervenir en la selección del personal de la policía, ni darle órdenes, ni suministrarle alojamiento o alimentación gratuitos, ni hacerle dádivas.

TÍTULO V
SALARIOS

CAPÍTULO I
DISPOSICIONES GENERALES

ARTÍCULO 127. ELEMENTOS INTEGRANTES

Modif. Art. 14 L. 50/1990. Constituye salario no sólo la remuneración ordinaria, fija o variable, sino todo lo que recibe el trabajador en dinero o en especie como contraprestación directa del servicio, sea cualquiera la forma o denominación que se adopte, como primas, sobresueldos, bonificaciones habituales, valor del trabajo suplementario o de las horas extras, valor del trabajo en días de descanso obligatorio, porcentajes sobre ventas y comisiones.

ARTÍCULO 128. PAGOS QUE NO CONSTITUYEN SALARIOS

Modif. Art. 15 L. 50/1990. No constituyen salario las sumas que ocasionalmente y por mera liberalidad recibe el trabajador del empleador, como primas, bonificaciones o gratificaciones ocasionales, participación de utilidades, excedentes de las empresas de economía solidaria y lo que recibe en dinero o en especie no para su beneficio, ni para enriquecer su patrimonio, sino para desempeñar a cabalidad sus funciones, como gastos de representación, medios de transporte, elementos de trabajo y otros semejantes. Tampoco las prestaciones sociales de que tratan los títulos VIII y IX, ni los beneficios o auxilios habituales u ocasionales acordados convencional o contractualmente u otorgados en forma extralegal por el {empleador}, cuando las partes hayan dispuesto expresamente que no constituyen salario en dinero o en especie, tales como la alimentación, habitación o vestuario, las primas extralegales, de vacaciones, de servicios o de navidad.

Nota de vigencia: C.Const mediante Sent. C-710/96 M.P: Dr. Jorge Arango Mejía. Declaró exequible el Artículo 128. Y Aparte subrayado declarado exequible por Sent. C-521/95 M.P: Dr. Antonio Barrera Carbonell, por cuanto: «La definición de lo que es factor salarial, corresponde a la forma como se desarrolla el vínculo laboral, y no a la existencia de un texto legal o convencional que lo consagre o excluya como tal, pues todo aquello que recibe el trabajador como contraprestación directa de su servicio, sin importar su denominación, es salario. En esta materia, la realidad prima sobre las formalidades pactadas por los sujetos que intervienen en la relación laboral. Por tanto, si determinado pago no es considerado salario, a pesar de que por sus características es retribución directa del servicio prestado, el juez laboral, una vez analizadas las circunstancias propias del caso, hará la declaración correspondiente. El artículo se limita a establecer que no constituyen salario las sumas que ocasionalmente, y por mera liberalidad recibe el trabajador, y a señalar algunos ejemplos de esos conceptos. Definición que no desconoce norma alguna de la Constitución, ni impide que se pueda reclamar ante el juez competente, el reconocimiento salarial de una suma o prestación excluida como tal, cuando, por sus características, ella tiene por objeto retribuir el servicio prestado. En caso de que los regímenes salariales desconozcan la norma, y, por ende, se cree una desigualdad, lo lógico es demandar esos regímenes y, no el artículo que se acaba de analizar, pues él se limita enunciativamente a determinar que sumas no son salario. Sin que ello implique que, en casos concretos, el juez, una vez analizadas las circunstancias que rodean el caso puesto a su consideración, concluya que determinadas sumas de dinero que recibe el trabajador, a pesar de estar excluidas como factor salarial lo son, en razón al carácter retributivo de la labor prestada. Nada obsta para que el legislador, en relación con determinadas prestaciones, establezca que ellas, a pesar de no ser salario, se consideren como tal, para asignarle determinados efectos».

ARTÍCULO 129. SALARIO EN ESPECIE

Modif. Art. 16 L. 50/1990.

1. Constituye salario en especie toda aquella parte de la remuneración ordinaria y permanente que reciba el trabajador como contraprestación directa del servicio, tales como alimentación, habitación o vestuario que el {empleador} suministra al trabajador o a su familia, salvo la estipulación prevista en el artículo 15 de esta ley.

2. El salario en especie debe valorarse expresamente en todo contrato de trabajo. A falta de estipulación o de acuerdo sobre su valor real se estimará pericialmente, sin que pueda llegar a constituir y conformar más del cincuenta por ciento (50%) de la totalidad del salario.

3. No obstante, cuando un trabajador devengue el salario mínimo legal, el valor por el concepto de salario en especie no podrá exceder del treinta por ciento (30%).

Nota de vigencia: Aparte subrayado Declarado exequible por Sent. C-521/95 M.P: Dr. Antonio Barrera Carbonell. Al respecto señala la Corte que: «Constituye salario no sólo la remuneración ordinaria, fija o variable sino todo lo que recibe el trabajador en dinero o en especie como contraprestación o retribución directa y onerosa del servicio, y que ingresan real y efectivamente a su patrimonio, es decir, no a título gratuito o por mera liberalidad del empleador, ni lo que recibe en dinero en especie no para su beneficio ni para enriquecer su patrimonio, sino para desempeñar a cabalidad sus funciones, ni las prestaciones sociales, ni los pagos o suministros en especie, conforme lo acuerden las partes, ni los pagos que según su naturaleza y por disposición legal no tienen carácter salarial, o lo tienen en alguna medida para ciertos efectos, ni los beneficios o auxilios habituales u ocasionales, acordados convencional o contractualmente u otorgados en forma extralegal por el empleador, cuando por disposición expresa de las partes no tienen el carácter de salario, con efectos en la liquidación de prestaciones sociales».

ARTÍCULO 130. VIÁTICOS

Modif. Art. 17 L. 50/1990.

1. Los viáticos permanentes constituyen salario en aquella parte destinada a proporcionar al trabajador manutención y alojamiento; pero no en lo que sólo tenga por finalidad proporcionar los medios de transporte o los gastos de representación.

2. Siempre que se paguen debe especificarse el valor de cada uno de estos conceptos.

3. Los viáticos accidentales no constituyen salario en ningún caso. Son viáticos accidentales aquéllos que sólo se dan con motivo de un requerimiento extraordinario, no habitual o poco frecuente.

Nota de vigencia: C.Const. mediante Sent. C-081/96 M.P: Dr. Alejandro Martínez Caballero. Declaró exequible el Art. 130. Al respecto señaló la Corte: «La distinción legal entre viáticos permanentes y transitorios, para efectos salariales, se ajusta a la Carta, dado que es posible que el legislador establezca la noción respectiva de qué es salario, siempre y cuando no desborde el contenido constitucional que se le ha dado al concepto a definir. En efecto, con criterios que armonizan con la Carta, la OIT, en el artículo 1° del Convenio No. 95 relativo a la protección del salario, ratificado por Colombia mediante la Ley 54 de 1962, y que por ende hace parte de la legislación interna, ha definido el salario, como "la remuneración o ganancia, sea cual fuere su denominación o método de cálculo, siempre que pueda evaluarse en efectivo, fijada por acuerdo o por la legislación nacional, y debida por un empleador a un trabajador en virtud de un contrato de trabajo, escrito o verbal, por el trabajo que este último haya efectuado o deba efectuar o por servicios que haya prestado o deba prestar. La Corte entiende que el establecimiento legal de una fracción salarial en el total del viático permanente se encuentra dentro del marco de desarrollo legal, en la cual el legislador se desenvuelve en un ámbito de acción autorizado constitucionalmente».

ARTÍCULO 131. PROPINAS

1. Las propinas que recibe el trabajador no constituye salario.

2. No puede pactarse como retribución del servicio prestado por el trabajador lo que éste reciba por propinas.

ARTÍCULO 132. FORMAS Y LIBERTAD DE ESTIPULACIÓN

Modif. Art. 18 L. 50/1990.

1. El empleador y el trabajador pueden convenir libremente el salario en sus diversas modalidades como por unidad de tiempo, por obra, o a destajo y por tarea, etc., pero siempre respetando el salario mínimo legal o el fijado en los pactos, convenciones colectivas y fallos arbitrales.

2. No obstante lo dispuesto en los artículos 13, 14, 16, 21 y 340 del Código Sustantivo del Trabajo y las normas concordantes con éstas, cuando el trabajador devengue un salario ordinario superior a diez (10) salarios mínimos legales mensuales, valdrá la estipulación escrita de un salario que además de retribuir el trabajo ordinario, compense de antemano el valor de prestaciones, recargos y beneficios tales como el correspondiente al trabajo nocturno, extraordinario o al dominical y festivo, el de primas legales, extralegales, las cesantías y sus intereses, subsidios y suministros en especie; y, en general, las que se incluyan en dicha estipulación, excepto las vacaciones.

En ningún caso el salario integral podrá ser inferior al monto de diez (10) salarios mínimos legales mensuales, más el factor prestacional correspondiente a la empresa que no podrá ser inferior al treinta por ciento (30%) de dicha cuantía. *El monto del factor prestacional quedará exento del pago de retención en la fuente y de impuestos.*

3. Este salario no estará exento de las cotizaciones a la seguridad social, ni los aportes al SENA, ICBF, y Cajas de Compensación Familiar, pero en caso de estas tres últimas entidades, los aportes se disminuirán en un treinta por ciento (30%).

4. El trabajador que desee acogerse a esta estipulación, recibirá la liquidación definitiva de su auxilio de cesantía y demás prestaciones sociales causadas hasta esa fecha, sin que por ello se entienda terminado su contrato de trabajo.

Nota de vigencia:

Aparte en itálica Declarado exequible por la Sent. C-010 de 1995. M.P: Jorge Arango Mejía. Al respecto señaló la Corte que: «A primera vista aparece claro que la frase demandada consagra una exención, que es precisamente lo contrario de establecer un impuesto. Basta leerla: "El monto del factor prestacional quedará exento del pago de retención en la fuente y de impuestos". ¿Sobre qué parte del salario integral se establece la exención? Precisamente sobre el factor prestacional, que no puede ser inferior al treinta por ciento (30%) de diez (10) salarios mínimos legales. Fácilmente se entiende que una cosa es "imponer contribuciones fiscales o parafiscales" y al hacerlo fijar directamente" los sujetos activos y pasivos, los hechos y las bases gravables y las tarifas de los impuestos", y otra, completamente diferente, establecer una exención al impuesto. Para hacer esto último basta señalar el ingreso que no está sujeto al impuesto. Que es, precisamente, lo que hace la frase demandada. Por este primer aspecto, pues, se ve que no existe la supuesta violación del artículo 338 de la Constitución».

Aparte subrayado Declarado exequible por Sent. C-565/98 M.P: Dr. José Gregorio Hernández Galindo, toda vez que: «El concepto de salario integral es de origen legal. La Constitución Política no lo contempla y, por lo tanto, no establece reglas acerca de su contenido y monto, los cuales corresponden al legislador.
Se limita el legislador, en el tema considerado, como lo puede hacer por expreso mandato de la Carta (art. 150, numeral 2), a modificar uno de los códigos, en este caso el Sustantivo del Trabajo, que contiene las disposiciones básicas en materia salarial.
Ahora bien, la norma analizada, general y abstracta, es aplicable a las relaciones laborales de carácter particular, sobre el supuesto de un mutuo acuerdo entre trabajador y patrono, mediante el cual, cuando el empleado devengue un salario ordinario superior a diez salarios mínimos legales mensuales, los dos pactan por escrito un salario que, "además de retribuir el trabajo ordinario, compense de antemano el valor de prestaciones, recargos y beneficios tales como el correspondiente al trabajo nocturno, extraordinario o al dominical y festivo, el de primas legales, extralegales, las cesantías y sus intereses, subsidios y suministros en especie; y, en general, las que se incluyan en dicha estipulación, excepto las vacaciones", posibilidad que en nada vulnera la Constitución, como lo puso de presente en su momento la Corte Suprema de Justicia (Sentencia del 28 de septiembre de 1991. M.P.: Dr. Jaime Sanín Greiffeinstein).
La disposición legal ahora demandada es complementaria de la anterior y tiene fundamento en la opción legislativa varias veces acogida por la jurisprudencia, de establecer reglas de orden público que no pueden ser desconocidas por los pactos entre patronos y trabajadores, justamente en defensa de estos últimos, que se consideran la parte más débil en la relación laboral. Deben ser especialmente protegidos, como lo ordena el artículo 25 de la Constitución Política y su remuneración regulada por la ley con miras a la proporcionalidad respecto de los servicios prestados, según lo contempla el 53 ***Ibidem****.*
El precepto legal, protector de los derechos esenciales de los trabajadores —supuesta la ya declarada exequibilidad del salario integral— no significa nada distinto de un tope, de obligatorio cumplimiento, aplicable a lo pactado en cuanto hace al monto mínimo del salario integral.
La ley no quebranta en ese punto el derecho a la libertad de patronos y trabajadores, pues ésta no es absoluta y, precisamente con miras a la defensa de los segundos, se halla sujeta a restricciones que impiden el abuso de la posición patronal dominante.
La Corte no considerará el cargo relativo a la posible violación del derecho a la igualdad, que el actor hace consistir en una discriminación entre trabajadores provocada por la disposición según la cual el salario mínimo integral sólo puede ser pactado por los patronos con empleados que devenguen un salario ordinario superior a diez (10) salarios mínimos legales mensuales, requisito éste que, al tenor del numeral 2 del artículo 132 de la Ley 50 de 1990, resulta indispensable para la validez de la estipulación correspondiente.
Como puede verse, esta proposición jurídica no es la misma que constituye objeto del presente proceso —relativo al monto mínimo del salario integral que puede pactarse—, pues hace parte del ya mencionado numeral que, como quedó dicho desde el auto admisorio de la demanda, ya

había sido declarado exequible, en su totalidad, por la Corte Suprema de Justicia bajo la vigencia de la actual Constitución.

Tal circunstancia impide nueva decisión judicial al respecto (art. 243 CP) y, por supuesto, no cabe examen alguno de argumentos contrarios a los que fueron acogidos en su momento por la Corte Suprema de Justicia, los cuales, además, no son aplicables al fragmento normativo impugnado, que supone la hipótesis prevista por la regla ya declarada exequible».

C.Const. mediante Sent. C-988/99 M.P.: Álvaro Tafur Galvis. Declaró exequible el Num. 3 del Artículo 132. Al respecto señaló la Corte que:

«En ese sentido, al señalarse que los aportes citados se disminuirán en un treinta por ciento (30%), que corresponde al factor prestacional, se busca equilibrar la situación de los trabajadores que tienen una remuneración ordinaria con los de salario integral, pues para éstos últimos dada la modalidad de remuneración, sólo el 70% del total de lo que reciben tiene carácter salarial, por lo que no podría afirmarse, en aras de garantizar el principio de igualdad, que los aportes y cotizaciones para pensiones de estos trabajadores se haga sobre el 100% de su remuneración, pues en ese caso no sólo se desconocería la naturaleza misma del salario integral, sino que se colocaría, ahí sí, en una situación de inferioridad al trabajador que ha pactado esta modalidad salarial, frente a los demás que han convenido otro tipo de remuneración.

Por consiguiente, estima la Corte que las medidas adoptadas en las normas que se examinan, guardan proporción con el fin perseguido, cual es, como se indicó, defender el poder adquisitivo del salario integral, en cuanto sólo el 70% de éste tiene carácter salarial, y por lo tanto, sólo sobre ésta parte puede determinarse el aporte al SENA, ICBF y Cajas de Compensación Familiar, así como el cálculo de la base de cotización al sistema de pensiones. En caso contrario, es decir, si se desconociera esa circunstancia particular en la que se encuentran los trabajadores con salario integral, se les colocaría en una situación de desigualdad frente a los demás, con clara violación de la Constitución. Por ende, si el factor prestacional es proporcionalmente inferior en el caso del salario integral al de los trabajadores con remuneración ordinaria, es justificado que el legislador haya determinado que el cálculo de la base de cotización al sistema de pensiones, y los aportes a las entidades señaladas en el artículo 18 de la ley 50 de 1990 sea inferior para éstos, en comparación con los demás trabajadores.

Entonces, a juicio de la Corporación tampoco se desconoce la norma constitucional que reconoce el derecho a la seguridad social, ya que aunque se disminuya el porcentaje sobre el cual se calculan los aportes que deben hacer los trabajadores que han pactado salario integral, en los términos señalados en las disposiciones acusadas, no dejan de cumplir con su obligación; tan sólo que el aporte se disminuye proporcionalmente como consecuencia de la situación prestacional en que quedan aquellos trabajadores que han convenido ésta modalidad salarial.

Por esa razón, no se configura, como erróneamente lo pretende dar a entender el demandante, una violación del artículo 48 constitucional; ni tampoco se afecta el principio constitucional de la solidaridad, por cuanto todos los trabajadores, proporcionalmente, según su capacidad económica y de conformidad con la modalidad salarial convenida, contribuyen obligatoriamente a financiar los fondos de solidaridad.

En conclusión, la Corte estima que las normas acusadas no vulneran los preceptos constitucionales, ya que los porcentajes allí señalados para determinar los aportes al SENA, ICBF y a las Cajas de Compensación, así como el cálculo de la base de cotización al sistema de pensiones, obedecen a la naturaleza propia del salario integral, que por consiguiente requiere un tratamiento diferente al que se impone para los demás trabajadores con salarios ordinarios, el cual no desconoce los principios constitucionales de la igualdad y de la solidaridad. En tal virtud, las disposiciones demandadas serán declaradas ajustadas a la Carta Política, como así se dispondrá en la parte resolutiva de ésta providencia».

ARTÍCULO 133. JORNAL Y SUELDO

Se denomina jornal el salario estipulado por días, y sueldo el estipulado por períodos mayores.

ARTÍCULO 134. PERIODOS DE PAGO

1. El salario en dinero debe pagarse por períodos iguales y vencidos, en moneda legal. El período de pago para los jornales no puede ser mayor de una semana, y para sueldos no mayor de un mes.

2. El pago del trabajo suplementario o de horas extras y el del recargo por trabajo nocturno debe efectuarse junto con el salario ordinario del período en que se han causado, o a más tardar con el salario del período siguiente.

ARTÍCULO 135. ESTIPULACIÓN EN MONEDA EXTRANJERA

Cuando el salario se estipula en moneda o divisas extranjeras, el trabajador puede exigir el pago en su equivalente en moneda nacional colombiana, al tipo de cambio oficial del día en que debe efectuarse el pago.

ARTÍCULO 136. PROHIBICIÓN DE TRUEQUE

Se prohíbe el pago del salario en mercancías, fichas u otros medios semejantes, a menos que se trate de una remuneración parcialmente suministrada en alojamiento, vestido y alimentación para el trabajador y su familia.

ARTÍCULO 137. VENTA DE MERCANCÍAS Y VÍVERES POR PARTE DEL EMPLEADOR

Se prohíbe al empleador vender a sus trabajadores mercancías o víveres a menos que se cumpla con estas condiciones:

a) Libertad absoluta del trabajador para hacer sus compras donde quiera, y

b) Publicidad de las condiciones de venta.

ARTÍCULO 138. LUGAR Y TIEMPO DE PAGO

1. Salvo convenio por escrito, el pago debe efectuarse en el lugar donde el trabajador presta sus servicios, durante el trabajo o inmediatamente después de que este cese.

2. Queda prohibido y se tiene por no hecho, el pago que se haga en centros de vicios o en lugares de recreo, en expendios de mercancías o de bebidas alcohólicas, a no ser que se trate de trabajadores del establecimiento donde se hace el pago.

ARTÍCULO 139. A QUIEN SE HACE EL PAGO

El salario se paga directamente al trabajador o a la persona que él autorice por escrito.

ARTÍCULO 140. SALARIO SIN PRESTACIÓN DEL SERVICIO

Durante la vigencia del contrato el trabajador tiene derecho a percibir el salario aun cuando no haya prestación del servicio por disposición o culpa del empleador.

ARTÍCULO 141. SALARIOS BÁSICOS PARA PRESTACIONES

Solamente en pactos, convenciones colectivas y fallos arbitrales pueden estipularse salarios básicos fijos que sirvan para liquidar la remuneración correspondiente al descanso dominical, y las prestaciones proporcionales al salario, en los casos en que éste no sea fijo, como en el trabajo a destajo o por unidad de obra o por tarea.

Concord. Art. 26 L. 789/02

ARTÍCULO 142. IRRENUNCIABILIDAD Y PROHIBICIÓN DE CEDERLO

El derecho al salario es irrenunciable y no se puede ceder en todo ni en parte, a título gratuito ni oneroso, pero si puede servir de garantía hasta el límite y en los casos que determina la ley.

ARTÍCULO 143. A TRABAJO DE IGUAL VALOR, SALARIO IGUAL

Modif. Art. 7 L. 1496/2011.

1. A trabajo igual desempeñado en puesto, jornada y condiciones de eficiencia también iguales, debe corresponder salario igual, comprendiendo en este todos los elementos a que se refiere el artículo 127.

2. No pueden establecerse diferencias en el salario por razones de edad, género, sexo nacionalidad, raza, religión, opinión política o actividades sindicales.

3. Todo trato diferenciado en materia salarial o de remuneración, se presumirá injustificado hasta tanto el empleador demuestre factores objetivos de diferenciación.

ARTÍCULO 144. FALTA DE ESTIPULACIÓN

Cuando no se haya pactado expresamente salario, se debe el que ordinariamente se paga por la misma labor, y a falta de éste, el que se fijare tomando en cuenta la cantidad y calidad del trabajo, la aptitud del trabajador y las condiciones usuales de la región.

CAPÍTULO II
SALARIO MÍNIMO

ARTÍCULO 145. DEFINICIÓN

Salario mínimo es el que todo trabajador tiene derecho a percibir para subvenir a sus necesidades normales y a las de su familia, en el orden material, moral y cultural.

ARTÍCULO 146. FACTORES PARA FIJARLO

1. Para fijar el salario mínimo deben tomarse en cuenta el costo de la vida, las modalidades del trabajo, la capacidad económica de las empresas y {empleadores} y las condiciones de cada región y actividad.

2. Para los trabajadores del campo el salario mínimo debe fijarse tomando en cuenta las facilidades que el empleador proporciona a sus trabajadores, en lo que se refiere a habitación, cultivos, combustibles y circunstancias análogas que disminuyen el costo de la vida.

3. Las circunstancias de que algunos de los {empleadores} puedan estar obligados a suministrar a sus trabajadores alimentación y alojamiento, también debe tomarse en cuenta para la fijación del salario mínimo.

ARTÍCULO 147. PROCEDIMIENTO DE FIJACIÓN

Modif. Art. 19 L. 50/1990.

1. El salario mínimo puede fijarse en pacto o convención colectiva o en fallo arbitral.

2. Num. 2o. Subrog. por Art. 8 L. 278/1996. Las decisiones de la Comisión serán adoptadas por consenso. El voto de cada sector representativo será el de la mayoría de sus miembros.

PARÁGRAFO. Para la fijación del salario mínimo, la Comisión deberá decidir a más tardar el quince (15) de diciembre. Si no es posible concertar, la parte o partes que no están de acuerdo deben, obligatoriamente, explicar por escrito las razones de la salvedad dentro de las cuarenta y ocho (48) horas siguientes. Las partes tienen la obligación de estudiar esas salvedades y fijar su posición frente a ellas en el término de las siguientes cuarenta y ocho (48) horas. De nuevo, la Comisión deberá reunirse para buscar el consenso según los elementos de juicio que se hubieren allegado antes del treinta (30) de diciembre.

Cuando definitivamente no se logre el consenso en la fijación del salario mínimo, para el año inmediatamente siguiente, a más tardar el treinta (30) de diciembre de cada año, el Gobierno lo determinará teniendo en cuenta como parámetros la meta de inflación del siguiente año fijada por la Junta del Banco de la República y la productividad acordada por el comité tripartito de productividad que coordina el Ministerio de Trabajo y Seguridad Social; además, la contribución de los salarios al ingreso nacional, el incremento del producto interno bruto (PIB) y el índice de precios al consumidor (IPC).

3. Para quienes laboren jornadas inferiores a las máximas legales y devenguen el salario mínimo legal o convencional, éste regirá en proporción al número de horas efectivamente trabajadas, con excepción de la jornada especial de treinta seis horas previstas en el artículo siguiente.

Notas de vigencia: C.Const. mediante Sent. C-815/99 M.P: Dr. José Gregorio Hernández declaró condicionalmente exequible el Artículo 8 «en el entendido de que, al fijar el salario mínimo, en caso de no haberse logrado consenso en la Comisión Permanente de Concertación de Políticas Salariales y Laborales, el Gobierno deberá motivar su decreto, atendiendo, con el mismo nivel e incidencia, además de la meta de inflación del siguiente año, a los siguientes parámetros: la inflación real del año que culmina, según el índice de precios al consumidor; la productividad acordada por la Comisión Tripartita que coordina el Ministerio de Trabajo y Seguridad Social; la contribución de los salarios al ingreso nacional; el incremento del producto interno bruto (PIB); y con carácter prevalente, que habrá de reflejarse en el monto del aumento salarial, la especial protección constitucional del trabajo (art. 25 CP) y la necesidad de mantener una remuneración mínima vital y móvil (art. 53 CP); la función social de la empresa (art. 333 CP) y los objetivos constitucionales de la dirección general de la economía a cargo del Estado (art. 334 CP), uno de los cuales consiste en 'asegurar que todas las personas, en particular las de menores ingresos, tengan acceso a los bienes y servicios básicos».

Concord. Art. 56 de la Constitución Política de 1991: «(...)Una comisión permanente integrada por el gobierno, por representantes de los empleadores y los trabajadores, fomentará las buenas relaciones laborales, contribuirá a la solución de los conflictos colectivos de trabajo y concertará las políticas salariales y laborales. La ley reglamentará su composición y funcionamiento»

ARTÍCULO 148. EFECTO JURÍDICO

La fijación del salario mínimo modifica automáticamente los contratos de trabajo en que se haya estipulado un salario inferior.

Nota de vigencia: C.Const. mediante Sent. C-911/12 M.P: Dr. Mauricio Gonzáles Cuervo declaró exequible el Artículo 148, toda vez que:
«Como se demostró, no tiene que ser igual, ni fáctica ni jurídicamente, el tratamiento de quienes reciben el salario mínimo de aquél previsto para quienes reciben salarios superiores al mínimo. El mantener el poder adquisitivo de los salarios bajos, ha dicho esta Corporación, tiene el carácter de intangible, en razón a la protección constitucional reforzada que la Constitución les dispensa. Por el contrario, quienes ganan salarios más altos no son necesariamente sujetos de una protección salarial reforzada y su derecho a mantener el poder adquisitivo real del salario puede recibir distinto tratamiento, siempre que sea razonable.
«De lo expuesto se infiere que el artículo 53 de la Constitución, cuando habla de salario "móvil", sí está consagrando el derecho a mantener el poder adquisitivo del salario, pero que este mandato no puede interpretarse, como lo hace el demandante, en el sentido en que todos los salarios superiores al mínimo deben ajustarse anualmente en el mismo porcentaje en que haya sido incrementado aquél. Agréguese por último, que la norma acusada no desconoce el Convenio 111, aprobado por Colombia mediante la Ley 22 de 1967, como lo alega el demandante, al generar una distinción de trato injustificada entre los trabajadores a quienes se aplica por ley el incremento de su salario de forma automática y aquellos trabajadores que no gozan de la misma condición o beneficio, por las razones que han sido expuestas.
«De esta manera, la Sala Plena de la Corte Constitucional concluye que no se presentó una omisión legislativa relativa en el artículo 148 del Código Sustantivo del Trabajo, dado que no existe un deber específico y concreto de orden constitucional, que obligue a adoptar una regulación en el sentido propuesto por el accionante, toda vez que —como se demostró— no es igual la situación de los trabajadores que ganan menos de un salario mínimo de aquellos que ganan más de dicho salario, lo que justifica que exista una regulación jurídica diferente entre unos y otros que no quebranta el principio de igualdad ni implica un tratamiento discriminatorio entre los mismos»

CAPÍTULO III
RETENCIÓN, DEDUCCIÓN Y COMPENSACIÓN DE SALARIOS

ARTÍCULO 149. DESCUENTOS PROHIBIDOS

Modif. Art. 18 L. 1429/2010.

1. El empleador no puede deducir, retener o compensar suma alguna del salario, sin orden suscrita por el trabajador, para cada caso, o sin mandamiento judicial. Quedan especialmente comprendidos en esta prohibición los descuentos o compensaciones por concepto de uso o arrendamiento de locales, herramientas o útiles de trabajo; deudas del trabajador para con el empleador, sus socios, sus parientes o sus representantes; indemnización por daños ocasionados a los locales, máquinas, materias primas o productos elaborados o pérdidas o averías de elementos de trabajo; entrega de mercancías, provisión de alimentos y precio de alojamiento.

2. Tampoco se puede efectuar la retención o deducción sin mandamiento judicial, aunque exista orden escrita del trabajador, cuando quiera que se afecte el salario mínimo legal o convencional o la parte del salario declarada inembargable por la ley.

3. Los empleadores quedarán obligados a efectuar oportunamente los descuentos autorizados por sus trabajadores que se ajusten a la ley. El empleador que incumpla lo anterior, será responsable de los perjuicios que dicho incumplimiento le ocasione al trabajador o al beneficiario del descuento.

Concord. Num. 3o. Art. 3 L. 1527/12

ARTÍCULO 150. DESCUENTOS PERMITIDOS

Modif. Art. 22 L. 1911/2018. Son permitidos los descuentos y retenciones por concepto de cuotas sindicales y de cooperativas y cajas de ahorros, autorizadas en forma legal; de cuotas con destino al seguro social obligatorio, de sanciones disciplinarias impuestas de conformidad con el reglamento del trabajo debidamente aprobado, y de la Contribución Solidaria a la Educación Superior para el Servicio de Apoyo para el Acceso y Permanencia de Beneficiarios Activos en Educación Superior (Contribución Sabes).

Concord. L. 1527/02

ARTÍCULO 151. AUTORIZACIÓN ESPECIAL

Modif. Art. 19 L. 1429/2010. El empleador y su trabajador podrán acordar por escrito el otorgamiento de préstamos, anticipos, deducciones, retenciones o compensaciones del salario, señalando la cuota objeto de deducción o compensación y el plazo para la amortización gradual de la deuda.

Cuando pese a existir el acuerdo, el empleador modifique las condiciones pactadas, el trabajador podrá acudir ante el inspector de trabajo a efecto de que exija su cumplimiento, so pena de la imposición de sanciones.

ARTÍCULO 152. PRESTAMOS PARA VIVIENDAS

En los convenios sobre financiación de viviendas para trabajadores puede estipularse que el {empleador} prestamista queda autorizado para retener del salario de sus trabajadores deudores las cuotas que acuerden o que se prevean en los planos respectivos, como abono a intereses y capital, de las deudas contraídas para la adquisición de casa.

ARTÍCULO 153. INTERESES DE LOS PRÉSTAMOS

Fuera de los casos a que se refiere el artículo anterior, los préstamos o anticipos de salarios que haga el empleador al trabajador no pueden devengar intereses.

CAPÍTULO IV
EMBARGOS DE SALARIO

ARTÍCULO 154. REGLA GENERAL

Modif. Art. 3 L. 11/1984. No es embargable el salario mínimo legal o convencional.

ARTÍCULO 155. EMBARGO PARCIAL DEL EXCEDENTE

Modif. Art. 4 L. 11/1984. El excedente del salario mínimo mensual solo es embargable en una quinta parte.

Nota de vigencia: C.Const. mediante Sent. C-710/96 M.P: Dr. Jorge Arango Mejía declaró exequible el Artículo 155. Al respecto la Corte señaló que:
«Según el estatuto laboral, el salario mínimo "es el que todo trabajador tiene derecho a percibir para subvenir a sus necesidades normales y a las de su familia, en el orden material, moral y cultural". Así entendido, es esta parte del salario la que no puede embargarse en ninguna proporción. Por tanto, la norma es del todo ajustada a la Constitución, no sólo en lo que hace al artículo 53, el cual garantiza una remuneración mínima, vital y móvil (salario mínimo), sino en relación con el artículo 42, pues la protección del salario no sólo se erige como una garantía para el trabajador, sino para su núcleo familiar. El salario mínimo, por disposición del artículo 154, es inembargable».

ARTÍCULO 156. EXCEPCIÓN A FAVOR DE COOPERATIVAS Y PENSIONES ALIMENTICIAS

Todo salario puede ser embargado hasta en un cincuenta por ciento (50%) en favor de cooperativas legalmente autorizadas, o para cubrir pensiones alimenticias que se deban de conformidad con los artículos 411 y concordantes del Código Civil.

Nota de vigencia: C. Cnal. exequible Sent. C-589/95 M.P: Dr. Fabio Morón Díaz, toda vez que: «En lo que hace a la acusación que presenta el demandante contra la disposición del artículo 156 del C.S. del T., que viabiliza el embargo hasta del 50% del salario de un trabajador, en favor de cooperativas legalmente autorizadas, baste con decir que ella es concordante con los mandatos consignados en los artículos 58 y 333 de la CP, que señalan para este tipo de empresas un tratamiento preferencial que las promocione y proteja».

CAPÍTULO V
PRELACIÓN DE LOS CRÉDITOS POR SALARIOS

ARTÍCULO 157. PRELACIÓN DE CRÉDITOS POR SALARIOS, PRESTACIONES SOCIALES E INDEMNIZACIONES LABORALES

Modif. Art. 36 L. 50/1990. Los créditos causados o exigibles de los trabajadores por concepto de salarios, las cesantías y demás prestaciones sociales e indemnizaciones laborales pertenecen a la primera clase que establece el artículo 2495 del Código Civil y tienen privilegio excluyente sobre todo los demás.

El juez civil que conozca del proceso de concurso de acreedores o de quiebra dispondrá el pago privilegiado y pronto de los créditos a los trabajadores afectados por la quiebra o insolvencia del empleador.

Cuando la quiebra imponga el despido de trabajadores, los salarios, prestaciones sociales e indemnizaciones se tendrán como gatos pagaderos con preferencia sobre los demás créditos.

Los créditos laborales podrán demostrarse por cualquier medio de prueba autorizado por la ley y, cuando fuera necesario, producidos extrajuicio con intervención del juez laboral o del inspector de trabajo competentes.

PARÁGRAFO. En los procesos de quiebra o concordato los trabajadores podrán hacer valer sus derechos por sí mismos o por intermedio del Sindicato, Federación o Confederación a que pertenezcan, siempre de conformidad con las leyes vigentes.

TÍTULO VI
JORNADA DE TRABAJO

CAPÍTULO I
DEFINICIONES

ARTÍCULO 158. JORNADA ORDINARIA

La jornada ordinaria de trabajo es la que convengan a las partes, o a falta de convenio, la máxima legal.

ARTÍCULO 159. TRABAJO SUPLEMENTARIO

Trabajo suplementario o de horas extras es el que excede de la jornada ordinaria, y en todo caso el que excede de la máxima legal.

ARTÍCULO 160. TRABAJO ORDINARIO Y NOCTURNO

Modif. Art. 1 L. 1846/2017.

1. Trabajo diurno es el que se realiza en el periodo comprendido entre las seis horas (6:00 a. m.) y las veintiún horas (9:00 p. m.).

2. Trabajo nocturno es el que se realiza en el período comprendido entre las veintiún horas (9:00 p. m.) y las seis horas (6:00 a. m.).

Nota de vigencia: C.Const mediante Sentencia C-038/04 M.P: Dr. Eduardo Montealegre Lynett declaró exequible el Artículo 25 L. 789/2002. Al respecto señala la Corte que:

«La Corte encuentra que la ampliación de la jornada diurna es proporcionada y respeta los límites impuestos por la Constitución. Así, en todo caso, la norma mantiene la protección contra el trabajo nocturno, pues preserva los recargos nocturnos. La disposición amplía el entendimiento de la jornada ordinaria o diurna, pero lo hace respetando los mínimos constitucionales sobre qué es trabajo nocturno. Así, la Carta no trae una definición explícita de qué se entiende por jornada nocturna, por lo que en este punto resultan imprescindibles los convenios de la OIT, puesto que ellos traen definiciones de trabajo nocturno. Así, el Convenio No 41 de 1934 sobre trabajo nocturno de mujeres, define la noche como el "período de once horas consecutivas, por lo menos, que comprenderá el intervalo que media entre las 10 de la noche y las 5 de la mañana" (art. 2-1) En el mismo sentido, el Convenio No 89 de 1948, que revisa las normas sobre trabajo nocturno de mujeres, señala que la "noche comprende "un período de once horas consecutivas, por lo menos, que contendrá un intervalo, fijado por la autoridad competente, de por lo menos siete horas consecutivas, comprendido entre las 10 de la noche y las 7 de la mañana. (art. 2º)". Por su parte, el Convenio 79 de 1946 sobre trabajo nocturno de menores, al hablar de los trabajadores de más de 14 años, entiende como trabajo nocturno aquel que se desarrolla "entre las 10 de la noche y las 6 de la mañana" (art 3.1). Todas estas definiciones internacionales muestran que el artículo 25, que establece que la noche para efectos laborales va de las 10 PM a las 6 AM, si bien amplió la noción de jornada diurna, con lo cual disminuyó los recargos, lo hizo dentro de los límites constitucionales».

ARTÍCULO 161. DURACIÓN

Modif. Art. 2 L. 2101/2021. La duración máxima de la jornada ordinaria de trabajo es de cuarenta y dos (42) horas a la semana, que podrán ser distribuidas, de común acuerdo, entre empleador y trabajador, en 5 o 6 días a la semana, garantizando siempre el día de descanso, salvo las siguientes excepciones:

a) En las labores que sean especialmente insalubres o peligrosas, el gobierno puede ordenar la reducción de la jornada de trabajo de acuerdo con dictámenes al respecto;

b) La duración máxima de la jornada laboral de los adolescentes autorizados para trabajar, se sujetará a las siguientes reglas:

1. Los adolescentes mayores de 15 y menores de 17 años, sólo podrán trabajar en jornada diurna máxima de seis horas diarias y treinta horas a la semana y hasta las 6:00 de la tarde.

2. Los adolescentes mayores de diecisiete (17) años, sólo podrán trabajar en una jornada máxima de ocho horas diarias y 40 horas a la semana y hasta las 8:00 de la noche.

c) El empleador y el trabajador pueden acordar, temporal o indefinidamente, la organización de turnos de trabajo sucesivos, que permitan operar a la empresa o secciones de la misma sin solución de continuidad durante todos los días de. la semana, siempre y cuando el respectivo turno no exceda de seis (6) horas al día y treinta y seis (36) a la semana.

En este caso no habrá lugar a recargo nocturno ni al previsto para el trabajo dominical o festivo, pero el trabajador devengará el salario correspondiente a la jornada ordinaria de trabajo, respetando siempre el mínimo legal o convencional y tendrá derecho a un día de descanso remunerado.

d) <Ver Notas del Editor> El empleador y el trabajador podrán acordar que la jornada semanal de cuarenta y dos (42) horas se realice mediante jornadas diarias flexibles de trabajo, distribuidas en máximo seis días a la semana con un día de descanso obligatorio, que podrá coincidir con el día domingo.

Así, el número de horas de trabajo diario podrá distribuirse de manera variable durante la respectiva semana, teniendo como mínimo cuatro (4) horas continuas y máximo hasta nueve (9) horas diarias sin lugar a ningún recargo por trabajo suplementario, cuando el número de horas de trabajo no exceda el promedio de cuarenta y dos (42) horas semanales dentro de la Jornada Ordinaria, de conformidad con el artículo 160 de Código Sustantivo del Trabajo.

PARÁGRAFO. El empleador no podrá aún con el consentimiento del trabajador, contratarlo para la ejecución de dos turnos en el mismo día, salvo en labores de supervisión, dirección, confianza o manejo.

Nota de vigencia: Aparte literal a) subrayado declarado exequible por CSJ Sent. 88 del 25 de julio de 1991, M.P: Dr. Pablo Cáceres Corrales. Al respecto señaló que: «En este caso la ley misma ha creado las excepciones y tal determinación no se libra por ella al dominio del reglamento. Al mismo tiempo, las labores insalubres o peligrosas, las que por su naturaleza o motivos técnicos no pueden ser interrumpidas, o las destinadas a satisfacer inaplazablemente necesidades de la sociedad, son elementos que sirven de base a la especificación reglamentaria, a su razonamiento técnico, económico o social y, por lo mismo, lo condicionan materialmente, fijan su competencia, su alcance y su dominio en los antedichos asuntos.

«Es apenas lógico que, desde el punto de vista meramente epistemológico, el legislador no esté al alcance de conocer todas y cada una de las labores que impliquen riesgos de salud o sean peligrosas para los trabajadores porque los casos que, en el cuadro de nuestro sistema productivo, pueden darse, son incontables y, además, el avance tecnológico y científico da lugar a nuevas empresas y labores que la ley no puede considerar al momento de su expedición. En otros casos los hechos cambiantes explican que la ley entregue a la potestad reglamentaria la responsabilidad de precisar, para la sociedad, los elementos básicos para la aplicación o el cumplimiento de una ley. Así ocurre, por ejemplo, con nociones técnicas de mercancías, elementos químicos y objetos materiales de alguna particular naturaleza para la aplicación de un régimen policivo, tributario, etc. En tales hipótesis la ley ha dispuesto por vía general, ha creado las situaciones abstractas y ha acudido al reglamento para que la complemente y los gobernados tengan claridad y seguridad en las relaciones, los derechos y las obligaciones que adquieran bajo su imperio».

C.Const mediante Sent. C-038/04 M.P: Eduardo Montealegre Lynett declaró exequible el Lit. C y D del Artículo 161. Al respecto señaló que: «La Corte considera que la respuesta adecuada a ese interrogante es la siguiente; debido a las discrepancias, es natural que el juez constitucional sea deferente con la opción tomada en el debate democrático, y por ello en principio debe aceptar los argumentos económicos propuestos en las estrategias para combatir el desempleo adoptadas por el Congreso, salvo que éstos sean manifiestamente irrazonables. Sin embargo, como se trata de medidas regresivas en la protección de un derecho social, la deferencia del juez constitucional frente al Legislador se ve reducida y el control debe ser más estricto que frente a una política económica cualquiera. De no ser así, la prohibición prima facie de retroceso en la protección de los derechos laborales carecería de verdadera eficacia jurídica. Por ello la Corte considera que en estos casos, a pesar de la deferencia hacia el debate democrático, es necesario que el juez constitucional verifique (i) que las medidas no fueron tomadas inopinadamente sino que se basaron en un estudio cuidadoso, y (ii) que el Congreso analizó otras alternativas, pero consideró que no existían otras igualmente eficaces que fueran menos lesivas, en términos de la protección del derecho al trabajo. Y (iii) finalmente debe el juez constitucional verificar que la medida no sea desproporcionada en estricto sentido, esto es, que el retroceso en la protección del derecho al trabajo no aparezca excesivo frente a los logros en términos de fomento del empleo».

«Algunos podrían entonces objetar que esa modestia de los resultados de las medidas podría implicar una afectación desproporcionada de los derechos de los trabajadores ya empleados, pues algunas de sus garantías se ven reducidas, sin que los resultados en términos de aumento del empleo sean claramente positivos. Sin embargo, una estrategia de combate al desempleo, fundada en una determinada concepción económica, puede tomar algún tiempo en comenzar a rendir plenamente sus frutos. Y precisamente, en el presente caso, el propio Legislador fue consciente de la necesidad de evaluar, luego de un tiempo razonable, la eficacia de las medidas. La ley 789 de 2002 fijó un término para que las medidas empiecen a producir sus efectos. Así, como fruto de las preocupaciones que se dieron en los debates en torno a la eficacia real de las medidas adoptadas, los artículos 45 y 46 de la ley establecieron una "Comisión de Seguimiento y Verificación de las políticas de Generación de Empleo", conformada por dos Senadores, dos Representantes, el Ministro de Trabajo y Seguridad Social, el Director del Departamento Nacional de Planeación o su delegado, el Director del DANE o su delegado y un representante de los trabajadores elegido por las centrales obreras y un delegado de los empleadores. Esa comisión deberá, después de dos años de vigencia de la ley, presentar una completa evaluación de los resultados de la Ley 789 de 2002 y en "ese momento el Gobierno Nacional presentará al Congreso un proyecto de ley que modifique o derogue las disposiciones que no hayan logrado efectos prácticos para la generación de empleo". Esto significa que el propio Congreso determinó que dos años eran un plazo razonable para que se pudiera evaluar la eficacia de las políticas adoptadas. Y aunque eso no implica que la vigencia de las reformas de la Ley 789 de 2002 sea temporal, sí significa que en ese momento esas reformas están sujetas a una evaluación y debate, por mandato de la ley, y que esa evaluación debería conducir incluso a la derogación de aquellas medidas que no hayan sido eficaces en la promoción del empleo».

C.Const mediante Sent. C-801/03 M.P: Jaime Córdoba Triviño declaró exequible el Art. 51 L. 789/2002. Al respecto señaló la Corte que: «Para la Corte el contenido del artículo 51 demandado está íntimamente relacionado con el de la jornada laboral, el cual —se repite— fue objeto de discusión y aprobación durante los cuatro debates. Si bien es cierto el texto del artículo 51, tal como quedó redactado en la Ley 789 de 2002, no fue discutido y aprobado en las comisiones constitucionales permanentes con la especificidad y concreción del mismo y que fue introducido como proposición aditiva durante el segundo debate en la Cámara de Representantes y su texto aprobado por esa célula legislativa, ello no lo hace inconstitucional.

«En efecto, el asunto relativo a la jornada laboral flexible que hizo parte de la proposición aditiva presentada en la Plenaria de la Cámara de Representantes no fue un tema nuevo ni ajeno a la materia que se regulaba en el proyecto de ley, sino que está estrechamente vinculado al de la jornada laboral, es decir, guarda estrecha unidad temática con el texto debatido y aprobado

por las comisiones y por las plenarias. La relación de conexidad entre ambos asuntos es inescindible, por manera que no era necesario devolver el proyecto a las comisiones por cuanto existía una estrecha relación con el tema considerado. La Plenaria no hizo otra cosa que hacer uso de la facultad otorgada por la Constitución para incluir una adición que juzgó necesaria y que en manera alguna desconocía el principio de identidad, pues se estaba ante un asunto que de manera íntima se encontraba ligado al tema de la jornada laboral, debatido y aprobado en comisiones. No hay duda que la unidad temática era estrecha con el tema del proyecto de ley, razón por la cual el principio de consecutividad no se ve afectado en cuanto el tema sí obtuvo los cuatro debates parlamentarios.
De otra parte, y en cuanto a la conformación de la comisión de conciliación que tuvo lugar durante el trámite legislativo, hay que decir que conforme al artículo 161 Superior dichas comisiones están habilitadas para preparar el texto unificado que supere las diferencias presentadas entre los textos aprobados, siempre que se respete el principio de identidad, como en efecto ocurrió en el presente caso. La discrepancia surgida entre las plenarias de ambas cámaras se refirió precisamente a que el artículo, con la especificidad anotada, fue aprobado por la Plenaria de la Cámara de Representantes pero no por la Plenaria del Senado de la República, evento en el cual era procedente la integración de la comisión de mediación para que preparara el texto unificado que superara las diferencias, y ese texto final fuera posteriormente aprobado por el pleno de ambas cámaras, como efectivamente ocurrió.
«Bajo estos presupuestos, considera la Corte que el artículo objeto de glosa no adolece de la inconstitucionalidad planteada por el actor, en razón a que, a diferencia de lo que ocurrió con el trámite legislativo de los artículos 47 y 48 citados, sí se cumplieron los debates reglamentarios. En consecuencia, será declarado exequible por los cargos analizados».

Concord. Art. 7 L. 1920/18 Nota del Editor: De acuerdo con la modificación introducida por la Ley 2101 de 2021 deben tenerse en cuenta los siguientes artículos:

*«**ARTÍCULO 3. Implementación Gradual**. La disminución de la jornada laboral ordinaria de que trata esta ley, podrá ser implementada de manera gradual por el empleador, de la siguiente manera:*
Transcurridos dos (2) años a partir de la entrada en vigencia de la ley, se reducirá una (1) hora de la jornada laboral semanal, quedando en 47 horas semanales.
Pasados tres (3) años de la entrada en vigencia de la ley, se reducirá otra hora de la jornada laboral semanal, quedando en 46 horas semanales.
A partir del cuarto año de la entrada en vigencia de la ley, se reducirán dos (2) horas cada año hasta llegar a las cuarenta y dos (42) horas semanales, conforme a lo establecido en el Artículo 2 de la presente ley.
Lo anterior, sin perjuicio de que, a la entrada en vigencia de la presente ley, el empleador se acoja a la jornada laboral de cuarenta y dos (42) horas a la semana.

***ARTÍCULO 4.** Derechos adquiridos de los trabajadores. El empleador debe respetar todas las normas y principios que protegen al trabajador.*
La disminución de la jornada de trabajo no implicara la reducción de la remuneración salarial ni prestacional, ni el valor de la hora ordinaria de trabajo, ni exonera de obligaciones en favor de los trabajadores.

***ARTÍCULO 5. Modificación Extensiva**. En todos los Artículos del Código Sustantivo del Trabajo y demás normas concordantes, en donde se haga referencia a la jornada laboral semanal de 48 horas, deberá entenderse, a partir de la entrada en vigencia de la presente ley, como* *jornada laboral, 42 horas a la semana, de conformidad con la aplicación gradual consagrada en el Artículo 3.*

ARTÍCULO 6. Exoneración. *La disminución de la jornada laboral de que trata esta ley, exonera al empleador de dar aplicación al parágrafo del Artículo 3 de la Ley 1857 de 2017, así como a lo dispuesto en el Artículo 21 de la ley 50 de 1990.*
Durante el tiempo de la implementación gradual contenido en el Artículo 3 de la presente ley, la jornada laboral que se dedique exclusivamente a actividades recreativas, culturales, deportivas o de capacitación será ajustada de forma proporcional de común acuerdo entre empleado y empleador. Una vez terminado el tiempo de implementación gradual regirá la exoneración del inciso primero del presente Artículo.

ARTÍCULO 7. *El Gobierno Nacional en cabeza de la entidad competente realizara dentro de los 5 años siguientes a la entrada en vigencia de la presente ley una evaluación ex post acerca de su cumplimiento. De igual manera, rendirá informes anuales al Congreso de la República con este mismo fin».*

ARTÍCULO 162. EXCEPCIONES EN DETERMINADAS ACTIVIDADES

1. Quedan excluidos de la regulación sobre la jornada máxima legal de trabajo los siguientes trabajadores:

a) Los que desempeñan cargos de dirección, de confianza o de manejo;

b) Los servicios domésticos ya se trate de labores en los centros urbanos o en el campo;

c) Los que ejerciten labores discontinuas o intermitentes y los de simple vigilancia, cuando residan en el lugar o sitio de trabajo;

d) Lit. d. Derog. Art. 56 Dcto. 1393/1970.

2. Num. 2 Modif. Art. 1 Dcto. 13/1967. Las actividades no contempladas en el presente artículo sólo pueden exceder los límites señalados en el artículo anterior, mediante autorización expresa del Ministerio del Trabajo y de conformidad con los convenios internacionales del trabajo ratificados. En las autorizaciones que se concedan se determinará el número máximo de horas extraordinarias que pueden ser trabajadas, las que no podrán pasar de doce (12) semanales, y se exigirá al {empleador} llevar diariamente un registro de trabajo suplementario de cada trabajador, en el que se especifique: nombre de éste, edad, sexo, actividad desarrollada, número de horas laboradas, indicando si son diurnas o nocturnas, y la liquidación de la sobre remuneración correspondiente.

El empleador está obligado a entregar al trabajador una relación de horas extras laboradas, con las mismas especificaciones anotadas en el libro de registro.

Nota de vigencia: C.Const. mediante Sent. C-372/98 M.P: Fabio Morón Díaz declaró condicionalmente exequible el Lit. B del Artículo 162 «la exequibilidad se condiciona en el sentido de que los trabajadores domésticos que residen en la casa del patrono, no podrán tener una jornada superior a 10 horas diarias»

C.Const. mediante Sent. C-372/98 M.P: Fabio Morón Díaz. Declaró exequible Lit. A por cuanto: «Los cargos de dirección, de confianza y de manejo revisten una especial importancia en cualquier organización, resultando esenciales al cabal desarrollo de sus actividades, a la preservación de sus intereses fundamentales y a la realización concreta de sus fines. Por lo tanto, la consagración de estas actividades como una excepción a la regulación sobre jornada máxima legal de trabajo se inscribe dentro de la facultad que asiste al legislador para definir situaciones específicas en las que se justifique solicitarle al trabajador una disponibilidad diferente, toda vez que la responsabilidad aneja a actividades de esta índole es de mayor entidad que la originada en funciones corrientes».

ARTÍCULO 163. EXCEPCIONES EN CASOS ESPECIALES

Modif. Art. 2 Dcto. 13 1967. El límite máximo de horas de trabajo previsto en el artículo 161 puede ser elevado por orden del empleador y sin permiso del Ministerio del Trabajo, por razón de fuerza mayor, caso fortuito, de amenazar u ocurrir algún accidente o cuando sean indispensables trabajos de urgencia que deban efectuarse en las máquinas o en la dotación de la empresa; pero únicamente se permite el trabajo en la medida necesaria para evitar que la marcha normal del establecimiento sufra una perturbación grave. El empleador debe anotar en un registro, ciñéndose a las indicaciones anotadas en el artículo anterior, las horas extraordinarias efectuadas de conformidad con el presente artículo.

ARTÍCULO. DEDICACIÓN EXCLUSIVA EN DETERMINADAS ACTIVIDADES

Adic. Art. 21 L. 50/1990. En las empresas con más de cincuenta (50) trabajadores que laboren cuarenta y ocho (48) horas a la semana, éstos tendrán derecho a que dos (2) horas de dicha jornada, por cuenta del empleador, se dediquen exclusivamente a actividades recreativas, culturales, deportivas o de capacitación.

ARTÍCULO 164. DESCANSO EN LA TARDE DEL SÁBADO

Modif. Art. 23 L. 50/1990. Pueden repartirse las cuarenta y ocho (48) horas semanales de trabajo ampliando la jornada ordinaria hasta por dos (2) horas, por acuerdo entre las partes, pero con el fin exclusivo de permitir a los trabajadores el descanso durante todo el sábado. Esta ampliación no constituye trabajo suplementario o de horas extras.

ARTÍCULO 165. TRABAJO POR TURNOS

Cuando la naturaleza de la labor no exija actividad continuada y se lleve a cabo por turnos de trabajadores, la duración de la jornada puede ampliarse en más de ocho (8) horas, o en más de cuarenta y ocho (48) semanales, siempre que el promedio de las horas de trabajo calculado para un período que no exceda de tres (3) semanas, no pase de ocho (8) horas diarias ni de cuarenta y ocho (48) a la semana. Esta ampliación no constituye trabajo suplementario o de horas extras.

ARTÍCULO 166. TRABAJO SIN SOLUCIÓN DE CONTINUIDAD

Modif. Art. 3 Dcto. 13/1967. También puede elevarse el límite máximo de horas de trabajo establecido en el artículo 161, en aquellas labores que por razón de su misma naturaleza necesiten ser atendidas sin solución de continuidad, por turnos sucesivos de trabajadores, pero en tales casos las horas de trabajo no pueden exceder de cincuenta y seis (56) por semana.

ARTÍCULO 167. DISTRIBUCIÓN DE LAS HORAS DE TRABAJO

Las horas de trabajo durante cada jornada deben distribuirse al menos en dos secciones, con un intermedio de descanso que se adapte racionalmente a la naturaleza del trabajo y a las necesidades de los trabajadores. El tiempo de este descanso no se computa en la jornada.

ARTÍCULO 22 L. 50/1990. LÍMITE DEL TRABAJO SUPLEMENTARIO

En ningún caso las horas extras de trabajo, diurnas o nocturnas, podrán exceder de dos (2) horas diarias y doce (12) semanales. Cuando la jornada de trabajo se amplíe por acuerdos entre empleadores y trabajadores a diez (10) horas diarias, no se podrá en el mismo día laborar horas extras.

CAPÍTULO III
REMUNERACIÓN DEL TRABAJO NOCTURNO Y DEL SUPLEMENTARIO

ARTÍCULO 168. TASAS Y LIQUIDACIÓN DE RECARGOS

Modif. por Art. 24 L. 50/1990.

1. El trabajo nocturno por el solo hecho de ser nocturno se remunera con un recargo del treinta y cinco por ciento (35%) sobre el valor del trabajo diurno, con excepción del caso de la jornada de treinta y seis (36) horas semanales previstas en el artículo 20 161 literal c) de esta ley.

2. El trabajo extra diurno se remunera con un recargo del veinticinco por ciento (25%) sobre el valor del trabajo ordinario diurno.

3. El trabajo extra nocturno se remunera con un recargo del setenta y cinco por ciento (75%) sobre el valor del trabajo ordinario diurno.

4. Cada uno de los recargos antedichos se produce de manera exclusiva, es decir, sin acumularlo con alguno otro.

Concord. Art. 1 Dcto. 2352/65

ARTÍCULO 169. BASE DEL RECARGO NOCTURNO

Todo recargo o sobre remuneración por concepto de trabajo nocturno se determina por el promedio de la misma o equivalente labor ejecutada durante el día. Si no existiere ninguna actividad del mismo establecimiento que fuere equiparable a la que se realice en la noche, las partes pueden pactar equitativamente un promedio convencional, o tomar como referencia actividades diurnas semejantes en otros establecimientos análogos de la misma región.

ARTÍCULO 170. SALARIO EN CASO DE TURNOS

Cuando el trabajo por equipos implique la rotación sucesiva de turnos diurnos y nocturnos, las partes pueden estipular salarios uniformes para el trabajo diurno y nocturno, siempre que estos salarios comparados con los de actividades idénticas o similares en horas diurnas compensen los recargos legales.

CAPÍTULO VI
TRABAJO DE MENORES DE EDAD

ARTÍCULO 171. EDAD MÍNIMA

Modif. Art. 4 Dcto. 13/1967.

1. Los menores de catorce (14) años no pueden trabajar en las empresas industriales, ni en las empresas agrícolas cuando su labor en éstas les impida su asistencia a la escuela.

2. Los menores de dieciocho (18) años no pueden trabajar durante la noche, excepto en empresas no industriales y en el servicio doméstico y siempre que el trabajo no sea peligroso para su salud o moralidad.

3. Los menores de dieciocho (18) años no pueden trabajar como pañoleros o fogoneros, en los buques de transporte marítimo.

4. Todo empleador debe llevar un registro de inscripción de todas las personas menores de dieciocho (18) años empleadas por él, en el que se indicará la fecha de nacimiento de las mismas.

Concord. Art. 35, 114 L. 1098/06, Art. 117 L. 1098/06, Arts 4, 6, 7, 8, 10, 12, 14, 17, 18 y 19 L. 20/82

TÍTULO VII
DESCANSOS OBLIGATORIOS

CAPÍTULO I
DESCANSO DOMINICAL REMUNERADO

ARTÍCULO 172. NORMA GENERAL

Modif. Art. 25 L. 50/1990. Salvo la excepción consagrada en el literal c) del artículo 20 de esta ley el empleador está obligado a dar descanso dominical remunerado a todos sus trabajadores. Este descanso tiene duración mínima de veinticuatro (24) horas.

Nota de vigencia: C.Const. mediante Sent C-568/1993 M.P: Dr. Fabio Morón Díaz declaró exequible el Artículo 172, al respecto señaló que:

«Las circunstancias de que las normas acusadas obliguen al descanso en días que tienen el carácter de religiosos para la religión Católica, obedece pues a una larga tradición cultural, que tiene a esa religión como la mayoritaria del país. Y no resulta contrario a la libertad religiosa y de cultos, el que el legislador al diseñar el calendario laboral y los días de descanso, haya escogido para ello, días de guardar para ese culto religioso. Ya que ese señalamiento se encuentra dentro de la órbita

de las competencias del legislador, y no significa la obligación para ningún colombiano de practicar esas profesiones de la fe, o, de no practicarlas, y en su lugar otras, que incluso pudiesen resultar contrarias, a juicio de sus fieles».

Nota del Editor: la referencia al «artículo 20 de esta ley» debe entenderse referida al artículo 161 del Código Sustantivo del Trabajo.

Concord. Art. 26 L. 789/02

ARTÍCULO 173. REMUNERACIÓN

Modif. Art. 26 L. 50/1990.

1. El empleador debe remunerar el descanso dominical con el salario ordinario de un día, a los trabajadores que habiéndose obligado a prestar sus servicios en todos los días laborales de la semana, no falten al trabajo, o que, si faltan, lo hayan hecho por justa causa o por culpa o por disposición del empleador.

2. Se entiende por justa causa el accidente, la enfermedad, la calamidad doméstica, la fuerza mayor y el caso fortuito.

3. No tiene derecho a la remuneración del descanso dominical el trabajador que deba recibir por eso mismo día un auxilio o indemnización en dinero por enfermedad o accidente de trabajo.

4. Para los efectos de este artículo, los días de fiesta no interrumpen la continuidad y se computan como si en ellos se hubiera prestado el servicio por el trabajador.

5. Cuando la jornada de trabajo convenida por las partes, en días u horas, no implique la prestación de servicios en todos los días laborales de la semana, el trabajador tendrá derecho a la remuneración del descanso dominical en proporción al tiempo laborado.

Nota de vigencia: C.Const. mediante Sent C-568/1993 M.P: Dr. Fabio Morón Díaz declaró exequible el Artículo 173, al respecto señaló que: «La amplitud de la regulación constitucional permite a la Corte señalar que las acciones estatales, en punto a la libertad religiosa y de cultos, no pueden limitarse a los recursos orientados a evitar la intolerancia de la práctica de cualquier rito, sino que además comprende la de adelantar las acciones de cooperación, asistencia, soportes que permitan la práctica de las distintas religiones y cultos; porque de otro modo se desembocaría en un Estado antirreligioso, cuyos contenidos son contrarios a la cultura de occidente, que interpreta la Constitución Política y el sistema colombiano en general».

Concord. Art. 26 L. 789/02

ARTÍCULO 174. VALOR DE LA REMUNERACIÓN

1. Como remuneración del descanso, el trabajador a jornal debe recibir el salario ordinario sencillo, aún en el caso de que el descanso dominical coincida con una fecha que la ley señale también como descanso remunerado.

2. En todo sueldo se entiende comprendido el pago del descanso en los días en que es legalmente obligatorio y remunerado.

Nota de vigencia: C.Const. mediante Sent C-568/1993 M.P: Dr. Fabio Morón Díaz declaró exequible el Artículo 174, al respecto señaló que: «La amplitud de la regulación constitucional permite a la Corte señalar que las acciones estatales, en punto a la libertad religiosa y de cultos, no pueden limitarse a los recursos orientados a evitar la intolerancia de la práctica de cualquier rito, sino que además comprende la de adelantar las acciones de cooperación, asistencia, soportes que permitan la práctica de las distintas religiones y cultos; porque de otro modo se desembocaría en un Estado antirreligioso, cuyos contenidos son contrarios a la cultura de occidente, que interpreta la Constitución Política y el sistema colombiano en general».

Concord. Art. 26 L. 789/02

ARTÍCULO 175. EXCEPCIONES

Modif. Art. 27 L. 50/1990.

1. El trabajo durante los días de descanso obligatorio solamente se permite retribuyéndolo o dando un descanso compensatorio remunerado:

a) En aquellas labores que no sean susceptibles de interrupción por naturaleza o por motivo de carácter técnico;

b) En las labores destinadas a satisfacer necesidades inaplazables, como los servicios públicos, el expendio y la preparación de drogas y alimentos;

c) En las labores del servicio doméstico y de choferes particulares, y

d) En el caso de la jornada de treinta y seis (36) horas semanales del artículo 20 literal c) de esta Ley en el cual el trabajador sólo tendrá derecho a un descanso compensatorio remunerado.

2. El gobierno nacional especificará las labores a que se refieren los ordinales a) y b) del ordinal 1. de este artículo.

Nota de vigencia: C.Const. mediante Sent C-568/1993 M.P: Dr. Fabio Morón Díaz declaró exequible el Artículo 175, al respecto señaló que: «La amplitud de la regulación constitucional permite a la Corte señalar que las acciones estatales, en punto a la libertad religiosa y de cultos, no pueden limitarse a los recursos orientados a evitar la intolerancia de la práctica de cualquier rito, sino que además comprende la de adelantar las acciones de cooperación, asistencia, soportes que permitan la práctica de las distintas religiones y cultos; porque de otro modo se desembocaría en un Estado antirreligioso, cuyos contenidos son contrarios a la cultura de occidente, que interpreta la Constitución Política y el sistema colombiano en general».

Nota del Editor: la referencia al «artículo 20 literal c) de esta ley» debe entenderse referida al literal c) del artículo 161 del Código Sustantivo del Trabajo.

ARTÍCULO 176. SALARIOS VARIABLES

Cuando no se trate de salario fijo como en los casos de remuneración por tarea, a destajo, o por unidad de obra, el salario computable, para los efectos de la remuneración del descanso dominical, es el promedio de lo devengado por el trabajador en la semana inmediatamente anterior, tomando en cuenta solamente los días trabajados.

Nota de vigencia: C.Const. mediante Sent C-568/1993 M.P: Dr. Fabio Morón Díaz declaró exequible el Artículo 176, al respecto señaló que: «La amplitud de la regulación constitucional permite a la Corte señalar que las acciones estatales, en punto a la libertad religiosa y de cultos, no pueden limitarse a los recursos orientados a evitar la intolerancia de la práctica de cualquier rito, sino que además comprende la de adelantar las acciones de cooperación, asistencia, soportes que permitan la práctica de las distintas religiones y cultos; porque de otro modo se desembocaría en un Estado antirreligioso, cuyos contenidos son contrarios a la cultura de occidente, que interpreta la Constitución Política y el sistema colombiano en general».

Concord. Art. 26 L. 789/02

CAPÍTULO II
DESCANSO REMUNERADO EN OTROS DÍAS DE FIESTA

ARTÍCULO 177. REMUNERACIÓN

Modif. Arts 1° y 2° L. 51/1983.

ARTÍCULO 1

Todos los trabajadores, tanto del sector público como del sector privado, tienen derecho al descanso remunerado en los siguientes días de fiesta de carácter civil o religioso: Primero de enero, seis de enero, diecinueve de marzo, primero de mayo, veintinueve de junio, veinte de julio, siete de agosto, quince de agosto, doce de octubre, primero de noviembre, once de noviembre, ocho de diciembre y veinticinco de diciembre, además de los días jueves y viernes santos, Ascensión del Señor, Corpus Christi y Sagrado Corazón de Jesús.

2. Pero el descanso remunerado del seis de enero, diecinueve de marzo, veintinueve de junio, quince de agosto, doce de octubre, primero de noviembre, As-

censión del Señor, Corpus Christi y Sagrado Corazón de Jesús cuando no caigan en día lunes se trasladarán al lunes siguiente a dicho día.

Cuando las mencionadas festividades caigan en domingo, el descanso remunerado, igualmente se trasladará al lunes.

3. Las prestaciones y derechos que para el trabajador origina el trabajo de los días festivos, se reconocerán en relación al día de descanso remunerado establecido en el inciso anterior.

ARTÍCULO 2

La remuneración correspondiente al descanso en los días festivos se liquidará como para el descanso dominical, pero sin que haya lugar a descuento alguno por falta al trabajo.

Nota de vigencia: C.Const. mediante Sent C-568/1993 M.P: Dr. Fabio Morón Díaz declaró exequible el Artículo 172, al respecto señaló que: «La amplitud de la regulación constitucional permite a la Corte señalar que las acciones estatales, en punto a la libertad religiosa y de cultos, no pueden limitarse a los recursos orientados a evitar la intolerancia de la práctica de cualquier rito, sino que además comprende la de adelantar las acciones de cooperación, asistencia, soportes que permitan la práctica de las distintas religiones y cultos; porque de otro modo se desembocaría en un Estado antirreligioso, cuyos contenidos son contrarios a la cultura de occidente, que interpreta la Constitución Política y el sistema colombiano en general».

ARTÍCULO 178. SUSPENSIÓN DEL TRABAJO EN OTROS DÍAS DE FIESTA

Cuando por motivos de cualquier fiesta no determinada en el artículo anterior el empleador suspendiere el trabajo, está obligado a pagar el salario de ese día, como si se hubiere realizado. No está obligado a pagarlo cuando hubiere mediado convenio expreso para la suspensión del trabajo o su compensación en otro día hábil, o cuando la suspensión o compensación estuviere prevista en reglamento, pacto, convención colectiva o fallo arbitral. Este trabajo compensatorio se remunera sin que se entienda como trabajo suplementario o de horas extras.

CAPÍTULO III
TRABAJO DOMINICAL Y FESTIVO

ARTÍCULO 179. TRABAJO DOMINICAL Y FESTIVO

Modif. Art. 26 L. 789/2002.

1. El trabajo en domingo y festivos se remunerará con un recargo del setenta y cinco por ciento (75%) sobre el salario ordinario en proporción a las horas laboradas.

2. Si con el domingo coincide otro día de descanso remunerado solo tendrá derecho el trabajador, si trabaja, al recargo establecido en el numeral anterior.

3. Se exceptúa el caso de la jornada de treinta y seis (36) horas semanales previstas en el artículo 20 literal c) de la Ley 50 de 1990.

PARÁGRAFO 1o. El trabajador podrá convenir con el empleador su día de descanso obligatorio el día sábado o domingo, que será reconocido en todos sus aspectos como descanso dominical obligatorio institucionalizado.

Interprétese la expresión dominical contenida en el régimen laboral en este sentido exclusivamente para el efecto del descanso obligatorio.

Las disposiciones contenidas en los artículos 25 y 26 se aplazarán en su aplicación frente a los contratos celebrados antes de la vigencia de la presente ley hasta el 1o. de abril del año 2003.

PARÁGRAFO 2o. Se entiende que el trabajo dominical es ocasional cuando el trabajador labora hasta dos domingos durante el mes calendario. Se entiende que el trabajo dominical es habitual cuando el trabajador labore tres o más domingos durante el mes calendario.

Nota de vigencia: C.Const. mediante Sent C-038/2004 M.P: Dr. Eduardo Montealegre Lynett declaró exequible el Artículo 26 L. 789/2002. Al respecto indicó que: «La Corte no encuentra que la precisión de qué se entiende por trabajo habitual u ocasional en días dominicales contenida en el parágrafo 2º del artículo 26 sea inconstitucional, pues representa una definición razonable que hace parte de la libertad del Legislador en esta materia. En efecto, la Carta no define directamente qué se entiende por trabajo habitual para efectos de los descansos compensatorios, por lo que nada impide que el Legislador tome como criterio el mes calendario, y señale que los trabajos dominicales, para ser considerados habituales, deben ser más de tres en ese período».

Nota del Editor: la referencia al «artículo 20 de la ley 50/1990» debe entenderse referida al artículo 161 del Código Sustantivo del Trabajo.

ARTÍCULO 180. TRABAJO EXCEPCIONAL

Modif. Art. 30 L. 50/1990. El trabajador que labore excepcionalmente el día de descanso obligatorio tiene derecho a un descanso compensatorio remunerado, o a una retribución en dinero, a su elección, en la forma prevista en el artículo anterior.

Para el caso de la jornada de treinta y seis (36) semanales previstas en el artículo 20 literal c) de esta ley, el trabajador solo tendrá derecho a un descanso compensatorio remunerado cuando labore en domingo.

ARTÍCULO 181. DESCANSO COMPENSATORIO

Modif. Art. 31 L. 50/1990. El trabajador que labore habitualmente en día de descanso obligatorio tiene derecho a un descanso compensatorio remunerado, sin perjuicio de la retribución en dinero prevista en el artículo 180 del Código Sustantivo del Trabajo.

En el caso de la jornada de treinta y seis (36) horas semanales previstas en el artículo 20 literal c) de esta ley, el trabajador solo tendrá derecho a un descanso compensatorio remunerado cuando labore en domingo.

Nota del Editor: la referencia al «artículo 20 literal c) de esta ley» debe entenderse referida al lit, c) artículo 161 del Código Sustantivo del Trabajo.

ARTÍCULO 182. TÉCNICOS

Las personas que por sus conocimientos técnicos o por razón del trabajo que ejecutan no puede reemplazarse sin grave perjuicio para la empresa, deben trabajar los domingos y días de fiesta ~~sin derecho al descanso compensatorio~~, pero su trabajo se remunera conforme al artículo 179.

Nota de vigencia: C.Const. mediante Sent C-710/1996 M.P: Jorge Arango Mejía declaró inexequible la expresión "Sin derecho al descanso compensatorio". Al respecto señaló que:
«La norma demandada parte del supuesto de que el trabajador no tiene derecho a su descanso compensatorio, cuando, por sus conocimientos técnicos o por la naturaleza de su trabajo, el empleador no podría reemplazarlo, porque ello implicaría un grave perjuicio para la empresa.
Si, como se ha explicado, el descanso obligatorio a que tiene derecho todo trabajador, busca otorgar protección a la salud de éste y permitirle la ejecución de otras actividades que le proporcionen un desarrollo integral de su ser, fines éstos que priman sobre intereses netamente económicos, no es constitucional una norma que, como la acusada, quebrante el derecho que tiene todo trabajador a cesar en su actividad, por determinado lapso.
La mayor remuneración que recibe el trabajador por laborar en días establecidos como de descanso obligatorio, no suple los fines que el descanso cumple.
Por lo expuesto, se declarará inexequible la frase "sin derecho al descanso compensatorio" del artículo 182».

ARTÍCULO 183. FORMAS DEL DESCANSO COMPENSATORIO

El descanso semanal compensatorio puede darse en alguna de las siguientes formas:

1. En otro día laborable de la semana siguiente, a todo el personal de un establecimiento, o por turnos.

2. Desde el medio día o a las trece horas (1 p.m.) del domingo, hasta el medio día o a las trece horas (1 p.m.) del lunes.

ARTÍCULO 184. LABORES NO SUSCEPTIBLES DE SUSPENSIÓN

En los casos de labores que no puedan ser suspendidas, como los viajes fluviales o marítimos, cuando el personal no pueda tomar el descanso en el curso de una o más semanas, se acumulan los días de descanso en la semana siguiente a la terminación de las labores o se paga la correspondiente remuneración en dinero, a opción del trabajador.

ARTÍCULO 185. AVISO SOBRE TRABAJO DOMINICAL

Cuando se trate de trabajos habituales o permanentes en domingo, el {empleador} debe fijar un lugar público del establecimiento, con anticipación de doce (12) horas por lo menos, la relación del personal de trabajadores que por razones del servicio no puede disponer del descanso dominical. En esta relación se incluirán también el día y las horas de descanso compensatorio.

Concord. Art. 26 L. 789/02

ARTÍCULO 185-A. LABORES AGROPECUARIAS

Adic. Art. 28 L. 50/1990. Los trabajadores de empresas agrícolas, forestales y ganaderas que ejecuten actividades no susceptibles de interrupción, deben de trabajar los domingos y días de fiesta, remunerándose su trabajo en la forma prevista en el artículo 179 y con derecho al descanso compensatorio.

Nota de vigencia: C.Const. mediante Sent C-569/1993 M.P: Dr. José Gregorio Hernández Galindo declaró exequible el Artículo 28 L. 50/1990. Al respecto señaló que: «Considera la Corte que el artículo atacado tampoco vulnera el 25 de la Constitución pues no deja desprotegido al trabajador. Por el contrario, lo defiende, al regular expresamente la situación descrita y exigir del patrono las aludidas condiciones para el trabajo en días festivos. La norma propicia, además, que el trabajo en el campo esté regido por unas condiciones dignas y justas».

CAPÍTULO IV
VACACIONES ANUALES REMUNERADAS

ARTÍCULO 186. DURACIÓN

1. Los trabajadores que hubieren prestado sus servicios durante un año tienen derecho a quince (15) días hábiles consecutivos de vacaciones remuneradas.

2. Los profesionales y ayudantes que trabajan en establecimientos privados dedicados a la lucha contra la tuberculosis, y los ocupados en la aplicación de rayos X, tienen derecho a gozar de quince (15) días de vacaciones remuneradas por cada seis (6) meses de servicios prestados.

ARTÍCULO 187. ÉPOCA DE VACACIONES

1. La época de vacaciones debe ser señalada por el empleador a más tardar dentro del año subsiguiente, y ellas deben ser concedidas oficiosamente o a petición del trabajador, sin perjudicar el servicio y la efectividad del descanso.

2. El empleador tiene que dar a conocer con quince (15) días de anticipación, la fecha en que le concederá la vacaciones.

3. Adic Art. 5 Dcto. 13/1967. Todo empleador debe llevar un registro especial de vacaciones en que el anotará la fecha en que ha ingresado al establecimiento cada trabajador, la fecha en que toma sus vacaciones anuales y en que las termina y la remuneración recibida por las mismas.

Nota de vigencia: C.Const. mediante Sent C-710/1996 M.P: Jorge Arango Mejía declaró exequibles los Numerales 1 y 2 del Artículo 187. Al respecto indicó la Corte que: «Es cierto que el trabajador tiene derecho a gozar de un período de tiempo durante cada año laboral, para descansar y emplear ese tiempo en lo que él considere apropiado. Pero también es lógico que el empleador pueda decidir que, por razón de la labor que desempeña el trabajador o por intereses de la empresa, como el aumento de la productividad durante determinada época del año, el trabajador disfrute sus vacaciones en un período del año en que empleador y sus intereses no se vean afectados. Por ello no se desconoce el derecho que tiene todo trabajador a gozar de vacaciones anuales. En este caso, se hace necesario establecer un equilibrio entre los derechos del trabajador y los del empleador, de tal forma, que unos y otros no se vean afectados».

Nota del Editor: Con ocasión de la pandemia COVID-19, el Gobierno Nacional decretó la emergencia económica, social y ecológica, mediante el Decreto Legislativo 417 del 17 de marzo de 2020, que fue prorrogada por el Decreto Legislativo 637 del 6 de mayo de 2020. Al amparo de estas disposiciones, y teniendo en consideración el impacto y la afectación que la pandemia podía generar en las relaciones laborales, el Gobierno Nacional expidió el Decreto 488 del 27 de marzo de 2020, que modificó temporalmente el artículo 187 del Código Sustantivo del Trabajo, de modo que el empleador quedaba facultado para conceder las vacaciones con un día de antelación, y no con 15, como lo ordena el numeral 2º de este artículo. La vigencia de esta disposición está condicionada a la de la vigencia del estado de emergencia.

ARTÍCULO 188. INTERRUPCIÓN

Si se presenta interrupción justificada en el disfrute de las vacaciones, el trabajador no pierde el derecho a reanudarlas.

ARTÍCULO 189. COMPENSACIÓN EN DINERO DE LAS VACACIONES

Modif. Art. 14 Dcto. 2351/1965.

1. Num. 1 Modif. Art. 20 L. 1429/2010. Empleador y trabajador, podrán acordar por escrito, previa solicitud del trabajador, que se pague en dinero hasta la mitad de las vacaciones.

2. Derog Art. 2º L. 995/2005.

3. Para la compensación en dinero de estas vacaciones, en el caso de los numerales anteriores, se tomará como base el último salario devengado por el trabajador.

Nota de vigencia: C.Const. mediante Sent C-710/1996 M.P: Jorge Arango Mejía declaró exequibles el Num. 1 del Artículo 189. Indicó la Corte que: «Es razonable que el patrono deba solicitar la autorización para compensar las vacaciones, pero sólo en una proporción que no exceda la mitad de éstas. Es decir, el trabajador siempre debe gozar efectivamente de un período en el que pueda descansar».

ARTÍCULO 190. ACUMULACIÓN

Modif. Art. 6 Dcto. 13/1967.

1. En todo caso, el trabajador gozara anualmente, por lo menos de seis (6) días hábiles continuos de vacaciones, los que no son acumulables.

2. Las partes pueden convenir en acumular los días restantes de vacaciones hasta por dos años.

3. La acumulación puede ser hasta por cuatro (4) años, cuando se trate de trabajadores técnicos, especializados, de confianza, de manejo o de extranjeros que presten sus servicios en lugares distintos a los de la residencia de sus familiares.

4. Si el trabajador goza únicamente de seis (6) días de vacaciones en un año, se presume que acumula los días restantes de vacaciones a las posteriores, en términos del presente artículo.

ARTÍCULO 191. EMPLEADOS DE MANEJO

El empleado de manejo que hiciere uso de vacaciones puede dejar un reemplazo, bajo su responsabilidad solidaria, y previa aquiescencia del empleador. Si este último no aceptare al candidato indicado por el trabajador y llamare a otra persona a reemplazarlo, cesa por este hecho la responsabilidad del trabajador que se ausente en vacaciones.

ARTÍCULO 192. REMUNERACIÓN

Modif. Art. 8 Dcto. 617/1954.

1. Durante el período de vacaciones el trabajador recibirá el salario ordinario que esté devengando el día en que comience a disfrutar de ellas. En consecuencia, sólo se excluirán para la liquidación de vacaciones el valor del trabajo en días de descanso obligatorio y el valor del trabajo suplementario en horas extras.

2. Cuando el salario sea variable las vacaciones se liquidarán con el promedio de lo devengado por el trabajador en el año inmediatamente anterior a la fecha en que se concedan.

Nota de vigencia: C.Const. mediante Sent C-229/1996 M.P: Dr. Jorge Arango Mejía declaró exequible el Artículo 192. Indicó la Corte que: «El no incluir en el salario que el trabajador recibe durante el período de vacaciones, lo correspondiente al valor del trabajo en días de descanso obligatorio y al valor del trabajo suplementario o de horas extras, obedece a una razón elemental: durante las vacaciones, el trabajador no labora en los días de descanso obligatorio, ni trabaja horas extras. Mal podría, en consecuencia, cobrar por un trabajo que no realiza. Cuando se disfrutan las vacaciones, existe la certeza de que no se trabajará en días de descanso obligatorio, ni habrá trabajo suplementario o de horas extras. Pero, cuando al compensarlas en dinero se toma como base el último salario devengado, es claro que éste puede incluir la remuneración correspondiente al trabajo en días de descanso obligatorio o a las horas extras, si ha habido tal trabajo. Son, como se ve, situaciones distintas, cuyas diversas regulaciones son razonables».

TÍTULO VIII
PRESTACIONES PATRONALES COMUNES

CAPÍTULO I
DISPOSICIONES GENERALES

ARTÍCULO 193. REGLA GENERAL

1. Todos los empleadores están obligados a pagar las prestaciones establecidas en este Título, salvo las excepciones que en este mismo se consagran.

2. Estas prestaciones dejaran de estar a cargo de los empleadores cuando el riesgo de ellas sea asumido por el Instituto Colombiano de Seguros Sociales, de acuerdo con la ley y dentro de los reglamentos que dicte el mismo Instituto.

ARTÍCULO 194. DEFINICIÓN DE EMPRESAS

Modif. Art. 32 L. 50/1990.

1. Se entiende como una sola empresa, toda unidad de explotación económica o las varias unidades dependientes económicamente de una misma persona natural o jurídica, que correspondan a actividades similares, conexas o complementarias y que tengan trabajadores a su servicio.

2. En el caso de las personas jurídicas existirá unidad de empresa entre la principal y las filiales o subsidiarias en que aquella predomine económicamente, cuando, además, todas cumplan actividades similares, conexas o complementarias; pero los salarios y prestaciones extralegales que rijan en la principal al momento de declarase la unidad de empresa solamente se aplicarán en las filiales o subsidiarias cuando así lo estipule la respectiva convención colectiva de trabajo, o cuando la filial o subsidiaria esté localizada en una zona de condiciones económicas similares a las de la principal, a juicio del Ministerio o del juez del trabajo.

3. No obstante lo anterior, cuando una empresa establezca una nueva unidad de producción, planta o factoría para desarrollar actividades similares, conexas o complementarias del objeto social de las mismas, en función de fines tales como la descentralización industrial, las explotaciones, el interés social o la rehabilitación de una región deprimida, sólo podrá declararse la unidad de empresa entre aquellas y estas después de un plazo de gracia de diez (10) años de funcionamiento de las mismas. Para gozar de este beneficio el empleador requiere concepto previo y favorable del Ministerio de Desarrollo Económico.

4. El Ministerio de Trabajo y Seguridad Social, de oficio o a solicitud de parte y previa investigación administrativa del caso, podrá declarar la unidad de empresa de que trata el presente artículo, para lograr el cumplimiento de las leyes sociales. También podrá ser declarada judicialmente.

Nota de vigencia: C.Const. mediante Sent C-1185/2000 M.P: Vladimiro Naranjo Mesa y Carlos Gaviria Díaz declaró inexequible el Artículo 75 L. 550/1999 que derogó el artículo 194, al respecto indicó: «La derogatoria del artículo 194 del Código Sustantivo del Trabajo (CST), fue considerada por la mayoría de la Sala como contraria a la Constitución por vulnerar el principio de favorabilidad laboral, al desconocer la igualdad de oportunidades para los trabajadores, la primacía de la realidad social sobre formalidades establecidas por los sujetos de las relaciones laborales, la estabilidad en el empleo, la garantía a la seguridad social, y en general las garantías que el artículo 53 de la Constitución reconoce a los trabajadores».

ARTÍCULO 195. DEFINICIÓN Y PRUEBA DEL CAPITAL DE LA EMPRESA

1. Para los efectos de este Código se entiende por capital de la empresa el valor del patrimonio gravable declarado en el año inmediatamente anterior según prueba que debe presentar el empleador. En caso de no presentarla se presume que tiene el capital necesario para pagar la totalidad de la prestación demandada.

2. El capital que se debe tomar en cuenta es el de la empresa y no el de la persona natural o jurídica a la cual pertenezca.

ARTÍCULO 196. COEXISTENCIA DE PRESTACIONES

1. La coexistencia de contratos de que trata el artículo 26 implica la coexistencia de prestaciones.

2. Cuando un trabajador tenga derecho a que varios empleadores le concedan una prestación asistencial o en especie, estos empleadores tienen que suministrarla y costearla en proporción a los salarios que cada uno le pague al trabajador, y si uno solo de ellos la suministrare íntegramente, quedara subrogado en las acciones del trabajador contra los demás respecto de la parte o cuota que a éstos corresponda.

ARTÍCULO 197. TRABAJADORES DE JORNADA INCOMPLETA

Los trabajadores tienen derecho a las prestaciones y garantías que les correspondan, cualquiera que sea la duración de la jornada.

ARTÍCULO 198. FRAUDE A LA LEY

Cuando una empresa fraccione o disminuya su capital o restrinja sin justa causa la nómina de los salarios, y adopte sistemas o se valga de otros recursos para eludir las prestaciones de sus trabajadores, el Ministerio de Trabajo puede declararla sujeta a las cargas correspondientes a su clasificación real, previo examen de los hechos.

CAPÍTULO II
ACCIDENTES DE TRABAJO Y ENFERMEDADES

ARTÍCULO 199. DEFINICIÓN DE ACCIDENTES

Derog Art. 98 Dcto. 1295/1994.

ARTÍCULO 200. DEFINICIÓN DE ENFERMEDAD PROFESIONAL

1. Se entiende por enfermedad profesional todo estado patológico que sobrevenga como consecuencia obligada de la clase de trabajo que desempeña el trabajador o del medio en que se ha visto obligado a trabajar, bien sea determinado por agentes físicos, químicos o biológicos.

2. Las enfermedades endémicas y epidémicas de la región sólo se consideran como profesionales cuando se adquieren por los encargados de combatirlas por razón de su oficio.

Concord. Art. 4 L. 1562/2002

ARTÍCULO 201. TABLA DE ENFERMEDADES PROFESIONALES.

Nota del Editor: La tabla de enfermedades laborales está contenida en el Decreto Reglamentario 1477 de 2014, de modo que el artículo 201 del Código Sustantivo del Trabajo pasa a ser una norma jurídica en blanco, cuyo contenido material está referido a los reglamentos que sobre el particular expida el Gobierno Nacional, en el ámbito de la regulación del Sistema de Riesgos Laborales.

ARTÍCULO 202. PRESUNCIÓN DE ENFERMEDAD PROFESIONAL

Solamente las enfermedades contempladas en la Tabla adoptada en el artículo anterior se presumen profesionales.

Concord. Arts. 2 y 3 Dcto. 2566/2009, Dcto. 1295/1994

ARTÍCULO 203. CONSECUENCIAS

Derog Art. 98 Dcto. 1295/1994.

ARTÍCULO 204. PRESTACIONES

Derog Art. 98 Dcto. 1295/1994.

ARTÍCULO 205. PRIMEROS AUXILIOS

1. El empleador debe prestar al accidentado los primeros auxilios, aun cuando el accidente sea debido a provocación deliberada o culpa grave de la víctima.

2. Todo empleador debe tener en su establecimiento los medicamentos necesarios para las atenciones de urgencias en casos de accidentes o ataque súbito de enfermedad, de acuerdo con la reglamentación que dicte la Oficina Nacional de Medicina e Higiene Industrial (Hoy Dirección de Riesgos Laborales, adscrita al Ministerio de Trabajo).

Concord. Dcto. 1295/1994

ARTÍCULO 206. ASISTENCIA INMEDIATA

El empleador debe proporcionar sin demora al trabajador accidentado o que padezca enfermedad profesional, la asistencia médica y farmacéutica necesaria.

Concord. Dcto. 1295/1994

ARTÍCULO 207. CONTRATACIÓN DE LA ASISTENCIA

1. El empleador puede contratar libremente la asistencia médica que debe suministrar según lo dispuesto en este Capítulo, pero, en todo caso, con un médico graduado o facultado legalmente para ejercer su profesión.

2. Modif. Art. 5 L. 11/1984. En caso de que con peligro para la vida del lesionado o enfermo o por culpa del empleador se retrase el suministro de la asistencia médica, farmacéutica, hospitalaria o quirúrgica del trabajador, aquél está obligado a pagar a éste una multa equivalente a cinco (5) veces el salario mínimo diario más alto, por cada día de retardo.

Concord. Dcto. 1295/1994

ARTÍCULO 208. OPOSICIÓN DEL TRABAJADOR A LA ASISTENCIA

El trabajador que sin justa causa se niegue a recibir la atención médica que le otorga el empleador, pierde el derecho a la prestación en dinero por la incapacidad que sobrevenga a consecuencia de esa negativa.

Concord. Dcto. 1295/1994

ARTÍCULO 209. VALUACIÓN DE INCAPACIDADES PERMANENTES DE ACCIDENTES DE TRABAJO

Derog. tácitamente Art. 98 Dcto. 1295/1994.

ARTÍCULO 210. APLICACIÓN DE LA TABLA

Derog. Tácitamente Art. 98 Dcto. 1295/1994.

ARTÍCULO 211. CASOS NO COMPRENDIDOS EN LA TABLA

Derog tácitamente por Art. 98 Dcto. 1295/1994.

ARTÍCULO 212. PAGO DE LA PRESTACIÓN POR MUERTE

1. La calidad de beneficiario de la prestación establecida en el ordinal e) del artículo 204 se demuestra mediante la prestación de las copias de las partidas eclesiásticas o registros civiles o de las pruebas supletorias que admite la ley, más una información sumaria de testigos que acrediten quienes son los únicos beneficiarios, declarándolos por su número y nombres precisos y la razón de serlo. Comprobada así dicha calidad y hecho el pago a quienes resulten beneficiarios, el empleador respectivo se considera exonerado de su obligación, y en caso de que posteriormente aparecieren otros beneficiarios, aquellos que hubieren recibido el valor de la prestación están solidariamente obligados a satisfacer a los nuevos beneficiarios las cuotas que les correspondan.

2. Antes de hacerse el pago de la prestación el empleador que la hubiera reconocido debe dar aviso público, con treinta (30) días de anticipación, indicando el nombre del fallecido y de las personas que se hubieren acreditado como beneficiarios. Tal aviso debe darse en la prensa del lugar por dos (2) veces a lo menos,

y en donde no existieren publicaciones periódicas, por medio de una nota al Alcalde del Municipio, quien la dará a conocer por bando en dos días de concurso. Este aviso tiene por objeto permitir que todo posible beneficiario se presente a reclamar.

3. En el caso del último inciso del ordinal e) del artículo 204, la dependencia económica se acredita por los medios probatorios ordinarios.

Concord. Dcto. 1295/1994

Nota del Editor: En consideración al hecho de la operación del sistema de Riesgos Laborales, en el que se subroga el riesgo del empleador ante las contingencias derivadas de las enfermedades laborales y de los accidentes de trabajo, debe tenerse en cuenta que lo dispuesto en este artículo, no sería aplicable, por cuanto las condiciones de acceso a las prestaciones económicas derivadas del fallecimiento del trabajador amparado, correrán por cuenta de las entidades del sistema de seguridad social.
En el caso en el que el empleador no hubiese cumplido con la obligación de afiliación al sistema de riesgos laborales, no se surtiría el efecto de la subrogación, y éste sería responsable por las prestaciones económicas derivadas del hecho regulado, pero lo sería en los términos y en las condiciones de la normatividad que rige al sistema de riesgos laborales.

ARTÍCULO 213. MUERTE POSTERIOR AL ACCIDENTE O ENFERMEDAD

1. Cuando la muerte del trabajador ocurriere como consecuencia y efecto natural del accidente de trabajo o de la enfermedad profesional, dentro de los dos (2) años siguientes a la ocurrencia del accidente o al diagnóstico de la enfermedad, el empleador a cuyo servicio se realizó el riesgo debe pagar la prestación por muerte, pero las sumas que se hubieren pagado por razón de la incapacidad permanente, total o parcial, se descontarán de la prestación por muerte.

2. Cuando el trabajador hubiere recibido indemnización por gran invalidez, no habrá lugar al pago de la prestación por muerte.

3. No se aplica el inciso 1o., cuando el trabajador falleciere estando asegurado por cuenta de otra empresa.

Concord. Dcto. 1295/1994

Nota del Editor: En consideración al hecho de la operación del sistema de Riesgos Laborales, en el que se subroga el riesgo del empleador ante las contingencias derivadas de las enfermedades laborales y de los accidentes de trabajo, debe tenerse en cuenta que lo dispuesto en este artículo, no sería aplicable, por cuanto las condiciones de acceso a las prestaciones económicas derivadas del fallecimiento del trabajador amparado, correrán por cuenta de las entidades del sistema de seguridad social.
En el caso en el que el empleador no hubiese cumplido con la obligación de afiliación al sistema de riesgos laborales, no se surtiría el efecto de la subrogación, y éste sería respon-

sable por las prestaciones económicas derivadas del hecho regulado, pero lo sería en los términos y en las condiciones de la normatividad que rige al sistema de riesgos laborales.

ARTÍCULO 214. SEGURO DE VIDA COMO PRESTACIÓN POR MUERTE

Derog Art. 98 Dcto. 1295/1994

ARTÍCULO 215. ESTADO ANTERIOR DE SALUD

La existencia de una entidad patológica anterior (idiosincrasia, taras, discrasias, intoxicaciones, enfermedades crónicas, etc.), no es causa para la disminución de la prestación.

Concord. Art. 34 Dcto. 1295/1994

ARTÍCULO 216. CULPA DEL EMPLEADOR

Cuando exista culpa suficiente comprobada del empleador en la ocurrencia del accidente de trabajo o de la enfermedad profesional, está obligado a la indemnización total y ordinaria por perjuicios pero del monto de ella debe descontarse el valor de las prestaciones en dinero pagadas en razón de las normas consagradas en este Capítulo.

ARTÍCULO 217. CALIFICACIÓN DE INCAPACIDADES

1. Los facultativos contratados por los empleadores están obligados:

a) Al realizarse el accidente, o al diagnosticarse la enfermedad profesional, a certificar si el trabajador queda o no incapacitado para continuar desempeñando sus labores, y

b) Al terminar la atención médica, a calificar la incapacidad que pueda resultar.

c) En caso de la muerte, a expedir el certificado de defunción dictaminado en él sobre la relación de casualidad entre la enfermedad profesional o accidente y la muerte.

2. Si el empleador, el trabajador, o las personas beneficiarias de la prestación no aceptaren la certificación médica de que se trata en el presente artículo, puede solicitar, sobre los puntos que rechazan, el dictamen de los médicos de la Oficina

Nacional de Medicina e Higiene Industrial, o, en su defecto, de los médicos legistas. Tal dictamen es de obligatoria aceptación.

Concord. Art. 12 Dcto. 1295/1994; Art. 41 L. 100/1993, modificado por el artículo 142 D. 019/12 y adicionado por el art. 18 L. 1562/12.

Nota del Editor: En consideración al hecho de la operación del sistema de seguridad social en Salud y Riesgos Laborales, en el que se subroga el riesgo del empleador ante las contingencias derivadas de las enfermedades laborales y de los accidentes de trabajo, debe tenerse en cuenta que lo dispuesto en este artículo, no sería aplicable, por cuanto las condiciones de acceso a las prestaciones económicas derivadas de la invalidez y del fallecimiento del trabajador amparado, correrán por cuenta de las entidades del sistema de seguridad social, quienes a su vez deberán regirse por las normas previstas para la calificación del origen de un accidente o enfermedad.

En el caso en el que el empleador no hubiese cumplido con la obligación de afiliación al sistema de riesgos laborales, no se surtiría el efecto de la subrogación, y éste sería responsable por las prestaciones económicas derivadas del hecho regulado, pero lo sería en los términos y en las condiciones de la normatividad que rige al sistema de riesgos laborales, contenido en el Decreto 1295 de 1994, la Ley 776 de 2002 y la Ley 1562 de 2012.

ARTÍCULO 218. SALARIO BASE PARA LAS PRESTACIONES

1. Para el pago de las prestaciones en dinero establecida en este Capítulo, debe tomarse en cuenta el salario que tenga asignado el trabajador en el momento de realizarse el accidente o de diagnosticarse la enfermedad.

2. Si el salario no fuere fijo, se toma en cuenta el promedio de lo devengado por el trabajador en el año de servicios anterior al accidente o la enfermedad, o todo el tiempo de trabajo si fuere menor.

Concord. Art. 5 L. 1562/12

Nota del Editor: En consideración al hecho de la operación del sistema de seguridad social en Salud y Riesgos Laborales, en el que se subroga el riesgo del empleador ante las contingencias derivadas de las enfermedades laborales y de los accidentes de trabajo, debe tenerse en cuenta que lo dispuesto en este artículo, no sería aplicable, por cuanto las condiciones de acceso a las prestaciones económicas derivadas del fallecimiento del trabajador amparado, correrán por cuenta de las entidades del sistema de seguridad social.

En este sentido, el artículo 5 de la ley 1562 de 2012 contiene el Ingreso Base de Liquidación para el reconocimiento de incapacidades de origen laboral por accidente o enfermedades laborales.

En el caso en el que el empleador no hubiese cumplido con la obligación de afiliación al sistema de riesgos laborales, no se surtiría el efecto de la subrogación, y éste sería responsable por las prestaciones económicas derivadas del hecho regulado, pero lo sería en los términos y en las condiciones de la normatividad que rige al sistema de riesgos laborales.

ARTÍCULO 219. SEGURO POR RIESGOS PROFESIONALES

El empleador puede asegurar, íntegramente a su cargo, en una compañía de seguros, los riesgos por accidentes de trabajo y enfermedad profesional de sus trabajadores; pero en todo caso, el empleador es quien debe al trabajador o a sus beneficiarios las prestaciones que en este Capítulo se establecen.

Concord. Dcto. 1295/1994; L. 1562 de 2012.

Nota del Editor: lo previsto en este artículo, pierde vigencia, en cuanto hoy es de carácter obligatorio acorde con lo previsto en el artículo 2o de la Ley 1562 de 2012 que modificó el artículo 13 del Decreto 1295 de 1994 la afiliación de trabajadores dependiente al aseguramiento dentro del Sistema de Seguridad Social en Riesgos Laborales. Sin embargo, se permite la concesión de un beneficio laboral extralegal, que no reemplaza ni subsume la obligación patronal de afiliación al sistema de riesgos laborales, de conformidad con lo previsto por las normas previamente citadas.

ARTÍCULO 220. AVISO AL JUEZ SOBRE LA OCURRENCIA DEL ACCIDENTE

1. Para los efectos de información en la controversia a que pueda dar lugar el accidente, cualquiera que sean sus consecuencias, el empleador debe dar un aviso suscrito por él o quien lo represente, al juez del trabajo del lugar, o en su defecto al juez municipal, donde conste el día, hora y lugar del accidente, como se produjo, quienes lo presenciaron, el nombre de la víctima, el salario que devengaba el día del accidente y la descripción de la lesión o perturbación, firmada por el facultativo que asista al trabajador.

2. La información de que se trata este artículo debe darse dentro de los ocho (8) días siguientes al de la ocurrencia del accidente.

Concord. Art. 21 cto. 1295/1994, Art. 140 Dcto. 19/2012

Nota del Editor: el presente artículo pierde funcionalidad en tanto que hoy existe simplemente la obligación de notificar de la ocurrencia del accidente de trabajo a la A.R.L. y en el caso de accidentes graves y mortales al Ministerio del Trabajo, siendo los datos recogidos a través de un formato único de reporte de accidentes de trabajo.
A su vez, la controversia sobre el origen laboral o común de un accidente se encuentra prevista para definirse dentro del Sistema Integral de Seguridad Social entre E.P.S., A.R.L. y las juntas de calificación de invalidez.

ARTÍCULO 221. AVISO QUE DEBE DAR EL ACCIDENTADO

Todo trabajador que sufra un accidente de trabajo está en la obligación de dar inmediatamente aviso al empleador o a su representante. El empleador no es responsable de la agravación de que se presente en las lesiones o perturbaciones, por razón de no haber dado el trabajador este aviso o haberlo demorado sin justa causa.

Concord. Dcto. 1295/1994

Nota del editor: La expresión que exime de responsabilidad al empleador por la agravación de las lesiones por falta de aviso del trabajador o por demora en el aviso, debe entenderse con alcances única y exclusivamente respecto de los eventos de discusión por una culpa patronal, teniendo en cuenta que la responsabilidad subrogada al Sistema de Riesgos Laborales es de carácter objetivo.

ARTÍCULO 222. REVISIÓN DE LA CALIFICACIÓN

Dentro de los tres (3) años subsiguientes a la ocurrencia del accidente o al diagnóstico de la enfermedad profesional, y en caso de incapacidad permanente parcial, el trabajador puede solicitar la revisión de la calificación de la incapacidad si ésta se ha agravado, a efecto de obtener el aumento de la prestación que corresponda al grado de agravación de la incapacidad primitivamente fijada.

Concord. Art. 47 Dcto. 1295/1994, Arts 41, 42 L. 100/1993

Nota del Editor: la determinación del origen y de pérdida de capacidad laboral por enfermedades o accidentes hoy está prevista para hacerse directamente por la E.P.S., el Fondo de Pensiones o la A.R.L. y discutirse ante la Junta Regional de Calificación de Invalidez y eventualmente ante la Junta Nacional de Calificación de Invalidez.

ARTÍCULO 223. EXONERACIÓN DE PAGO

1. Las normas de este capítulo no se aplican:

a) A la industria puramente familiar, que es aquella en la cual solo trabajan el jefe de familia, su cónyuge y sus descendientes.

b) Derog. Dcto. 1295/1994 según Sent C-823/2006 M.P.: Dr. Jaime Córdoba Triviño.

c) A los talleres de artesanos que, trabajando personalmente en su establecimiento, no ocupen más de cinco (5) trabajadores extraños a su familia. Si son seis (6) o más los trabajadores extraños a la familia del artesano, el taller entra en la clasificación de los artículos 224 a 226, según su capital.

d) Al servicio doméstico.

2. En las actividades mencionadas en el presente artículo, los empleadores sólo están en la obligación de prestar los primeros auxilios y suministrar el tra-

tamiento y las medicinas de urgencia en caso de accidente de trabajo o ataque súbito de enfermedad profesional.

Concord. Art. 3º Dcto. 1295/1994

Nota del Editor: En consideración al hecho de la operación del sistema de seguridad social en Salud y Riesgos Laborales, en el que se subroga el riesgo del empleador ante las contingencias derivadas de las enfermedades laborales y de los accidentes de trabajo, debe tenerse en cuenta que lo dispuesto en este artículo, no sería aplicable, por cuanto existe la obligación general de afiliación al sistema de riesgos laborales, de conformidad con lo previsto por el artículo 3º del Decreto 1295 de 1994.
En el caso en el que el empleador no hubiese cumplido con la obligación de afiliación al sistema de riesgos laborales, no se surtiría el efecto de la subrogación, y éste sería responsable por las prestaciones económicas derivadas del hecho regulado, pero lo sería en los términos y en las condiciones de la normatividad que rige al sistema de riesgos laborales.

ARTÍCULO 224. EMPRESAS DE CAPITAL INFERIOR A DIEZ MIL PESOS ($10,000)

Las empresas de capital inferior a diez mil pesos ($ 10.000), no están obligadas por las normas de este Capítulo; pero en caso de accidente de trabajo o ataque súbito de enfermedad profesional, están en la obligación de prestar los primeros auxilios y suministrar el tratamiento y medicinas de urgencia, así como los medios necesarios para el traslado del trabajador al puesto de socorro, hospital o servicio médico más cercano. También están en la obligación de pagar las dos terceras (2/3) partes del salario en los casos de incapacidad temporal, hasta por tres (3) meses.

Concord. Art. 3 Dcto. 1295/1994, Art. 279 L. 100/1993

Nota del Editor: En consideración al hecho de la operación del sistema de seguridad social en Salud y Riesgos Laborales, en el que se subroga el riesgo del empleador ante las contingencias derivadas de las enfermedades laborales y de los accidentes de trabajo, debe tenerse en cuenta que lo dispuesto en este artículo, no sería aplicable, por cuanto existe la obligación general de afiliación al sistema de riesgos laborales, de conformidad con lo previsto por el artículo 3º del Decreto 1295 de 1994.
En el caso en el que el empleador no hubiese cumplido con la obligación de afiliación al sistema de riesgos laborales, no se surtiría el efecto de la subrogación, y éste sería responsable por las prestaciones económicas derivadas del hecho regulado, pero lo sería en los términos y en las condiciones de la normatividad que rige al sistema de riesgos laborales.

ARTÍCULO 225. EMPRESAS DE CAPITAL MAYOR DE DIEZ MIL PESOS ($10,000) Y MENOS DE CINCUENTA MIL PESOS ($50,000)

Las empresas de capital igual o superior a diez mil pesos ($ 10.000) y menor de cincuenta mil pesos ($ 50.000) no están obligadas por las normas de este Capítulo, pero en caso de accidente de trabajo o enfermedad profesional tienen las obligaciones establecidas en el artículo anterior y la de suministrar la asistencia de que trata el ordinal 1o. del artículo 206 hasta por seis (6) meses.

Concord. Art. 3 Dcto. 1295/1994, Art. 279 L. 100/1993

Nota del Editor: En consideración al hecho de la operación del sistema de seguridad social en Salud y Riesgos Laborales, en el que se subroga el riesgo del empleador ante las contingencias derivadas de las enfermedades laborales y de los accidentes de trabajo, debe tenerse en cuenta que lo dispuesto en este artículo, no sería aplicable, por cuanto existe la obligación general de afiliación al sistema de riesgos laborales, de conformidad con lo previsto por el artículo 3º del Decreto 1295 de 1994.
En el caso en el que el empleador no hubiese cumplido con la obligación de afiliación al sistema de riesgos laborales, no se surtiría el efecto de la subrogación, y éste sería responsable por las prestaciones económicas derivadas del hecho regulado, pero lo sería en los términos y en las condiciones de la normatividad que rige al sistema de riesgos laborales.

ARTÍCULO 226. EMPRESAS DE CAPITAL MAYOR DE CINCUENTA MIL PESOS ($50,000) Y MENOR DE CIENTO VEINTICINCO MIL PESOS ($125,000)

Las empresas cuyo capital sea o exceda de cincuenta mil pesos ($ 50.000), sin pasar de ciento veinticinco mil pesos ($ 125.000), están obligadas a las prestaciones completas de que tratan los ordinales 1o. y 2o., letra a) del artículo 206 y a las establecidas en el ordinal 2o., letras b) a e) del mismo artículo, pero disminuidas en un cincuenta por ciento (50%). Esta disminución se aplica también en el caso del artículo 216.

Concord. Art. 3 Dcto. 1295/1994, Art. 279 L. 100/1993

Nota del Editor: En consideración al hecho de la operación del sistema de seguridad social en Salud y Riesgos Laborales, en el que se subroga el riesgo del empleador ante las contingencias derivadas de las enfermedades laborales y de los accidentes de trabajo, debe tenerse en cuenta que lo dispuesto en este artículo, no sería aplicable, por cuanto existe la obligación general de afiliación al sistema de riesgos laborales, de conformidad con lo previsto por el artículo 3º del Decreto 1295 de 1994.
En el caso en el que el empleador no hubiese cumplido con la obligación de afiliación al sistema de riesgos laborales, no se surtiría el efecto de la subrogación, y éste sería responsable por las prestaciones económicas derivadas del hecho regulado, pero lo sería en los términos y en las condiciones de la normatividad que rige al sistema de riesgos laborales.

CAPÍTULO III
AUXILIO MONETARIO POR ENFERMEDAD NO PROFESIONAL

ARTÍCULO 227. VALOR DE AUXILIO

En caso de incapacidad comprobada para desempeñar sus labores, ocasionada por enfermedad no profesional, el trabajador tiene derecho a que el empleador le pague un auxilio monetario hasta por ciento ochenta (180) días, así: las dos terceras (2/3) partes del salario durante los primeros noventa (90) días y la mitad del salario por el tiempo restante.

Nota de vigencia: C.Const. mediante Sent C-543/2007 M.P: Dr. Álvaro Tafur Galvis declaró condicionalmente exequible el Artículo 227 «en el entendido que el auxilio monetario por enfermedad no profesional no podrá ser inferior al salario mínimo legal vigente».

Concord. Art. 3 L. 9/1963

ARTÍCULO 228. SALARIO VARIABLE

En caso del que el trabajador no devengue salario fijo, para pagar el auxilio por enfermedad a que se refiere este Capítulo se tiene como base el promedio de lo devengado en el año de servicio anterior a la fecha en cual empezó la incapacidad, o en todo el tiempo de servicios si no alcanzare a un (1) año.

ARTÍCULO 229. EXCEPCIONES

Las normas de este Capítulo no se aplican:

a) A la industria puramente familiar.

b) Derog Dcto. 1295/1994 según Sent C-823/2006 M.P: Dr. Jaime Córdoba Triviño.

c) A los artesanos que, trabajando personalmente en su establecimiento, no ocupen más de cinco (5) trabajadores permanentes extraños a su familia,

d) A los criados* domésticos, los cuales tienen derecho a la asistencia médica y farmacéutica corriente en caso de cualquier enfermedad ~~y al pago íntegro de su salario en caso de incapacidad para desempeñar sus labores a consecuencia de enfermedad, todo hasta por un (1) mes~~.

Nota de vigencia: Aparte del Lit d tachado declarado inexequible por Sent C-1004/2005 M.P: Dr. Jaime Araujo Rentería. Al respecto señaló la Corte que: «Ello significa que no existe necesariamente incompatibilidad o contrariedad entre la obligación legal de afiliar a los trabajadores al Sistema General de Seguridad Social en Salud, a cargo de los empleadores, y la limitación de la prestación económica por concepto de incapacidad laboral por enfermedad no profesional en relación con los trabajadores de servicio doméstico, que prevé el Art. 229, Lit. d), del CST, y, por ende, no se presenta la derogación tácita de esta norma, que invoca el señor Procurador General de la Nación.

Por otra parte, dicha autoridad ignora el contenido del Art. 206 de la misma Ley 100 de 1993, referente al reconocimiento de incapacidades por enfermedad general, en virtud del cual "para los afiliados de que trata el literal a) del artículo 157, el régimen contributivo reconocerá las incapacidades generadas en enfermedad general, de conformidad con las disposiciones legales vigentes (...)" (se subraya).

En virtud de la remisión normativa expresa contenida en esta disposición, aunque a partir de la vigencia de la Ley 100 de 1993 las prestaciones por concepto de incapacidad laboral por enfermedad general están a cargo del Sistema General de Seguridad Social en Salud, y no del patrono, como lo preveía el Art. 227 del CST, el valor del auxilio monetario correspondiente es el previsto como regla general en esta última disposición, que estaba vigente al comenzar a regir aquella ley».

Nota del Editor: En consideración al hecho de la operación del sistema de seguridad social en Salud y Riesgos Laborales, en el que se subroga el riesgo del empleador ante las contingencias derivadas de las enfermedades laborales y de los accidentes de trabajo, debe tenerse en cuenta que lo dispuesto en este artículo, no sería aplicable, por cuanto existe la obligación general de afiliación al sistema de riesgos laborales, de conformidad con lo previsto por el artículo 3º del Decreto 1295 de 1994.

En el caso en el que el empleador no hubiese cumplido con la obligación de afiliación al sistema de riesgos laborales, no se surtiría el efecto de la subrogación, y éste sería responsable por las prestaciones económicas derivadas del hecho regulado, pero lo sería en los términos y en las condiciones de la normatividad que rige al sistema de riesgos laborales.

CAPÍTULO IV
CALZADO Y OVEROLES PARA TRABAJADORES

ARTÍCULO 230. SUMINISTRO DE CALZADO Y VESTIDO DE LABOR

Modif. Art. 7 L. 11/1984. Todo empleador que habitualmente ocupe uno (1) o más trabajadores permanentes, deberá suministrar cada cuatro (4) meses, en forma gratuita, un (1) par de zapatos y un (1) vestido de labor al trabajador, cuya remuneración mensual sea hasta dos (2) meses el salario mínimo más alto vigente. Tiene derecho a esta prestación el trabajador que en las fechas de entrega de calzado y vestido haya cumplido más de tres (3) meses al servicio del empleador.

ARTÍCULO 231. CONSIDERACIÓN DE HIJOS Y OTRAS PERSONAS

Derog. Art. 9 L. 11/1984.

ARTÍCULO 232. FECHA DE ENTREGA

Modif. Art. 8 L. 11/1984. Los empleadores obligados a suministrar permanente calzado y vestido de labor a sus trabajadores harán entrega de dichos elementos en las siguientes fechas del calendario: 30 de abril, 31 de agosto y 20 de diciembre.

ARTÍCULO 233. USO DEL CALZADO Y VESTIDO DE LABOR

Modif. Art. 10 L. 11/1984. El trabajador queda obligado a destinar a su uso en las labores contratadas el calzado y vestido que le suministre el empleador, y en el caso de que así no lo hiciere éste quedara eximido de hacerle el suministro en el período siguiente.

ARTÍCULO 234. PROHIBICIÓN DE LA COMPENSACIÓN EN DINERO

Queda prohibido a los empleadores pagar en dinero las prestaciones establecidas en este capítulo.

Nota de vigencia: Artículo declarado exequible en Sentencia C-710/1996 M.P. Jorge Arango Mejía: « Las prestaciones a las que hace referencia la norma acusada, son el calzado y vestido de labor.(...) Se entiende que en el cumplimiento de esta obligación, el empleador debe respetar la dignidad del trabajador, suministrando elementos que no sólo le permitan desarrollar en forma idónea su labor, sino que no pongan en ridículo su imagen. Por tanto, el calzado y vestido que se entregan, han de ser adecuados a la naturaleza del trabajo ejecutado, al medio ambiente en que éste se desarrolla. Así, por la naturaleza de esta prestación, es obvio que ella no pueda ser compensada en dinero. Cosa distinta es que el trabajador decida no utilizar la dotación entregada, caso en el cual, el empleador se exime, en el período siguiente, de entregar vestido y calzado, tal como lo preceptúa el artículo 233, sin que por ello se entienda que está incumpliendo con esta obligación. Finalmente, es necesario aclarar que la prohibición que consagra la norma acusada rige sólo durante la vigencia de la relación laboral, puesto que finalizada ésta, el trabajador podrá solicitar al juez correspondiente, el pago de la misma, si demuestra que durante la vigencia de su contrato, el empleador no cumplió con ella. En este caso, la prestación incumplida, se pagará en dinero, pues es un derecho que el trabajador tiene, y que no puede renunciar. Así lo reconoció la Corte Suprema de Justicia, Sala Laboral, en sentencia del cuatro (4) de marzo de 1994. Además, sería ilógico que una vez finalizada la relación laboral, se condenara al trabajador a recibir un vestido de labor que no requiere.»

ARTÍCULO 235. REGLAMENTACIÓN

El Ministerio del Trabajo reglamentara la forma como los empleadores deben cumplir con las prestaciones establecidas en este capítulo y la manera como deben acreditar ese cumplimiento.

CAPÍTULO V
PROTECCIÓN A LA MATERNIDAD Y PROTECCIÓN DE MENORES

ARTÍCULO 235-A. PROTECCIÓN A LA MATERNIDAD

Adic. Art. 33 L. 50/1990. La Maternidad gozará de la protección especial del Estado.

ARTÍCULO 236. LICENCIA EN LA ÉPOCA DEL PARTO E INCENTIVOS PARA LA ADECUADA ATENCIÓN Y CUIDADO DEL RECIÉN NACIDO

Modif. Art. 2 L. 2114/2021.

1. Toda trabajadora en estado de embarazo tiene derecho a una licencia de dieciocho (18) semanas en la época de parto, remunerada con el salario que devengue al momento de iniciar su licencia.

2. Si se tratare de un salario que no sea fijo como en el caso del trabajo a destajo o por tarea, se tomará en cuenta el salario promedio devengado por la trabajadora en el último año de servicio, o en todo el tiempo si fuere menor.

3. Para los efectos de la licencia de que trata este artículo, la trabajadora debe presentar al empleador un certificado médico, en el cual debe constar:

a) El estado de embarazo de la trabajadora;

b) La indicación del día probable del parto, y

c) La indicación del día desde el cual debe empezar la licencia, teniendo en cuenta que, por lo menos, ha de iniciarse dos semanas antes del parto.

4. Todas las provisiones y garantías establecidas en la presente ley para la madre biológica, se hacen extensivas en los mismos términos y en cuanto fuere procedente a la madre adoptante, o al padre que quede a cargo del recién nacido sin apoyo de la madre, sea por enfermedad o muerte, asimilando la fecha del parto a

la de la entrega oficial del menor que se ha adoptado, o del que adquiere custodia justo después del nacimiento. En ese sentido, la licencia materna se extiende al padre en caso de fallecimiento o enfermedad de la madre, el empleador del padre del niño le concederá una licencia de duración equivalente al tiempo que falta para expirar el periodo de la licencia posterior al parto concedida a la madre.

5. La licencia de maternidad para madres de niños prematuros, tendrá en cuenta la diferencia entre la fecha gestacional y el nacimiento a término, las cuales serán sumadas a las dieciocho (18) semanas que se establecen en la presente ley. Cuando se trate de madres con parto múltiple, la licencia se ampliará en dos semanas más.

6. La trabajadora que haga uso de la licencia en la época del parto tomará las dieciocho (18) semanas de licencia a las que tiene derecho, de la siguiente manera:

a) Licencia de maternidad preparto. Esta será de una (1) semana con anterioridad a la fecha probable del parto debidamente acreditada. Si por alguna razón médica la futura madre requiere una semana adicional previa al parto podrá gozar de las dos (2) semanas, con dieciséis (16) posparto. Si en caso diferente, por razón médica no puede tomarla semana previa al parto, podrá disfrutar las dieciocho (18) semanas en el posparto inmediato.

b) Licencia de maternidad posparto. Esta licencia tendrá una duración normal de diecisiete (17) semanas contadas desde la fecha del parto, o de dieciséis (16) o dieciocho (18) semanas por decisión médica, de acuerdo a lo previsto en el literal anterior.

PARÁGRAFO 1o. De las dieciocho (18) semanas de licencia remunerada, la semana anterior al probable parto será de obligatorio goce en caso de que el médico tratante prescriba algo diferente. La licencia remunerada de la que habla este artículo, es incompatible con la licencia de calamidad doméstica y en caso de haberse solicitado esta última por el nacimiento de un hijo, estos días serán descontados de la misma.

PARÁGRAFO 2o. El padre tendrá derecho a dos (2) semanas de licencia remunerada de paternidad.

La licencia remunerada de paternidad opera por los hijos nacidos del cónyuge o de la compañera permanente, así como para el padre adoptante.

El único soporte válido para el otorgamiento de la licencia remunerada de paternidad es el Registro Civil de Nacimiento, el cual deberá presentarse a la EPS a más tardar dentro de los 30 días siguientes a la fecha del nacimiento del menor.

La licencia remunerada de paternidad estará a cargo de la EPS, y será reconocida proporcionalmente a las semanas cotizadas por el padre durante el periodo de gestación.

La licencia de paternidad se ampliará en una (1) semana adicional por cada punto porcentual de disminución de la tasa de desempleo estructural comparada con su nivel al momento de la entrada en vigencia de la presente ley, sin que en ningún caso pueda superar las cinco (5) semanas.

La metodología de medición de la tasa de desempleo estructural será definida de manera conjunta por el Ministerio de Hacienda y Crédito Público, el Banco de la República y el Departamento Nacional de Planeación. La tasa de desempleo estructural será publicada en el mes de diciembre de cada año y constituirá la base para definir si se amplía o no la licencia para el año siguiente.

Se autoriza al Gobierno nacional para que en el caso de los niños prematuros y adoptivos se aplique lo establecido en el presente parágrafo.

PARÁGRAFO 3o. Para efectos de la aplicación del numeral quinto (5) del presente artículo, se deberá anexar al certificado de nacido vivo y la certificación expedida por el médico tratante en la cual se identifique diferencia entre la edad gestacional y el nacimiento a término, con el fin de determinar en cuántas semanas se debe ampliar la licencia de maternidad, o determinar la multiplicidad en el embarazo.

El Ministerio de Salud reglamentará en un término no superior a seis (6) meses contados a partir de la expedición de la presente ley, lo concerniente al contenido de la certificación de que trata este parágrafo y fijará los criterios médicos a ser tenidos en cuenta por el médico tratante a efectos de expedirla.

PARÁGRAFO 4o. Licencia parental compartida. Los padres podrán distribuir libremente entre sí las últimas seis (6) semanas de la licencia de la madre, siempre y cuando cumplan las condiciones y requisitos dispuestos en este artículo. Esta licencia, en el caso de la madre, es independiente del permiso de lactancia.

La licencia parental compartida se regirá por las siguientes condiciones:

1. El tiempo de licencia parental compartida se contará a partir de la fecha del parto. Salvo que el médico tratante haya determinado que la madre deba tomar entre una o dos (2) semanas de licencia previas a la fecha probable del parto o por determinación de la madre.

2. La madre deberá tomar como mínimo las primeras doce (12) semanas después del parto, las cuales serán intransferibles. Las restantes seis (6) semanas podrán ser distribuidas entre la madre y el padre, de común acuerdo entre los dos. El tiempo de licencia del padre no podrá ser recortado en aplicación de esta figura.

3. En ningún caso se podrán fragmentar, intercalar ni tomar de manera simultánea los períodos de licencia salvo por enfermedad posparto de la madre, debidamente certificada por el médico.

4. La licencia parental compartida será remunerada con base en el salario de quien disfrute de la licencia por el período correspondiente. El pago de la misma

estará a cargo del respectivo empleador o EPS, acorde con la normatividad vigente.

Para los efectos de la licencia de que trata este parágrafo, los beneficiarios deberán cumplir los siguientes requisitos:

1. El único soporte válido para el otorgamiento de licencia compartida es el Registro Civil de Nacimiento, el cual deberá presentarse a la EPS a más tardar dentro de los 30 días siguientes a la fecha de nacimiento del menor.

2. Debe existir mutuo acuerdo entre los padres acerca de la distribución de las semanas de licencia. Ambos padres deberán realizar un documento firmado explicando la distribución acordada y presentarla ante sus empleadores, en un término de treinta (30) días contados a partir del nacimiento del menor.

3. El médico tratante debe autorizar por escrito el acuerdo de los padres, a fin de garantizar la salud de la madre y el recién nacido.

4. Los padres deberán presentar ante el empleador un certificado médico, en el cual debe constar:

a) El estado de embarazo de la mujer; o una constancia del nacimiento del menor.

b) La indicación del día probable del parto, o la fecha del nacimiento del menor.

c) La indicación del día desde el cual empezarían las licencias de cada uno.

d) La licencia parental compartida también se aplicará con respecto a los niños prematuros y adoptivos, teniendo en cuenta el presente artículo.

La licencia parental compartida es aplicable también a los trabajadores del sector público. Para estos efectos, el Departamento Administrativo de la Función Pública reglamentará la materia dentro de los seis (6) meses siguientes a la sanción de la presente ley.

No podrán optar por la licencia parental compartida, los padres que hayan sido condenados en los últimos cinco (5) años por los delitos contemplados en el Título IV delitos contra la libertad, integridad y formaciones sexuales; los padres condenados en los últimos dos (2) años; por los delitos contemplados en el Título VI contra la familia, Capítulo Primero «de la violencia intrafamiliar» y Capítulo Cuarto «de los delitos contra la asistencia alimentaria» de la Ley 599 de 2000 o los padres que tengan vigente una medida de protección en su contra, de acuerdo con el artículo 16 de la Ley 1257 de 2008, o la norma que lo modifique, sustituya o adicione.

PARÁGRAFO 5o. Licencia parental flexible de tiempo parcial. La madre y/o padre podrán optar por una licencia parental flexible de tiempo parcial, en la cual, podrán cambiar un periodo determinado de su licencia de maternidad o de paternidad por un período de trabajo de medio tiempo, equivalente al doble del tiempo correspondiente al período de tiempo seleccionado. Esta licencia, en el caso de la madre, es independiente del permiso de lactancia.

La licencia parental flexible de tiempo parcial se regirá por las siguientes condiciones:

1. Los padres podrán usar esta figura antes de la semana dos (2) de su licencia de paternidad; las madres, a no antes de la semana trece (13) de su licencia de maternidad.

2. El tiempo de licencia parental flexible de tiempo parcial se contará a partir de la fecha del parto. Salvo que el médico tratante haya determinado que la madre deba tomar una o dos (2) semanas de licencia previas a la fecha probable del parto. Los periodos seleccionados para la licencia parental flexible no podrán interrumpirse y retomarse posteriormente. Deberán ser continuos, salvo aquellos casos en que medie acuerdo entre el empleador y el trabajador.

3. La licencia parental flexible de tiempo parcial será remunerada con base en el salario de quien disfrute de la licencia por el período correspondiente. El pago de la misma estará a cargo del respectivo empleador o EPS. El pago del salario por el tiempo parcial laborado se regirá acorde con la normatividad vigente.

4. La licencia parental flexible de tiempo parcial también podrá ser utilizada por madres y/o padres que también hagan uso de la licencia parental compartida, observando las condiciones señaladas en este parágrafo, así como en el parágrafo 4 del presente artículo.

Para los efectos de la licencia de la que trata este parágrafo, los beneficiarios deberán cumplir los siguientes requisitos:

1. El único soporte válido para el otorgamiento de licencia parental flexible de tiempo parcial es el Registro Civil de Nacimiento, el cual deberá presentarse a la EPS a más tardar dentro de los 30 días siguientes a la fecha del nacimiento del menor.

2. Debe existir mutuo acuerdo entre los empleadores y los trabajadores. El acuerdo deberá ir acompañado de un certificado médico que dé cuenta de:

a) El estado de embarazo de la mujer; o constancia del nacimiento.

b) La indicación del día probable del parto, o indicación de fecha del parto y

c) La indicación del día desde el cual empezaría la licencia correspondiente. Este acuerdo deberá consultarse con el empleador a más tardar dentro de los 30 días siguientes al nacimiento. El empleador deberá dar respuesta a la solicitud dentro de los cinco (5) hábiles siguientes a su presentación.

La licencia parental flexible de tiempo parcial también se aplicará con respecto a los niños prematuros y adoptivos, teniendo en cuenta lo dispuesto en el presente artículo.

La licencia parental flexible de tiempo parcial es aplicable también a los trabajadores del sector público. Para estos efectos, el Departamento Administrativo de la Función Pública, reglamentará la materia dentro de los seis (6) meses siguientes a la sanción de la presente ley. Superado este periodo de tiempo el Presidente de la República conservará su facultad reglamentaria.

Concord. D. 1427/22.

Nota del Editor: La Corte Constitucional en Sentencia C-415 de 2022 M.P. Diana Fajardo definió la redacción del nuevo artículo previsto en la Ley 2114 de 2021 como condicionalmente exequible en el entendido de que "la pareja adoptante del mismo sexo definirá, por una vez, quien de ellos gozará de cada prestación en las mismas condiciones previstas para las familias heteroparentales adoptantes".

ARTÍCULO 237. DESCANSO REMUNERADO EN CASO DE ABORTO

1. La trabajadora que en el curso del embarazo sufra un aborto o parto prematuro no viable, tiene derecho a una licencia de dos o cuatro semanas, remunerada con el salario que devengaba en el momento de iniciarse el descanso. Si el parto es viable, se aplica lo establecido en el artículo anterior.

2. Para disfrutar de la licencia de que trata este artículo, la trabajadora debe presentar al empleador un certificado médico sobre lo siguiente:

a) La afirmación de que la trabajadora ha sufrido un aborto o paro prematuro, indicando el día en que haya tenido lugar, y

b) La indicación del tiempo de reposo que necesita la trabajadora.

ARTÍCULO 238. DESCANSO REMUNERADO DURANTE LA LACTANCIA

1. Modif. Art. 7 Dcto. 13/1967. El empleador está en la obligación de conceder a la trabajadora dos descansos, de treinta (30) minutos cada uno, dentro de la jornada para amamantar a su hijo, sin descuento alguno en el salario por dicho concepto, durante los primeros seis (6) meses de edad.

2. El empleador está en la obligación de conceder más descansos que los establecidos en el inciso anterior si la trabajadora presenta certificado médico en el cual se expongan las razones que justifiquen ese mayor número de descansos.

3. Para dar cumplimiento a la obligación consagrada en este artículo, los empleadores deben establecer en un local contiguo a aquel en donde la mujer trabaja, una sala de lactancia o un lugar apropiado para guardar al niño.

4. Los empleadores pueden contratar con las instituciones de protección infantil el servicio de que trata el inciso anterior.

Concord. Art. 1 L. 27/1974

ARTÍCULO 239. PROHIBICIÓN DE DESPIDO

1. Ninguna trabajadora podrá ser despedida por motivo de embarazo o lactancia sin la autorización previa del Ministerio de Trabajo que avale una justa causa.

2. Núm. Modificado por el art. 1 L. 2141/21 Se presume el despido efectuado por motivo de embarazo o lactancia, cuando este haya tenido lugar dentro del período de embarazo y/o dentro de las dieciocho (18) semanas posteriores al parto.

3. Núm. Modificado por el art. 1 L. 2141/21 Las trabajadoras que trata el numeral uno (1) de este artículo, que sean despedidas sin autorización de las autoridades competentes, tendrán derecho al pago adicional de una indemnización igual a sesenta (60) días de trabajo, fuera de las indemnizaciones y prestaciones a que hubiere lugar de acuerdo con su contrato de trabajo.

Esta misma indemnización se aplicará en caso del despido de un trabajador cuya cónyuge, pareja o compañera permanente se encuentre en estado de embarazo dentro de las dieciocho (18) semanas posteriores al parto y no tenga un empleo formal, fuera de las indemnizaciones y prestaciones a que hubiere lugar de acuerdo con el contrato de trabajo.

4. En el caso de la mujer trabajadora que por alguna razón excepcional no disfrute de la semana preparto obligatoria, y/o de algunas de las diecisiete (17) semanas de descanso, tendrá derecho al pago de las semanas que no gozó de licencia. En caso de parto múltiple tendrá el derecho al pago de dos (2) semanas adicionales y, en caso de que el hijo sea prematuro, al pago de la diferencia de tiempo entre la fecha del alumbramiento y el nacimiento a término.

5. Núm. Adicionado por el art. 1 L. 2141/21. Se prohíbe el despido de todo trabajador cuya cónyuge, pareja o compañera permanente se encuentre en estado de embarazo o dentro de las dieciocho (18) semanas posteriores al parto. Esta prohibición se activará con la notificación al empleador del estado de embarazo de la cónyuge, pareja o compañera permanente. La notificación podrá hacerse verbalmente o por escrito. En ambos casos el trabajador tendrá hasta un (1) mes para adjuntar la prueba que acredite el estado de embarazo de su cónyuge o compañera permanente. Para tal efecto, serán válidos los certificados médicos o los resultados de exámenes realizados en laboratorios clínicos avalados y vigilados por las autoridades competentes.

Nota de vigencia: C.Const. mediante Sent C-005/2017 M.P: Dr Luis Ernesto Vargas Silva declaró condicionalmente exequible el Num. 1 del Artículo 239 «en el entendido que la prohibición de despido y la exigencia de permiso para llevarlo a cabo, se extienden al (la) trabajador (a) que tenga la condición de cónyuge, compañero (a) permanente o pareja de la mujer en período de embarazo o lactancia, que sea beneficiaria de aquel (la)».

Nota de Vigencia: C. Const. mediante Sentencia C-517 de 2024 declaró inexequibles las expresiones y no tenga un empleo formal" así como "y una declaración, que se entiende presentada bajo la gravedad del juramento, de que ella carece de un empleo". Señaló la Corte: « La Sala Plena explicó que el fuero materno pretendió contrarrestar los despidos o terminaciones laborales, fundadas en la sospecha de que las mujeres no tendrían tiempo suficiente para maternar y trabajar y además no le darían prioridad a su proyecto de vida laboral. Las iniciales discusiones en torno a este dispositivo para las mujeres se fundaron en una idea de necesidad de tiempo para reparar el cuerpo físico y emprender el sostenimiento vital del recién nacido. Sin embargo, esto fue insuficiente, pues la crianza del recién nacido no es una obligación exclusiva de la mujer, sino que incorpora los deberes y derechos del hombre en relación con las responsabilidades familiares. Es precisamente esa comprensión la que, a juicio de la Corte, ha ido ampliando progresivamente los tiempos de licencias entre los hombres y las mujeres a cargo de los recién nacidos, y la que ha reconocido que, para superar la división sexual del trabajo, específicamente los hombres deben implicarse decididamente en la crianza y sostenimiento de la vida, por ser su deber y su corresponsabilidad. El fuero ha sido utilizado como la herramienta que puede blindar a las personas de retiros discriminatorios por haber decidido tener hijos, conformar una familia o tener responsabilidades familiares. En el fondo, pretenden paliar la disputa por la disponibilidad de tiempo y un proyecto por fuera del trabajo subordinado. No es extraño así entender que es la figura más utilizada en el empleo para contrarrestar las sanciones por maternidad. Para la Corte, el fuero paterno se inscribe en la finalidad, de que el hombre debe asumir, en igualdad de responsabilidades familiares, la crianza de los hijos, la entrega de los tiempos de cuidado, el reparto de las tareas y el sostén económico, y no en la que sea el hombre quien debe responder económicamente por la mujer, que es una concepción paternalista y patriarcal.»

ARTÍCULO 240. PERMISO PARA DESPEDIR

1. Núm. Modificado por el art. 2 L. 2114/21: Para poder despedir a una trabajadora durante el período de embarazo o a las dieciocho (18) semanas posteriores al parto, el empleador necesita la autorización del Inspector del Trabajo, o del Alcalde Municipal en los lugares en donde no existiere aquel funcionario. La misma autorización se requerirá para despedir al trabajador cuya cónyuge, pareja o compañera permanente se encuentre en estado de embarazo y no tenga un empleo formal, adjuntando prueba que así lo acredite o que se encuentra afiliada como beneficiaria en el Sistema de Seguridad Social en Salud.

2. El permiso de que trata este artículo sólo puede concederse con el fundamento en alguna de las causas que tiene el {empleador} para dar por terminado el contrato de trabajo y que se enumeran en los artículos 62 y 63. Antes de resolver, el funcionario debe oír a la trabajadora y practicar todas las pruebas conducentes solicitadas por las partes.

3. Cuando sea un Alcalde Municipal quien conozca de la solicitud de permiso, su providencia tiene carácter provisional y debe ser revisada por el Inspector del Trabajo residente en el lugar más cercano.

Nota de vigencia:

Aparte subrayado declarado exequible y Num. 3 del Artículo 240. por Sent C-710/1996 M.P: Dr. Jorge Arango Mejía y al respectó señaló que: «No asiste razón a los demandantes cuando afirman que se desconoce el derecho al debido proceso, pues la norma acusada en ningún momento está reemplazando al juez laboral por el funcionario administrativo, pues el primero es el competente para resolver los conflictos suscitados entre empleadores y trabajadores. No. La intervención del inspector en ningún momento desplaza al juez, quien asumirá, si a ello hay lugar, el conocimiento del litigio que se trabe para determinar si realmente hubo la justa causa invocada por el patrono. El permiso que otorga el inspector del trabajo, si bien se constituye en una presunción de la existencia de un despido justo, es una presunción legal que puede ser desvirtuada ante el juez correspondiente. De todas formas, las actuaciones de estos funcionarios, deben ajustarse a los principios del debido proceso, tal como lo preceptúa el artículo 29 de la Constitución. Así, este funcionario al momento de calificar la justa causa para despedir a una trabajadora en estado de embarazo, deberá permitir la participación de las partes, y valorar las pruebas recaudadas con fundamento en los principios de la sana crítica, permitiendo la publicidad y contradicción de las mismas».

ARTÍCULO 241. NULIDAD DEL DESPIDO

Modif. Art. 8 Dcto. 13/1967.

1. El empleador está obligado a conservar el puesto a la trabajadora que esté disfrutando de los descansos remunerados de que trata este capítulo, o de licencia por enfermedad motivada por el embarazo o parto.

2. No producirá efecto alguno el despido que el empleador comunique a la trabajadora en tales períodos, o en tal forma que, al hacer uso del preaviso, éste expire durante los descansos o licencias mencionados.

ARTÍCULO 241A. Medidas Andisicriminatorias en Materia laboral

Artículo adicionado por el art. 3 L. 2114/21

Pruebas de embarazo. La exigencia de la práctica de pruebas de embarazo queda prohibida como requisito obligatorio para el acceso o permanencia en cualquier actividad laboral. La prueba de embarazo solo podrá solicitarse, con consentimiento previo de la trabajadora, en los casos en los que el trabajo a desempeñar implique riesgos reales o potenciales que puedan incidir negativamente en el desarrollo normal del embarazo.

Se presume que toda exigencia de ordenar la práctica de una prueba de embarazo para acceso o permanencia en cualquier actividad laboral tiene carácter discriminatorio. Esta presunción admite prueba en contrario, pero se invertirá la carga de la prueba a favor de la mujer y será el empleador o contratante quien deba desvirtuar la conducta discriminatoria y demostrar que existen riesgos reales o potenciales que puedan incidir negativamente en el desarrollo normal del embarazo.

El empleador, al enlistar las evaluaciones médicas preocupacionales o de preingreso, deberá dejar constancia que, en estas, no se incluye una prueba de embarazo. Cuando las evaluaciones médicas pre ocupacionales o de pre ingreso involucren exámenes de sangre, la candidata podrá seleccionar el centro médico o laboratorio en dónde realizar dichos exámenes. En todo caso, el centro médico o laboratorio que se escoja deberá ser reconocido por el Ministerio de Salud y Protección Social.

El empleador que ordene la realización de una prueba de embarazo en contra de lo establecido en el presente artículo, se le impondrá una multa de hasta dos mil cuatrocientos cincuenta y cinco (2455) Unidades de Valor Tributario (UVT) de conformidad con la reglamentación que sobre la materia haga el Ministerio del Trabajo. La trabajadora que haya sido obligada a la realización de una prueba de embarazo en contra de lo establecido en este artículo deberá ser contratada para el cargo al cual aspiraba.

2. Entrevistas de trabajo. La realización de preguntas relacionadas con planes y reproductivos queda prohibida en las entrevistas laborales y se presumirá como una práctica discriminatoria.

El empleador que realice preguntas discriminatorias en contra de lo establecido en el presente artículo, se le impondrá una multa de hasta dos mil cuatrocientos cincuenta y cinco (2455) Unidades de Valor Tributario (UVT), de conformidad con la reglamentación que sobre la materia haga el Ministerio del Trabajo.

ARTÍCULO 242. TRABAJOS PROHIBIDOS

Modif. Art. 9 Dcto. 13/1967.

1. Declarado inexequible por Sent C-622/1997 M.P: Dr. Hernando Herrera Vergara.

2. Queda prohibido emplear a los menores de dieciocho (18) años y a las mujeres en trabajos de pintura industrial que entrañen el empleo de la cerusa, de sulfato de plomo o de cualquier otro producto que contenga dichos pigmentos.

3. ~~Las mujeres, sin distinción de edad~~, y los menores de diez y ocho (18) años no pueden ser empleados en trabajos subterráneos de las minas o que requieran grandes esfuerzos.

Nota de vigencia: Nota de vigencia: Expresión subrayada declarada exequible por Sent. C-139/18 M.P: Antonio José Lizarazo Ocampo. Al respecto señaló que: «En segundo lugar, encontró que la medida tiene una finalidad legítima desde la perspectiva constitucional, toda vez que desarrolla los deberes de protección a las mujeres (arts. 42, 43 y 53 de la CP), frente a la realización de trabajos que implican un peligro grave para su salud y la garantía de su derecho a decidir libremente ser madres y, en consecuencia, tener hijos sanos. En efecto, explicó la Corte que, aunque la exposición a los citados pigmentos representa un grave riesgo para hombres y mujeres, en el caso de ellas el plomo constituye un genotóxico con consecuencias irreversibles para los fetos y los lactantes. Por ello, concluyó que la norma acusada establece una medida de salubridad pública que excede el ámbito privado de la mujer, puesto que constituye parte de políticas públicas relacionadas con los riesgos laborales y las trabajadoras».

Aparte tachado declarado inexequible por Sent. C 586-16 M.P.: Alberto Rojas Ríos. Al respectó señaló que: «La Corte evaluó la constitucionalidad de las expresiones "Las mujeres sin distinción de edad", contenidas en el numeral 3 del artículo 242 del Código Sustantivo del Trabajo, que prohíbe a las mujeres desempeñarse en trabajo subterráneo en las minas, así como desarrollar labores peligrosas, insalubres o que impliquen grandes esfuerzos. El accionante solicitó la declaratoria de inexequibilidad del enunciado, por considerar que era violatorio del derecho a la igualdad establecido en el artículo 13 de la Constitución, del derecho de acceso al trabajo en condiciones de igualdad dispuesto en el artículo 25 de la Constitución y de la libertad de escoger profesión u oficio prevista en el artículo 26 de la Carta Política. (...) La Corporación abordó el estudio del artículo 13 de la Constitución, que prevé el derecho fundamental a la igualdad, encontrando que la estructura del enunciado está constituida por cuatro componentes: el principio de igualdad, establecido bajo la fórmula tradicional de acuerdo con la cual "todas las personas nacen libres e iguales"; la regla de prohibición de trato discriminado, que prohíbe diferencias de trato fundadas en criterios sospechosos, como son sexo, raza, origen nacional o familiar, lengua, religión, opinión política o filosófica; el mandato de promoción y la obligación de adoptar medidas en favor de grupos marginados o discriminados; y el mandato de protección a personas en circunstancias de debilidad manifiesta. Como resultado de su primera evaluación, la Sala encontró que las expresiones demandadas contienen una diferencia de trato basada en el sexo, que es una categoría sospechosa, y que prima facie, son violatorias del principio y derecho fundamental a la igualdad, por impedirles a las mujeres el acceso a un cierto tipo de trabajos por su sola condición biológica. Como siguiente asunto, la Corte, diferenció entre los niveles y los sistemas de protección de los derechos humanos, abordando desde allí las normas del Derecho Internacional de los Derechos Humanos, que prevén la regla de prohibición de trato discriminado a las mujeres, enumerando las convenciones y documentos vinculantes para Colombia. (...) Evacuado lo anterior, el Tribunal evaluó el cargo concreto de violación del derecho a la igualdad, haciendo uso del test integrado de igualdad, el que de conformidad con la jurisprudencia de la Corte, tiene tres etapas de análisis: (i) establecer el criterio de comparación: patrón de igualdad o tertium comparationis, valga decir, precisar si los supuestos de hecho son susceptibles de compararse y si se compara sujetos de la misma naturaleza; (ii) definir si en el plano fáctico y en el plano jurídico existe un trato desigual entre iguales o igual entre desiguales; y (iii) averiguar si la diferencia de trato está constitucionalmente justificada, es decir, si las situaciones objeto de la comparación ameritan un trato diferente desde la Constitución. Una vez aplicada la metodología, la Corte concluyó que la prohibición adoptada por el legislador y demandada ante la Corte, no satisfacía el criterio de necesidad y era además desproporcionada, por lo que resultaba violatoria del derecho a la igualdad».

ARTÍCULO 243. INCUMPLIMIENTO

En caso de que el empleador no cumpla con la obligación de otorgar los descansos remunerados de que tratan los artículos 236 y 237, la trabajadora tiene derecho, como indemnización, al doble de la remuneración de los descansos no concedidos.

ARTÍCULO 244. CERTIFICADOS MÉDICOS

A solicitud de la trabajadora interesada, los certificados médicos necesarios según este capítulo deben ser expedidos gratuitamente por los médicos de la Oficina Nacional de Medicina e Higiene Industrial y por los de todas las entidades de Higiene, de carácter oficial.

ARTÍCULO 245. SALA CUNAS

Derog. Art. 11 L. 27/1974.

Concord. Art. 1 L. 27/1974

ARTÍCULO 246. CÓMPUTO DE NUMERO DE TRABAJADORAS

Derog. Art. 11 L. 27/1974.

CAPÍTULO VI
GASTOS DE ENTIERRO DEL TRABAJADOR

ARTÍCULO 247. REGLA GENERAL

Todo empleador está obligado a pagar los gastos de entierro de cualquiera de sus trabajadores hasta una suma equivalente al salario del último mes. ~~Este precepto no se aplica a los trabajadores accidentales o transitorios.~~

Nota de vigencia: La Corte Constitucional, mediante Sentencia C-823-06. M.P.: Jaime Córdoba Triviño, señaló en su fundamento jurídico número 4.1 que la expresión «Este precepto no se aplica a los trabajadores accidentales o transitorios». fue derogado tácitamente por el Sistema General de Seguridad Social, comprendido por la Constitución Política de Colombia, la Ley 100 de 1993, el Decreto-Ley 1295 de 1994 y sus respectivos decretos reglamentarios.

Por otro lado, cabe señalar que la Ley 100 de 1993 creó un auxilio funerario a cargo de las Administradoras del Fondo de Pensiones, diseñado para las personas que asuman los costos de entierro de un pensionado o afiliado, que podría ser un trabajador. Las reglas de la materia para el Régimen de Prima Media con Prestación Definida están en el art. 51, y para el Régimen de Ahorro Individual con Solidaridad en el art. 86 de la Ley 100 de 1993.

Concord. Arts. 51 y 86 L. 100/1993, Arts. 6 y 151 CST.

Nota del Editor: esta prestación fue subrogada en el sistema de Seguridad Social en pensiones, y corresponde al auxilio funerario previsto por el artículo 51 de la Ley 100 de 1993. En el evento en el que el empleador no hubiere afiliado al trabajador al sistema de seguridad social en pensiones, y éste falleciere, le corresponderá la obligación de reconocer y pagar el dicho auxilio, pero en los términos establecidos en la Ley 100 de 1993.

ARTÍCULO 248. SALARIO VARIABLE

En caso de que el trabajador no tuviere salario fijo se aplica la norma del artículo 228.

Concord. Arts. 127 y 228 CST

Nota del Editor: esta prestación fue subrogada en el sistema de Seguridad Social en pensiones, y corresponde al auxilio funerario previsto por el artículo 51 de la Ley 100 de 1993. En el evento en el que el empleador no hubiere afiliado al trabajador al sistema de seguridad social en pensiones, y éste falleciere, le corresponderá la obligación de reconocer y pagar el dicho auxilio, pero en los términos establecidos en la Ley 100 de 1993.

CAPÍTULO VII
AUXILIO DE CESANTÍA

ARTÍCULO 249. REGLA GENERAL

Todo empleador está obligado a pagar a sus trabajadores, y a las demás personas que se indican en este Capítulo, al terminar el contrato de trabajo, como auxilio de cesantía, un mes de salario por cada año de servicios y proporcionalmente por fracción de año.

Nota de vigencia: Las reglas sobre las cesantías contenidas en los arts. 249 y siguientes del Código Sustantivo de Trabajo deben interpretarse con base en las características especiales que adiciona el art. 99 de la Ley 50 de 1990, que señala:

«Art. 99. El nuevo régimen especial del auxilio de cesantía, tendrá las siguientes características:

1. El 31 de diciembre de cada año se hará la liquidación definitiva de cesantía, por la anualidad o por la fracción correspondiente, sin perjuicio de la que deba efectuarse en fecha diferente por la terminación del contrato de trabajo.

2. El empleador cancelará al trabajador los intereses legales del 12% anual o proporcionales por fracción, en los términos de las normas vigentes sobre el régimen tradicional de cesantía, con respecto a la suma causada en el año o en la fracción que se liquide definitivamente.

3. El valor liquidado por concepto de cesantía se consignará antes del 15 de febrero del año siguiente, en cuenta individual a nombre del trabajador en el fondo de cesantía que el mismo elija. El empleador que incumpla el plazo señalado deberá pagar un día de salario por cada día de retardo.

4. Si al término de la relación laboral existieron saldos de cesantía a favor del trabajador que no hayan sido entregados al Fondo, el empleador se los pagará directamente con los intereses legales respectivos.

5. Todo trabajador podrá trasladar su saldo de un fondo de cesantía a otro de la misma naturaleza. El Gobierno fijará el procedimiento que deba seguirse para el efecto.

6. Los Fondos de Cesantía serán administrados por las sociedades cuya creación se autoriza, y cuyas características serán precisadas en los Decretos que dicte el Gobierno Nacional, en orden a:

a) Garantizar una pluralidad de alternativas institucionales para los trabajadores, en todo el territorio nacional;

b) Garantizar que la mayor parte de los recursos captados pueda orientarse hacia el financiamiento de actividades productivas.

7. Todos los aspectos que no se modifiquen específicamente por esta Ley, continuarán regulados por las normas vigentes del régimen tradicional relativas al auxilio de cesantía.

PARÁGRAFO. En el evento que los empleadores deban efectuar la liquidación y consignación de la cesantía a que se refiere este artículo y no existan suficientes Sociedades Administradoras de Fondos de Cesantía autorizadas para funcionar, el Gobierno Nacional podrá transitoriamente autorizar a otras entidades u ordenar a las instituciones financieras con participación estatal mayoritaria para que cumplan las funciones de Sociedades Administradoras de Fondos de Cesantía».

Por otro lado, se encuentran vigentes tres (3) regímenes de cesantías en Colombia: i) El tradicional, que aplica para contratos de trabajo celebrados antes del 1 de enero de 1990 ii) El especial, obligatorio para contratos de trabajo celebrados a partir del 1 de enero de 1990 y iii) El propio para trabajadores con salario integral. Los dos primeros se encuentran contemplados en el art. 98 de la Ley 50 de 1990 de la siguiente forma:

«Art. 98. El auxilio de cesantía estará sometido a los siguientes regímenes:

1. El régimen tradicional del Código Sustantivo del Trabajo, contenido en el Capítulo VII, Título VIII, parte primera y demás disposiciones que lo modifiquen o adicionen, el cual continuará rigiendo los contratos de trabajo celebrados con anterioridad a la vigencia de esta Ley.

2. El régimen especial que por esta Ley se crea, que se aplicará obligatoriamente a los contratos de trabajo celebrados a partir de su vigencia».

Aunado a lo anterior, el tercer régimen de cesantías aplicable a los trabajadores con salario integral se circunscribe a que esa modalidad de salario entiende incluido el pago de las cesantías con el mismo salario, se encuentra en el art. 18 de la Ley 50 de 1990, que modificó el art. 132 del Código Sustantivo del Trabajo, que quedó así:
«Art. 132. Formas y libertad de estipulación
(...)
2. No obstante lo dispuesto en los artículos 13, 14, 16, 21, y 340 del Código Sustantivo del Trabajo y las normas concordantes con éstas, cuando el trabajador devengue un salario ordinario, superior a diez (10) salarios mínimos legales mensuales, valdrá la estipulación escrita de un salario que además de retribuir el trabajo ordinario, compense de antemano el valor de prestaciones, recargos y beneficios tales como el correspondiente al trabajo nocturno, extraordinario o al dominical y festivo, el de primas legales, extralegales, las cesantías y sus intereses, subsidios y suministros en especie; y, en general, las que se incluyan en dicha estipulación, excepto las vacaciones». (Subrayado fuera del original)

Concord. Arts. 18, 98 y 99 L. 50/1990.

ARTÍCULO 250. PÉRDIDA DEL DERECHO

1. El trabajador perderá el derecho de auxilio de cesantías cuando el contrato de trabajo termina por alguna de las siguientes causas:

a) Todo acto delictuoso cometido contra el {empleador} o sus parientes dentro del segundo grado de consanguinidad y primero en afinidad, o el personal directivo de la empresa;

b) Todo daño material grave causado intencionalmente a los edificios, obras, maquinaria y materias primas, instrumentos y demás objetos relacionados con el trabajo,

c) El que el trabajador revele los secretos técnicos o comerciales o dé a conocer asuntos de carácter reservado, con perjuicio grave para la empresa.

2. En estos casos el empleador podrá abstenerse de efectuar el pago correspondiente hasta que la justicia decida.

Nota de vigencia: La Corte Constitucional declaró exequible el art. 250 en Sentencia. C-710-96. M.P: Jorge Arango Mejía, en cuya consideración décima segunda (12) señala dos motivos: El primero se fundamenta en que no se vulnera el derecho al debido proceso de los trabajadores, por exigirse la acción de la jurisdicción penal, así:
«En razón a la naturaleza de los hechos descritos como causa para retener este auxilio, corresponde a la jurisdicción penal establecer la existencia de los hechos alegados. Por tanto, sólo cuando se abre investigación formal en contra del trabajador, puede el patrono ejercer la facultad de retener. No antes, pues la sola apreciación del empleador sobre unos hechos, no le permite asumir competencias que no le corresponden. Al respecto, puede consultarse la sentencia de la Corte Suprema de Justicia, Sala Laboral, de septiembre 15 de 1974.
Una vez el juez penal dicte la correspondiente sentencia condenatoria, el trabajador pierde definitivamente este derecho. Por tanto, no le asiste razón a los demandantes cuando afirman que

se vulnera el derecho al debido proceso, pues en ningún momento el artículo acusado autoriza al empleador para asumir el papel de la autoridad judicial.
Si se absuelve al trabajador, el patrono está obligado a pagar la suma correspondiente y, sólo desde la fecha en que quede ejecutoriado el fallo, empezará a estar en mora por el no pago de este beneficio. Así lo ha entendido la Corte Suprema de Justicia, tal como se lee en la sentencia de abril 22 de 1965».

El segundo argumento que presenta la Corte, consiste en señalar que las cesantías no son prestaciones categorizadas como salario, por lo que el legislador puede optar por crear eventos razonables en los cuales un trabajador puede perder acceso a ellas, y no por eso se está vulnerando su derecho fundamental a ser remunerados por la prestación del servicio. Al respecto señala la Corporación:

«Finalmente, es necesario aclarar que el auxilio de cesantía, en razón a su naturaleza, no es factor que constituya salario. Por esta razón, la retención que hace el empleador de esta prestación, no desconoce el derecho fundamental que tiene todo trabajador a recibir remuneración por la prestación de sus servicios (artículo 25 de Constitución)».

Concord. Arts. 58, 60, 62 y 249 CST, arts. 37, 41 y 43 CC, Art. 308 CPe y Art. 249 CP.

ARTÍCULO 251. EXCEPCIONES A LA REGLA GENERAL

El artículo 249 no se aplica:

a) A la industria puramente familiar;

~~b) A los trabajadores accidentales o transitorios.~~

c) A los artesanos que, trabajando personalmente en su establecimiento, no ocupen más de cinco (5) trabajadores permanentes extraños a su familia.

Nota de Vigencia: El lit. b) fue declarado inexequible por la Corte Constitucional en Sentencia. C-823-06. M.P.: Jaime Córdoba Triviño, toda vez que, a juicio de la Corporación, la exclusión expresa de los trabajadores accidentales o transitorios del auxilio de la cesantía se constituye como una vulneración del Principio de Universalidad del Sistema de Seguridad Social, puesto que debe cubrir todas las contingencias emanadas de la relación laboral, incluido el desempleo. Señala la Corte:

«Por lo tanto, al encontrar que la expresión "a los trabajadores accidentales o transitorios" del artículo 251b) del CST, estructura un desbordamiento de la potestad de configuración del legislador en materia laboral, en cuanto vulnera principios constitucionales que promueven valores de igualdad, de equidad, de justicia y dignidad en las condiciones laborales (Arts. 25 y 53), así como el de la universalidad en la cobertura de todas las contingencias inherentes al trabajo, con miras a la realización de los fines sociales del Estado de derecho, la Corte declarará la inexequibilidad del segmento normativo demandado».

Concord. Arts. 223 y 249 CST.

ARTÍCULO 252. CESANTÍA RESTRINGIDA

~~1. Los trabajadores del servicio doméstico, los de empresas industriales de capital inferior a veinte mil pesos ($20.000) y los de empresas agrícolas, ganaderas o forestales de capital inferior a sesenta mil pesos ($60.000) tienen derecho a un auxilio de cesantía equivalente a quince (15) días de salario por cada año de servicios y proporcionalmente por fracciones de año;~~ pero en lo demás quedan sujetos a las normas sobre este auxilio.

2. Para la liquidación de cesantía de los trabajadores del servicio doméstico ~~solo~~ se computará el salario que reciban en dinero.

3. El tiempo servido antes del primero (1o.) de enero de 1951 por todos aquellos trabajadores que tuvieron restringido el derecho de cesantía en virtud de la legislación vigente hasta esa fecha, se liquidará de acuerdo con dicha legislación.

Nota de Vigencia: La Corte Constitucional declaró inexequible parcialmente el Num. 1 del art. 252, en Sentencia. C-051-95. M.P.: Jorge Arango Mejía, toda vez que la Corte Constitucional encontró procedente un análisis por unidad normativa con el art. 338 del CST, que era el objeto de la Acción Pública de Inconstitucionalidad.

Determinó la Corte que el apartado era inexequible por tres motivos, tal y como se extrae a continuación:

«La primera, que si el servicio doméstico es un lujo, quienes lo disfrutan deben pagarlo en forma semejante a como se remunera a todos los trabajadores.

La segunda, que la limitación del auxilio de cesantía se opone a la elevación del nivel de vida de los servidores domésticos, elevación impuesta por la solidaridad social.

Por lo dicho, se declarará inexequible el numeral 1 del artículo 252, salvo su parte final que reza: "pero en lo demás quedan sujetos a las normas sobre este auxilio"».

De manera adicional, el Num. 2 del art. 252 fue declarado inexequible únicamente en la expresión "solo" y exequible condicionalmente en el resto del artículo por medio de la. Sentencia C-310-07. M.P.: Nilson Pinilla Pinilla, en el entendido que el auxilio de la cesantía siempre se pagará en dinero y en ningún caso será inferior a un salario mínimo legal mensual vigente por cada año de servicio o proporcional por año fraccionado.

En cuanto a la expresión "solo", la Corte recalca que no encuentra razones objetivas para excluir la tasación de las cesantías con los salarios de trabajadoras domésticas, ya sea en dinero o en especie, así:

«Por lo que hace a la supuesta dificultad práctica de dar tratamiento uniforme a lo que se recibe como salario en especie, para la Corte ello no representa una razón objetiva que justifique excluir ese concepto salarial de la liquidación de las cesantías de los trabajadores domésticos, toda vez que en el artículo 129 del CST se establecen claramente las pautas que deben observar los sujetos de la relación laboral cuando convienen una remuneración mixta.

(...)

No es cierto, entonces, que sea imposible valorar el salario en especie, ya que el legislador ha fijado los parámetros correspondientes. Cosa distinta es que, por ignorancia o descuido, no se realice la valoración de lo que corresponda al salario en especie del empleado doméstico, pero esta circunstancia de ninguna manera es razón válida para privarlo del derecho a recibir en forma íntegra el auxilio de cesantía. Además, está claro que cuando se conviene remunerar en especie, no puede desconocerse arbitrariamente el carácter retributivo de este concepto salarial, negándole al trabajador su derecho irrenunciable a integrarlo, para efectos prestacionales, toda vez que según se explicó, el pago in natura también constituye contraprestación directa del servicio y, por ende, representa salario».

Concord. Art. 249 CST.

ARTÍCULO 253. SALARIO BASE PARA LA LIQUIDACIÓN DE LA CESANTÍA

Modif. Art. 17 Dcto. 2351/1965.

1. Para liquidar el auxilio de Cesantía se toma como base el último salario mensual devengado por el trabajador, siempre que no haya tenido variación en los tres (3) últimos meses. En el caso contrario y en el de los salarios variables, se tomará como base el promedio de lo devengado en el último año de servicios o en todo el tiempo servido si fuere menor de un año.

2. Para el tiempo de servicios anterior al treinta y uno (31) de diciembre de mil novecientos sesenta y dos (1962) se aplicarán las normas vigentes hasta esta fecha.

Concord. Arts. 132 y 249 CST.

ARTÍCULO 254. PROHIBICIÓN DE PAGOS PARCIALES

Se prohíbe a los empleadores efectuar pagos parciales del auxilio de cesantías antes de la terminación del contrato de trabajo, salvo en los casos expresamente autorizados, y si los efectuaren perderán las sumas pagadas, sin que puedan repetir lo pagado.

Concord. Arts. 69, 255 y 256 CST, núm. 3 del Art. 102 L. 50/1990 y Arts. 1 y 2 DR. 2076 de 1967.

Nota del Editor: Con ocasión de la pandemia COVID-19, el Gobierno Nacional decretó la emergencia económica, social y ecológica, mediante el Decreto Legislativo 417 del 17 de marzo de 2020, que fue prorrogada por el Decreto Legislativo 637 del 6 de mayo de 2020. Al amparo de estas disposiciones, y teniendo en consideración el impacto y la afectación que la pandemia podía generar en las relaciones laborales, el Gobierno Nacional expidió el Decreto 448 del 27 de marzo de 2020, que permite a los trabajadores que hayan mantenido su vínculo laboral, pero que hubiesen sufrido una disminución significativa de su salario, efectuar retiros parciales del auxilio de cesantía. Esta disposición es temporal, y perderá su vigencia una vez termine el Estado de Emergencia Económica, Social, y Ecológica, lo cual tendrá lugar el 28 de febrero de 2021.

ARTÍCULO 255. TRABAJADORES LLAMADOS A FILAS

Los trabajadores que entren a prestar servicio militar, por llamamiento ordinario o en virtud de convocatoria de reservas, tienen derecho a que se les liquide y pague parcial y definitivamente el auxilio de cesantía, cualquiera que sea el tiempo de trabajo y sin que se extinga su contrato conforme a lo dispuesto en el ordinal 5° del artículo 51.

Concord. Arts. 51 y 249 CST y Arts. 4, 11, 52, 57 y 58 L. 1861/2017.

ARTÍCULO 256. FINANCIACIÓN DE VIVIENDAS

Modif. Art. 18 Dcto. 2351/1965.

1. Los trabajadores individualmente, podrán exigir el pago parcial de su auxilio de cesantía para la adquisición, construcción, mejora o liberación de bienes raíces destinados a su vivienda, siempre que dicho pago se efectúe por un valor no mayor del requerido para tales efectos.

2. Los empleadores pueden hacer préstamos a sus trabajadores sobre el auxilio de cesantía para los mismos fines.

3. Modif. Art. 21 L. 1429 de 2010. Los préstamos, anticipos y pagos a que se refieren los numerales anteriores se aprobarán y pagarán directamente por el empleador cuando el trabajador pertenezca al régimen tradicional de cesantías, y por los fondos cuando el trabajador pertenezca al régimen de cesantía previsto en la Ley 50 de 1990 y la Ley 91 de 1989, que hace referencia al Fondo de Prestaciones Sociales del Magisterio, previa solicitud por escrito del trabajador, demostrando además, que estas van a ser invertidas para los fines indicados en dichos numerales.

Formulada la solicitud de pago parcial de cesantías por el trabajador con el lleno de los requisitos legales exigidos, el empleador o el fondo privado de cesantías, según el caso, deberá aprobar y pagar el valor solicitado dentro del término máximo de cinco (5) días hábiles. Vencido este plazo sin que se haya realizado el pago, el trabajador solicitará la intervención del Ministerio de la Protección Social, para que ordene al empleador o al fondo privado realizar el pago correspondiente, so pena de incurrir en la imposición de multas.

4. Los empleadores podrán realizar planes de vivienda, directamente o contratándolos con entidades oficiales, semioficiales o privadas, en beneficio de los trabajadores beneficiarios. En este caso, se requerirá el consentimiento de estos y la aprobación previa del Ministerio de Trabajo.

5. Los trabajadores, podrán, igualmente, exigir el pago parcial de sus auxilios de cesantía para realizar planes de vivienda que deberán ser contratados con entidades oficiales, semioficiales o privadas, previa aprobación del Ministerio de Trabajo.

6. Aprobado el plan general de vivienda a que se refieren los numerales 4o. y 5o. de este artículo, no se requerirá nueva autorización para cada préstamo, pago o liquidación parciales.

Concord. Art. 249 CST. D. 1562/19.

ARTÍCULO 257. PATRIMONIO DE FAMILIA

Las casas de habitación adquiridas por el trabajador antes o dentro de la vigencia de este código, con el auxilio de cesantía, en todo o en parte, no constituyen por ese solo hecho patrimonio familiar inembargable.

Concord. Art. 1 L. 70/1931.

ARTÍCULO 258. MUERTE DEL TRABAJADOR

Modif. Art. 11 L. 11/1984. El auxilio de cesantía en caso de muerte del trabajador no excluye el seguro de vida obligatorio y cuando aquél no exceda del equivalente a cincuenta (50) veces el salario mínimo mensual más alto, se pagará directamente por el {empleador} de acuerdo con el procedimiento establecido en el artículo 212 del Código Sustantivo del Trabajo.

Nota de Vigencia: Si bien el Art. 258 está vigente y no tiene pronunciamiento de exequibilidad por parte de la Corte Constitucional, es necesario señalar que los empleadores ya no tienen la obligación de contratar un seguro colectivo de vida obligatorio, pues esa carga fue subrogada por el Sistema General de Seguridad Social que entró en vigencia con la Constitución Política de 1991, y la Ley 100 de 1993. Así consta en la Sentencia C-823-06 M.P. Jaime Córdoba Triviño, y en la Sentencia de la Sala Laboral de la Corte Suprema de Justicia del 16 de mayo de 2002, Expediente 17358, M.P. Isaura Vargas Díaz.

Concord. Art. 212 CST.

TÍTULO IX
PRESTACIONES PATRONALES ESPECIALES

CAPÍTULO I
INTRODUCCIÓN

ARTÍCULO 259. REGLA GENERAL

1. Los empleadores o empresas que se determinan en el presente Título deben pagar a los trabajadores, además de las prestaciones comunes, las especiales que aquí se establecen y conforme a la reglamentación de cada una de ellas en su respectivo capítulo.

2. Las pensiones de jubilación, el auxilio de invalidez y el seguro de vida colectivo obligatorio dejaran de estar a cargo de los empleadores cuando el riesgo correspondiente sea asumido por el Instituto de los Seguros Sociales, de acuerdo con la ley y dentro de los reglamentos que dicte el mismo Instituto.

Nota de vigencia: El Num. 2 fue declarado exequible por la Sala Plena de la Corte Suprema de Justicia en Sentencia del 9 de septiembre de 1982, M.P.: Ricardo Medina Moyano, puesto que la Corte consideró que la obligación a cargo del empleador era meramente transitoria, y las facultades reglamentarias de las que gozaría eventualmente el Seguro Social existen por voluntad expresa del legislador:

«Por otra parte, no puede dejar de observarse que, la vigencia transitoria de la norma legal se conserva, con la posibilidad natural de su aplicación en todos aquellos casos en que no se haya realizado la sustitución de la misma por el régimen del Seguro Social. No se trata por lo tanto, como ya se indicó, de modificación de normas legales, sino de una subrogación de riesgos, en virtud de la regulación integral de la respectiva materia, progresivamente asumida por el régimen de la Seguridad Social».

Concord. Art. 193 CST; Art. 6 L. 100/1993.

CAPÍTULO II
PENSIÓN DE JUBILACIÓN

ARTÍCULO 260. DERECHO A LA PENSIÓN

Derog. Art. 289 L. 100/1993.

1. Todo trabajador que preste servicios a una misma empresa de capital de ochocientos mil pesos ($ 800.000) o superior, que llegue o haya llegado a los cincuenta y cinco (55) años de edad, si es varón, o a los cincuenta (50) años si es mujer, después de veinte (20) años de servicios continuos o discontinuos, anteriores o posteriores a la vigencia de este Código, tiene derecho a una pensión mensual

vitalicia de jubilación o pensión de vejez, equivalente al setenta y cinco por ciento (75%) del promedio de los salarios devengados en el último año de servicio.

2. El trabajador que se retire o sea retirado del servicio sin haber cumplido la edad expresada tiene derecho a la pensión al llegar a dicha edad, siempre que haya cumplido el requisito de los veinte (20) años de servicio.

Nota de vigencia: Si bien el art. 260 fue derogado expresamente, el art. 36 L. 100/1993 creó el Régimen de Transición, en donde el contenido normativo original del Código Sustantivo de Trabajo perteneciente al régimen de jubilación sigue vigente para las personas que lograron acceder al mismo antes de la expedición de la Ley 100 de 1993 o beneficiados por el régimen de transición. El inciso 6 del citado artículo señala:

«Art. 36.

(...)

Quienes a la fecha de vigencia de la presente Ley hubiesen cumplido los requisitos para acceder a la pensión de jubilación o de vejez, conforme a normas favorables anteriores, aun cuando no se hubiese efectuado el reconocimiento, tendrán derecho, en desarrollo de los derechos adquiridos, a que se les reconozca y liquide la pensión en las condiciones de favorabilidad vigentes, al momento en que cumplieron tales requisitos».

De esta forma, la Corte Constitucional declaró exequibles tanto la expresión "salarios devengados en el último año de servicios" del Núm. 1 como la totalidad del núm. 2 en. Sentencia C-862/06 M.P.: Humberto Antonio Sierra Porto:

«(...) en el entendido que el salario base para la liquidación de la pensión de jubilación de que trata este precepto deberá ser actualizado con base en la variación del índice de precios del consumidor IPC certificada por el DANE».

Lo anterior, toda vez que la Corte considera que la indexación es un mecanismo idóneo para la restauración del derecho:

«Como antes se anotó, corresponde al Legislador en ejercicio de su libertad de configuración determinar los mecanismos idóneos para mantener la capacidad adquisitiva de las pensiones, no obstante, frente a la ausencia de una previsión legal al respecto, laguna normativa que afecta desfavorablemente a una categoría determinada de pensionados, aquellos cobijados por el artículo 260 del CST, y que por lo tanto vulnera distintos derechos constitucionales amén de resultar contraria a principios consagrados en la Carta de 1991 —tales como el principio de in dubio pro operario, y el principio de Estado social de derecho— es preciso adoptar un criterio reparador de la afectación constatada. En esa medida se considera que la indexación, al haber sido acogida por la legislación vigente para los restantes pensionados, es un mecanismo adecuado para la satisfacción de los derechos y principios constitucionales en juego».

ARTÍCULO 261. CONGELACIÓN DEL SALARIO BASE

Derog. Art. 289 L. 100/1993 100; Art. 14 L. 171/1961.

ARTÍCULO 262. DESDE CUANDO SE DEBE

Derog. Art. 14 L. 171/1961.

ARTÍCULO 263. PROCEDIMIENTO

Las empresas obligadas a pagar jubilación deben señalar en reglamento especial el procedimiento para obtener el reconocimiento de la pensión y las condiciones exigidas por este Código para tener derecho a ella.

Concord. Art. 11, L. 100/1993.

Nota del Editor: En consideración al hecho de la operación del sistema de seguridad social en Pensión, Salud y Riesgos Laborales, en el que se subroga el riesgo del empleador ante las contingencias derivadas de las enfermedades laborales y de los accidentes de trabajo, debe tenerse en cuenta que lo dispuesto en este artículo, no sería aplicable, por cuanto existe la obligación general de afiliación al sistema integral de seguridad social, conforme con lo dispuesto por la Ley 100 de 1993 al efecto.
En el caso en el que el empleador no hubiese cumplido con la obligación de afiliación, no se surtiría el efecto de la subrogación, y éste sería responsable por las prestaciones económicas derivadas del hecho regulado, pero lo sería en los términos y en las condiciones de la normatividad que rige al sistema de pensiones.

ARTÍCULO 264. ARCHIVOS DE LAS EMPRESAS

1. Las empresas obligadas al pago de la jubilación deben conservar en sus archivos los datos que permitan establecer de manera precisa el tiempo de servicio de sus trabajadores y los salarios devengados.

2. Cuando los archivos hayan desaparecido o cuando no sea posible probar con ellos el tiempo de servicio o el salario, es admisible para aprobarlos cualquiera otra prueba reconocida por la ley, la que debe producirse ante el juez del Trabajo competente, a solicitud escrita del interesado y con intervención de la empresa respectiva.

Concord. Art. 11, L. 100/1993 y Art. 165, CGP.

Nota del Editor: En consideración al hecho de la operación del sistema de seguridad social en Pensión, Salud y Riesgos Laborales, en el que se subroga el riesgo del empleador ante las contingencias derivadas de las enfermedades laborales y de los accidentes de trabajo, debe tenerse en cuenta que lo dispuesto en este artículo, no sería aplicable, por cuanto existe la obligación general de afiliación al sistema integral de seguridad social, conforme con lo dispuesto por la Ley 100 de 1993 al efecto.

En el caso en el que el empleador no hubiese cumplido con la obligación de afiliación, no se surtiría el efecto de la subrogación, y éste sería responsable por las prestaciones económicas derivadas del hecho regulado, pero lo sería en los términos y en las condiciones de la normatividad que rige al sistema de pensiones.

ARTÍCULO 265. PRUEBA DE LA SUPERVIVENCIA

La empresa puede exigir, para hacer el pago de la pensión, la presentación personal del jubilado, a menos que se halle imposibilitado por enfermedad debidamente comprobada, o que se encuentre en lugar distinto del domicilio de la empresa, en cuyo caso puede exigir previamente que se compruebe la supervivencia del jubilado, acreditada por un certificado del Alcalde del Municipio donde resida.

Concord. Art. 11, L. 100/1993, y Arts. 314 y 315, CP.

Nota del Editor: En consideración al hecho de la operación del sistema de seguridad social en Pensión, Salud y Riesgos Laborales, en el que se subroga el riesgo del empleador ante las contingencias derivadas de las enfermedades laborales y de los accidentes de trabajo, debe tenerse en cuenta que lo dispuesto en este artículo, no sería aplicable, por cuanto existe la obligación general de afiliación al sistema integral de seguridad social, conforme con lo dispuesto por la Ley 100 de 1993 al efecto.
En el caso en el que el empleador no hubiese cumplido con la obligación de afiliación, no se surtiría el efecto de la subrogación, y éste sería responsable por las prestaciones económicas derivadas del hecho regulado, pero lo sería en los términos y en las condiciones de la normatividad que rige al sistema de pensiones.

ARTÍCULO 266. CONCURRENCIA DE JUBILACIÓN Y CESANTÍA

Modif. Art. 20 Dcto. 2351/1965. La pensión de jubilación y el auxilio de cesantía son compatibles. En consecuencia, el derecho a disfrutar de la pensión de jubilación, cuando se cumplan los requisitos para la prestación, no excluye el derecho del trabajador a que se le pague el auxilio de cesantía por el tiempo servido.

Concord. Art. 249 CST.

ARTÍCULO 267. PENSIÓN-SANCIÓN

Modif. Art. 133. L. 100/1993. El trabajador no afiliado al Sistema General de Pensiones por omisión del empleador, que sin justa causa sea despedido después de haber laborado para el mismo empleador durante diez (10) años o más y menos de quince (15) años, continuos o discontinuos, anteriores o posteriores a la vigencia de la presente ley, tendrá derecho a que dicho empleador lo pensione desde la fecha de su despido, si para entonces tiene cumplidos sesenta (60) años de edad si es hombre, o cincuenta y cinco (55) años de edad si es mujer, o desde la fecha en que cumpla esa edad con posterioridad al despido.

Si el retiro se produce por despido sin justa causa después de quince (15) años de servicios, la pensión se pagará cuando el trabajador despedido cumpla cincuenta y cinco (55) años de edad si es hombre, o cincuenta (50) años de edad si es mujer, o desde la fecha del despido, si ya los hubiere cumplido.

La cuantía de la pensión será directamente proporcional al tiempo de servicios respecto de la que le habría correspondido al trabajador en caso de reunir todos los requisitos para acceder a la pensión de vejez en el régimen de prima media con presentación definida y se liquidará con base en el promedio devengado en los últimos diez (10) años de servicios, actualizado con base en la variación del índice de precios al consumidor certificada por el DANE.

PARÁGRAFO 1o. Lo dispuesto en el presente artículo se aplicará exclusivamente a los servidores públicos que tengan la calidad de trabajadores oficiales y a los trabajadores del sector privado.

PARÁGRAFO 2o. Las pensiones de que trata el siguiente artículo podrán ser conmutadas con el Instituto de Seguros Sociales.

PARÁGRAFO 3o. A partir del 1. de enero del año 2014 las edades a que se refiere el presente artículo, se reajustarán a sesenta y dos (62) años si es hombre y cincuenta y siete (57) años si es mujer, cuando el despido se produce después de haber laborado para el mismo empleador durante diez (10) años o más y menos de quince (15) años, y a sesenta (60) años si es hombre y cincuenta y cinco (55) años si es mujer, cuando el despido se produce después de quince (15) años de dichos servicios.

Nota de vigencia: El inciso primero fue declarado exequible por la Corte Constitucional en Sentencia C-410-94 M.P: Carlos Gaviria Díaz, en donde al hacer un análisis sobre el Derecho a la Igualdad, se justificó la diferencia de edades en la pensión-sanción entre hombres y mujeres de la siguiente forma:

«Empero, el asunto que ahora ocupa la atención de la Corte, si bien comporta un tratamiento distinto a situaciones efectivamente distintas, implica, en un plano adicional, el otorgamiento de relevancia jurídica a las diferencias sociales de las mujeres para elevar su condición mediante la adopción de una medida compensatoria de las dificultades que enfrentan en virtud de su vinculación al mercado laboral; aspecto este último que se ubica dentro de la perspectiva de la igualdad sustancial que, acorde con los postulados del Estado Social de Derecho, no se detiene en la mera función de garantía o tutela sino que avanza hacia una función promocional que se realiza normalmente a través de medidas positivas en favor de grupos sociales discriminados o marginado».

Aunado a lo anterior, el Parágrafo tercero tuvo un pronunciamiento de exequibilidad en la misma Sentencia C-410-94 M.P: Carlos Gaviria Díaz, pero únicamente en el cargo formulado, es decir, por infringir el derecho a la igualdad contenido en el Artículo 13 de la CP. De esta forma, el mismo razonamiento del inciso primero aplicó al parágrafo tercero.

Por otra parte, la expresión "no afiliado al sistema general de pensiones por omisión del empleador" del inciso 1, así como las expresiones "exclusivamente" y "que tengan la calidad de trabajadores oficiales" fueron declaradas exequibles por la Corte Constitucional en Sentencia C-372-98. M.P: Fabio Morón, que señala:

«Tal es la razón por la que el legislador, actuando conforme a sus competencias, optó por extinguir la pensión sanción en la hipótesis de que el trabajador tenga el derecho a reclamar del sistema de seguridad social el reconocimiento de su pensión de vejez, pues en tales casos el patrono es sustituido en esa obligación, mientras que previó el mantenimiento de esa prestación a cargo del empleador que hubiere omitido afiliar al sistema general de pensiones a su trabajador.

Es de interés insistir en que la pensión sanción prevista para los empleados no afiliados al régimen de seguridad es de carácter prestacional, no pudiendo entenderse, por ende, como un castigo impuesto al empleador. Ello explica por qué el empleador tiene ante sí varias alternativas dispuestas por el ordenamiento y que, en líneas generales, consisten en continuar pagando las cotizaciones que falten para que el trabajador finalmente acceda a la pensión de vejez, no pagar esas cotizaciones respondiendo, entonces, por la cancelación de la pensión sanción durante la vida del trabajador o conmutar la pensión con el seguro social».

Adicionalmente, el parágrafo tercero tuvo un segundo pronunciamiento de exequibilidad en la Sentencia C-126-95 M.P: Hernando Herrera Vergara, en donde la Corte Constitucional argumenta:

«En relación con el cargo referente al aumento en las edades para acceder a la pensión de vejez a partir del año 2014, encuentra la Corte que el señalamiento de una edad determinada como requisito indispensable para tener derecho a la pensión de vejez y a la pensión-sanción, según el caso, así como la variación o incremento previsto de ésta a partir del año 2014, constituyen factores que se adecuan claramente a las facultades constitucionales que corresponden al legislador en su función de hacer las leyes, interpretarlas, reformarlas y derogarlas.

Nada se opone entonces, dentro del marco constitucional, a que el Congreso de la República regule o modifique hacia futuro los requisitos que deben acreditarse para acceder a la pensión, lo cual hace en ejercicio de las atribuciones que la Constitución le ha señalado y que comportan un cierto margen de discrecionalidad que le permiten introducir las reformas que de acuerdo a las necesidades y conveniencias sociales, así como a la evolución de los tiempos, juzgue indispensables para la efectividad y garantía del derecho.

Lo anterior no afecta los derechos adquiridos plenamente consagrados en la Carta Política de 1991 —artículo 58—, pues los incrementos en la edad de que tratan los preceptos acusados solamente tienen vigencia hacia el futuro, es decir, a partir del 1o de enero del año 2014, y no antes, de manera que no cobijan situaciones consolidadas bajo la legislación preexistente, sino que versan sobre la vocación o mera expectativa para tener derecho a la pensión de vejez, con el cumplimiento de las condiciones legales correspondientes, fijadas hacia el futuro.

Por ello, la revisión de la normatividad acusada permite a la Corte sostener que el aumento en dos años de la edad del hombre y la mujer para acceder a la pensión de vejez o a la pensión sanción, según el caso, a partir del año 2014, no se revela caprichosa o irrazonable como lo pretende hacer ver el demandante, toda vez que encuentra fundamento en el crecimiento con respecto a la expectativa de vida de los colombianos, lo que hace permisible el aumento con relación a la capacidad laboral de la persona».

Concord. Art. 13 L. 100/1993.

ARTÍCULO 268. FERROVIARIOS

Derog. Art. 289 L. 100/1993.

ARTÍCULO 269. RADIOPERADORES

Derog. Art. 289 L. 100/1993.

ARTÍCULO 270. OTRAS EXCEPCIONES

Derog. Art. 289 L. 100/1993.

ARTÍCULO 271. PENSIÓN CON QUINCE (15) AÑOS DE SERVICIO Y CINCUENTA (50) AÑOS DE EDAD

Derog. Art. 289 L. 100/1993.

ARTÍCULO 272. EXCEPCIÓN ESPECIAL

Derog. Art. 289 L. 100/1993.

ARTÍCULO 273. NOCIÓN DE CONTINUIDAD

Derog. Art. 289 L. 100/1993.

Concord. Arts. 269, 270, 271 y 272 del CST

ARTÍCULO 274. SUSPENSIÓN Y RETENCIÓN

Declarado inexequible. Sent. C-247/01. M.P: Carlos Gaviria Díaz.

Nota de vigencia: El texto original del artículo era:

«El pago de la pensión puede suspenderse, y retenerse las sumas que correspondan, en los casos de delitos contra el {empleador} o contra los directores o trabajadores del establecimiento, por causa o con ocasión del trabajo, así como en los casos de graves daños causados al {empleador}, establecimiento o empresa, hasta que la justicia decida sobre la indemnización que el trabajador

debe pagar, a la cual se le aplicará en primer término el valor de las pensiones causadas y que se causen, hasta su cancelación total».

Con ese contenido normativo, la Corte Constitucional en Sentencia C-247-01 M.P. Carlos Gaviria Díaz declaró su inexequibilidad con base en lo siguiente:

«(...) en cambio, las mesadas del pensionado que con desconocimiento de la ley no fue afiliado a alguna EPS, quedan, en virtud de las normas acusadas, a disposición del empleador incumplido, aún desde el momento de la sindicación; es decir, sin condena condenatoria, y sin orden judicial para afectar negativamente el patrimonio del jubilado, más allá de los porcentajes en los que válidamente se pueden embargar algunas mesadas pensionales.

Resulta entonces claro que el literal c) del artículo 59 y el artículo 274 del Código Sustantivo del Trabajo, establecen un trato desproporcionadamente gravoso para el pensionado que, en contra de la Constitución y la ley no fue afiliado al sistema general de seguridad social, precisamente por el empleador que resulta beneficiado por lo que esas normas establecen. Es entonces ineludible concluir que ellas sí son contrarias a lo establecido en el artículo 13 de la Carta Política y, en consecuencia, deben ser separadas del ordenamiento; sin embargo, no es ésta la única razón de la Corte para adoptar esa resolución.

(...)

Así como la inembargabilidad del salario en determinada proporción, tiende a garantizar el derecho al sustento mínimo vital del trabajador, también la garantía del pago oportuno de las mesadas pensionales procura realizar la efectividad de ese derecho, para un sector de la población, el de los asalariados que han llegado a la tercera edad —y, por tanto, son titulares de un derecho a la protección especial del Estado—, y los grupos familiares que dependen económicamente de tales trabajadores.

El literal c) del artículo 59 y el artículo 274 del Código Sustantivo del Trabajo autorizan, en contra de esa garantía del sustento mínimo vital del pensionado y su familia, la retención del total de las mesadas causadas y que se lleguen a causar hasta que la justicia decida, con lo que claramente se priva al pensionado y su familia, de la que en muchos casos es su única fuente de ingresos y, por tanto, esas normas resultan también contrarias a los artículos 11, 42 y, de manera muy especial, 44 de la Carta Política, pues hace privar el interés —que aún no el derecho— del empleador, sobre los derechos fundamentales de los menores que económicamente dependan del pensionado afectado con la aplicación de esas normas demandadas».

ARTÍCULO 275. PENSIÓN EN CASO DE MUERTE

Subrog. L. 100/1993.

Nota de Vigencia: El Art. 275 del CST fue subrogado por el sistema de pensiones de sobrevivientes tanto del Régimen de Prima Media con Prestación Definida (RPM), como el del Régimen de Ahorro Individual con Solidaridad (RAIS). En este sentido, el contenido normativo de lo que el legislador concibió como Pensión en Caso de Muerte ahora se encuentra en la Ley 100 de 1993 de la siguiente manera:

· Requisitos para la pensión de sobrevivientes: Art. 46 (RPM) /Art. 73 (RAIS)

· Beneficiarios de la pensión de sobrevivientes: Art. 47 (RPM) / Art. 74 (RAIS)

· Monto de la pensión de sobrevivientes: Art. 48 (RPM) /Art. 73 (RAIS)

· Indemnización Sustitutiva de la Pensión de Sobrevivientes: Art. 49 (RPM) / Devolución de Saldos en la Pensión de Sobrevivientes: Art. 78 (RAIS).

Concord. Arts. 46, 47, 48, 49, 73, 74 y 78 de L. 100/1993.

ARTÍCULO 276. SEGUROS

Autorizase a las empresas obligadas al pago de la jubilación de que trata este Capítulo para que contraten el pago de las pensiones de jubilación con compañías aseguradoras de reconocida solvencia, establecidas en el país y aceptadas por la Superintendencia Bancaria, pero la responsabilidad de esta obligación queda, en todo caso a cargo del respectivo {empleador}.

Concord. Art. 11 de L. 100/1993 y Art. 13 de L. 171/1961

CAPÍTULO III
AUXILIO POR ENFERMEDAD NO PROFESIONAL E INVALIDEZ

ARTÍCULO 277. DERECHO AL AUXILIO POR ENFERMEDAD NO PROFESIONAL

Subrog. L. 100/1993. Todo trabajador que preste servicios a una empresa de capital de (800.000) o superior, que sufra una incapacidad para desempeñar sus labores por causa de enfermedad no profesional, tendrá derecho, además del auxilio monetario establecido en el artículo 227, a la asistencia médica, farmacéutica, quirúrgica y hospitalaria necesaria, hasta por seis (6) meses.

Nota de vigencia: Es pertinente señalar que el Sistema General de Seguridad Social, por medio de su Subsistema de Salud, subrogó las asistencias contempladas en el presente artículo, que se denominan las Prestaciones Asistenciales del Subsistema de Salud. El Plan Obligatorio de Salud contemplado en el art. 162 de la L. 100/1993 señala la protección de los afiliados al Subsistema en los siguientes términos:
«Art. 162. El Sistema General de Seguridad Social de Salud crea las condiciones de acceso a un Plan Obligatorio de Salud para todos los habitantes del territorio nacional antes del año 2001. Este Plan permitirá la protección integral de las familias a la maternidad y enfermedad general, en las fases de promoción y fomento de la salud y la prevención, diagnóstico, tratamiento y rehabilitación para todas las patologías, según la intensidad de uso y los niveles de atención y complejidad que se definan».

Concord. Arts. 152, 156, 162 y 206 de L. 100/1993; Art. 3 de L. 9/196 y Art. 227 CST.

Nota del Editor: En consideración al hecho de la operación del sistema de seguridad social en Pensión, Salud y Riesgos Laborales, en el que se subroga el riesgo del empleador ante las contingencias derivadas de las enfermedades laborales y de los accidentes de trabajo, debe tenerse en cuenta que lo dispuesto en este artículo, no sería aplicable, por cuanto existe la obligación general de afiliación al sistema integral de seguridad social, conforme con lo dispuesto por la Ley 100 de 1993 al efecto.

En el caso en el que el empleador no hubiese cumplido con la obligación de afiliación, no se surtiría el efecto de la subrogación, y éste sería responsable por las prestaciones económicas derivadas del hecho regulado, pero lo sería en los términos y en las condiciones de la normatividad que rige al sistema de pensiones.

ARTÍCULO 278. AUXILIO DE INVALIDEZ

Subrog. L. 100/1993.

1. Si como consecuencia de la enfermedad no profesional o por lesión distinta de accidente de trabajo o por debilitamiento de las condiciones físicas o intelectuales, no provocados intencionalmente le sobrevine al trabajador una invalidez que lo incapacite para procurarse una remuneración mayor de un tercio de la que estuviere devengado, tendrá derecho, además, a las siguientes presentaciones en dinero:

a) En caso de invalidez permanente parcial, a una suma de uno (1) a diez (10) meses de salario que graduará el médico al calificar la invalidez;

b) En caso de invalidez permanente total, tendrá derecho a una pensión mensual de invalidez equivalente a la mitad del salario promedio mensual del último año, hasta por treinta meses (30) meses y mientras la invalidez subsista.

c) En caso de gran invalidez, el trabajador tendrá derecho, a una pensión mensual de invalidez equivalente a la de jubilación o vejez, durante treinta (30) meses.

2. Si el trabajador tuviere más de cincuenta y cinco (55) años de edad o los cumpliere durante la invalidez y tuviere más de quince (15) años de servicios continuos o discontinuos en la misma empresa, la pensión de invalidez se convertirá en pensión de jubilación o vejez.

Concord. Arts. 38, 39, 40, 41, 42, 43 y 44 de L. 100/1993.

Nota de vigencia: Cabe señalar que el Auxilio por Invalidez es una de las prestaciones asumidas por el Sistema General de Seguridad Social, en sus contingencias por enfermedades y accidentes de origen común. En este sentido, la naturaleza de la invalidez y su respectiva pensión se encuentran de la siguiente forma en la Ley 100 de 1993, tanto para el Régimen de Prima Media con Prestación Definida (RPM) como Régimen de Ahorro Individual con Solidaridad (RAIS): Definición de invalidez: Art. 38 L. 100/1993, que señala:

«ART. 38. Para los efectos del presente capítulo se considera inválida la persona que por cualquier causa de origen no profesional, no provocada intencionalmente, hubiere perdido el 50% o más de su capacidad laboral».

Por otro lado, los requisitos para obtener la pensión de invalidez se subrogaron en el art. 39 de la L. 100/1993 así:

«Art. 39. Tendrá derecho a la pensión de invalidez el afiliado al sistema que conforme a lo dispuesto en el artículo anterior sea declarado inválido y acredite las siguientes condiciones:

1. Invalidez causada por enfermedad: Que haya cotizado cincuenta (50) semanas dentro de los últimos tres (3) años inmediatamente anteriores a la fecha de estructuración ~~y su fidelidad de cotización para con el sistema sea al menos del veinte por ciento (20%) del tiempo transcurrido entre el momento en que cumplió veinte (20) años de edad y la fecha de la primera calificación del estado de invalidez~~.

2. Invalidez causada por accidente: Que haya cotizado cincuenta (50) semanas dentro de los últimos tres (3) años inmediatamente anteriores al hecho causante de la misma, ~~y su fidelidad (de cotización para con el sistema sea al menos del veinte por ciento (20%) del tiempo transcurrido entre el momento en que cumplió veinte (20) años de edad y la fecha de la primera calificación del estado de invalidez~~.

Parágrafo 1. Los menores de veinte (20) años de edad sólo deberán acreditar que han cotizado veintiséis (26) semanas en el último año inmediatamente anterior al hecho causante de su invalidez o su declaratoria.

Parágrafo 2. Cuando el afiliado haya cotizado por lo menos el 75% de las semanas mínimas requeridas para acceder a la pensión de vejez, solo se requerirá que haya cotizado 25 semanas en los últimos tres (3) años». (Tachado declarado inexequible).

Concord. Arts. 38, 39, 40, 41, 42, 43, 44 y 69 de L. 100/1993.

Nota del Editor: En consideración al hecho de la operación del sistema de seguridad social en Pensión, Salud y Riesgos Laborales, en el que se subroga el riesgo del empleador ante las contingencias derivadas de las enfermedades laborales y de los accidentes de trabajo, debe tenerse en cuenta que lo dispuesto en este artículo, no sería aplicable, por cuanto existe la obligación general de afiliación al sistema integral de seguridad social, conforme con lo dispuesto por la Ley 100 de 1993 al efecto.

En el caso en el que el empleador no hubiese cumplido con la obligación de afiliación, no se surtiría el efecto de la subrogación, y éste sería responsable por las prestaciones económicas derivadas del hecho regulado, pero lo sería en los términos y en las condiciones de la normatividad que rige al sistema de pensiones.

ARTÍCULO 279. VALOR DE LA PENSIÓN

Modif. Art. 34. L. 100/1993. El monto mensual de la pensión de vejez, correspondiente a las primeras 1000 semanas de cotización, será equivalente al 65% del ingreso base de liquidación. Por cada 50 semanas adicionales a las 1000 hasta las 1200 semanas, este porcentaje se incrementará en un 2%, llegando a este tiempo de cotización al 73% del ingreso base de liquidación. Por cada 50 semanas adicionales a las 1200 hasta las 1400, este porcentaje se incrementará en 3% en lugar del 2%, hasta completar un monto máximo del 85% del ingreso base de liquidación.

El valor total de la pensión no podrá ser superior al 85% del ingreso base de liquidación, ni inferior a la pensión mínima de que trata el artículo siguiente.

Nota de vigencia: Las reglas para determinar el valor de la pensión de vejez fueron modificadas por los arts. 34 y 35 de la L. 100/1993 para el Régimen de Prima Media con Prestación De-

finida, sin embargo, los criterios de tasación para la pensión de vejez en el Régimen de Ahorro individual con Solidaridad quedaron consignados en los arts. 64 y 65 L. 100/1993.

Concord. Arts. 18, 34, 35, 40 y 64 de L. 100/1993 y Art. 2 L. 71/1988.

Nota del Editor: En consideración al hecho de la operación del sistema de seguridad social en Pensión, Salud y Riesgos Laborales, en el que se subroga el riesgo del empleador ante las contingencias derivadas de las enfermedades laborales y de los accidentes de trabajo, debe tenerse en cuenta que lo dispuesto en este artículo, no sería aplicable, por cuanto existe la obligación general de afiliación al sistema integral de seguridad social, conforme con lo dispuesto por la Ley 100 de 1993 al efecto.

En el caso en el que el empleador no hubiese cumplido con la obligación de afiliación, no se surtiría el efecto de la subrogación, y éste sería responsable por las prestaciones económicas derivadas del hecho regulado, pero lo sería en los términos y en las condiciones de la normatividad que rige al sistema de pensiones.

ARTÍCULO 280. DECLARATORIA Y CALIFICACIÓN

Subrog. L. 100/1993.

Nota de vigencia: El procedimiento de declaratoria y calificación de invalidez quedó consignado en el art. 41 de la L. 100/1993, modificado por el art. 142 del D. 019/2012 que quedó así:

«Art. 41. Calificación del Estado de Invalidez. El estado de invalidez será determinado de conformidad con lo dispuesto en los artículos siguientes y con base en el manual único para la calificación de invalidez vigente a la fecha de calificación. Este manual será expedido por el Gobierno Nacional y deberá contemplar los criterios técnicos de evaluación para calificar la imposibilidad que tenga el afectado para desempeñar su trabajo por pérdida de su capacidad laboral.

Corresponde al Instituto de Seguros Sociales, Administradora Colombiana de Pensiones —COLPENSIONES—, a las Administradoras de Riesgos Profesionales —ARP—, a las Compañías de Seguros que asuman el riesgo de invalidez y muerte, y a las Entidades Promotoras de Salud EPS, determinar en una primera oportunidad la pérdida de capacidad laboral y calificar el grado de invalidez y el origen de estas contingencias. En caso de que el interesado no esté de acuerdo con la calificación deberá manifestar su inconformidad dentro de los diez (10) días siguientes y la entidad deberá remitirlo a las Juntas Regionales de Calificación de Invalidez del orden regional dentro de los cinco (5) días siguientes, cuya decisión será apelable ante la Junta Nacional de Calificación de Invalidez, la cual decidirá en un término de cinco (5) días. Contra dichas decisiones proceden las acciones legales.

El acto que declara la invalidez que expida cualquiera de las anteriores entidades, deberá contener expresamente los fundamentos de hecho y de derecho que dieron origen a esta decisión, así como la forma y oportunidad en que el interesado puede solicitar la calificación por parte de la Junta Regional y la facultad de recurrir esta calificación ante la Junta Nacional.

Cuando la incapacidad declarada por una de las entidades antes mencionadas (ISS), Administradora Colombiana de Pensiones —Colpensiones—, ARP, aseguradora o entidad promotora de salud) sea inferior en no menos del diez por ciento (10%) a los límites que califican el estado de invalidez, tendrá que acudirse en forma obligatoria a la Junta Regional de Calificación de Invalidez por cuenta de la respectiva entidad.

Para los casos de accidente o enfermedad común en los cuales exista concepto favorable de rehabilitación de la Entidad Promotora de Salud, la Administradora de Fondos de Pensiones postergará el trámite de calificación de Invalidez hasta por un término máximo de trescientos sesenta (360) días calendario adicionales a los primeros ciento ochenta (180) días de incapacidad temporal reconocida por la Entidad Promotora de Salud, evento en el cual, con cargo al seguro previsional de invalidez y sobrevivencia o de la entidad de previsión social correspondiente que lo hubiere expedido, la Administradora de Fondos de Pensiones otorgará un subsidio equivalente a la incapacidad que venía disfrutando el trabajador.

Las Entidades Promotoras de Salud deberán emitir dicho concepto antes de cumplirse el día ciento veinte (120) de incapacidad temporal y enviarlo antes de cumplirse el día ciento cincuenta (150), a cada una de las Administradoras de Fondos de Pensiones donde se encuentre afiliado el trabajador a quien se le expida el concepto respectivo, según corresponda. Cuando la Entidad Promotora de Salud no expida el concepto favorable de rehabilitación, si a ello hubiere lugar, deberá pagar un subsidio equivalente a la respectiva incapacidad temporal después de los ciento ochenta (180) días iniciales con cargo a sus propios recursos, hasta cuando se emita el correspondiente concepto.

Parágrafo 1. Para *la selección de los miembros de las Juntas Regionales y Nacional de Calificación de Invalidez, el Ministerio del Trabajo tendrá en cuenta los siguientes criterios:*

La selección se hará mediante concurso público y objetivo, cuya convocatoria se deberá hacer con no menos de dos (2) meses de antelación a la fecha del concurso e incluirá los criterios de ponderación con base en los cuales se seleccionará a los miembros de estos organismos. La convocatoria deberá publicarse en un medio de amplia difusión nacional.

Dentro de los criterios de ponderación se incluirán aspectos como experiencia profesional mínima de cinco (5) años y un examen escrito de antecedentes académicos sobre el uso del manual de pérdida de capacidad laboral y de invalidez, el cual se realizará a través de una entidad académica de reconocido prestigio. Los resultados del concurso serán públicos y los miembros de las Juntas serán designados por el Ministro del Trabajo, comenzando por quienes obtuvieran mayor puntaje.

La conformación de las Juntas Regionales de Calificación de Invalidez podrá ser regionalizada y el manejo de sus recursos será reglamentado por el Gobierno Nacional de manera equitativa. El proceso de selección de los integrantes de las juntas de calificación de invalidez se financiará con recursos del Fondo de Riesgos Profesionales.

Parágrafo 2. *Las entidades de seguridad social, los miembros de las Juntas Regionales y Nacional de Invalidez y los profesionales que califiquen serán responsables solidariamente por los dictámenes que produzcan perjuicios a los afiliados o a los Administradores del Sistema de Seguridad Social Integral, cuando este hecho esté plenamente probado».*

De manera adicional, cabe señalar que el Presidente de la República expidió el DR. 1507 de 2014, en virtud del cual se expide el Manual Único para la Calificación de Pérdida de la Capacidad Laboral y Ocupacional, el cual se comporta como una guía técnica que contiene los parámetros médicos y clínicos para poder emitir dictámenes de pérdida de capacidad laboral conforme al ordenamiento jurídico».

Concord. Arts. 38, 39, 40, 41, 42, 43, 44, 45, 46, 47, 48 y 4 de L. 100/1993.

ARTÍCULO 281. PAGO DE LA PENSIÓN

Subrog. L. 100/1993.

Nota de vigencia: El pago de la pensión de invalidez es asumido por la Administradora del Fondo de Pensiones en los casos de invalidez de origen común, según consta en los arts. 10 y 13 lit. C de la L. 100/1993. Sin embargo, en los casos de invalidez producida por una enfermedad o accidente con calificación de origen laboral, será asumida por la Administradora de Riesgos Profesionales, en términos del art. 10 de la L. 776/2002.

Concord. Arts. 40, 44 y 45 de L. 100/1993; Art. 10 L. 776/2002.

ARTÍCULO 282. TRATAMIENTO OBLIGATORIO

Subrog. L. 100/1993.

Concord. Arts. 156, 157, 159 y 162. de L. 100/1993

Nota de vigencia: Cabe señalar que el Sistema General de Seguridad Social, tanto en su subsistema de salud como en el de riesgos laborales, prevé la obligatoriedad de los tratamientos médicos para los afiliados. Particularmente señala el art. 159 L. 100/1993 que el Plan Obligatorio de Salud contemplado en el art. 162 de la misma legislación es una garantía de todos los afiliados, y dicho plan incluye las prestaciones asistenciales en salud así:
«Art. 162. El Sistema General de Seguridad Social de Salud crea las condiciones de acceso a un Plan Obligatorio de Salud para todos los habitantes del territorio nacional antes del año 2001. Este Plan permitirá la protección integral de las familias a la maternidad y enfermedad general, en las fases de promoción y fomento de la salud y la prevención, diagnóstico, tratamiento y rehabilitación para todas las patologías, según la intensidad de uso y los niveles de atención y complejidad que se definan».

ARTÍCULO 283. RECUPERACIÓN O REEDUCACIÓN

Subrog. L. 100/1993.

Nota de vigencia: El art. 16 del D. 2351/1965 señala la obligación que tiene el empleador de reinstalar al trabajador en su cargo de la siguiente forma:
«Art. 16. Al terminar el período de incapacidad temporal, los {empleadores} están obligados:
a) A reinstalar a los trabajadores en los cargos que desempeñaban si recuperan su capacidad de trabajo. La existencia de una incapacidad parcial no será obstáculo para la reinstalación, si los dictámenes médicos determinan que el trabajador puede continuar desempeñando el trabajo:
b) A proporcionar a los trabajadores incapacitados parcialmente un trabajo compatible con sus aptitudes, para lo cual deberán efectuar los movimientos de personal que sean necesarios.
2. El incumplimiento de estas disposiciones se considerará como un despido injustificado».

Concord. Arts. 156 y 157 de L. 100/1993 y Art. 16 D. 2351/1965.

ARTÍCULO 284. INCOMPATIBILIDAD CON EL AUXILIO POR ENFERMEDAD

Subrog. L. 100/1993.

Nota de vigencia: El subsistema de salud propio del Sistema General de Seguridad Social subrogó el presente artículo en la medida que catalogó los requisitos, valores y naturaleza jurídica del pago de las diferentes prestaciones económicas que se pueden causar con ocasión a un accidente o enfermedad, tanto de origen común como laboral, en todos sus niveles de pérdida de capacidad laboral.

Concord. Arts. 156 y 157 de L. 100/1993.

CAPÍTULO IV
ESCUELAS Y ESPECIALIZACIÓN

ARTÍCULO 285. ESCUELAS PRIMARIAS

Las empresas de capital de ochocientos mil pesos (800.000) o superior, están obligadas a establecer y sostener escuelas primarias para los hijos de sus trabajadores cuando los lugares de los trabajos estén situados a más de dos (2) kilómetros de las poblaciones en donde funcionen las escuelas oficiales y siempre que en dichos sitios haya al menos veinte (20) de esos niños en edad escolar.

Concord. Arts. 3-27 DR. 2553/1951 y Art. 44 CP.

ARTÍCULO 286. ESTUDIOS DE ESPECIALIZACIÓN TÉCNICA

Las empresas de que trata el artículo anterior están obligadas a costear permanentemente estudios de especialización técnica relacionados con su actividad característica, en establecimientos nacionales o extranjeros, a sus trabajadores o a los hijos de éstos a razón de uno por cada quinientos (500) trabajadores o fracción superior a doscientos cincuenta (250).

Concord. Art. 18 DR. 2553/1951.

ARTÍCULO 287. ESCUELAS DE ALFABETIZACIÓN

Toda empresa está obligada a establecer y sostener una escuela de alfabetización por cada cuarenta (40) niños, hijos de sus trabajadores.

Concord. Art. 2 DR. 2553/1951.

ARTÍCULO 288. REGLAMENTACIÓN

El gobierno dictará las medidas necesarias para el cumplimiento de las disposiciones del presente Capítulo.

Concord. Arts. 1-29 DR. 2553/1951.

CAPÍTULO V
SEGURO DE VIDA COLECTIVO OBLIGATORIO

ARTÍCULO 289. EMPRESAS OBLIGADAS

Modif. Art. 12 L. 11/1984. Derog Sent. C-823/06. M.P.: Jaime Córdoba Triviño.

Nota de vigencia: La Corte Constitucional entendió derogado tácitamente el art. 289 del CST en Sentencia C-823-06, M.P. Jaime Córdoba Triviño señalando lo siguiente en su razonamiento:

«En este sentido, es claro para la Corte que en la actualidad el seguro de vida colectivo fue sustituido por la pensión de sobrevivientes o la correspondiente indemnización sustitutiva contemplada en el Sistema General de Pensiones previsto en la ley 100 de 1993, las cuales deben ser asumidas por el fondo de pensiones al cual se encuentre afiliado el causante, tal y como lo entendió en alguna oportunidad la Corte Suprema de Justicia. Si bien es cierto, la Ley 100 de 1993 no derogó expresamente el artículo 289 del CST, no cabe duda alguna que el nuevo Sistema de Seguridad Social Integral reguló por completo la materia, configurándose así el fenómeno de la derogatoria tácita».

ARTÍCULO 290. NÓMINA

Derog. L. 100/1993.

Nota de vigencia: Siguiendo el mismo argumento esbozado por la Corte Constitucional en Sentencia C-823-06 M.P. Jaime Córdoba Triviño, por medio del cual declara derogada tácitamente la figura del seguro de vida colectivo obligatorio señalada en el art. 289 CST, se desprende que se encuentra igualmente derogada de manera tácita por la L. 100/1993 toda la regulación del CST relacionada con el seguro de vida colectivo obligatorio, incluido el art. 290 del CST.

ARTÍCULO 291. CARÁCTER PERMANENTE

Derog. L. 100/1993.

Nota de vigencia: Siguiendo el mismo argumento esbozado por la Corte Constitucional en Sentencia C-823-06 M.P. Jaime Córdoba Triviño, por medio del cual declara derogada tácitamente la figura del seguro de vida colectivo obligatorio señalada en el art. 289 CST, se desprende que se encuentra igualmente derogada de manera tácita por la L. 100/1993 toda la regulación del CST relacionada con el seguro de vida colectivo obligatorio, incluido el art. 291 del CST.

ARTÍCULO 292. VALOR

Derog. L. 100/1993.

Nota de vigencia: Siguiendo el mismo argumento esbozado por la Corte Constitucional en Sentencia C-823-06 M.P. Jaime Córdoba Triviño, por medio del cual declara derogada tácitamente la figura del seguro de vida colectivo obligatorio señalada en el art. 289 CST, se desprende que se encuentra igualmente derogada de manera tácita por la L. 100/1993 toda la regulación del CST relacionada con el seguro de vida colectivo obligatorio, incluido el art. 292 del CST.

ARTÍCULO 293. BENEFICIARIOS

Derog. L. 100/1993.

Nota de vigencia: Siguiendo el mismo argumento esbozado por la Corte Constitucional en Sentencia C-823-06 M.P. Jaime Córdoba Triviño, por medio del cual declara derogada tácitamente la figura del seguro de vida colectivo obligatorio señalada en el art. 289 CST, se desprende que se encuentra igualmente derogada de manera tácita por la L. 100/1993 toda la regulación del CST relacionada con el seguro de vida colectivo obligatorio, incluido el art. 293 del CST.

ARTÍCULO 294. DEMOSTRACIÓN DEL CARÁCTER DEL BENEFICIARIO Y PAGO DEL SEGURO

Derog. L. 100/1993.

Nota de vigencia: Siguiendo el mismo argumento esbozado por la Corte Constitucional en Sentencia C-823-06 M.P. Jaime Córdoba Triviño, por medio del cual declara derogada tácitamente la figura del seguro de vida colectivo obligatorio señalada en el art. 289 CST, se desprende que se encuentra igualmente derogada de manera tácita por la L. 100/1993 toda la regulación del CST relacionada con el seguro de vida colectivo obligatorio, incluido el art. 294 del CST.

ARTÍCULO 295. CONTROVERSIAS ENTRE BENEFICIARIOS

Derog. L. 100/1993.

Nota de vigencia: Siguiendo el mismo argumento esbozado por la Corte Constitucional en Sentencia C-823-06 M.P. Jaime Córdoba Triviño, por medio del cual declara derogada tácitamente la figura del seguro de vida colectivo obligatorio señalada en el art. 289 CST, se desprende que se encuentra igualmente derogada de manera tácita por la L. 100/1993 toda la regulación del CST relacionada con el seguro de vida colectivo obligatorio, incluido el art. 295 del CST.

ARTÍCULO 296. CAUSAS DE EXCLUSIÓN

Derog. L. 100/1993.

Nota de vigencia: Siguiendo el mismo argumento esbozado por la Corte Constitucional en Sentencia C-823-06 M.P. Jaime Córdoba Triviño, por medio del cual declara derogada tácitamente la figura del seguro de vida colectivo obligatorio señalada en el art. 289 CST, se desprende que se encuentra igualmente derogada de manera tácita por la L. 100/1993 toda la regulación del CST relacionada con el seguro de vida colectivo obligatorio, incluido el art. 296 del CST.

ARTÍCULO 297. COEXISTENCIA DE SEGUROS

Derog. L. 100/1993.

Nota de vigencia: Siguiendo el mismo argumento esbozado por la Corte Constitucional en Sentencia C-823-06 M.P. Jaime Córdoba Triviño, por medio del cual declara derogada tácitamente la figura del seguro de vida colectivo obligatorio señalada en el art. 289 CST, se desprende que se encuentra igualmente derogada de manera tácita por la L. 100/1993 toda la regulación del CST relacionada con el seguro de vida colectivo obligatorio, incluido el art. 297 del CST.

ARTÍCULO 298. CESACIÓN DEL SEGURO

Derog. L. 100/1993.

Nota de vigencia: Siguiendo el mismo argumento esbozado por la Corte Constitucional en Sentencia C-823-06 M.P. Jaime Córdoba Triviño, por medio del cual declara derogada tácitamente la figura del seguro de vida colectivo obligatorio señalada en el art. 289 CST, se desprende que se encuentra igualmente derogada de manera tácita por la L. 100/1993 toda la regulación del CST relacionada con el seguro de vida colectivo obligatorio, incluido el art. 298 del CST.

ARTÍCULO 299. DESIGNACIÓN DE BENEFICIARIOS

Derog. L. 100/1993.

Nota de vigencia: Siguiendo el mismo argumento esbozado por la Corte Constitucional en Sentencia C-823-06 M.P. Jaime Córdoba Triviño, por medio del cual declara derogada tácitamente la figura del seguro de vida colectivo obligatorio señalada en el art. 289 CST, se desprende que se encuentra igualmente derogada de manera tácita por la L. 100/1993 toda la regulación del CST relacionada con el seguro de vida colectivo obligatorio, incluido el art. 299 del CST.

ARTÍCULO 300. LA EMPRESA COMO ASEGURADORA

Derog. L. 100/1993.

Nota de vigencia: Siguiendo el mismo argumento esbozado por la Corte Constitucional en Sentencia C-823-06 M.P. Jaime Córdoba Triviño, por medio del cual declara derogada tácitamente la figura del seguro de vida colectivo obligatorio señalada en el art. 289 CST, se desprende que se encuentra igualmente derogada de manera tácita por la L. 100/1993 toda la regulación del CST relacionada con el seguro de vida colectivo obligatorio, incluido el art. 300 del CST.

ARTÍCULO 301. SUSTITUCIÓN DE PERMISOS ANTERIORES

Derog. L. 100/1993.

Nota de vigencia: Siguiendo el mismo argumento esbozado por la Corte Constitucional en Sentencia C-823-06 M.P. Jaime Córdoba Triviño, por medio del cual declara derogada tácitamente la figura del seguro de vida colectivo obligatorio señalada en el art. 289 CST, se desprende que se encuentra igualmente derogada de manera tácita por la L. 100/1993 toda la regulación del CST relacionada con el seguro de vida colectivo obligatorio, incluido el art. 301 del CST.

ARTÍCULO 302. SEGUROS EN COMPAÑÍAS

Derog. L. 100/1993.

Nota de vigencia: Siguiendo el mismo argumento esbozado por la Corte Constitucional en Sentencia C-823-06 M.P. Jaime Córdoba Triviño, por medio del cual declara derogada tácitamente la figura del seguro de vida colectivo obligatorio señalada en el art. 289 CST, se desprende que se encuentra igualmente derogada de manera tácita por la L. 100/1993 toda la regulación del CST relacionada con el seguro de vida colectivo obligatorio, incluido el art. 302 del CST.

ARTÍCULO 303. CERTIFICADO

Derog. L. 100/1993.

Nota de vigencia: Siguiendo el mismo argumento esbozado por la Corte Constitucional en Sentencia C-823-06 M.P. Jaime Córdoba Triviño, por medio del cual declara derogada tácitamente la figura del seguro de vida colectivo obligatorio señalada en el art. 289 CST, se desprende que se encuentra igualmente derogada de manera tácita por la L. 100/1993 toda la regulación del CST relacionada con el seguro de vida colectivo obligatorio, incluido el art. 303 del CST.

ARTÍCULO 304. PIGNORACIÓN PARA VIVIENDA

Derog. L. 100/1993.

Nota de vigencia: Siguiendo el mismo argumento esbozado por la Corte Constitucional en Sentencia C-823-06 M.P. Jaime Córdoba Triviño, por medio del cual declara derogada tácitamente la figura del seguro de vida colectivo obligatorio señalada en el art. 289 CST, se desprende que se encuentra igualmente derogada de manera tácita por la L. 100/1993 toda la regulación del CST relacionada con el seguro de vida colectivo obligatorio, incluido el art. 304 del CST.

ARTÍCULO 305. MUERTE POR ACCIDENTE O ENFERMEDAD PROFESIONAL

Derog. L. 100/1993.

Nota de vigencia: Siguiendo el mismo argumento esbozado por la Corte Constitucional en Sentencia C-823-06 M.P. Jaime Córdoba Triviño, por medio del cual declara derogada tácitamente la figura del seguro de vida colectivo obligatorio señalada en el art. 289 CST, se desprende que se encuentra igualmente derogada de manera tácita por la L. 100/1993 toda la regulación del CST relacionada con el seguro de vida colectivo obligatorio, incluido el art. 305 del CST.

CAPÍTULO VI
PRIMA DE SERVICIOS

ARTÍCULO 306. DE LA PRIMA DE SERVICIOS A FAVOR DE TODO EMPLEADO

Modif. Art. 1 L. 1788/2016. El empleador está obligado a pagar a su empleado o empleados, la prestación social denominada prima de servicios que corresponderá a 30 días de salario por año, el cual se reconocerá en dos pagos, así: la mitad máximo el 30 de junio y la otra mitad a más tardar los primeros veinte días de diciembre. Su reconocimiento se hará por todo el semestre trabajado o proporcionalmente al tiempo trabajado.

PARÁGRAFO. Se incluye en esta prestación económica a los trabajadores del servicio doméstico, choferes de servicio familiar, trabajadores por días o trabajadores de fincas y en general, a los trabajadores contemplados en el Título III del presente código o quienes cumplan con las condiciones de empleado dependiente.

Concord. Arts. 6, 28, 194, 195 y 291 CST.

ARTÍCULO 307. CARÁCTER JURÍDICO

La prima anual no es salario, ni se computará como factor del salario en ningún caso.

Nota de Vigencia: La Corte Constitucional reiteró que la Prima Legal de Servicios no tiene vocación salarial, declarando exequible el art. 307 del CST en Sentencia C-710/96. M.P: Jorge Arango Mejía. Con base a lo siguiente:
«Si la prima anual o de servicios tuviera el carácter de salario, tal como lo afirman los actores, todo trabajador independientemente de los factores señalados, tendría derecho a su reconocimiento, como contraprestación de sus servicios.
(...)
Tal como se indicó en los considerandos del numeral quinto de este fallo, el elemento esencial para determinar la naturaleza salarial de ciertas sumas que recibe el trabajador, es si ellas tienen por fin retribuir la labor prestada por el trabajador. Carácter retributivo del que carece la prima anual de servicios, pues su creación por parte del legislador, tuvo una finalidad distinta a la señalada».

Concord. Arts. 21, 128 y 306 CST.

ARTÍCULO 308. PRIMAS CONVENCIONALES Y REGLAMENTARIAS

Las empresas que por pactos, convenciones colectivas, fallos arbitrales o reglamentos de trabajos estén obligadas a conocer a sus trabajadores primas anuales o primas de navidad, tendrán derecho a que el valor de estas primas, se impute a la obligación de que trata el presente capítulo, pero si la prima de servicios fuere mayor deberán pagar el complemento.

Concord. Arts. 104, 306, 467 y 481 CST; y Art. 38 L. 1563/2012.

CAPÍTULO VII
TRABAJADORES DE LA CONSTRUCCIÓN

ARTÍCULO 309. DEFINICIONES

Para los efectos del presente capítulo se entiende por obras o actividades de construcción las que tiene por objeto construir cualquier clase de casas o edificios y las inherentes a esa construcción, excepto su conservación o reparación; y por valor de la obra o actividad, el valor de su presupuesto o de su costo total estimado pericialmente.

ARTÍCULO 310. CESANTÍA Y VACACIONES

A los trabajadores de obras o actividades de construcción cuyo valor exceda de diez ($10.000) se les reconocerá el auxilio de cesantía y las vacaciones, así:

a) El auxilio de cesantía por todo el tiempo servido, a razón de tres (3) días de salario por cada mes completo de trabajo, siempre que se haya servido siquiera un mes, y debe pagarse a la terminación del contrato por cualquier causa, y

b) Las vacaciones remuneradas de quince (15) días hábiles y consecutivos por cada año de servicios, y proporcionalmente por fracciones de año, cuando se haya trabajado por lo menos un (1) mes.

Concord. Arts. 186 y 249 CST.

Nota de Vigencia: La Corte Constitucional, mediante Sentencia C-078 de 2023, con ponencia del Magistrado José Fernando Reyes Cuartas, declaró INEXEQUIBLES las expresiones "siempre que se haya servido siquiera un mes", contenida en el literal a), y "cuando se haya trabajado por lo menos un (1) mes", contenida en el literal b) del artículo 310 del Código Sustantivo del Trabajo. La decisión se basó en que eximir al empleador del pago del auxilio de cesantía y de la compensación de vacaciones a los trabajadores de la construcción con contratos inferiores a un mes vulnera los derechos al trabajo, a la seguridad social y a la igualdad. En consecuencia, la Corte estableció que los trabajadores del sector de la construcción tienen derecho a que tanto las vacaciones como el auxilio de cesantía se les reconozcan de manera proporcional al tiempo efectivamente trabajado, sin importar la duración del contrato.

ARTÍCULO 311. ASISTENCIA MÉDICA

Los trabajadores de que trata el artículo anterior gozarán de asistencia médica, farmacéutica, quirúrgica y hospitalaria por enfermedad no profesional que ocurra durante la ejecución del contrato de trabajo, hasta por tres (3) meses, además del auxilio monetario correspondiente. Esta asistencia sólo se debe desde cuando la prescriba el médico del {empleador} o empresa, y, en su defecto, un médico oficial.

Concord. Art. 227 CST.

ARTÍCULO 312. EMPRESAS CONSTRUCTORAS

Los trabajadores de empresas constructoras gozan de los derechos consagrados en el presente capítulo, sea cual fuere el valor de la obra o actividad.

ARTÍCULO 313. SUSPENSIÓN DEL TRABAJO POR LLUVIA

1o). Debe suspenderse el trabajo a la intemperie en las obras o labores de construcción en casos de lluvia que impliquen peligro para la salud del trabajador, salvo en las que no sean susceptibles de interrupción a juicio del {empleador}, empresario o contratista.

2o). La suspensión del trabajo de qué trata este artículo no da lugar a reducción de salario, pero puede exigirse trabajo bajo cubierta durante este tiempo o compensación posterior del tiempo perdido, sin exceder el límite máximo de horas semanales fijado en este Código y sin que esta compensación constituya trabajo suplementario o de horas extras.

Concord. Arts. 159 y 161 CST.

CAPÍTULO VIII
TRABAJADORES DE EMPRESAS DE PETRÓLEOS

ARTÍCULO 314. CAMPO DE APLICACIÓN

Las disposiciones del presente capítulo obligan a las empresas de petróleos solamente en los trabajos que se realicen en lugares alejados de centros urbanos.

Concord. Art. 350 CST. D. 284/57.

ARTÍCULO 315. HABITACIONES Y SANEAMIENTO

1. En los lugares de exploración y explotación de petróleo el empleador está en la obligación construir habitaciones para sus trabajadores, con carácter transitorio o permanente según la actividad que se desarrolló, y de acuerdo con los preceptos higiénicos que dicte la Oficina Nacional de Medicinas e Higiene Industrial del Ministerio del Trabajo, tomando en cuenta las condiciones especiales que exijan el clima y el suelo de cada región y la profilaxis de las enfermedades endémicas y epidémicas.

2. Esta obligación comprende también el saneamiento del suelo en los lugares en donde sea necesario.

Nota de vigencia: Es importante señalar que las funciones de la Oficina Nacional de Medicinas e Higiene Industrial del Ministerio de Trabajo fueron reasignadas internamente al Despacho del Ministro y a la Dirección de Riesgos Profesionales, según consta en los Arts. 6 y 23 del D. 4108/2011.

Concord. Art. 128 CST. D. 284/57.

ARTÍCULO 316. ALIMENTACIÓN. COSTO DE VIDA

Las empresas de petróleo deben suministrar a sus trabajadores, en los lugares de exploración y explotación, alimentación sana y suficiente, o el salario que sea necesario para obtenerla, de acuerdo con su precio en cada región. La alimentación que se suministre en especie se computará como parte del salario y su valor se estimará en los contratos de trabajo, en las libretas o certificados que expida el {empleador}.

Concord. Arts. 27 y 129 CST. D. 284/57.

ARTÍCULO 317. ASISTENCIA MÉDICA

Las mismas empresas están obligadas a sostener un médico en ejercicio legal de la profesión, si el número de sus trabajadores, durante un período mayor de un mes, no pasa de cuatrocientos (400) y uno más por cada cuatrocientos (400) trabajadores o fracción mayor de doscientos (200).

ARTÍCULO 318. HOSPITALES E HIGIENE

1. Las empresas constituirán en los centros permanentes de labores uno (1) o varios hospitales, de acuerdo con el número de trabajadores y de familiares inscritos, con dotación de elementos modernos de cirugía, laboratorios, rayos X y farmacia, con provisión suficiente de drogas para atender las necesidades de los enfermos que se presenten, y con servicio aislado para enfermos infectocontagiosos.

2. Los médicos organizarán los servicios del consultorio externo, puestos profilácticos y de socorro, de laboratorio y farmacia, y estudiarán la naturaleza de las afecciones dominantes.

3. Estos hospitales quedan sujetos a la inspección periódica del Ministerio del Trabajo, por conducto de la Oficina Nacional de Medicina e Higiene Industrial.

4. En dichos establecimientos se llevarán libros de estadística, en los que se anotará el movimiento completo de los enfermos, diagnósticos, tratamientos, operaciones que se practiquen, etc. Copias de tales estadísticas se enviarán mensualmente al Ministerio expresado y por el mismo conducto, según los modelos que se prescriban.

Nota de vigencia: Es importante señalar que las funciones de la Oficina Nacional de Medicinas e Higiene Industrial del Ministerio de Trabajo fueron reasignadas internamente al Despacho del Ministro y a la Dirección de Riesgos Profesionales, según consta en los Arts. 6 y 23 del D. 4108/2011.

Concord. Arts. 205, 206, 207, 325 y 326 CST.

ARTÍCULO 319. HOSPITALIZACIÓN

Las empresas están obligadas a hospitalizar a todos los trabajadores que lo necesiten.

ARTÍCULO 320. ENFERMOS NO HOSPITALIZADOS

Los médicos de las empresas atenderán a los trabajadores enfermos que no requieren hospitalización, en los consultorios externos, en los puestos de socorro o en el domicilio de los enfermos, de acuerdo con la reglamentación que establezca la dirección científica de la empresa, basada en las necesidades del servicio.

ARTÍCULO 321. MEDIDAS PROFILÁCTICAS

1. Las empresas, por conducto de los médicos y demás personal sanitario, pondrán en práctica las medidas profilácticas ordenadas por el Ministerio del Trabajo, Oficina Nacional de Medicina e Higiene Industrial, para combatir el paludismo, anemia tropical, disentería, pian y demás endemias tropicales, y las enfermedades llamadas sociales, y para evitar por los medios científicos modernos la viruela, la fiebre amarilla, la difteria, la fiebre tifoidea, y demás enfermedades evitables por la vacunación.

2o. Con el fin de evitar que ingresen a trabajar individuos que padezcan enfermedades infecto-contagiosas, se practicará por cuenta de la compañía un examen médico, clínico y de laboratorio, a todo el personal que haya de ser contratado. El estado de salud del trabajador, al tiempo del examen de admisión, se hará constar en formulario especial, y una copia de tal constancia se dará al trabajador y otra se enviará al Ministerio mencionado.

Nota de vigencia: Es importante señalar que las funciones de la Oficina Nacional de Medicinas e Higiene Industrial del Ministerio de Trabajo fueron reasignadas internamente al Despacho del Ministro y a la Dirección de Riesgos Profesionales, según consta en los Arts. 6 y 23 del D. 4108/2011.

ARTÍCULO 322. NEGATIVA AL TRATAMIENTO

En caso de que el incapacitado se niegue, sin motivo justificado, a someterse a las prescripciones médicas, o cuando insistiere en la violación de los reglamentos de higiene de la empresa, puede darse por terminado su contrato sin derecho a la indemnización por incapacidad ni al auxilio en metálico de enfermedad, y sólo mediante el pago de sus prestaciones sociales.

Concord. Arts. 230, 249 y 306 CST; Art. 99 num. 2) L. 50/1990.

ARTÍCULO 323. ENFERMEDADES VENÉREAS

Inexequible. Sent. C-065/05. M.P: Marco Gerardo Monroy Cabra.

Nota de vigencia: La Corte Constitucional excluyó del ordenamiento jurídico el art. 323 del CST con base en los argumentos expuestos para ello en Sentencia C-065/05, en los cuales señala la Alta Corte:

«Al no permitir que se tome un tiempo para la recuperación de la enfermedad de transmisión sexual se está limitando el desarrollo de una vida sexual en condiciones normales. En efecto, una persona que padezca de una enfermedad de transmisión sexual y vea imposibilitada su recuperación por las razones que han sido expuestas hasta el momento no podrá desenvolverse de igual manera en las relaciones de pareja que aquélla que no tenga el temor de contagiar a su compañero o compañera. La imposibilidad de recuperación de este tipo de enfermedades derivada de la norma acusada no sólo afecta el libre desarrollo de la personalidad en materia sexual, sino que afecta simultáneamente la vida sexual de los compañeros o compañeras sexuales de quienes la padecen».

ARTÍCULO 324. COMISIONES DE CONCILIACIÓN Y ARBITRAJE

En las empresas en donde existan comisiones de conciliación y arbitraje, la determinación y clasificación de una incapacidad se hará con base en el dictamen del médico industrial asesor de la comisión.

Concord. Arts. 1-9 DR. 2050/1969.

ARTÍCULO 325. CENTROS MIXTOS DE SALUD

Las empresas de petróleos pueden celebrar contratos con el Ministerio de Higiene para el establecimiento de centros mixtos de salud, en las regiones en donde tengan establecidos trabajos, y bajo la responsabilidad de tales centros quedarán prestándose los servicios de sanidad y de asistencia de que trata el presente capítulo.

Nota de vigencia: Es pertinente señalar que el Ministerio de Higiene, creado por la Ley 27 de 1946, se reorganiza en varias oportunidades y, eventualmente, se convierte en el Ministerio de Salud y Protección Social que opera actualmente.

CAPÍTULO IX
TRABAJADORES DE LA ZONA BANANERA

ARTÍCULO 326. ASISTENCIA MÉDICA

1. Toda empresa agrícola de la zona bananera del departamento del Magdalena que tenga a su servicio más de cinco (5) trabajadores de carácter permanente tiene como obligación especial la de suministrar asistencia médica, quirúrgica, hospitalaria y farmacéutica, en caso de enfermedad no profesional, y hasta por seis (6) meses, cuando su capital exceda de doscientos mil pesos ($200.000), y hasta por tres (3) meses, cuando su capital sea igual o inferior a esa suma.
2. Para estos efectos, las empresas pueden celebrar contratos con el Ministerio de Higiene sobre el establecimiento de centros mixtos de salud.

Nota de vigencia: Es pertinente señalar que el Ministerio de Higiene, creado por la Ley 27 de 1946, se reorganiza en varias oportunidades y, eventualmente, se convierte en el Ministerio de Salud y Protección Social que opera actualmente.

CAPÍTULO X
TRABAJADORES DE EMPRESAS MINERAS E INDUSTRIALES DEL CHOCÓ

ARTÍCULO 327. ASISTENCIA MÉDICA

Las empresas mineras e industriales del departamento del Chocó tienen como obligación especial la de suministrar a sus trabajadores asistencia médica, farmacéutica, quirúrgica y hospitalaria en caso de enfermedad no profesional, hasta por seis (6) meses, cuando su capital exceda de doscientos mil pesos ($200.000), y hasta por tres (3) meses, cuando su capital sea igual o inferior a esa suma, debiendo tener un médico en ejercicio legal de la profesión por cada doscientos (200) trabajadores, o fracción no inferior a cincuenta (50).

ARTÍCULO 328. INCAPACIDAD

Transcurrido el término de la asistencia médica que si dispone en el artículo anterior, y pagado el auxilio monetario por enfermedad no profesional, las empresas de que trata este capítulo y cuyo capital exceda de doscientos mil pesos ($200.000) no pueden despedir al trabajador que siga incapacitado si no reconociéndole una indemnización equivalente a dos (2) mensualidades de su salario, más los gastos de transporte al próximo centro poblado en donde haya médico y hospital oficial.

Concord. Art. 227 CST.

CAPÍTULO XI
TRABAJADORES DE MINAS DE ORO, PLATA Y PLATINO

ARTÍCULO 329. DEFINICIÓN

Para los efectos de este capítulo se entiende que es empresa minera toda explotación de mineral de oro, plata y platino.

ARTÍCULO 330. PERIODOS DE PAGO

Las empresas mineras tienen libertad para señalar los períodos de pago de acuerdo con las circunstancias de lugar, tiempo y recursos con que cuenta para la explotación.

ARTÍCULO 331. PREVENCIÓN DE ENFERMEDADES

Toda empresa minera debe suministrar, a juicio del médico, preventivos y curativos del paludismo y tratamiento especial a los trabajadores atacados de endemias tropicales.

ARTÍCULO 332. HIGIENE

Las empresas mineras tienen las obligaciones que sobre higiene del personal y de los campamentos y seguridad de los trabajadores prescriba el Ministerio del Trabajo.

ARTÍCULO 333. ACTIVIDADES DISCONTINUAS, INTERMITENTES Y DE SIMPLE VIGILANCIA

Para los efectos del ordinal b) del artículo 161, y del ordinal c) del artículo 162, se entiende que ejercitan actividades discontinuas o intermitentes o de simple vigilancia en las minas, según el caso, los siguientes trabajadores:

1. En todas las minas:

a) Los encargados de las plantas eléctricas;

b) Los vigilantes y capataces de cuadrillas;

c) Los gariteros, sirvientes, pajes, cuidanderos, caseros, arrieros, conductores de vehículos y ayudantes, y

d) Los acequieros y los que se ocupan en el sostenimiento de los acueductos que sirven para abastecer de agua a las maquinarias;

2. En las minas de aluvión:

a) Los ocupados en el manejo de elevadores hidráulicos y bombas centrífugas;

b) Los que se ocupen en el manejo de motores hidráulicos y bombas centrífugas;

c) Los encargados de las bombas en los apagues;

d) Los encargados del canalón.

e) En las dragas, todos aquellos cuya labor requiere conocimientos técnicos especiales.

3. En las minas de veta:

a) Los encargados de las plantas de cianuración, flotación, amalgamación, tostión y fundición;

b) Los molineros, y

c) Los encargados de los motores, de las bombas, de los malacates y de las grúas.

Nota de vigencia: Las palabras: amos, criados y sirvientes fueron declaradas inexequibles por la Corte Constitucional en Sentencia C-1235/05. M.P: Rodrigo Escobar Gil que realizaba el análisis de constitucionalidad del art. 2349 CC. Para todos los demás, efectos, el art. 333 del CST está vigente.

Concord. Arts. 161 y 162 CST.

CAPÍTULO XII
TRABAJADORES DE EMPRESAS AGRÍCOLAS GANADERAS Y FORESTALES

ARTÍCULO 334. ALOJAMIENTO Y MEDICAMENTOS

Las empresas agrícolas, ganaderas o forestales que ocupen quince (15) o más trabajadores que residan en ellas, están obligados a suministrarles alojamiento adecuado, a destinar un local para la asistencia de enfermos y a proveerlos de los medicamentos o medios terapéuticos de urgencia.

ARTÍCULO 335. ENFERMEDADES TROPICALES

Las empresas agrícolas, ganaderas o forestales, de climas templados y calientes, están especialmente obligadas a combatir las enfermedades tropicales, por todos los medios curativos y profilácticos.

ARTÍCULO 336. REGLAMENTACIÓN

Los ministerios de trabajo e higiene dictarán las medidas conducentes para el cumplimiento de los dos artículos anteriores.

Nota de Vigencia: La expresión "Ministerios de Trabajo e Higiene" hace referencia al Ministerio de Trabajo, por un lado, y al actual Ministerio de Salud y Protección Social.

ARTÍCULO 337. LOCAL PARA ESCUELA

Las empresas agrícolas, ganaderas o forestales en donde hubiere veinte (20) o más niños en edad escolar, hijos de sus trabajadores, tienen la obligación de suministrar local apropiado para establecer una escuela.

Concord. Art. 285 CST.

CAPÍTULO XIII
EMPLEADORES SIN CARÁCTER DE EMPRESA

ARTÍCULO 338. PRESTACIONES SOCIALES

1. Los empleadores que ejecutan actividades sin ánimo de lucro quedan sujetos a las normas del presente Código; ~~pero para los efectos de las prestaciones sociales a que están obligados, el Gobierno puede efectuar la clasificación de estos {empleadores} y señalar la proporción o cuantía de dichas prestaciones.~~

~~2. Lo dispuesto en este artículo no será aplicable a aquellas personas que, de acuerdo con el Concordato, están sometidas a la legislación canónica.~~

Nota de Vigencia: Los apartes tachados que corresponden al Num. 1. (parcial) y Num. 2 fueron declarados inexequibles por la Sent. C-051/95. M.P: Jorge Arango Mejía. Para ello, la Corporación Constitucional presentó los siguientes argumentos:

«Algunas de las razones que se adujeron sobre la inconstitucionalidad de los partes demandado del artículo 338, llevan a afirmar lo mismo en relación con la restricción contenida en el numeral 1 del artículo 252, como es ostensible. A tales razones pueden agregarse éstas.

La primera, que si el servicio doméstico es un lujo, quienes lo disfrutan deben pagarlo en forma semejante a como se remunera a todos los trabajadores.

La segunda, que la limitación del auxilio de cesantía se opone a la elevación del nivel de vida de los servidores domésticos, elevación impuesta por la solidaridad social.

Por lo dicho, se declarará inexequible el numeral 1 del artículo 252, salvo su parte final que reza: "pero en lo demás quedan sujetos a las normas sobre este auxilio".

En cuanto al numeral 2, que establece que el auxilio de cesantía de los trabajadores del servicio doméstico sólo se liquidará sobre el salario que reciban en dinero, la Corte estima que es una limitación razonable que no es contraria a la Constitución. A esta conclusión se llega si se analizan las condiciones en que se presta esta clase de servicios, y en especial la dificultad práctica de dar un tratamiento uniforme a lo que se recibe como salario en especie. Además, podría llegarse al resultado no querido de desmejorar las condiciones de vida de los mismos trabajadores del servicio doméstico, ante el temor por la cuantificación de todo lo que integra el salario en especie.

Y también es razonable la disposición del literal b) del artículo 162 del Código Sustantivo del Trabajo, que excluye de la regulación sobre jornada máxima legal a los trabajadores del servicio doméstico. Esto, por las características propias de esta modalidad de trabajo».

ARTÍCULO 339. COOPERATIVAS

Las sociedades cooperativas deben a sus trabajadores las mismas prestaciones que las empresas; y se tendrá como capital para graduarlas el valor de su patrimonio, según certificación de la Superintendencia del ramo.

Concord. Art. 4 L. 79/1988.

TÍTULO X
NORMAS PROTECTORAS DE LAS PRESTACIONES

CAPÍTULO
IRRENUNCIABILIDAD

ARTÍCULO 340. PRINCIPIO GENERAL Y EXCEPCIONES

Las prestaciones sociales establecidas en este código, ya sean eventuales o causadas, son irrenunciables. Se exceptúan de esta regla:

a) El seguro de vida obligatorio de los trabajadores mayores de cincuenta (50) años de edad, los cuales quedan con la facultad de renunciarlo cuando vayan a ingresar al servicio del empleador. Si hubieren cumplido o cumplieren esa edad estando al servicio del establecimiento o empleador, no procede esta renuncia,

b) Las de aquellos riesgos que sean precisamente consecuencia de invalidez o enfermedad existente en el momento en que el trabajador entra al servicio del empleador.

Concord. Arts. 48 y 53 CP; Arts. 14, 132 y 215 CST.

ARTÍCULO 341. DEFINICIÓN Y CLASIFICACIÓN DE INVALIDEZ Y ENFERMEDAD

1. Para los efectos del ordinal b) del artículo anterior se entiende por inválidos o enfermos los trabajadores con perturbaciones o deficiencias orgánicas, fisiológicas o psicológicas, pero que están todavía en condiciones de desarrollar alguna capacidad de trabajo.

2. Para los fines de la renuncia de las indemnizaciones que debían percibir, estos inválidos y enfermos se clasifican en las siguientes categorías:

a) Trabajadores con perturbaciones o deficiencias orgánicas, fisiológicas o psicológicas, corregibles o curables por tratamientos adecuados y que afectan transitoriamente su capacidad de trabajo; y

b) Trabajadores con perturbaciones o deficiencias orgánicas, fisiológicas o psicológicas definitivas, pero que están todavía en condiciones de desarrollar alguna capacidad de trabajo.

3. Los médicos de la Oficina Nacional de Medicina e Higiene Industrial del Ministerio del Trabajo harán, en cada caso particular, la clasificación respectiva de la invalidez o enfermedad del trabajador, y autorizarán las renuncias a que hubiere lugar.

4. Sin estos requisitos, las renuncias no producen ningún efecto.

Nota de vigencia: Es importante señalar que las funciones de la Oficina Nacional de Medicinas e Higiene Industrial del Ministerio de Trabajo fueron reasignadas internamente al Despacho del Ministro y a la Dirección de Riesgos Profesionales, según consta en los Arts. 6 y 23 del D. 4108/2011.
Por otra parte, la calificación de la pérdida de capacidad laboral es una acción de competencia de las entidades del sistema de seguridad social en salud y de riesgos laborales, regidas por el artículo 12 del Decreto 1295 de 1994 y 41 de la Ley 100 de 1993.
Por último, debe tenerse en cuenta lo establecido por la Corte Constitucional en la Sentencia SU-049 DE 2017, mediante la cual, al unificar la doctrina en torno al fuero de estabilidad ocupacional reforzada, determinó la configuración conceptual de la discapacidad, como el grado de afectación que padece una persona, que le dificulta la realización de actividades cotidianas, entre ellas las relacionadas con la ejecución de actividades económicas o de generación de ingresos.

ARTÍCULO 342. PRESTACIONES RENUNCIABLES

1. Los trabajadores comprendidos en el ordinal a) del inciso 2. del artículo anterior, pueden renunciar a los auxilios por enfermedad no profesional establecidos en los artículos 227 y 277, a los cuales tendrían derecho al producirse su incapacidad para el trabajo como consecuencia de la perturbación o deficiencia que originó la renuncia.

2. Los trabajadores comprendidos en el ordinal b) del inciso 2. del mismo artículo anterior, pueden renunciar a los auxilios por enfermedad no profesional y por accidente de trabajo que se produzcan como consecuencia directa de la perturbación o deficiencia que originó la renuncia, y al seguro de vida colectivo obligatorio, en caso de muerte ocurrida por la misma causa.

3. Todos los trabajadores de que trata el artículo anterior pueden renunciar al auxilio de invalidez establecido en el artículo 278.

Concord. Arts. 48 y 58 C. Pol.; Arts. 14, 227, 277 y 278 CST.

ARTÍCULO 343. PROHIBICIÓN DE CEDERLAS

No produce ningún efecto la cesión que haga el trabajador de sus prestaciones.

Concord. Arts. 14, 43, y 142 CST.

CAPÍTULO II
INEMBARGABILIDAD

ARTÍCULO 344. PRINCIPIO Y EXCEPCIONES

1. Son inembargables las prestaciones sociales, cualquiera que sea su cuantía.

2. Exceptúanse de lo dispuesto en el inciso anterior los créditos a favor de las cooperativas legalmente autorizadas y los provenientes de las pensiones alimenticias a que se refieren los artículos 411 y Concordantes del Código Civil, pero el monto del embargo o retención no puede exceder del cincuenta por ciento (50%) del valor de la prestación respectiva.

Nota de vigencia: La expresión «Exceptúanse de lo dispuesto en el inciso anterior los créditos a favor de las cooperativas legalmente autorizadas» fue declarada exequible en Sentencia C-710/96. M.P: Jorge Arango Mejía, por lo siguiente:

«Es claro que las cooperativas, como otro sujeto activo del mercado, pueden realizar actos de intermediación y de promoción de bienes y servicios, sin desbordar su propia naturaleza. Al tiempo que corresponde al Estado no sólo su protección sino su vigilancia, para que cumplan efectivamente sus fines. Por tanto, si la razón que alegan los demandantes para que las cooperativas no puedan embargar las prestaciones de los trabajadores, es la forma como éstas vienen desempeñando sus fines, la declaración de inconstitucionalidad no es la solución.

El control y vigilancia efectiva por parte del Estado, es lo que puede garantizarle, no sólo a los trabajadores sino a la comunidad en general, que esta clase de asociaciones cumplan adecuadamente sus funciones dentro del mercado, de manera que se justifique la protección y prerrogativas de las que gozan.

Finalmente, es necesario recordar que por sentencia C-521 de 1995 transcrita parcialmente, se declaró exequible el artículo 156 del Código Sustantivo del Trabajo, que permite embargar en favor de las cooperativas, hasta el 50% del salario».

Concord. Arts. 154, 155 230, 249 y 306 CST; Art. 99 num. 2) L. 50/1990.

CAPÍTULO III
PRELACIÓN DE CRÉDITOS

ARTÍCULO 345. PRELACIÓN DE CRÉDITOS POR SALARIOS, PRESTACIONES SOCIALES E INDEMNIZACIONES LABORALES

Modif. Art. 36 L. 50/1990. Los créditos causados o exigibles de los trabajadores por concepto de salarios, la cesantía y demás prestaciones sociales e indemnizaciones laborales pertenecen a la primera clase que establece el artículo 2495 del Código Civil y tienen privilegio excluyente sobre todos los demás.

El juez civil que conozca del proceso de concurso de acreedores o de quiebra dispondrá el pago privilegiado y pronto de los créditos a los trabajadores afectados por la quiebra o insolvencia del empleador.

Cuando la quiebra imponga el despido de trabajadores, los salarios, prestaciones sociales e indemnizaciones se tendrán como gastos pagaderos con preferencia sobre los demás créditos.

Los créditos laborales podrán demostrar por cualquier medio de prueba autorizado por la ley y, cuando fuera necesario, producidos extrajuicio con intervención del juez laboral o de inspector de trabajo competentes.

PARÁGRAFO. En los procesos de quiebra o concordato los trabajadores podrán hacer valer sus derechos por sí mismos o por intermedio del Sindicato, Federación o Confederación a que pertenezcan, siempre de conformidad con las leyes vigentes.

Concord. Art. 157 CST; Art. 29 L. 550/1999 y Art. 2495 CC.

CAPÍTULO IV
EXENCIÓN DE IMPUESTOS

ARTÍCULO 346. NORMA GENERAL

Derog. Art. 35 L. 75/1986

ARTÍCULO 347. CAUSAHABIENTES O BENEFICIARIOS

Derog. Art. 35 L. 75/1986.

TÍTULO XI
HIGIENE Y SEGURIDAD EN EL TRABAJO

CAPÍTULO I
ÚNICO

Nota del Editor: Las disposiciones referentes a la «*Higiene y Seguridad en el Trabajo*» están compiladas en el Decreto Único Reglamentario del Sector trabajo 1072 de 2015, concretamente en la sección 3.1.1., que corresponde a lo que en su oportunidad fuera el Decreto 1443 de 2014, por medio del cual se implementa el Sistema de Gestión d la Seguridad Social en el Trabajo.

Estas disposiciones, a su vez, se sistematizan con lo establecido por el Decreto 1295 de 1994, y la Ley 1562 de 2012, que constituyen el régimen normativo del Sistema de Riesgos Laborales.

En ese sentido, los artículos 348 a 352 del Código Sustantivo del Trabajo deben entenderse como subsumidas a este régimen legal.

ARTÍCULO 348. MEDIDAS DE HIGIENE Y SEGURIDAD

Modif. Art. 10 Dcto. 13/1967. Todo empleador o empresa están obligados a suministrar y acondicionar locales y equipos de trabajo que garanticen la seguridad y salud de los trabajadores; a hacer practicar los exámenes médicos a su personal y adoptar las medidas de higiene y seguridad indispensables para la protección de la vida, la salud y la moralidad de los trabajadores a su servicio; de conformidad con la reglamentación que sobre el particular establezca el Ministerio del Trabajo.

ARTÍCULO 349. REGLAMENTO DE HIGIENE Y SEGURIDAD

Modif. Art. 55 L. 962/2005. Los empleadores que tengan a su servicio diez (10) o más trabajadores permanentes deben elaborar un reglamento especial de higiene y seguridad, a más tardar dentro de los tres (3) meses siguientes a la iniciación de labores, si se trata de un nuevo establecimiento. El Ministerio de la Protección Social vigilará el cumplimiento de esta disposición.

Nota de vigencia: El ejercicio de la función de policía administrativa establecido en este artículo, está a cargo de la Dirección de Riesgos Laborales del Ministerio del Trabajo.

Concord. Art. 104 CST.

ARTÍCULO 350. CONTENIDO DEL REGLAMENTO

El reglamento especial que se prescribe en el artículo anterior debe contener, por lo menos, disposiciones normativas sobre los siguientes puntos:

1. Protección e higiene personal de los trabajadores.
2. Prevención de accidentes y enfermedades.
3. Servicio médico, sanidad del establecimiento, y salascunas en su caso.
4. Prohibición de facilitar alojamiento en edificios de industrias peligrosas o insalubres.
5. Provisión de sillas para trabajadores de tiendas, boticas, fábricas, talleres y establecimientos similares.

6. Cuando se trate de trabajos con soldadura eléctrica, las condiciones que deben reunir los locales y los elementos de protección para los trabajadores.

7. Normas especiales, cuando se trate de empresas mineras y petroleras.

8. Medidas de seguridad en las empresas de energía eléctrica, en los depósitos de explosivos de materias inflamantes y demás elementos peligrosos.

9. Higiene en las empresas agrícolas, ganaderas y forestales.

Concord. Arts. 314 y 335 CST.

ARTÍCULO 351. PUBLICACIÓN

Una vez aprobado el reglamento de conformidad con el artículo 349, el {empleador} debe mantenerlo fijado en dos (2) lugares visibles del local del trabajo.

Concord. Art. 349 CST.

ARTÍCULO 352. VIGILANCIA Y SANCIONES

Corresponde al Ministerio del Trabajo, por conducto de la Oficina Nacional de Medicina e Higiene Industrial, velar por el cumplimiento de las disposiciones de este capítulo, atender las reclamaciones de empleadores y obreros sobre transgresión de sus reglas, prevenir a los remisos, y, en caso de reincidencia o negligencia, imponer sanciones, teniendo en cuenta la capacidad económica del transgresor y la naturaleza de la falta cometida.

Nota de vigencia: Es importante señalar que las funciones de la Oficina Nacional de Medicinas e Higiene Industrial del Ministerio de Trabajo fueron reasignadas internamente al Despacho del Ministro y a la Dirección de Riesgos Profesionales, según consta en los Arts. 6 y 23 del D. 4108/2011.

Concord. Arts. 17, 485 y 486 CST.

SEGUNDA PARTE
DERECHO COLECTIVO DEL TRABAJO

TÍTULO I
SINDICATOS

CAPÍTULO I
DISPOSICIONES GENERALES

ARTÍCULO 353. DERECHO DE ASOCIACIÓN

Modif. Art. 1 L. 584/2000.

1. De acuerdo con el artículo 39 de la Constitución Política los empleadores y los trabajadores tienen el derecho de asociarse libremente en defensa de sus intereses, formando asociaciones profesionales o sindicatos; estos poseen el derecho de unirse o federarse entre sí.

2. Las asociaciones profesionales o sindicatos deben ajustarse en el ejercicio de sus derechos y cumplimiento de sus deberes, a las normas de este título y están sometidos a la inspección y vigilancia del Gobierno, en cuanto concierne al orden público.

Los trabajadores y empleadores, sin autorización previa, tienen el derecho de constituir las organizaciones que estimen convenientes, así como el de afiliarse a éstas con la sola condición de observar los estatutos de las mismas.

Concord. Art. 38 y 39 CP, Arts. 3, 9 y 12 CST, Arts. 2, 3 y 8 L. 26/1976, Conv. 87 OIT y Art. 200 CP

ARTÍCULO 354. PROTECCIÓN DEL DERECHO DE ASOCIACIÓN

Modif. Art. 39 L. 50/1990.

1. En los términos del artículo 292 del Código Penal queda prohibido a toda persona atentar contra el derecho de asociación sindical.

2. Toda persona que atente en cualquier forma contra el derecho de asociación sindical será castigada cada vez con una multa equivalente al monto de cinco (5) a cien (100) veces el salario mínimo mensual más alto vigente, que le será impuesta por el respectivo funcionario administrativo del trabajo. Sin perjuicio de las sanciones penales a que haya lugar.

Considérense como actos atentatorios contra el derecho de asociación sindical, por parte del empleador:

a) Obstruir o dificultar la afiliación de su personal a una organización sindical de las protegidas por la ley, mediante dádivas o promesas, o condicionar a esa circunstancia la obtención o conservación del empleo o el reconocimiento de mejoras o beneficios;

b) Despedir, suspender o modificar las condiciones de trabajo de los trabajadores en razón de sus actividades encaminadas a la fundación de las organizaciones sindicales;

c) Negarse a negociar con las organizaciones sindicales que hubieren presentado sus peticiones de acuerdo con los procedimientos legales;

d) Despedir, suspender o modificar las condiciones de trabajo de su personal sindicalizado, con el objeto de impedir o difundir el ejercicio del derecho de asociación, y

e) Adoptar medidas de represión contra los trabajadores por haber acusado, testimoniado o intervenido en las investigaciones administrativas tendientes a comprobar la violación de esta norma.

Concord. Arts. 38 y 39 C. Pol., Arts. 198, 199, 200 y 347 CP, Arts. 12, 279 y 486 CST y Arts. 1, 2 y 3 L. 27/1976, Conv. 98 OIT.

ARTÍCULO 355. ACTIVIDADES LUCRATIVAS

Los sindicatos no pueden tener por objeto la explotación de negocios o actividades con fines de lucro.

Nota de Vigencia: La Corte Constitucional declaró exequible el art. 355 del CST en Sentencia C-797/2000 M.P. Antonio Barrera Carbonell, aduciendo que:
«El art. 355 establece que los sindicatos no pueden tener por objeto la explotación de negocios o actividades con fines de lucro.
A juicio de la Corte la referida disposición debe ser interpretada, en el sentido de que este tipo de organizaciones no pueden tener como objeto único la realización de negocios o actividades lucrativas, pues si ello estuviera permitido se desnaturalizarían sus funciones y perderían lo que es de la esencia y la razón de su existencia, como representantes y defensores de los intereses comunes de sus afiliados. Es decir, perderían su identidad y podrían confundirse con las sociedades comerciales que persiguen la realización de un objetivo comercial, con fines de lucro.
En tales circunstancias, considera la Corte que la norma acusada se ajusta a la Constitución, y será declarada exequible».

Concord. Arts. 373 y 379 CST y Arts. 20 y 21 C. Co.

ARTÍCULO 356. SINDICATOS DE TRABAJADORES

Modif. Art. 40 L. 50/1990. Los sindicatos de trabajadores se clasifican así:

a) De empresa, si están formados por individuos de varias profesiones, oficios o especialidades, que prestan sus servicios en una misma empresa, establecimiento o institución;

b) De industria o por rama de actividad económica, si están formados por individuos que prestan sus servicios en varias empresas de la misma industria o rama de actividad económica;

c) Gremiales, si están formados por individuos de una misma profesión, oficio o especialidad,

d) De oficios varios, si están formados por trabajadores de diversas profesiones, disímiles o inconexas. Estos últimos sólo pueden formarse en los lugares donde no haya trabajadores de una misma actividad, profesión u oficio en número mínimo requerido para formar uno gremial, y solo mientras subsista esta circunstancia.

Nota de vigencia: El art. 356 fue declarado exequible por la Corte Constitucional en Sentencia C-180/2016, M.P. Alejandro Linares Cantillo, con fundamento en el siguiente extracto: «La potestad conferida por el artículo 2 del Convenio 87 de la OIT, en armonía con lo dispuesto en el artículo 39 Superior, si bien contempla que los trabajadores y los empleadores, tienen el derecho de constituir las organizaciones que estimen convenientes, sin ninguna distinción y sin autorización previa, con la sola condición de observar los estatutos de las mismas, no implica que dichas asociaciones puedan a través de sus ordenanzas modificar o inaplicar el orden legal establecido por mandato de la Constitución a través de la ley, concernientes a la estructura interna y organizaciones sociales. En consecuencia, al tipificar las clases de sindicatos que legalmente pueden constituirse en Colombia, el Constituyente derivado no vulneró el núcleo esencial del derecho de asociación sindical al establecer un marco normativo, dentro del cual, se ejerza la libertad de constituir las organizaciones que estimen convenientes».

Concord. Art. 357, 360 y 382 CST

ARTÍCULO 357. SINDICATOS DE BASE

Modif. Art. 26 Dcto. 2351/ 1965. Representación sindical.

1. En una misma empresa no pueden coexistir dos o más sindicatos de base. Si por cualquier motivo llegaren a coexistir subsistirá el que tenga mayor número de afiliados, el cual debe admitir al personal de los demás sin hacerles más gravosas sus condiciones de admisión.

2. Cuando en una misma empresa coexistiere un sindicato de base con uno gremial o de industria, la representación de los trabajadores, para todos los efectos de la contratación colectiva, corresponderá al sindicato que agrupe a la mayoría de los trabajadores de dicha empresa.

3. Si ninguno de los sindicatos agrupa a la mayoría de los trabajadores de la empresa, la representación corresponderá conjuntamente a todos ellos. El gobierno reglamentará la forma y modalidades de esta representación.

Nota de vigencia: Teniendo en cuenta que el art. 357 del CST fue subrogado en su totalidad por el art. 26 del D. 2351/1965, es pertinente señalar los pronunciamientos que realizó la Corte Constitucional frente a dicho artículo que subroga.
En primera medida, fueron declarados inexequibles los Nums. 1 y 3 del art. 26 D. 2351/1965 en Sentencia C-567/2000, M.P. Alfredo Beltrán Sierra. El num. 1, que señalaba una prohibición para la coexistencia de más de un sindicato de base por empresa, fue excluido del ordenamiento por lo siguiente:
«Entonces, al continuar con la comparación del artículo 39 de la Constitución, en cuanto que garantiza a todos los trabajadores el derecho de constituir sindicatos, y de las disposiciones del Convenio 87 de la OIT, especialmente en el artículo 2, que dice que todos los trabajadores, sin ninguna distinción, tienen derecho a constituir las organizaciones que estimen convenientes, se concluye que la prohibición legal de formar sindicatos de base en una misma empresa, cuando ya exista otro, resulta injustificada a la luz de la garantía expresa de la Constitución de 1991».
Por otro lado, el num. 3 previó una regla para la interpretación de la representación de los trabajadores en caso tal que no hubiera un Sindicato mayoritario, y se determinó que la representación sería conjunta entre todas las organizaciones sindicales. La Corte, sin embargo, declaró su inexequibilidad por lo siguiente:
«Es claro para la Corte que si un grupo de trabajadores constituye y se afilia a un sindicato, éste, para la efectividad del ejercicio del derecho de asociación sindical, tiene la representación de tales trabajadores; y, siendo ello así, resulta violatorio del artículo 39 de la Carta imponerle por la Ley que esa representación deba necesariamente ejercerla "conjuntamente" con otro u otros sindicatos si ninguno agrupa a la mayoría de los trabajadores de la empresa, pues eso menoscaba, de manera grave la autonomía sindical, razones por las cuales se declarará la inexequibilidad del numeral 3 del artículo 26 del Decreto 2351 de 1965».
Ahora bien, el num. 2 del art. 26 también fue declarado inexequible, pero esta vez en Sentencia C-063/2008, M.P. Clara Inés Vargas Hernández. Dicho numeral contemplaba que, en caso de coexistencia de un Sindicato de Base con uno de otra clasificación en una misma Empresa, la representación de los trabajadores, para efectos colectivos, estaría a cargo del mayoritario. No obstante, la Corte Constitucional lo consideró inconstitucional, ya que:
«En el caso de análisis, al disponer el legislador que la representación de los trabajadores, para todos los efectos de la negociación colectiva, corresponderá al sindicato mayoritario, hace un reconocimiento al sindicato mayoritario para todos los efectos citados, con lo cual, su finalidad parecería ajustarse a los propósitos constitucionales de garantizar la negociación colectiva tomando una medida que parecería contribuir a su promoción y fomento. Sin embargo, no atiende al principio de proporcionalidad, cuando dicho propósito se lleva a cabo a costa del sacrificio de la autonomía de los sindicatos minoritarios, vulnerándoles sus derechos constitucionales de negociación colectiva y libertad sindical; y afectando además, de manera indirecta, a los sindicatos de industria cuando éstos agrupan a la minoría de los trabajadores de una empresa, pues se desfavorece que la negociación colectiva se lleve a cabo por dicha categoría de sindicato y con ello que la contratación colectiva se amplíe a otros niveles».

Concord. Art. 356 y 444 CST y Art. 6 Dcto. 063/2002.

ARTÍCULO 358. LIBERTAD DE AFILIACIÓN

Modif. Art. 2 L. 584/2000.

1. Los sindicatos son organizaciones de libre ingreso y retiro de los trabajadores. En los estatutos se reglamentará la coparticipación en instituciones de beneficio mutuo que hubiere establecido el sindicato con aportes de sus miembros.

2. Derog. Art. 116 L. 50/1990.

Nota de vigencia: La redacción original del num. 1 del art. 358 del CST, antes de ser modificada por el art. 2 L. 584/2000, era la siguiente:

«Art. 358. 1. Los sindicatos son asociaciones de libre ingreso y retiro de los trabajadores. En los estatutos se reglamentarán las condiciones y restricciones de admisión, la devolución de cuotas o aportes a los afiliados en caso de retiro voluntario o de expulsión, así como la coparticipación en instituciones de beneficio mutuo que hubiere establecido el sindicato con aportes de sus miembros. (...)»

Este artículo tuvo un pronunciamiento de exequibilidad por parte de la Corte Constitucional en Sentencia C-797/2000, M.P. Antonio Barrera Carbonell, que generó doctrina constitucional en dos sentidos.

Por un lado, se declaró exequible el artículo en general, toda vez que la Alta Corte consideró lo siguiente:

«Ningún reparo de constitucionalidad encuentra la Corte al aparte normativo, según el cual los sindicatos son asociaciones de libre ingreso y retiro de los trabajadores, pues ello es un desarrollo fiel de la libertad positiva y negativa de asociarse a un sindicato o a desafiliarse de éste.

Tampoco encuentra la Corte que sea inconstitucional el mandato conforme al cual en los estatutos se deben regular las condiciones y restricciones de admisión al sindicato, porque es usual que tales condiciones y restricciones se señalen con respecto al ingreso de miembros a cualquier tipo de asociación, con el fin de asegurar que éstos se identifiquen y compartan los intereses y propósitos comunes que los agrupan».

Aunado a lo anterior, la expresión subrayada "la devolución de cuotas o aportes a los afiliados en caso de retiro voluntario o de expulsión", que en la modificación del art. 2 L. 584/2000 se excluyó, había sido declarada exequible condicionalmente por la Corte, en el siguiente entendido:

«En lo que concierne con las regulaciones atinentes a la devolución de cuotas o aportes, considera la Corte que son los estatutos del sindicato, los que deben determinar, bajo que circunstancias concretas procede o no el reintegro de los aportes.

La norma en sí misma no es inconstitucional, porque simplemente está señalando que son los estatutos los que deben reglamentar lo relativo a la devolución de aportes; habrá casos en que dadas las circunstancias y condiciones en que se hace un aporte o se entrega una cuota no existirá la obligación de reintegrarlos y en cambio habrá otros casos en que sí procede la devolución de éstos».

CAPÍTULO II
ORGANIZACIÓN

ARTÍCULO 359. NÚMERO MÍNIMO DE AFILIADOS

Todo sindicato de trabajadores necesita para constituirse o subsistir un número no inferior a veinticinco (25) afiliados; y todo sindicato patronal no menos de cinco (5) empleadores independientes entre sí.

Nota de vigencia: La Corte Constitucional declaró exequible el aparte subrayado "Todo sindicato de trabajadores necesita para constituirse o subsistir un número no inferior a veinticinco (25) afiliados", en Sentencia C-201/2002, M.P. Jaime Araújo Rentería, con base en los siguientes argumentos:

«(...) la Corte no considera irrazonable el requisito según el cual todo sindicato de trabajadores necesita para constituirse o subsistir un número no inferior a 25 afiliados. Por el contrario, lo encuentra necesario y proporcionado a la finalidad que se persigue, cual es la de garantizar una estructura y organización mínimas y de carácter democrático del sindicato, órgano de representación por antonomasia de los trabajadores afiliados. Como cualquier organización, se procura que tenga un número mínimo de personas con el cual pueda cumplir cabalmente sus objetivos, hacer efectivo su normal funcionamiento, asignar a los miembros que lo conforman diversas funciones, y garantizar la participación de todos los afiliados en los asuntos que los afecta, tanto los relacionados con el sindicato mismo como los que se refieran a las condiciones laborales en que desarrollan su trabajo. La Corte considera que 25 es un número razonable para tales efectos, más aún si se tiene en cuenta que se trata de un límite mínimo y no de un tope, esto es, un número máximo de trabajadores que pudieran afiliarse al sindicato».

Concord. Arts. 353, 356, 364, y 401 CST

ARTÍCULO 360. AFILIACIÓN A VARIOS SINDICATOS

~~Se prohíbe ser miembro a la vez de varios sindicatos de la misma clase o actividad.~~

Nota de vigencia: El art. 360 del CST fue declarado inexequible por la Corte Constitucional en Sentencia C-797/2000, M.P. Antonio Barrera Carbonell, por lo siguiente:

«(...) la restricción carece de efectos jurídicos prácticos, en la medida en que no existe ningún tipo de consecuencia jurídica o sanción, toda vez que la preceptiva demandada ni ninguna otra establecen sanción al trabajador que la desconoce.

Aparte de lo expresado, considera la Corte, que según el Convenio 87 de la OIT y lo establecido en el art. 39, una restricción de esta naturaleza viola el derecho de la libertad sindical, por la circunstancia de que no existe razón objetiva y seria, y legitima desde el punto de vista constitucional que justifique la referida disposición.

En razón de las consideraciones precedentes, el artículo 360 será declarado inexequible».

Concord. Art. 356 C.S.T y Art. 2 L. 76/1976.

ARTÍCULO 361. FUNDACIÓN

Modif. Art. 41 L. 50/1990.

1. De la reunión inicial de constitución de cualquier sindicato los iniciadores deben suscribir un "acta de fundación" donde se expresen los nombres de todos ellos, sus documentos de identificación, la actividad que ejerzan y que los vincule, el nombre y objeto de la asociación.

2. En la misma o en sucesivas reuniones se discutirán y aprobarán los estatutos de la asociación y se designará el personal directivo, todo lo cual se hará constar en el acta o actas que se suscriban.

Nota de vigencia: El art. 361 del CST fue declarado exequible por la Corte Constitucional en Sentencia C-621/2008, M. P. Nilson Pinilla Pinilla, por lo siguiente:
«En el asunto bajo estudio, ha quedado establecido que la obligación prevista en el artículo 361 del C. S. T de suscribir un acta en el momento de la fundación del sindicato, no conlleva en realidad restricción o limitación de la autonomía de tales organizaciones, por cuanto se trata de una formalidad que no tiene la virtud de afectar su capacidad para gobernarse, determinar el contenido particular de sus estatutos y decidir el nombramiento de sus directivos. En este sentido, la exigencia de actas de fundación contribuye a realizar el principio democrático, que según el artículo 39 superior es componente esencial de la estructura de los sindicatos y debe reflejarse en esas organizaciones.
En suma, lejos de ser una intromisión en la autonomía de esas organizaciones, el acta de constitución permite determinar los elementos básicos de la organización y delimita las actividades a desarrollar, exigencia que no aparece como irrazonable ni desproporcionada, ya que no está llamada a condicionar del ejercicio de los derechos de asociación y libertad sindical, pues se repite, simplemente es una formalidad que ha sido establecida por el legislador con la finalidad de encauzar esa garantía constitucional para hacerla efectiva y cuyo incumplimiento podría acarrear, a lo sumo, que el acto de fundación carezca de soporte probatorio, dando lugar a que la organización no pueda inscribirse en el registro sindical para efectos de publicidad y oponibilidad de sus actos».

Concord. Arts. 359, 362, 364, 365, 366, 393, 419 y 420 CST

ARTÍCULO 362. ESTATUTOS

Modif. Art. 42 L. 50/ 1990. Toda organización sindical tiene el derecho de realizar libremente sus estatutos y reglamentos administrativos. Dichos estatutos contendrán, por lo menos, lo siguiente:

1. La denominación del sindicato y su domicilio.
2. Su objeto.
3. Modif. Art. 3 L. 584/ 2000. Condiciones de admisión.
4. Obligaciones y derechos de los asociados.
5. Número, denominación, período y funciones de los miembros de la directiva central y de las seccionales en su caso; modo de integrarlas o elegirlas, reglamento de sus reuniones y causales y procedimientos de remoción.
6. Organización de las comisiones reglamentarias y accidentales.
7. Cuantía y periodicidad de las cuotas ordinarias y su forma de pago.
8. Procedimiento para decretar y cobrar cuotas extraordinarias.
9. Sanciones disciplinarias y motivos y procedimiento de expulsión, con audiencia, en todo caso, de los inculpados.

10. Épocas de celebración de asambleas generales ordinarias y de asambleas de delegatarios, en su caso; reglamento de las sesiones, quórum, debates y votaciones.

11. Reglas para la administración de los bienes y fondos sindicales, para la expedición y ejecución de los presupuestos y presentación de balances y expedición de finiquitos.

12. Normas para la liquidación del sindicato.

Nota de vigencia: La Corte Constitucional realizó dos pronunciamientos de exequibilidad del art. 362 del CST. En el primero, la Corporación Constitucional expide la Sentencia C-617/2008, M.P. Rodrigo Escobar Gil, y señala que el art. 362 del CST es exequible por lo siguiente:

«Por lo demás, resta indicar que la circunstancia de que el artículo 362 del Código Sustantivo del Trabajo establezca una enumeración general que constituye el contenido mínimo de los estatutos también contribuye a dejar a salvo la autonomía sindical, puesto que fuera de las materias contempladas, el sindicato podría considerar otras e incorporarlas a sus estatutos con el respeto debido a la legalidad vigente.

A manera de conclusión cabe afirmar que el artículo cuya constitucionalidad ha sido puesta en tela de juicio se aviene a la Constitución y al Convenio 87 de la OIT, pues no desconoce el derecho a la autonomía que tienen los sindicatos para redactar sus estatutos, por cuanto se limita a señalar, en forma proporcionada y razonable, unas pautas generales que no vacían de su contenido al mencionado derecho».

Ahora bien, en una anterior ocasión, la Corte había declarado la exequibilidad de la expresión «Y restricciones» contenida originalmente en el num. 3) del art. 362 del CST. Esta expresión fue excluida en la modificación realizada por el art. 4 L. 584/2000, pero las consideraciones de la Corporación Constitucional en Sentencia C-737/2008, M.P. Rodrigo Escobar Gil, fueron las mismas para declarar la exequibilidad de la expresión «la devolución de cuotas o aportes a los afiliados en caso de retiro voluntario o de expulsión» del art. 358, a saber:

«En lo que concierne con las regulaciones atinentes a la devolución de cuotas o aportes, considera la Corte que son los estatutos del sindicato, los que deben determinar, bajo que circunstancias concretas procede o no el reintegro de los aportes.

La norma en sí misma no es inconstitucional, porque simplemente está señalando que son los estatutos los que deben reglamentar lo relativo a la devolución de aportes; habrá casos en que dadas las circunstancias y condiciones en que se hace un aporte o se entrega una cuota no existirá la obligación de reintegrarlos y en cambio habrá otros casos en que sí procede la devolución de éstos».

Concord. Arts. 353, 358, 361, 366, 369, 370, 372, 373, 376, 379, 381, 387, 388, 389, 390, 391, 394, 396, 400, 401, 402, 403, 417, 418, 422 y 425 CST y Art. 3 L. 26/1976

ARTÍCULO 363. NOTIFICACIÓN

Modif. Art. 43 L. 50/1990. Una vez realizada la asamblea de constitución, el sindicato de trabajadores comunicará por escrito al respectivo empleador y al inspector del trabajo, y en su defecto, al alcalde del lugar, la constitución del sindicato, con la declaración de los nombres e identificación de cada uno de los fundadores. El inspector o alcalde a su vez, pasarán igual comunicación al empleador inmediatamente.

Nota de vigencia: El art. 363 del CST fue declarado exequible por la Corte Constitucional en Sentencia C-734/2008, M. P. Mauricio González Cuervo, con base en lo siguiente:
«Para la Corte, la notificación prevista en la norma demandada, más que una restricción al derecho de libertad sindical, es una garantía para los trabajadores que conforman un sindicato. El que el empleador conozca de su existencia, permite hacerle exigible la garantía de los derechos de los trabajadores fundadores del sindicato, de su junta directiva y de todos cuantos hayan participado en su constitución, particularmente para el reconocimiento del fuero sindical y el ejercicio de las gestiones y labores de representación del sindicato mismo y sus asociados. De modo similar, el conocimiento del acto de constitución del sindicato por las autoridades del trabajo —y del alcalde, en subsidio— al tiempo que refuerza la defensa del derecho al trabajo y del derecho de libre asociación sindical, en virtud de la protección constitucional especial al trabajo erigido como deber del Estado, facilita la aplicación de las disposiciones del artículo 39 de la Constitución, en cuanto hace referencia a la sujeción de la estructura interna y funcionamiento de los sindicatos y demás asociaciones a los mandatos de democracia interna y sujeción al orden jurídico.
Partiendo de que la notificación es un mecanismo de publicidad y una garantía para los trabajadores sindicalizados, no un condicionamiento para la existencia del sindicato y, en consecuencia, no transgrede el derecho a la personería jurídica sin intervención del Estado ni limita el derecho libre asociación sindical, carece de razón la acusación de vulneración de los artículos 25 y 39 de la Constitución Política o de las normas contenidas en los Convenios de la Organización Internacional del Trabajo que plantean los demandantes».

Concord. Arts. 365, 366, 367, 368, 371, 372, 406, 407, 419, 421 y 423 CST y Art. 112 CPTSS.

CAPÍTULO III
PERSONERÍA JURÍDICA

ARTÍCULO 364. PERSONERÍA JURÍDICA

Modif. Art. 44 L. 50/1990. Toda organización sindical de trabajadores por el solo hecho de su fundación, y a partir de la fecha de la asamblea constitutiva, goza de personería jurídica.

Concord. Arts. 14 y 39 C. Pol., Arts. 361, 372, 417 y 420 CST y Res. 810/2014.

ARTÍCULO 365. REGISTRO SINDICAL

Modif. Art. 45 L. 50/1990. Todo sindicato de trabajadores deberá inscribirse en el registro que para tales efectos lleve el Ministerio de Trabajo y Seguridad Social.

Dentro de los cinco (5) días hábiles siguientes a la fecha de la asamblea de fundación, el sindicato presentará ante el Ministerio de Trabajo y Seguridad Social, solicitud escrita de inscripción en el registro sindical, acompañándola de los siguientes documentos:

a) Copia del acta de fundación, suscrita por los asistentes con indicación de su documento de identidad;

b) Copia del acta de elección de la junta directiva, con los mismos requisitos del ordinal anterior;

c) Copia del acta de la asamblea en que fueron aprobados los estatutos;

d) Un (1) ejemplar de los estatutos del sindicato, autenticados por el secretario de la junta directiva;

e) Modif. Art. 4 L. 584/2000. Nómina de la junta directiva y documento de identidad.

f) Modif. Art. 4 L. 584/2000. Nómina completa del personal de afiliados con su correspondiente documento de identidad.

g) Derog. Art. 4 L. 584/2000

Los documentos de que trata los apartes a), b) y c) pueden estar reunidos en un solo texto o acta.

Nota de vigencia: El art. 365 fue declarado exequible, con excepción al literal g), que fue pronunciado inexequible, por la Corte Constitucional en Sentencia C-567/2000 M.P. Alfredo Beltrán Sierra. El literal g), que señalaba que los Inspectores de Trabajo o autoridades políticas debían certificar la inexsitencia de Sindicatos cuando hubiera otros que se pudieran considerar paralelos, fue excluido del ordenamiento por unidad de materia, así:

«Cabe anotar que no obstante que el actor no demandó el literal g) del artículo 45 de la Ley 50 de 1990, en la primera demanda, habrá de hacerse la unidad normativa de que trata el artículo 6 del Decreto 2067 de 1991, pues este precepto es consecuencia de la prohibición de la coexistencia de sindicatos de base. En efecto, el artículo dice:

"Artículo 45.- El artículo 365 del Código Sustantivo del Trabajo, quedará así: Art. 365.- Registro sindical. Todo sindicato de trabajadores deberá inscribirse en el registro que para tales efectos lleve el Ministerio de Trabajo y Seguridad Social.

"(...)

"g) Certificación del correspondiente inspector del trabajo sobre la inexistencia de otro sindicato, si se trata de un sindicato de empresa que pueda considerarse paralelo. En los lugares en donde no hay inspección de trabajo, la certificación debe ser expedida por la primera autoridad política".

Por ello, al ser inexequibles los preceptos que prohíben la coexistencia de más de un sindicato de base en una misma empresa, la certificación del inspector del trabajo contemplada en el literal transcrito, carecerá de objeto.

En consecuencia, se declararán inexequibles el numeral 1 del Decreto Legislativo 2351 de 1965; el numeral 4, literal c), del artículo 46 de la Ley 50 de 1990 y, por unidad normativa, el literal g) del artículo 45 de la Ley 50 de 1990».

El resto del art. 45 de la L. 50/1990 que modificó el art. 365 CST, fue declarado exequible en la misma jurisprudencia de la Corporación Constitucional por los siguientes motivos:

«Este artículo establece los documentos que debe adjuntar el nuevo sindicato para que el Ministerio de Trabajo y Seguridad Social proceda a inscribirlo en el registro correspondiente. Como se dijo anteriormente, aquí se parte de la base de que la organización sindical ya existe y tiene personería jurídica, según establece el artículo 44 de la Ley 50 de 1990, en desarrollo del artículo 39 de la Constitución.

Con esta precisión, la Corte considera que es adecuado que el sindicato recién constituido presente, dentro del plazo legal estipulado, solicitud escrita de inscripción, y que para ello adjunte copia del acta de fundación, con los nombres e indicación de los documentos de identidad; del acta de elección de la junta directiva; del acta de la asamblea en que fueron aprobados los estatutos y un ejemplar de los mismos debidamente autenticados; nóminas de la junta directiva y del personal afiliado, con datos sobre nacionalidad, sexo y profesión u oficio.

La anterior información resulta adecuada y proporcionada al fin que se busca, que es que el Ministerio registre el nuevo sindicato. Los documentos allí exigidos guardan relación directa con la constitución misma del sindicato, pues corresponden a datos sobre sus integrantes y representantes. No se ve, pues, que el Estado esté ejerciendo un control previo de legalidad a la existencia de la organización sindical».

Concord. Arts. 356, 359, 360, 361, 366, 367, 368, 372, 368, 380, 401, 406 y 423 CST y Res. 810/2014.

ARTÍCULO 366. TRAMITACIÓN

Modif. Art. 46 L. 50/1990.

1) Recibida la solicitud de inscripción, el ministerio del trabajo y seguridad social, dispone de un término máximo e improrrogable de quince (15) días hábiles, contados a partir de la fecha de su presentación, para admitir, formular objeciones o negar la inscripción en el registro sindical.

2) En caso de que la solicitud no reúna los requisitos de que trata el artículo anterior, el Ministerio de Trabajo y Seguridad Social formulara por escrito a los interesados las objeciones a que haya lugar, para que se efectúen las correcciones necesarias.

En éste evento el Ministerio de Trabajo dispone de diez (10) días hábiles contados a partir de la fecha de presentación de la solicitud corregida, para resolver sobre la misma.

3) Vencidos los términos de que tratan los numerales anteriores, sin que el Ministerio del Trabajo y Seguridad Social se pronuncié sobre la solicitud formulada, la organización sindical quedará automáticamente inscrita en el registro correspondiente.

4) Son causales para negar la inscripción en el registro sindical únicamente las siguientes:

a) Cuando los estatutos de la organización sindical sean contrarios a la Constitución Nacional, la Ley ~~o las buenas costumbres;~~

b) Cuando la organización sindical se constituya con un número de miembros inferior al exigido por la ley,

~~c) Cuando se trate de la inscripción de un nuevo sindicato de empresa, en una donde ya existiera organización de esta misma clase.~~

PARÁGRAFO. El incumplimiento injustificado de los términos previstos en el presente artículo hará incurrir al funcionario responsable en causal de mala conducta sancionable con arreglo al régimen disciplinario vigente.

El art. 46 L. 50/1990 que modificó el art. 366 del CST, recibió un análisis de constitucionalidad en la Sentencia C-567/2000, M.P. Alfredo Beltrán Sierra, en donde se desarrollan dos puntos. En el primero, la Corte Constitucional señala que el art. 46 de la L. 50/1990, que modifica el art. 366 del CST, es exequible, salvo un apartado del lit. a) y todo el lit. c) del num. 4) del mismo artículo. El motivo para declarar la exequibilidad del articulado es:

«En cuanto a la prohibición de inscribir un nuevo sindicato que tenga un número inferior de miembros al exigido por la ley, la Corte no encuentra reparo en esta exigencia, exigencia que no sólo opera a nivel de la inscripción, sino que es requisito sine qua non para la existencia misma del sindicato. En efecto, según el artículo 359 del Código Sustantivo del Trabajo, el número para constituir un sindicato de trabajadores no puede ser inferior a 25 afiliados. Por lo tanto, si al momento de la fundación había un número menor de afiliados, el sindicato no pudo haber existido, ni, por ende, tener personería jurídica. Resulta, pues, constitucional la exigencia de probar el número mínimo de afiliados, para proceder a la inscripción».

Por otro lado, la Corte señala que la expresión «O las buenas costumbres» contenida en el lit. a) del num. 4) del art. 46 de la L. 50/1990 que modifica el art. 366 del CST sí debe ser expulsada del ordenamiento jurídico, a efectos de su inconstitucionalidad. Al respecto señala la corporación:

«Respecto a la expresión contenida en el literal a), en el sentido de que los estatutos de la organización sindical no sean contrarios a la Constitución, la ley o "las buenas costumbres", hay que señalar que las dos primeras expresiones resultan perfectamente ajustadas a la Carta. Sin embargo, no ocurre lo mismo cuando la disposición legal le atribuye al Ministerio de Trabajo, la facultad de negar la inscripción de un sindicato, por ser contrario a las buenas costumbres.

A este efecto, considera la Corte que si se parte del principio de que la garantía de la libertad sindical sólo puede ser limitada, aún en espacio específico del requisito formal de la inscripción, en forma excepcional y reglada, una expresión como la objeto de estudio, resulta ambigua. Además, desconoce el pluralismo y la autonomía moral de las personas. (...)»

Así mismo, la Sentencia C-567/2000, M.P. Alfredo Beltrán Sierra continúa su análisis de constitucionalidad del art. 46 de la L. 50/1990 que modifica el art. 366 CST. Al examinar la constitucionalidad del lit. c) del num. 4) del artículo citado, que señalaba que una causal para negar la inscripción del Registro Sindical era en casos donde se registrara un nuevo sindicato de empresa en donde ya hubiera uno de la misma clase constituido, la Corte Constitucional señala:

«De esta suerte, la norma acusada resulta, además, contraria a la propia filosofía que informa la Constitución Política de 1991, en cuanto ella, en su artículo 1° que define al Estado Colombiano como social de derecho, en el cual son principios esenciales una organización "democrática, participativa y pluralista, fundada en la dignidad humana", principios éstos conforme a los cuales ha de interpretarse, también, el artículo 39 de la Carta en cuanto garantiza a los trabajadores a constituir sindicatos, lo cual desde luego ha de entenderse en el sentido de que éstos pueden obedecer a distintas orientaciones ideológicas, cuya existencia se garantiza por la propia Constitución. (...)

Sobre el literal c) del mismo artículo 46, numeral 4, se recuerda que se declarará inexequible en esta sentencia, según lo estudiado en el expediente d-2664, por limitar la libertad sindical, al impedir la coexistencia de dos o más sindicatos de base en una misma empresa».

Concord. Arts. 365, 367, 368, 423 y 425 CST y Art. 6 Res. 810/2014.

ARTÍCULO 367. PUBLICACIÓN

Modif. Art. 47 L. 50/1990. El acto administrativo por el cual se inscriba en el registro una organización sindical, deberá ser publicado por cuenta de ésta una sola vez en un diario de amplia circulación nacional, dentro de los diez (10) días siguientes a su ejecutoria. Un ejemplar del diario deberá ser depositado dentro de los cinco (5) días hábiles siguientes en el registro sindical del Ministerio del Trabajo y Seguridad Social.

Nota de vigencia: El art. 47 L. 50/1990, que modifica el art. 367 CST, fue declarado exequible por la Corte Constitucional en Sentencia C-567/20000, M.P. Alfredo Beltrán Sierra. Las razones de constitucionalidad que presenta la Corte fueron las siguientes:
«(...) de la misma manera en que se establecieron por el legislador los requisitos de inscripción, más no de existencia, esta obligación de dar a la publicidad de que un determinado sindicato existe, constituye un requisito proporcionado, especialmente, frente a terceros, que es, en últimas, el propósito que busca la inscripción en el Ministerio de Trabajo de Seguridad Social. Por ello, no resultan infringidas, en este sentido, tampoco, las demás disposiciones que señala el demandante. Sobre la conveniencia o no de la norma, si se trata de "publicidad de la publicidad", su examen no es asunto de constitucionalidad».

Concord. Arts. 365, 366, 423 y 425 CST y Art. 7 Res. 810/2014.

ARTÍCULO 368. PUBLICACIÓN

Modif. Art. 47 L. 50/1990. El acto administrativo por el cual se inscriba en el registro una organización sindical, deberá ser publicado por cuenta de ésta una sola vez en un diario de amplia circulación nacional, dentro de los diez (10) días siguientes a su ejecutoria. Un ejemplar del diario deberá ser depositado dentro de los cinco (5) días hábiles siguientes en el registro sindical del Ministerio del Trabajo y Seguridad Social.

Nota de vigencia: El art. 47 L. 50/1990, que modifica el art. 367 CST, fue declarado exequible por la Corte Constitucional en Sentencia C-567/20000, M.P. Alfredo Beltrán Sierra. Las razones de constitucionalidad que presenta la Corte fueron las siguientes:
«(...) de la misma manera en que se establecieron por el legislador los requisitos de inscripción, más no de existencia, esta obligación de dar a la publicidad de que un determinado sindicato existe, constituye un requisito proporcionado, especialmente, frente a terceros, que es, en últimas, el propósito que busca la inscripción en el Ministerio de Trabajo de Seguridad Social. Por ello, no

resultan infringidas, en este sentido, tampoco, las demás disposiciones que señala el demandante. Sobre la conveniencia o no de la norma, si se trata de "publicidad de la publicidad", su examen no es asunto de constitucionalidad».

Concord. Arts. 365, 366, 423 y 425 CST y Art. 7 Res. 810/2014.

ARTÍCULO 369. MODIFICACIÓN DE LOS ESTATUTOS

Modif. Art. 48 L. 50/1990. Toda modificación a los estatutos debe ser aprobada por la asamblea general del sindicato y remitida, para efectos del registro correspondiente, al Ministerio de Trabajo y Seguridad Social, dentro de los cinco (5) días hábiles siguientes a la fecha de su aprobación, con copia del acta de la reunión donde se haga constar las reformas introducidas y firmadas por todos los asistentes.

Para el registro, se seguirá en lo pertinente, el trámite previsto en el artículo 366 de este Código.

Nota de vigencia: El aparte "dentro de los cinco (5) días hábiles siguientes a la fecha de su aprobación, con copia del acta de la reunión donde se haga constar las reformas introducidas y firmadas por todos los asistentes" del Inc. 1, fue declarado exequible por la Corte Constitucional en. Sentencia C-797/2000, M.P. Antonio Barrera Carbonell. El fundamento jurídico presentado para ello por la corporación fue el siguiente:

«No se opone a la Constitución la exigencia relativa a que toda modificación de los estatutos, para efectos del registro correspondiente, se remita en el plazo señalado al Ministerio de Trabajo y Seguridad Social, con copia de los documentos correspondientes, porque dentro de las atribuciones del legislador se encuentra la de asegurar que las reformas estatutarias de los sindicatos, por razones de publicidad y para proteger derechos de terceros, sean registradas oportunamente.

En cuanto la norma contenida en el inciso segundo del artículo 369, la Corte considera que no merece ningún reparo de inconstitucional, pues la misma lo único que establece es una remisión neutral al artículo 366, el cual ya fue objeto de estudio por parte de esta Corporación, y declarado exequible en la sentencia C-567/2000».

Concord. Arts. 362, 366, 370 y 376 CST, Art. 3 L. 26/1976 y Res. 810 de 2014.

ARTÍCULO 370. VALIDEZ DE LA MODIFICACIÓN

Modif. Art. 5° L. 584/2000. Ninguna modificación de los estatutos sindicales ~~tiene validez~~ ni comenzará a regir, mientras no se efectúe su depósito por parte de la organización sindical, ante el Ministerio del Trabajo y Seguridad Social.

Nota de vigencia: La Corte Constitucional se pronunció sobre el art. 370 del CST en Sentencia C-465/2008, M.P. Manuel José Cepeda Espinosa. Al respecto, emitió dos decisiones; la primera, se conforma por la exequibilidad condicionada del artículo, y la segunda, por la inexequibilidad de las expresiones tachadas "validez".

En cuanto a la exequibilidad condicionada del artículo, la Corporación Constitucional señala que será así en el entendido que el depósito de los estatutos únicamente cumple funciones de publicidad, y que el Ministerio no puede realizar controles previos. En palabras de la Corporación: «Ante las divergencias interpretativas y el riesgo de que el requisito del depósito opere como un trámite de control previo administrativo, la Corte declarará que el artículo 370 del Código Sustantivo del Trabajo es constitucional, por el cargo que fue analizado, pero con un condicionamiento que excluya cualquier interpretación que transforme el depósito en una autorización previa de tipo administrativo. El depósito solo cumple una función de publicidad, compatible con la autonomía sindical. Entonces, la Corte declarará la constitucionalidad de la norma acusada en el entendido de que el depósito de la modificación de los estatutos sindicales cumple exclusivamente con el fin de darle publicidad a la reforma, sin que ello autorice al Ministerio de la Protección Social para realizar un control previo sobre el contenido de la reforma estatutaria».
Por otro lado, el término «Validez» que contenía el artículo, fue declarado inexequible por lo siguiente:
«En concordancia con lo anterior, y con el objeto de dejar claro el sentido constitucional del artículo 370 del Código Sustantivo del Trabajo, desde la perspectiva de la autonomía sindical, también se declarará la inconstitucionalidad de las expresiones "Validez de la", contenida en el título del artículo, y "tiene validez ni", que se encuentra dentro del texto de la norma, por cuanto ellas podrían dar pie a la interpretación según la cual el Ministerio de la Protección puede ejercer un control previo administrativo sobre la modificación de los estatutos antes de que esta entre en vigor».

Concord. Art. 3 L/26/1976, Art. 369 CST y Res. 810/2014.

ARTÍCULO 371. CAMBIOS JUNTA DIRECTIVA

Cualquier cambio, total o parcial, en la Junta Directiva de un sindicato debe ser comunicado en los mismos términos indicados en el artículo 363. Mientras no se llene este requisito el cambio no surte ningún efecto.

Nota de vigencia: El art. 371 fue declarado exequible condicionadamente por la Corte Constitucional en Sentencia C-465/2008, M.P. Manuel José Cepeda Espinosa, en el entendido que la Comunicación al Ministerio acerca de los cambios en la Junta Directiva únicamente tiene efectos de publicidad, y además, con la primera comunicación al Ministerio se entiende inmediatamente activado el fuero sindical de directivo. La Corporación lo justifica de la siguiente manera:
«La Corte considera que, desde la perspectiva del derecho constitucional de asociación y libertad sindical, la respuesta apropiada es que la protección foral opere desde que se efectúa la primera notificación. Ello, por cuanto en el caso de que el primer notificado hubiere sido el empleador éste adquiere desde el mismo momento de la comunicación la obligación de respetar el fuero sindical de los nuevos dirigentes. Y porque, en el caso de que el primer notificado hubiera sido el Ministerio, éste adquiere la obligación de comunicar inmediatamente al empleador sobre la designación realizada.
Por todo lo anterior, se declarará la constitucionalidad de la norma acusada, pero sujeta a dos condiciones: (i) el Ministerio no puede negar la inscripción de los nuevos directivos sindicales, pues si él o el empleador consideran que hay motivos para denegar el registro deberán acudir a la justicia laboral para que así lo declare, y (ii) la garantía del fuero sindical para los nuevos

directivos entra a operar inmediatamente después de que al Ministerio o al empleador le ha sido comunicada la designación. En consecuencia, la norma acusada es exequible en el entendido de que la comunicación al Ministerio acerca de los cambios en la junta directiva de un sindicato cumple exclusivamente funciones de publicidad, y de que el fuero sindical opera inmediatamente después de la primera comunicación».

Concord. Arts. 363, 365, 371, 388, 389, 390, 391, 392, 394, 406, 407, 421 y 422 CST, Art. 112 CPTSS. y Art. 11 Res. 810/2014.

ARTÍCULO 372. EFECTO JURÍDICO DE LA INSCRIPCIÓN

Modif. Art. 6° L. 584/2000. Ningún sindicato puede actuar como tal, ni ejercer las funciones que la ley y sus respectivos estatutos le señalen, ni ejercitar los derechos que le correspondan, mientras no se haya inscrito el acta de constitución ante el Ministerio de Trabajo y Seguridad Social y sólo durante la vigencia de esta inscripción.

En los municipios donde no exista Oficina del Ministerio del Trabajo y Seguridad Social, la inscripción se hará ante el alcalde, quien tendrá la responsabilidad de enviar la documentación a la oficina del ministerio del municipio más cercano, dentro de las veinticuatro (24) horas siguientes. A partir de la inscripción se surten los efectos legales.

Nota de vigencia: El Art. 372 CST tuvo dos pronunciamientos de constitucionalidad. En el primero, el inciso 1 del artículo es declarado exequible condicionadamente, bajo el entendido que la inscripción del Acta de Constitución cumple una función de publicación. Lo anterior se encuentra consagrado en Sentencia C-695/2008, M.P. Jaime Araújo Rentería, de la siguiente forma:

«En este orden de ideas, la expresión "su reconocimiento jurídico [del sindicato] se producirá con la simple inscripción del acta de constitución", contenida en el Art. 39 de la Constitución, debe interpretarse en armonía con el principio de publicidad, en el sentido de que dicho reconocimiento no consiste en el otorgamiento de personería jurídica al sindicato, ni tampoco en un acto declarativo de su existencia válida, por parte del Estado, sino en la oponibilidad o producción de los efectos jurídicos de dicha constitución respecto del Estado, como tercero que es, comprendidas todas sus entidades, frente a los partícipes en la declaración de voluntad colectiva de constitución, o sea, frente a los fundadores del sindicato, y en relación con todos los demás terceros, entre ellos en primer lugar el empleador, a partir de la mencionada inscripción.

22. Con base en lo anterior, teniendo en cuenta que el Art. 372, inciso 1°, del Código Sustantivo del Trabajo, subrogado por el Art. 50 de la Ley 50 de 1990 y modificado expresamente por el Art. 6° de la Ley 584 de 2000, puede ser interpretado en el sentido de que la inscripción del acta de constitución del sindicato ante el Ministerio de la Protección Social es un requisito de existencia o de validez del sindicato, lo cual sería contrario a lo dispuesto en el Art. 39 de la Constitución Política y en el Art. 2° del Convenio 87 de la OIT, que forma parte del bloque de constitucionalidad, esta corporación declarará exequible en forma condicionada tal expresión, por los cargos examinados en esta sentencia, en el entendido de que la citada inscripción cumple exclusivamente funciones de publicidad, sin que ello autorice al ministerio mencionado para realizar un control previo sobre el contenido del acta de constitución».

Por otro lado, el art. 50 L. 50/1990 que modificó el art. 372 CST en sí mismo fue declarado exequible por la CSJ, S.P., en Sentencia del 26 de septiembre de 1991, M.P. Jaime Sanín Greffenstein, con la motivación siguiente:
«Cabe anotar que si bien no se llega al extremo deseado por el actor de que sea la mera manifestación de voluntad de los fundadores la que dé nacimiento inmediato a la asociación, lo cierto es que no se imponen requisitos previos a esa voluntad ni se le sujeta a permisos o limitaciones de ese estilo, y que se reemplaza la concesión de personería por un registro más ágil y rápido en el que rige el silencio administrativo positivo, lo que, en sentir de la Corte, se acomoda al nuevo principio constitucional ya citado, de que los sindicados deben poderse formar "sin intervención del Estado" y que "su reconocimiento jurídico se producirá con la simple inscripción del acto de constitución" como aquí ocurre, pues no hay un poder absoluto e ilimitado para formar sindicatos y estos siguen sometidos al régimen legal, ya que, en veces de la misma Constitución, "se sujetarán al orden legal y la de principios democráticos" (art. 39 ibídem) cuya verificación y cumplimiento competen al Estado».

Concord. Arts. 363, 364, 365, 366, 367, 368, 372, 380, 401, 406 y 423 CST y Art. 8 Res. 810/2014.

CAPÍTULO IV
FACULTADES Y FUNCIONES SINDICALES

ARTÍCULO 373. FUNCIONES EN GENERAL

Son funciones principales de todos los sindicatos:

1) Estudiar las características de la respectiva profesión y los salarios, prestaciones, honorarios, sistemas de protección o de prevención de accidentes y demás condiciones de trabajo referentes a sus asociados para procurar su mejoramiento y su defensa.

2) Propulsar el acercamiento de empleadores y trabajadores sobre las bases de justicia, de mutuo respeto y de subordinación a la ley, y colaborar en el perfeccionamiento de los métodos peculiares de la respectiva actividad y en el incremento de la economía general.

3) Celebrar convenciones colectivas y contratos sindicales; garantizar su cumplimiento por parte de sus afiliados y ejercer los derechos y acciones que de ellos nazcan.

4) Asesorar a sus asociados en la defensa de los derechos emanados de un contrato de trabajo o de la actividad profesional correspondiente, y representarlos ante las autoridades administrativas, ante los {empleadores} y ante terceros.

5) Representar en juicio o ante cualesquiera autoridades u organismos los intereses económicos comunes o generales de los agremiados o de la profesión respectiva, y representar esos mismos intereses ante los {empleadores} y terceros en

caso de conflictos colectivos que no hayan podido resolverse por arreglo directo, procurando la conciliación.

6) Promover la educación técnica y general de sus miembros;

7) Prestar socorro a sus afiliados en caso de desocupación, enfermedad, invalidez o calamidad;

8) Promover la creación y fomentar el desarrollo de cooperativas, cajas de ahorros, préstamos y auxilios mutuos, escuelas, bibliotecas, institutos técnicos o de habilitación profesional, oficinas de colocación, hospitales, campos de experimentación o de deportes y demás organismos adecuados a los fines profesionales, culturales, de solidaridad y previsión contemplados en los estatutos;

9) Servir de intermediarios para la adquisición y distribución entre sus afiliados de artículos de consumo, materias primas y elementos de trabajo a precio de costo; y

10) Adquirir a cualquier título y poseer los bienes inmuebles y muebles que requieran para el ejercicio de sus actividades.

Concord. Arts. 355, 374, 375, 395, 414, 415, 416, 418, 444, 467 y 475 CST

ARTÍCULO 374. OTRAS FUNCIONES

Corresponde también a los sindicatos:

1) Designar ~~de entre sus propios afiliados~~ las comisiones de reclamos permanentes o transitorias, y los delegados del sindicato en las comisiones disciplinarias que se acuerden.

2) Presentar pliegos de peticiones relativos a las condiciones de trabajo o a las diferencias con los empleadores, cualquiera que sea su origen y que no estén sometidas por la ley o la convención a un procedimiento distinto, o que no hayan podido ser resueltas por otros medios.

3) Adelantar la tramitación legal de los pliegos de peticiones, designar y autorizar a los ~~afiliados~~ que deban negociarlos y nombrar los conciliadores y árbitros a que haya lugar, y

4) Declarar la huelga de acuerdo con los preceptos de la Ley.

Nota de vigencia: El art. 374 CST tuvo dos pronunciamientos por parte de la Corte Constitucional. Por un lado, en los nums. 1 y 3 se declaró inexequible el aparte tachado «Afiliados» en la Sentencia C-797/2000, M.P. Antonio Barrera Carbonell, que señaló de manera sucinta lo siguiente:

«Determinar quiénes deben representar a la organización sindical es asunto que concierne exclusivamente a ésta en ejercicio de la libertad de que es titular. Las expresiones acusadas, por lo tanto, violan el art. 39 de la Constitución y el Convenio 087 de la OIT».

En cambio, el num. 4 del art. 374 CST fue declarado exequible por la Corte Constitucional en Sentencia C-271/1999, M.P. Antonio Barrera Carbonell, en donde la Alta Corporación argumentó lo siguiente:

«La configuración del sistema constitucional laboral en lo que se refiere a los asuntos colectivos, garantiza una realidad jurídica no naturalística. Es decir, las decisiones que tome una asociación sindical en cuanto a la declaración de huelga no pueden ser consideradas como la suma de opiniones de personas físicas que actúan en forma individual, sino a su titular, es decir, la colectividad sindical. Dentro de la misma línea de pensamiento, igualmente hay que considerar como decisión colectiva y no individual la que pueden adoptar en ciertos casos, en el mismo sentido, los trabajadores no sindicalizados.

(...)

Los acápites normativos demandados se ajustan a la Constitución, por las siguientes razones:

a) El art. 374 del CST establece como otras funciones de los sindicatos la de declarar la huelga de acuerdo con los preceptos de la ley».

Concord. Dcto. 89/2014 y Arts. 357, 373. 432, 444 y 446 CST

ARTÍCULO 375. ATENCIÓN POR PARTE DE LAS AUTORIDADES Y EMPLEADORES

Las funciones señaladas en los artículos anteriores y que deban ejercerse ante las autoridades y los empleadores implican para éstos la obligación correlativa de entender oportunamente a los representantes del sindicato, sus apoderados y voceros.

Concord. Art. 415 y 485 CST

ARTÍCULO 376. ATRIBUCIONES EXCLUSIVAS DE LA ASAMBLEA

Modif. Art. 16 L. 11/1984. Son de atribución exclusiva de la asamblea general los siguientes actos: La modificación de estatutos, la fusión con otros sindicatos; la afiliación a federaciones o confederaciones y el retiro de ellas; la sustitución en propiedad de los directores que llegaren a faltar y la destitución de cualquier director; la expulsión de cualquier afiliado; la fijación de cuotas extraordinarias; la aprobación del presupuesto general; la determinación de la cuantía de la caución del tesorero; la asignación de los sueldos; la aprobación de todo gasto mayor de un equivalente a diez (10) veces el salario mínimo mensual más alto; la adopción de pliegos de peticiones que deberán presentarse a los {empleadores} a más tardar dos (2) meses después; la designación de negociadores; la elección de conciliadores y de árbitros; la votación de la huelga en los casos de la ley y la disolución o liquidación del sindicato.

PARÁGRAFO. Adic. Art. 51 L. 50/1990. ~~Cuando en el conflicto colectivo esté comprometido un sindicato de industria o gremial que agrupe más de la mitad de los trabajadores de la empresa, éstos integrarán la asamblea para adoptar pliegos de peticiones, designar negociadores y asesores y optar por la declaratoria de huelga o someter el conflicto a la decisión arbitral.~~

Nota de Vigencia: El art. 376 CST ha tenido un recorrido jurisprudencial de la jurisdicción constitucional definido por tres sentencias.

En primera medida, el artículo propiamente dicho fue declarado exequible en Sentencia C-674/2008, M.P. Marco Gerardo Monroy Cabra, en donde la Corte Constitucional esboza lo siguiente:

«La norma impugnada, entonces, resulta idónea, necesaria, adecuada y proporcionada para garantizar la estructura y funcionamiento democrático de los sindicatos porque exige la participación efectiva y verdadera de sus afiliados, razón por la cual la Sala declarará la exequibilidad de las expresiones, que no han sido objeto de pronunciamientos previos de esta Corporación, contenidas en el artículo 376 del Código Sustantivo del Trabajo, por el cargo analizado en esta sentencia».

Las otras dos Sentencias desarrollaron el análisis de constitucionalidad del parágrafo único. En un primer momento, la Sentencia C-271/1999, M.P. Antonio Barrera Carbonell declaró exequible la expresión "y optar por la declaratoria de huelga" que figuraba en el parágrafo, sin embargo, la motivación no es relevante, toda vez que posteriormente la totalidad del parágrafo fue excluido del ordenamiento jurídico, al haber sido declarado inexequible en la Sentencia C-797/2000, M.P Antonio Barrera Carbonell, por el siguiente motivo:

«(...) ya esta Corte definió el problema relativo a la representación de los trabajadores, cuando en una empresa existen dos o más sindicatos de base, al declarar inexequible, en la sentencia C-567/2000 el numeral 3 del art. 26 del decreto legislativo 2351 de 1965, que establecía: "si ninguno de los sindicatos agrupa a la mayoría de los trabajadores de la empresa, la representación corresponderá conjuntamente a todos ellos. El Gobierno reglamentará la forma y modalidades de esta representación".

En dicha sentencia expresó la Corte lo siguiente:

"Otro argumento importante de los que defienden la constitucionalidad de la limitación legal, la encuentran en la representación sindical, en el sentido de que al limitar la existencia de un sólo sindicato de base en una misma empresa, se fortalece la representación de los trabajadores. Sin embargo, la Corte considera que éste tampoco es un argumento de índole constitucional, pues no hay que olvidar que la representación sindical es un asunto que se gana en la misma lucha democrática, dentro de la propia organización sindical, y no por medio de una legislación que, bajo la excusa de proteger a los trabajadores, está impidiendo el goce efectivo de un derecho fundamental, como es el de la libertad sindical".

Lo expuesto en la aludida sentencia para declarar inexequible lo relativo a la representación de los trabajadores cuando en una empresa existen dos o más sindicatos de base, es igualmente válido cuando se trata de la representación en el conflicto colectivo en aquellos casos en que un sindicato gremial coexiste con el de base o de industria. Por lo tanto, corresponde a las organizaciones sindicales en forma autónoma definir lo relativo a la representación».

Por último, en la misma Sentencia C-797/2000, M.P Antonio Barrera Carbonell, la Corte Constitucional declara exequible el aparte subrayado: "<u>la determinación de la cuantía de la caución del tesorero; la asignación de los sueldos; la aprobación de todo gasto mayor de un equivalente a diez (10) veces el salario mínimo mensual más alto", por lo siguiente:</u>

«(...) considera la Corte que es irracional, en la forma como está concebida, la norma del mismo art. 376, según la cual, la asamblea debe aprobar "todo gasto mayor de un equivalente a 10 veces el salario mínimo más alto", porque ello puede atentar contra la eficacia y la eficiencia administrativas, en la medida en que dado lo ínfimo de dicha cuantía será necesario reunir frecuentemente a la asamblea general, cuando se requiera realizar así sea en forma urgente un gasto que supere la aludida cifra, con los consiguientes inconvenientes para el buen funcionamiento administrativo. En tales circunstancias, con el fin de superar los problemas que pueden derivarse de la aplicación estricta de la referida norma, la Corte la declarará exequible bajo el entendido de que corresponde a la asamblea la aprobación de todo gasto que supere la cuantía mencionada, siempre que no esté contemplado en el presupuesto».

Concord. Arts. 357, 362 Num. 10 y 479 CST

ARTÍCULO 377. PRUEBA DEL CUMPLIMIENTO DE DISPOSICIONES LEGALES O ESTATUTARIAS

El cumplimiento de la norma consignada en el artículo que antecede, así como el de las demás disposiciones legales o estatutarias que requieren un procedimiento especial o una mayoría determinada, se acredita con la copia de la parte pertinente del acta de la respectiva reunión.

CAPÍTULO V
PROHIBICIONES Y SANCIONES

ARTÍCULO 378. LIBERTAD DE TRABAJO

Los sindicatos no pueden coartar directa o indirectamente la libertad de trabajo.

Concord. Art. 26 C. Pol y Art. 8 CST

ARTÍCULO 379. PROHIBICIONES

Es prohibido a los sindicatos de todo orden:

a) Derog. Art. 116 L. 50/1990.

b) Compeler directa o indirectamente a los trabajadores a ingresar en el sindicato o a retirarse de él, salvo los casos de expulsión por causales previstas en los estatutos y plenamente comprobadas;

c) Aplicar cualesquiera fondos o bienes sociales a fines diversos de los que constituyen el objeto de la asociación o que, aún para éstos fines, impliquen gastos o inversiones que no hayan sido debidamente autorizados en la forma prevista en la ley o en los estatutos;

d) Derog. Art. 7 L. 584/2000.

e) Modif. Art. 7 L. 58 2000. Promover cualesquiera cesaciones o paros en el trabajo, excepto en los casos de huelga declarada de conformidad con la ley y de huelga imputable al empleador, por incumplimiento de las obligaciones ~~salariales~~ con sus trabajadores.

f) promover o apoyar campañas o movimientos tendientes a desconocer de hecho en forma colectiva, o particularmente por los afiliados, los preceptos legales o los actos de autoridad legítima;

g) Promover o patrocinar el desconocimiento de hecho, sin alegar a razones o fundamentos de ninguna naturaleza, de normas convencionales o contractuales que obliguen a los afiliados, y

h) Ordenar, recomendar o patrocinar cualesquiera actos de violencia frente a las autoridades o en perjuicio de los empleadores o de terceras personas.

Nota de vigencia: El art. 379 CST tuvo pronunciamientos de constitucionalidad sobre dos de sus literales. En primer lugar, el lit. d) del mencionado artículo fue declarado inexequible por la Sentencia C-797/2000, M.P. Antonio Barrera Carbonell, con la siguiente fundamentación: «(...) el aparte normativo acusado del literal d) del art. 379 que prohíbe a los sindicatos efectuar operaciones comerciales de cualquier naturaleza con sus trabajadores o con terceros es inconstitucional, por las siguientes razones:

El logro de los objetivos de la asociación sindical necesariamente exige el desarrollo de ciertas actividades de naturaleza económica, que involucran tanto a sus afiliados como a terceros, aunque es necesario precisar lo siguiente:

– La actividad económica que pueden desarrollar los sindicatos no puede tener el alcance de un objetivo único y principal, sino apenas complementario o accesorio a las labores que constituyen su objeto esencial; por lo tanto, la posibilidad del ejercicio de dicha actividad no se encuadra dentro de la preceptiva del art. 333 de la Constitución, sino como algo que resulta útil y conveniente para la realización de los fines de la organización sindical.

– El ejercicio de actividades económicas por los sindicatos no es equiparable a la realización de actos de comercio, propios de los comerciantes, que implican la necesaria especulación económica y la obtención de un lucro o beneficio para los asociados, a través del reparto de utilidades individuales.

– La actividad económica de los sindicatos, por consiguiente, puede ser asimilable a la que desarrollan cierto tipo de organizaciones de propiedad solidaria, autorizadas por la Constitución, en los términos de los arts. 58, inciso 3, 60, inciso 2 y 333, inciso 3, que antes que el beneficio económico individual persiguen el bienestar y la realización de fines colectivos».

De manera continuada, el lit. e) fue declarado exequible en los apartes subrayados, mientras que la expresión tachada "salariales" fue determinada como inexequible. La Corte Constitucional realizó ese análisis en Sentencia C-201/2002, M.P. Jaime Araújo Rentería, en donde adujo lo siguiente:

«En síntesis, si bien el derecho de huelga no es absoluto, éste no puede restringirse —como lo hace la norma demandada— en el sentido de prohijar la huelga imputable al empleador sólo cuando

éste incumple con sus obligaciones de tipo salarial, pues tal disposición menoscaba los intereses de los trabajadores y el ejercicio del derecho de huelga, en contravía de lo dispuesto en los artículos 53 y 56 de la Constitución».

Concord. Arts. 12, 354, 355, 444, 445, 446 y 450 CST y Art. 2 L. 26/1976.

ARTÍCULO 380. SANCIONES

Subrog. Art. 52 L. 50/1990.

1) Cualquier violación de las normas del presente título, será sancionada así:

a) Si la violación es imputable al sindicato mismo, por constituir una actuación de sus directivas, y la infracción o hecho que la origina no se hubiere consumado, el Ministerio de Trabajo y Seguridad Social prevendrá al sindicato para que revoque su determinación dentro del término prudencial que fije;

b) Si la infracción ya se hubiere cumplido, o sí hecha la prevención anterior no se atendiere, el Ministerio de Trabajo y Seguridad Social procederá a imponer multas equivalentes al monto de una (1) a cincuenta (50) veces el salario mínimo mensual más alto vigente,

c) Si a pesar de la multa, el sindicato persistiere en la violación, el Ministerio de Trabajo y Seguridad Social podrá solicitar de la Justicia de Trabajo la disolución y liquidación del sindicato, y la cancelación de la inscripción en el registro sindical respectivo.

2) Las solicitudes de disolución, liquidación y cancelación de la inscripción en el registro sindical, se formularán ante el juez del trabajo del domicilio del sindicato o, en su defecto, del circuito civil y se tramitarán conforme al procedimiento sumario que se señala a continuación:

a) Modif. Art. 17 L. 11/1984. La solicitud que eleve el Ministerio de Trabajo y Seguridad Social deberá expresar los motivos invocados, una relación de los hechos y las pruebas que se pretendan hacer valer;

b) Recibida la solicitud el juez, a más tardar el día siguiente, ordenará correr traslado de ella a la organización sindical, mediante providencia que se notificará personalmente;

c) Si no se pudiere hacer la notificación personal, dentro de los cinco (5) días siguientes, el juez enviará comunicación escrita al domicilio de la organización sindical, anexando constancia del envío al expediente;

d) Si al cabo de cinco (5) días del envío de la anterior comunicación no se pudiere hacer la notificación personal, se fijará edicto en lugar público del respectivo despacho, por término de cinco (5) días cumplidos los cuales se entenderá surtida la notificación;

e) El sindicato, a partir de la notificación, dispone de un término de cinco (5) días para contestar la demanda y presentar las pruebas que se consideren pertinentes;

f) Vencido el término anterior el juez decidirá teniendo en cuenta los elementos de juicio de que disponga dentro de los cinco (5) días siguientes, y

g) La decisión del juez será apelable, en el efecto suspensivo, para ante el respectivo Tribunal Superior del Distrito Judicial, el cual deberá decidir de plano dentro de los cinco (5) días siguientes al en que sea recibido el expediente. Contra la decisión del Tribunal no cabe ningún recurso.

3) Derog. Art. 8 L. 584/2000.

Nota de vigencia: El art. 380 CST tuvo pronunciamientos de constitucionalidad en dos de sus literales. Se inició con el lit. g) del num. 2) del artículo mencionado, en donde la Sala Plena de la Corte Suprema de Justicia, en Sentencia No. 115 del 26 de septiembre de 1991, M.P. Jaime Sanín, determinó lo siguiente frente al lit. g) del num. 2) del art. 52 L. 50/1990 que modificaba el art. 380 CST:

«El artículo 52 regula las sanciones que pueden imponerse a una organización sindical, entre ellas el decreto judicial de disolución, liquidación y cancelación de la inscripción en el registro oficial; estatuye igualmente el procedimiento que debe seguirse —que califica de sumario— y que reemplaza el ordinario que antes debía observarse. Como parte de tal procedimiento, se admite que se interponga el recurso de apelación contra la decisión del juez para ante el Tribunal Superior de Distrito Judicial contra cuya decisión —según lo acusado— "no cabe ningún recurso". El acusador parece olvidar que la norma sí consagra el recurso de apelación y que, en consecuencia, solamente niega los recursos extraordinarios; ahora bien, si la jurisprudencia unánime de la Corte ha sostenido que la doble instancia no es exigencia constitucional del debido proceso, con mayor razón debe decirse que la improcedencia de los recursos extraordinarios tampoco lo contraría».

De manera posterior, el num. 3) del Art. 380 CST había sido declarado exequible por la Corte Constitucional en Sentencia C-096/2003, M.P. Simón Rodríguez Rodríguez. Sin embargo, el numeral fue derogado por el art. 8 L. 584/2000, de modo que ya no se encuentra vigente en el ordenamiento jurídico.

Concord. Arts. 12, 362, 401 y 450 CST y Art. 2 CPTSS.

ARTÍCULO 381. SANCIONES A LOS DIRECTORES

Si el acto u omisión constitutivo de la transgresión es imputable a alguno de los directores o afiliados de un sindicato, y lo hayan ejecutado invocando su carácter de tales, el funcionario administrativo del Trabajo, previa comprobación que por sí mismo haga del hecho, requerirá al sindicato para que aplique al responsable o a los responsables las sanciones disciplinarias previstas en los estatutos. Vencido el término señalado en el requerimiento, que no será mayor de un (1) mes, sin que haya impuesto las sanciones, se entenderá que hay violación directa del sindicato para los efectos del artículo anterior.

Concord. RT. 39 C. Pol., Arts. 362, 407 inciso 2, 418 y 430 CST

CAPÍTULO VI
RÉGIMEN INTERNO

ARTÍCULO 382. NOMBRE SOCIAL

Ningún sindicato puede usar como nombre social uno que induzca a error o confusión con otro sindicato existente, ni un calificativo peculiar de cualquier partido político o religión, ni llamarse "federación o confederación". Todo sindicato patronal debe indicar, en su nombre social, la calidad de tal.

Concord. Art. 39 C. Pol.

ARTÍCULO 383. EDAD MÍNIMA

Pueden ser miembros de un sindicato todos los trabajadores mayores de catorce (14) años.

Nota de vigencia: El art. 383 CST fue declarado condicionalmente exequible por la Corte Constitucional «en el entendido que éste rige también para aquellos trabajadores mayores de 12 años y menores de 14 años, siempre y cuando trabajen de manera excepcional, en condiciones especiales de protección». Al respecto señaló la Alta Corporación en Sentencia C-1188/2005, M.P. Alfredo Beltrán Sierra:
«(...) la Corte declarará la constitucionalidad de la norma, en el entendido que esta disposición rige también para los trabajadores mayores de 12 años y menores de 14, siempre y cuando trabajen de manera excepcional en condiciones especiales de protección. No existe entonces un criterio razonable que permita efectuar una clasificación normativa, en la que se discrimine a un grupo de trabajadores, aún más si se trata de niños quienes tienen garantizados sus derechos de manera primordial (artículo 44 constitucional). La norma entonces busca un fin que se traduce en la defensa de los intereses de los trabajadores a condición de que éstos se afilien a un sindicato. No podría entonces negarse este derecho a pesar de que se trate de una situación temporal y excepcional. Así, para que exista violación del principio de igualdad es preciso que el tratamiento desigual este desprovisto de una justificación objetiva y razonable. El requerimiento esencial del derecho social según se ha visto es la necesidad para participar en la protección de sus derechos que no sería otros que aquellos que solo se pueden garantizar en colectividad. Un control sobre el legislativo por violación del principio de igualdad sólo procede: a) cuando se está frente a un tratamiento desigual, sin ninguna razón que lo permita; b) cuando se está en presencia de un tratamiento igual, habiendo una razón que lo obstaculice».

Concord. Art. 39 C. Pol., Arts. 29, 30 y 171 CST, Art. 34 CC y Art. 35 L. 1098/2006.

ARTÍCULO 384. NACIONALIDAD

Derog. Art. 9 L. 584/2000.

Nota de vigencia: El art. 384 había sido declarado inexequible por la Corte Constitucional en Sentencia C-385/2000, M.P. Antonio Barrera Carbonell, sin embargo, en todo caso fue derogado expresamente por el art. 9 L. 584/2000, de modo que actualmente está excluido del ordenamiento jurídico.

Concord. Arts. 401, 419 y 444 CST y Arts. 96 y 100 C. Pol.

ARTÍCULO 385. REUNIONES DE LA ASAMBLEA

La asamblea general debe reunirse por lo menos cada seis (6) meses.

Nota de vigencia: El art. 385 CST fue declarado exequible por la Corte Constitucional en Sentencia C-674/2008, M.P. Marco Gerardo Monroy Cabra, por las siguientes razones:
«Como punto de partida para el análisis, debe tenerse en cuenta que la norma acusada consagra el mínimo de reuniones a las que debe convocarse a la asamblea del sindicato (2 al año), pues la ley confiere a sus estatutos la facultad para determinar un número superior a ellas. De ahí que, esa disposición no desconoce la autonomía sindical para regular el número de reuniones de la asamblea porque, a pesar de que señala un mínimo anual, le deja un margen de libertad importante para que los estatutos señalen más convocatorias al año.
Ahora, si se tiene en cuenta que la asamblea es el órgano máximo de la organización sindical, es lógico inferir que, en aplicación del principio democrático a la participación, la ley puede exigir que los estatutos de la misma permitan la mayor participación posible de sus miembros, por lo que es válido que la ley hubiere limitado la autonomía del sindicato y hubiere regulado el número mínimo de reuniones al año.
Pero, es más, las relaciones obrero patronales y el sentido mismo de la creación de sindicatos como mecanismo adecuado para defender intereses comunes y dar solución pacífica a conflictos, exige la adopción de instrumentos que realmente faciliten la mayor participación de las partes; de ahí que las reuniones del pleno de los afiliados tienen un sentido claramente participativo y un carácter instrumental para la materialización del ejercicio activo del derecho de asociación sindical.
Entonces, a juicio de la Corte, resulta razonable en la aplicación de los principios democráticos que la ley señale como mínimo el derecho de los afiliados a reunirse en asamblea dos veces al año, porque constituye un elemento necesario para exigir la comunicación constante entre todos los miembros del sindicato y su total compromiso con las metas y objetivos que los involucran, resulta adecuado para ejercer un control directo y serio de la gestión de los representantes que materializa la democracia participativa en las organizaciones sindicales. Finalmente, no se considera desproporcionado exigirle a los miembros de las organizaciones sindicales que, un mínimo de dos veces al año, hagan presencia, participen y expresen sus preocupaciones en asuntos de interés colectivo».

ARTÍCULO 386. QUORUM DE LA ASAMBLEA

Ninguna asamblea general puede actuar válidamente sin el quórum estatutario, que no será inferior a la mitad más uno (1) de los afiliados; además, solamente se computarán los votos de los socios presentes.

Nota de vigencia: la Corte Constitucional resolvió declarar exequibles conjuntamente los arts. 386 y 387 CST en la Sentencia C-674/2008, M.P. Marco Gerardo Monroy Cabra, por lo siguiente:

«En cuanto a los artículos 386 y 387 del Estatuto del Trabajo, según los cuales, la asamblea general del sindicato debe deliberar con un quórum que no podrá ser inferior a la mitad más uno de los afiliados, para lo cual sólo se computarán los votos de los socios presentes y, en caso de que esa regla resulte impracticable, se admite que los estatutos determinen otros sistemas que garanticen la representación de los afiliados en la asamblea.

Una manifestación directa y clara de la aplicación de los principios democráticos en el seno de las organizaciones privadas con relevancia social es la aplicación de la mayor participación de los afiliados en la toma de decisiones importantes para el futuro de la colectividad. Entonces, sólo si se diseñan instrumentos con estructura participativa que aseguren la representación adecuada de todos los miembros del sindicato, es posible predicar la democratización de las organizaciones sindicales. El escenario natural de la participación de los afiliados en el sindicato es la asamblea general y sólo si existe una mayoría real para la toma de decisiones es factible la representación efectiva y real de los intereses del gremio.

Por esas razones, a juicio de la Sala, la mayoría que representa la mitad más uno de los afiliados es la más adecuada para preservar los principios democráticos en el sindicato, con mayor razón si se tiene claro que el quórum deliberatorio es un requisito mínimo indispensable para el normal funcionamiento y organización de los sindicatos.

Entonces, la democracia se basa, como regla de más usual identificación, en la adopción de decisiones mediante el sistema de mayorías y la aplicación más adecuada de esa regla es la mayoría absoluta de los afiliados, tal y como lo prevé la norma acusada; por lo que es evidente que ésta no sólo no contradice la Constitución sino que la desarrolla. Ahora, por esa misma razón, también es válido constitucionalmente que el legislador hubiere establecido una excepción a dicha regla y hubiere permitido que, en caso de que la mayoría absoluta de los afiliados constituya un quórum tan rígido que impida el normal ejercicio de las funciones de la asamblea, los estatutos dispongan otro sistema que garantice la representación real y efectiva de los intereses de todos los afiliados».

Concord. Art. 385 CST

ARTÍCULO 387. REPRESENTACIÓN DE LOS SOCIOS EN LA ASAMBLEA

Cuando por la naturaleza misma de las actividades o profesión de los afiliados, o por la distribución geográfica o el excesivo número de ellos, resulte impracticable lo dispuesto en el artículo anterior, pueden admitirse en los estatutos otros sistemas que garanticen la representación de los afiliados en la asamblea.

Nota de vigencia: la Corte Constitucional resolvió declarar exequibles conjuntamente los arts. 386 y 387 CST en la Sentencia C-674/2008, M.P. Marco Gerardo Monroy Cabra, por lo siguiente:

«En cuanto a los artículos 386 y 387 del Estatuto del Trabajo, según los cuales, la asamblea general del sindicato debe deliberar con un quórum que no podrá ser inferior a la mitad más uno de los afiliados, para lo cual sólo se computarán los votos de los socios presentes y, en caso de que esa regla resulte impracticable, se admite que los estatutos determinen otros sistemas que garanticen la representación de los afiliados en la asamblea.

Una manifestación directa y clara de la aplicación de los principios democráticos en el seno de las organizaciones privadas con relevancia social es la aplicación de la mayor participación de los afiliados en la toma de decisiones importantes para el futuro de la colectividad. Entonces, sólo si se diseñan instrumentos con estructura participativa que aseguren la representación adecuada de todos los miembros del sindicato, es posible predicar la democratización de las organizaciones sindicales. El escenario natural de la participación de los afiliados en el sindicato es la asamblea general y sólo si existe una mayoría real para la toma de decisiones es factible la representación efectiva y real de los intereses del gremio.

Por esas razones, a juicio de la Sala, la mayoría que representa la mitad más uno de los afiliados es la más adecuada para preservar los principios democráticos en el sindicato, con mayor razón si se tiene claro que el quórum deliberatorio es un requisito mínimo indispensable para el normal funcionamiento y organización de los sindicatos.

Entonces, la democracia se basa, como regla de más usual identificación, en la adopción de decisiones mediante el sistema de mayorías y la aplicación más adecuada de esa regla es la mayoría absoluta de los afiliados, tal y como lo prevé la norma acusada; por lo que es evidente que ésta no sólo no contradice la Constitución sino que la desarrolla. Ahora, por esa misma razón, también es válido constitucionalmente que el legislador hubiere establecido una excepción a dicha regla y hubiere permitido que, en caso de que la mayoría absoluta de los afiliados constituya un quórum tan rígido que impida el normal ejercicio de las funciones de la asamblea, los estatutos dispongan otro sistema que garantice la representación real y efectiva de los intereses de todos los afiliados».

Concord. Art. 362 y 386 CST

ARTÍCULO 388. CONDICIONES PARA LOS MIEMBROS DE LA JUNTA DIRECTIVA

Modif. Art. 10 L. 584/2000. Además de las condiciones que se exijan en los estatutos, para ser miembro de la junta directiva de un sindicato, se debe ser miembro de la organización sindical; la falta de esta condición invalida la elección.

En ningún caso la junta directiva podrá estar conformada en su mayoría por personas extranjeras.

Nota de vigencia: El art. 388 CST tuvo dos pronunciamientos de constitucionalidad por parte de la Corte Constitucional. En un primer momento, la Sentencia C-385/2000, M.P. Antonio Barrera Carbonell, declaró inexequibles algunos apartados que formaban parte de la lista de requisitos para ser miembro de la Junta Directiva de un Sindicato, que contenía la redacción original del art. 388 CST. Sin embargo, con la modificación del art. 10 L. 584/2000, dicha lista desapareció y, por lo tanto, el pronunciamiento perdió vigencia.

Ahora bien, el inciso 2) del art. 388 CST ya modificado, fue declarado inexequible de forma posterior por la Sentencia C-311/2007, M.P. Nilson Pinilla Pinilla, en donde la Corte Constitucional argumentó lo siguiente:

«En el asunto bajo revisión, advierte la Corte que la demanda de la referencia está dirigida contra la expresión "en su mayoría por personas extranjeras", del segundo inciso del artículo 422 del CST, modificado por el artículo 14 de la Ley 584 de 2000, que por sí sola carece de sentido, el cual sólo adquiere si se la integra con los restantes elementos de la oración, que predican esa restricción del comité ejecutivo y/o la junta directiva de federaciones o confederaciones sindicales, por lo cual se hace necesario que la decisión de inexequibilidad que aquí se adopta recaiga sobre la totalidad del inciso segundo de esa disposición legal.

También encuentra esta corporación que el inciso segundo del artículo 388 del CST, modificado igualmente por la Ley 584 de 2000, artículo 10°, no demandado en esta oportunidad, incluye idéntica restricción tratándose de la junta directiva de un sindicato, medida que para la Corte también resulta inconstitucional, por los mismos fundamentos que en el presente fallo se han expuesto y dada su evidente relación intrínseca con el inciso segundo del artículo 422 del CST, que se declara inexequible, pues como se explicó anteriormente las federaciones y confederaciones cumplen análogas funciones a las de los sindicatos, salvo la de declarar la huelga, por lo cual no tiene sentido mantener vigente en el ordenamiento laboral la misma limitación».

Concord. Arts. 371, 389, 391, 407 y 422 CST

ARTÍCULO 389. EMPLEADOS DIRECTIVOS

Modif. Art. 53 L. 50/1990. No pueden formar parte de la junta directiva de un sindicato, ni ser designados funcionarios del mismo, los afiliados que representen al empleador frente a sus trabajadores, ni los altos empleados directivos de las empresas. Es nula la elección que recaiga en uno de tales afiliados, y el que, debidamente electo, entre después a desempeñar alguno de los empleos referidos, dejará ipso facto vacante su cargo sindical.

Nota de vigencia: La Corte Constitucional Declaró la norma exequible en Sentencia C-662/1998, M.P. Hernando Herrera Vergara, con los siguientes argumentos:

«El problema de esta manera planteado abarca la órbita de la aplicación práctica del contenido normativo que se demanda, respecto de lo cual la Corporación se limita a señalar que la restricción de acceso a la junta directiva sindical o a ser funcionario del sindicato sólo se dirige a aquellos trabajadores que materialmente se encuentren cumpliendo con los encargos de representación y dirección a nombre del empleador; es decir, la naturaleza y denominación de esos cargos depende de las funciones especiales que se pretenden con el mismo, dado que lo opuesto configuraría una práctica contraria al derecho de asociación sindical que tendría que ser debatida y sancionada mediante las medidas legales vigentes.

En consecuencia, la norma sub examine no vulnera precepto constitucional alguno; además, fue expedida dentro de las facultades legislativas del Congreso y siguiendo los mandatos superiores del artículo 93 que establece que "los derechos y deberes consagrados en esta Carta, se interpretarán de conformidad con los tratados internacionales sobre derechos humanos ratificados por Colombia", y del artículo 53 que preceptúa que "los convenios internacionales del trabajo debidamente ratificados, hacen parte de la legislación interna". Por lo tanto, no se encuentran fundados los cargos señalados en la demanda contra el artículo 53 de la Ley 50 de 1990, razón por la cual se declarará su exequibilidad».

Concord. Arts. 32, 358, 371 y 407 CST

ARTÍCULO 390. PERÍODO DE DIRECTIVAS

~~1. El período de las directivas sindicales no puede ser menor de seis meses, con excepción de la directiva provisional, cuyo mandato no puede prolongarse por más de treinta (30) días, contados desde la publicación oficial del reconocimiento de la personería jurídica, pero el mismo personal puede ser elegido para el período reglamentario. Esto no limita la libertad del sindicato para remover, en los casos previstos en los estatutos, a cualesquiera miembros de la Junta Directiva, ni la de estos para renunciar sus cargos; los suplentes entran a reemplazarlos por el resto del período.~~

2. Si dentro de los treinta (30) días de que habla este artículo, la junta provisional no convocare a asamblea general para la elección de la primera junta reglamentaria, un número no menor de quince (15) afiliados puede hacer la convocatoria.

Nota de vigencia: La totalidad del art. 390 CST fue declarado inexequible por la Corte Constitucional en Sentencia C-797/2000, M.P. Antonio Barrera Carbonell, por lo siguiente:
«La norma del art. 390 es inconstitucional, porque de acuerdo con el artículo 3 del Convenio 87 a las organizaciones sindicales les asiste el derecho de elegir libremente sus representantes, e igualmente les corresponde, a través de sus estatutos fijar las reglas de juego, concernientes con el proceso de elección de los miembros de las juntas directivas. Por consiguiente, el legislador desbordó el ámbito de su competencia, al entrar a regular aspectos del proceso democrático de elección de las directivas de las organizaciones sindicales, en los cuales no le es dable intervenir, por pertenecer al núcleo básico o esencial de la libertad sindical».

Concord. Arts. 388 y 389 CST

ARTÍCULO 391. ELECCIÓN DE DIRECTIVAS

1. La elección de directivas sindicales se hará por votación secreta, ~~en papeleta escrita y aplicando el sistema de cuociente electoral~~ para asegurar la representación de las minorías, so pena de nulidad.

2. Modif. Art. 54 L. 50/1990. La junta directiva, una vez instalada, procederá a elegir sus dignatarios. En todo caso, el cargo de fiscal del sindicato corresponderá a la fracción mayoritaria de las minoritarias.

Nota de vigencia: El aparte subrayado fue declarado exequible, y el tachado fue declarado inexequible por la Corte Constitucional en Sentencia C-466/2008, M.P. Jaime Araújo Rentería, por lo siguiente:

«Así entonces, la facultad en cabeza de los sindicatos para elegir a sus gobernantes, como desprendimiento de la libertad sindical, no solo se puede circunscribir a determinar quien dirigirá la organización de trabajadores, sino igualmente la forma en la cual se hará dicha elección, siempre garantizando los principios democráticos como el de la representación de las minorías.

En resumen, y acorde con los planteamientos teóricos expuestos, los sindicatos cuentan con la libertad de consagrar en sus estatutos el sistema proporcional de elección de sus directivas que consideren más conveniente, sea de los que señala la Constitución o algún otro. Sin embargo, debe ser un sistema proporcional que es el mecanismo de elección que garantiza los fundamentos del principio democrático. Los sindicatos no pueden determinar como mecanismo de elección de sus directivas sistemas mayoritarios por ser estos antidemocráticos.

En conclusión, resulta inconstitucional la exigencia realizada por la norma demandada "y aplicando el sistema de cuociente electoral". Por consiguiente, y en aras de hacer valer los presupuestos de la libertad sindical, debe ser la organización de trabajadores la que determine en sus estatutos según su propia autonomía el mecanismo o sistema que cuente con respaldo constitucional y que considere más idóneo para garantizar la representación de las minorías.

(...)

(...) que la norma demandada exija que la votación en las elecciones de las directivas sindicales deba ser secreta, lo único que hace es ajustarse a la regla general establecida por la propia constitución (art. 258) y a tratados internacionales que hacen parte del bloque de constitucionalidad; garantizando de esta manera que en la elección de dichas directivas no exista ningún tipo de coacción en el ejercicio del voto, que se garantice la libre expresión de la voluntad del elector y que no existan represalias por el ejercicio del voto. Así las cosas, la elección de las directivas sindicales deberá hacerse a través de votación secreta».

Concord. Arts. 363 y 388 CST

ARTÍCULO 391-1. DIRECTIVAS SECCIONALES

Adic. Art. 55 L. 50/1990. Todo sindicato podrá prever en sus estatutos la creación de Subdirectivas Seccionales, *en aquellos municipios distintos al de su domicilio principal* y en el que tenga un número no inferior a veinticinco (25) miembros. Igualmente se podrá prever la creación de Comités Seccionales *en aquellos municipios distintos al del domicilio principal o el domicilio de la subdirectiva* y en el que se tenga un número de afiliados no inferior a doce (12) miembros. *No podrá haber más de una subdirectiva o comité por municipio.*

Nota de vigencia: Los apartados subrayados fueron declarados exequibles en diferentes pronunciamientos de las Altas Cortes. En primer lugar, la Corte Suprema de Justicia, en Sentencia No. 115 del 26 de septiembre de 1991, M.P. Jaime Sanín, declara exequibles los apartes "y en el que tenga un número no inferior a 25 miembros" y "en el que se tenga un número de afiliados no inferior a 12 miembros", por lo siguiente:

«Lo relativo a esta disposición no estaba claro por varios aspectos en la legislación anterior y convenía entonces que se definiera sin duda, que fue lo que aquí se hizo para evitar los incontables abusos que se habían cometido y que perturbaban la paz laboral y la marcha de las empresas.
Como se dijo antes, la exigencia de un número mínimo de afiliados, hecha por la ley, no viola el artículo 39 de la Constitución (...)»
Por otro lado, la Corte Constitucional, en Sentencia C-043/2006, M.P. Clara Inés Vargas Hernández, declaró exequibles los apartes: "en aquellos municipios distintos al de su domicilio principal" y "en aquellos municipios distintos al de domicilio principal o el domicilio de las subdirectivas... No podrá haber más de una subdirectiva o comité por municipio", con base en los siguientes argumentos:
«Cabe observar, que las normas acusadas acogen una perspectiva descentralizadora en beneficio de la representación de los trabajadores, que tiende "a dar una mayor garantía al derecho de asociación y al principio de libertad sindical, y a la modernización de las instituciones del derecho colectivo del trabajo".
Además, en cuanto a que no pueda existir más de una subdirectiva o comité por municipio, debe señalarse que el derecho de participación democrática en las organizaciones sindicales no puede soportarse en la simple existencia de un gran número de directivas o comités seccionales en un mismo municipio, lo que podría entorpecer su normal funcionamiento, sino en garantizar la real y efectiva participación de todos los trabajadores en las decisiones que los afectan y en la defensa de sus intereses comunes, lo que se logra con la posibilidad de crear una subdirectiva o comité por municipio y en un lugar distinto al del domicilio principal del sindicato».

Concord. Arts. 359, 362 y 364 CST

ARTÍCULO 392. CONSTANCIA EN EL ACTA, VOTACIÓN SECRETA

Tanto en las reuniones de la asamblea general como de la Junta Directiva, cualquiera de los miembros tiene derecho a pedir que se hagan constar en el acta los nombres de los que estén presente en el momento de tomarse una determinación, y a pedir que la votación sea secreta. La no aceptación de una u otra solicitud vicia de nulidad el acto o votación.

Nota de vigencia: La Corte Constitucional declaró el art. 392 CST como exequible en Sentencia C-542/2008, M.P. Jaime Córdoba Triviño, por lo siguiente:
«A partir de la anterior precisión sobre el alcance de la norma acusada, para la Sala es claro que la consagración legal de mecanismos para la verificación del quórum decisorio y la preservación del voto secreto en cabeza de los sindicalistas, lejos de entrañar vulneración al derecho fundamental de libertad sindical, o erosionar la autonomía e independencia de los sindicatos, concurre a la realización de ése derecho y al fortalecimiento de estos atributos. En efecto, la verificación del quórum constituye una valiosa herramienta democrática orientada a dotar de transparencia las decisiones de la agremiación, las cuales son vinculantes para sus miembros, en tanto que el voto secreto promueve el ejercicio libre e independiente del derecho a la participación de los asociados en las decisiones que los afectan.
(...)
Las medidas cuestionadas por las demandantes constituyen así un ejercicio legítimo de la potestad general de regulación que la Constitución adscribe al legislativo, sin que de otra parte, se perciban

como desproporcionadas o irrazonables frente a los derechos de libertad sindical y a la potestad de autorregulación que se reconoce a los sindicatos. Por el contrario, como se advirtió, contribuyen de manera eficaz a garantizar un ejercicio transparente y libre del derecho de asociación».

Concord. Arts. 385 y 391 CST

ARTÍCULO 393. LIBROS

1. Todo sindicato debe abrir, tan pronto como se haya suscrito el acta de fundación y se haya suscrito el acta de fundación y se haya posesionado la Junta Directiva provisional, por lo menos los siguientes libros: de afiliación; de actas de la asamblea general; de actas de la junta directiva; de inventarios y balances; y de ingresos y de egresos. Estos libros serán previamente registrados por el Inspector del Trabajo respectivo y foliados y rubricados por el mismo en cada una de sus páginas.

2. Modif. Art. 18 L. 11/1984. En todos los libros que deben llevar los sindicatos se prohíbe arrancar, sustituir o adicionar hojas, hacer enmendaduras, entrerrenglonaduras, raspaduras o tachaduras; cualquier omisión o error debe enmendarse mediante anotación posterior. Toda infracción a estas normas acarreará al responsable una multa por un monto equivalente al de un (1) día hasta un (1) mes de salario mínimo mensual más alto, que impondrá el Inspector de Trabajo en favor del sindicato y además, la mitad de la misma sanción, también en favor del sindicato, a cada uno de los directores y funcionarios sindicales que habiendo conocido la infracción no la hayan castigado sindicalmente o no la hayan denunciado al Inspector del Trabajo, sin perjuicio de las sanciones penales a que haya lugar.

ARTÍCULO 394. PRESUPUESTO

Modif. Art. 19 L. 11/1984. El sindicato, en asamblea general, votará el presupuesto de gastos para períodos no mayores de un (1) año y sin autorización expresa de la misma asamblea no podrá hacerse ninguna erogación que no esté contemplada en dicho presupuesto. ~~Sin perjuicio de las prohibiciones o de los requisitos adicionales que los estatutos prevean, todo gasto que exceda del equivalente al salario mínimo mensual más alto, con excepción de los sueldos asignados en el presupuesto, requiere la aprobación previa de la Junta Directiva, los que excedan del equivalente a cuatro (4) veces el salario mínimo más alto, sin pasar del equivalente a diez (10) veces el salario mínimo más alto y no estén previstos en el presupuesto, necesitan, además la refrendación expresa de la Asamblea General, con el voto de la mayoría absoluta de los afiliados; y los que excedan del~~

~~equivalente a diez (10) veces el salario mínimo mensual más alto aunque estén previstos en el presupuesto, la refrendación de la asamblea general, por las dos terceras partes (2/3) de los votos de los afiliados.~~ Estas normas no se aplican para gastos que ocasionen las huelgas declaradas por el sindicato, cualquiera que sea su cuantía.

Nota de vigencia: El aparte tachado fue declarado inexequible por la Corte Constitucional en Sentencia C-797/2000, M.P. Antonio Barrera Carbonell, por loa siguiente fundamentación:
«Aprecia la Corte que el legislador no puede intervenir o injerir en aquéllos aspectos que conciernen al núcleo básico o esencial de la autonomía administrativa, patrimonial y financiera de las organizaciones sindicales. Son los estatutos de éstas los que deben determinar lo relativo a la aprobación de su presupuesto por la asamblea general, que debe contener el estimativo de sus ingresos y egresos, y los gastos no previstos en éste que requieren aprobación de la junta directiva o de la asamblea general; aunque como se dijo antes al analizar la constitucionalidad del art. 376, puede justificarse que los gastos que superen la cuantía allí determinada, siempre que no estén previstos en el presupuesto, requieran aprobación expresa de dicha asamblea.
Un examen detenido de la mencionada disposición permite deducir que ella contiene una serie de regulaciones, que van hasta el detalle, en lo concerniente a la forma como los sindicatos deben manejar sus recursos económicos, que se juzgan innecesarias, irracionales, desproporcionadas y, por ende, violatorias del derecho de la libertad sindical».

ARTÍCULO 395. CAUCIÓN DEL TESORERO

El Tesorero de todo sindicato debe prestar en favor de éste una caución para garantizar el manejo de los fondos. La cuantía y forma de la misma serán señaladas por la asamblea general, y una copia del documento en que ella conste será depositada en el Departamento Nacional de Supervigilancia Sindical.

Nota de vigencia: El art. 395 CST fue declarado exequible por la Corte Constitucional en Sentencia C-797/2000, M.P. Antonio Barrera Carbonell, de la siguiente manera:
«Considera la Corte que se ajusta a la Constitución la exigencia de una caución al tesorero de los sindicatos con el fin de garantizar el adecuado y correcto manejo de los fondos pertenecientes a éstos, pues se trata de una norma que tiende a asegurar la protección del patrimonio de las mencionadas organizaciones y de los aportes o cuotas de sus miembros. Por consiguiente, es razonable que sea función de la asamblea general determinar la cuantía y condiciones bajo las cuales dicho tesorero debe prestar la aludida caución».

Concord. Art. 373 CST y Art. 6 Dcto.-Ley 4108/2011.

ARTÍCULO 396. DEPÓSITO DE LOS FONDOS

Modif. Art. 20 L. 11/1984. Los fondos de todo sindicato deben mantenerse en algún banco o caja de ahorros, salvo la cantidad para gastos cotidianos menores que autoricen los estatutos y que no puede exceder en ningún caso del equivalente al salario mínimo mensual más alto. Todo giro y toda orden de pago deben estar necesariamente autorizados por las firmas conjuntas del Presidente, Tesorero y el Fiscal.

Nota de vigencia: El art. 396 CST fue declarado exequible por la Corte Constitucional en Sentencia C-797/2000, M.P. Antonio Barrera Carbonell, puesto que la Alta Corporación determinó lo siguiente:
«A juicio de la Corte es justificada la aludida regulación, porque ella busca atender una finalidad legítima como es la protección y el adecuado manejo del patrimonio y de los recursos de las organizaciones sindicales».

Concord. Art. 4 Dcto. 2264/2013.

ARTÍCULO 397. CONTABILIDAD

Derog. Art. 116 L. 50/1990.

ARTÍCULO 398. EXPULSIÓN DE MIEMBROS

El sindicato puede expulsar de la asociación a uno o más de sus miembros, pero la expulsión debe ser decretada por la mayoría absoluta de los asociados.

Nota de vigencia: La Corte Constitucional declaró exequible condicionadamente el art. 398 CST en la Sentencia C-466/2008, M.P. Jaime Araújo Rentería, «bajo en el entendido de que la expulsión de miembros de las organizaciones sindicales de que trata esta disposición deberá efectuarse con plena garantía del derecho al debido proceso, en los términos expuestos en la presente sentencia»., por lo siguiente:
«(...) es claro para la Corte, que las organizaciones sindicales en el procedimiento para la expulsión de sus miembros deben respetar el debido proceso consagrado en el artículo 29 Superior, lo cual incluye (i) en primer lugar, el respeto del principio de legalidad, de tal manera que los motivos o causales de expulsión deben estar previamente determinados y reglamentados en los estatutos de la organización sindical; (ii) en segundo lugar, la observancia de las formas y procedimientos que se hayan establecido y regulado previamente en los estatutos de la organización sindical para la procedencia de la expulsión de miembros de la misma; y (iii) en tercer lugar, la garantía del pleno ejercicio del derecho de defensa por parte del miembro o miembros a los cuales se pretende expulsar de la organización sindical.
En este sentido, es claro para la Corte que la facultad de expulsar miembros de la organización sindical como la misma libertad sindical de la cual deriva, no es absoluta, sino que debe ajustarse a los principios, valores y derechos constitucionales, al orden legal y a los principios democráticos. Dentro de este contexto delimitante es plenamente válida la facultad de expulsar miembros de las organizaciones sindicales como parte del ejercicio de la libertad sindical y del derecho de asociación.

(De conformidad con lo anterior, y dado que, de una parte, la facultad de expulsar miembros de una organización sindical es una expresión y desarrollo de la libertad sindical, pero que sin embargo en la disposición demandada bajo estudio no se menciona expresamente los condicionamientos propios del debido proceso —art. 29 Superior— para este tipo de procedimientos, sino que se hace mención en forma exclusiva de la condición según la cual la expulsión de uno o más de los miembros de la organización sindical será decretada por la mayoría absoluta de los asociados, esta Corte declarará la exequibilidad condicionada de dicha disposición, en el entendido de que el procedimiento de la expulsión de miembros de una organización sindical deberá cumplir con la garantía del derecho constitucional del ***debido proceso****, en los términos expuestos en esta sentencia».*

Concord. Art. 373, 374, 375 y 359 CST

ARTÍCULO 399. SEPARACIÓN DE MIEMBROS

Todo sindicato decretará la separación del socio que voluntariamente deje de ejercer durante un año la profesión u oficio cuya defensa y mejoramiento persigue la asociación.

Nota de vigencia: El art. 399 CST fue declarado exequible de manera condicionada en Sentencia C-797/2000, M.P. Antonio Barrera Carbonell, entendiendo que dicha regla es aplicable para los trabajadores que abandonen la profesión u oficio en el término señalado, de manera voluntaria, y en todo caso, no operará para trabajadores que intercambien el oficio por una posición de dirección en la Organización Sindical. Al respecto señala la Corte Constitucional en la providencia citada: «Observa la Corte que requisito previo para afiliarse a un sindicato es el ejercicio de una actividad laboral en conjunto con otras personas; éstas justamente, conforme a lo previsto en el art. 39 de la Carta se unen en una asociación cuyo propósito es el mejoramiento de las condiciones de los trabajadores en general y de cada uno de ellos en particular. De esta suerte, si alguien, de manera voluntaria deja de ejercer la profesión u oficio de que se trata, resulta una consecuencia lógica de ello que, de la misma manera, deje entonces de pertenecer al sindicato al que antes, cuando era trabajador, se encontraba afiliado.

Con todo, resulta indispensable hacer hincapié en que esa terminación de la condición de trabajador de la empresa respectiva sea voluntaria, requisito éste que no se cumplirá cuando el trabajador deja de ejercer material y realmente la labor contratada para cumplir, durante un tiempo funciones de carácter sindical, lo que ocurre, por ejemplo, cuando se le concede por el empleador, para ese fin, una "comisión" o "permiso sindical", pues es claro que, en este caso, no hay la decisión de abandonar la condición de trabajador, sino otra: la de asumir la defensa de los afiliados al sindicato en una posición de dirección y, entonces, precisamente en garantía del derecho de asociación sindical, habrá que entender que en eventos tales la norma acusada no puede interpretarse en el sentido de que se hubiere dado el supuesto de dejar de ejercer la profesión u oficio para cuya defensa y mejoramiento fue creado el sindicato. En estas circunstancias, la norma habrá de declararse exequible, en forma condicionada y para este efecto».

Concord. Art. 356 C.S.T

ARTÍCULO 400. RETENCIÓN DE CUOTAS SINDICALES

Subrog. Art. 23 Dcto. 2351/1965.

1. Toda asociación sindical de trabajadores tiene derecho a solicitar ~~con el voto de las dos terceras partes de sus miembros~~, que los empleadores respectivos deduzcan de los salarios de los trabajadores afiliados y pongan a la disposición del sindicato, el valor de las cuotas ordinarias o extraordinarias con que aquellos deben contribuir. La retención de las cuotas extraordinarias requiere copia autenticada del acta de la asamblea sindical en que fueron aprobadas. Para la retención de las cuotas ordinarias bastará que el secretario y el fiscal del sindicato comuniquen certificadamente al empleador su valor y la nómina de sus afiliados.

2. Cesará la retención de cuotas sindicales a un trabajador a partir del momento en que aquél, o el sindicato, comunique por escrito al empleador el hecho de la renuncia o expulsión; quedando a salvo el derecho del sindicato en caso de información falsa del trabajador.

3. Modif. Art. 11 L. 584/2000. Previa comunicación escrita y firmada por el presidente, el fiscal y el tesorero de la federación, confederación o central sindical, el empleador deberá retener y entregar las cuotas federales y confederales que el sindicato esté obligado a pagar a esos organismos de segundo y tercer grado a los cuales está afiliado. Para tal efecto se deberán adjuntar los estatutos y constancia de afiliación del sindicato emitida por la respectiva federación, confederación o central sindical.

Nota de vigencia: El aparte tachado fue declarado inexequible, y los apartes subrayados exequibles, por la Corte Constitucional en Sentencia C-797/2000, M.P. Antonio Barrera Carbonell, señalando los siguientes argumentos:

«Los segmentos normativos demandados del inciso primero, exigen que "con el voto de las dos terceras partes de sus miembros" la asociación sindical tiene derecho a que los empleadores deduzcan de los salarios y pongan a disposición del sindicato las cuotas ordinarias y extraordinarias de sus afiliados y, además, que para la retención de cuotas ordinarias bastará que "el secretario y el fiscal del" sindicato comuniquen certificadamente al empleador su valor y la nómina de afiliados.

En el numeral 3 se demanda la expresión "y firmada por el presidente, el fiscal y el tesorero", que alude a la comunicación escrita que debe enviarse al patrono para retener y entregar las cuotas a las federaciones y confederaciones a las que se encuentra afiliado el sindicato.

Observa la Corte que la expresión acusada del numeral 1 del art. 400 que dice "con el voto de las dos terceras partes de sus miembros" es inconstitucional, porque comporta una intervención injustificada e irracional del legislador en un asunto que atañe exclusivamente a la organización sindical dentro del ámbito de la libertad sindical, que además, obstaculiza o dificulta que los sindicatos puedan recaudar oportunamente dichas cuotas.

Nada puede disponer la ley en relación con la forma como se deben llevar a cabo las votaciones para la adopción de decisiones en el seno de las organizaciones sindicales, en asuntos que conciernen con el manejo de su patrimonio.

No sucede lo propio con los demás apartes demandados del mismo numeral 1 y 3, en relación con las formalidades que deben cumplirse para que el patrono lleve a cabo la retención de las cuotas ordinarias con que deben contribuir los afiliados al sindicato, así como la retención de las cuotas federales y confederales a cargo del sindicato, pues ello en nada afecta la autonomía y el derecho de libertad sindical. Se busca simplemente con dichas normas que el empleador tenga certeza, para efectos de la aludida retención, que ésta se exige por los órganos que tienen la representación del sindicato.

Conforme a lo anterior se declarará inexequible en relación con el numeral 1 del art. 400 la expresión "con el voto de las dos terceras partes de sus miembros" y exequible la expresión "secretario y el fiscal". Igualmente se declarará exequible la expresión "y firmada por el presidente, el fiscal y el tesorero" contenida en el numeral 3 del art. 400».

Concord. Arts. 59 Num. 1, 150, 362 Num. 7 y 8, 362, 376 y Art. 471 CST, Art. 68 L. 50/1990 y Dcto. 2264/2013.

CAPÍTULO VII
DISOLUCIÓN Y LIQUIDACIÓN

ARTÍCULO 401. CASOS DE DISOLUCIÓN

Un sindicato o una federación o confederación de sindicatos solamente se disuelve:

a) Por cumplirse cualquiera de los eventos previstos en los estatutos para este efecto;

b) Por acuerdo, cuando menos, de las dos terceras (2/3) partes de los miembros de la organización, adoptado en asamblea general y acreditado con las firmas de los asistentes;

c) Por sentencia judicial, y

d) Por reducción de los afiliados a un número inferior a veinticinco (25), cuando se trate de sindicatos de trabajadores.

e) Adic. Art. 56 L. 50/1990. En el evento de que el sindicato, federación o confederación se encontrare incurso en una de las causales de disolución, el Ministerio de Trabajo y Seguridad Social o quien demuestre tener interés jurídico, podrá solicitar ante el juez laboral respectivo, la disolución y la liquidación del sindicato y la cancelación de la inscripción en el registro sindical. Al efecto se seguirá en lo pertinente el procedimiento previsto en el artículo 52 (380 CST) de esta ley.

Nota de vigencia: Tanto el lit. d), como los apartes subrayados del art. 401 CST fueron declarados exequibles por la Corte Constitucional en Sentencia C-201/2002, M.P. Jaime Araújo Rentería, toda vez que se esbozan los siguientes argumentos:

«El artículo 401 del CST establece, en sus literales a), b), c) y d), diversas causales objetivas de disolución de los sindicatos, federaciones o confederaciones (...)

(...)

(...) la Corte no encuentra reprochable que el Ministerio de Trabajo y Seguridad Social, como organismo de la Rama Ejecutiva del Poder Público encargado de formular, adoptar, dirigir y coordinar las políticas de empleo, trabajo, previsión y seguridad social, así como de vigilar y controlar el cumplimiento de las normas y procedimientos laborales, pueda elevar solicitudes de disolución de sindicatos ante el juez respectivo cuando considera que aquéllos están incursos en las causales previstas en el artículo 401 del CST, pues tal facultad se enmarca dentro de la órbita de sus funciones».

Concord. Art. 39 C. Pol., Arts. 362, 380, 450, 474 y 484 CST, Arts. 2 y 144 CPTSS. y Arts. 172 C. Co.

ARTÍCULO 402. LIQUIDACIÓN

1. Al disolverse un sindicato, federación o confederación, el liquidador designado por los afiliados o por el juez aplicará los fondos existentes, el producto de los bienes que fuere indispensable enajenar, y el valor de los créditos que recaude, en primer término, el pago de las deudas del sindicato, federación o confederación, incluyendo los gastos de la liquidación. Del remanente se reembolsará a los miembros activos las sumas que hubieren aportado como cotizaciones ordinarias, previa deducción de sus deudas para con el sindicato, federación o confederación, o, si no alcanzare, se les distribuirá a prorrata de sus respectivos aportes por dicho concepto. En ningún caso ni por ningún motivo puede un afiliado recibir más del monto de sus cuotas ordinarias aportadas.

2. Cuando se trate de disolución de un sindicato y este hubiere estado afiliado a una federación o confederación, el liquidador debe admitir la intervención simplemente consultiva de un delegado de ella en sus actuaciones.

Concord. Art. 362 CST, Arts. 2 y 144 CPTSS. y Art. 6 Dcto.-Ley 4108/2011.

ARTÍCULO 403. ADJUDICACIÓN DEL REMATE

Lo que quedare del haber común, una vez pagadas las deudas y hechos los reembolsos, se adjudicará por el liquidador a la organización sindical designada para ello en los estatutos o por la asamblea general; si ninguna hubiere sido designada así, se le adjudicará al instituto de beneficencia o de utilidad social que señale el Gobierno.

Concord. Art. 362 y 402 CST

ARTÍCULO 404. APROBACIÓN FINAL

La liquidación debe ser sometida a la aprobación del Juez que la haya ordenado, ~~y en los demás casos, a la del Departamento Nacional de Supervigilancia Sindical~~, debiendo expedir el finiquito al liquidador, cuando sea el caso.

Nota de vigencia: El art. 404 CST fue declarado exequible, salvo por el aparte tachado, en la Sentencia C-797/2000, M.P. Antonio Barrera Carbonell, en la medida que únicamente la Rama Judicial del poder público puede aprobar las liquidaciones. Señala la Corte Constitucional en su providencia:
«En efecto, la aprobación oficial de la liquidación de la asociación sindical es un tema inherente a los reglamentos de la organización, donde el Estado no tiene ninguna facultad para intervenir, salvo y por la vía judicial, cuando la liquidación sea impugnada por algún interesado que resulte afectado por ella en sus derechos».

Concord. Arts. 2 y 144 CPTSS. y Art. 6 Dcto.-Ley 4108/2011.

CAPÍTULO VII
FUERO SINDICAL

ARTÍCULO 405. DEFINICIÓN

Modif. Art. 1 D.L. 204/1957. Se denomina «fuero sindical» la garantía de que gozan algunos trabajadores de no ser despedidos, ni desmejorados en sus condiciones de trabajo, ni trasladados a otros establecimientos de la misma empresa o a un municipio distinto, sin justa causa, previamente calificada por el juez del trabajo.

Nota de vigencia: La Corte Constitucional declaró conjuntamente exequibles los arts. 405 y 408 del CST en Sentencia C-201/2002, M.P. Jaime Araujo Rentería. Los fundamentos particulares para el art. 405 CST fueron los siguientes:
«Atendiendo esa finalidad, el artículo 405 del CST define el fuero sindical como una garantía que gozan los trabajadores aforados de no ser despedidos, ni desmejorados en sus condiciones de trabajo, ni trasladados, sin justa causa previamente calificada por el juez del trabajo.
(...)
Como puede verse claramente, las normas acusadas consagran una garantía para el trabajador aforado en el sentido de que el ius variandi no pueda ser ejercido por el empleador sin la respectiva autorización judicial. Dicha protección, que tiene asidero constitucional y sobre la cual ha sido particularmente prolija la jurisprudencia de esta Corte, es diametralmente opuesta a la supuesta facultad que tienen el empleador y el propio juez para llevar a cabo el primero, y autorizar el segundo, una desmejora en las condiciones de los trabajadores que gozan de fuero sin que se califique la justa causa para ello, como equivocadamente deduce el demandante del texto de las normas acusadas».

Concord. Art. 39 C. Pol., Art. 413 CST, Art. 48 CPTSS. y Art. 24 Dcto. 760/2005.

ARTÍCULO 406. TRABAJADORES AMPARADOS POR EL FUERO SINDICAL

Modif. Art. 12 L. 584/2000. Están amparados por el fuero sindical:

a) Los fundadores de un sindicato, desde el día de su constitución hasta dos (2) meses después de la inscripción en el registro sindical, sin exceder de seis (6) meses;

b) Los trabajadores que, con anterioridad a la inscripción en el registro sindical, ingresen al sindicato, para quienes el amparo rige por el mismo tiempo que para los fundadores;

c) Los miembros de la junta directiva y subdirectivas de todo sindicato, federación o confederación de sindicatos, sin pasar de cinco (5) principales y cinco (5) suplentes, y los miembros de los comités seccionales, sin pasar de un (1) principal y un (1) suplente. Este amparo se hará efectivo por el tiempo que dure el mandato y seis (6) meses más;

d) Dos (2) de los miembros de la comisión estatutaria de reclamos, que designen los sindicatos, las federaciones o confederaciones sindicales, por el mismo período de la junta directiva y por seis (6) meses más, sin que pueda existir en una empresa más de una (1) comisión estatutaria de reclamos~~. Esta comisión será designada por la organización sindical que agrupe el mayor número de trabajadores~~.

PARÁGRAFO 1o. Gozan de la garantía del fuero sindical, en los términos de este artículo, los servidores públicos, exceptuando aquellos servidores que ejerzan jurisdicción, autoridad civil, política o cargos de dirección o administración.

PARÁGRAFO 2o. Para todos los efectos legales y procesales la calidad del fuero sindical se demuestra con la copia del certificado de inscripción de la junta directiva y/o comité ejecutivo, o con la copia de la comunicación al empleador.

Nota de vigencia: El art. 406 CST fue sujeto de dos pronunciamientos de constitucionalidad. En el primero, emitido por la CSJ, S.P., en Sentencia del 26 de septiembre de 1991, M.P. Jaime Sanín Greffenstein, se declaran exequibles los apartes «sin pasar de 5 principales y 5 suplentes» y «sin pasar de 1 principal y 1 suplente» del literal c), y «sin que pueda existir en una misma empresa más de una comisión estatutaria de reclamos. Esta comisión será designada por la organización sindical que agrupe el mayor número de trabajadores» del literal d), por lo siguiente: «Como se dijo antes, la exigencia de un número mínimo de afiliados, hecha por la ley, no viola el artículo 39 de la Constitución, lo que es aplicable a la definición del número de aforados que trae el artículo 57, máximo cuando el fuero sindical es un privilegio especial que por consideraciones muy particulares conceda la ley en desarrollo hoy del artículo 39, en cuanto sea necesario "para el cumplimiento de su gestión" sindical, que en principio corresponde apreciar y reglamentar a la ley sin desconocerlo como garantía constitucional».

Por otro lado, fue declarado inexequible el aparte tachado y exequible el aparte subrayado "sin que pueda existir en una empresa más de una (1) comisión estatutaria de reclamos" por la Corte Constitucional en, Sentencia, C-201/2002, M.P. Jaime Araújo Rentería, con base a lo siguiente: «(...) el artículo 406 parcialmente acusado vulnera el artículo 39 de la Constitución, al consagrar un mecanismo antidemocrático de elección de los miembros de la comisión estatutaria de reclamos, que representa a todos los trabajadores de una misma empresa, sin importar el sindicato al que estén afiliados y, con ello, excluye a los miembros de los sindicatos minoritarios de los mecanismos de participación propios de cualquier forma asociativa en una sociedad democrática. Por el contrario, deben crearse mecanismos en las organizaciones sindicales que garanticen la participación de todos los trabajadores sindicalizados, en igualdad de condiciones, en la designación de dicha comisión».

Concord. Art. 39 C. Pol., Arts. 363, 365, 374, 389, 391, 391-1, 407, 413 y 421 CST y Art. 55 L. 50/1990.

ARTÍCULO 407. MIEMBROS DE LA JUNTA DIRECTIVA AMPARADOS

1. Cuando la directiva se componga de más de cinco (5) principales y más de cinco (5) suplentes, el amparo solo se extiende a los cinco (5) primeros principales y a los cinco (5) primeros suplentes que figuren en la lista que el sindicato pase al empleador.

2. La designación de toda junta directiva o cualquier cambio que ocurra en su composición debe notificarse al empleador en la forma prevista en los artículos 363 y 371. En caso de cambio, el antiguo miembro continúa gozando del fuero durante los tres (3) meses subsiguientes, a menos que la sustitución se produzca por renuncia voluntaria del cargo sindical antes de vencerse la mitad del periodo estatutario o por sanción disciplinaria impuesta por el sindicato, en cuyos casos el fuero cesa ipso facto para el sustituido.

3. En los casos de fusión de dos o más organizaciones sindicales, siguen gozando de fuero los anteriores directores que no queden incorporados en la Junta Directiva renovada con motivo de la fusión, hasta tres (3) meses después de que ésta se realice.

Concord. Arts. 363, 371, 381, 388, 389, 390 y 406 CST y Art. 55 L. 50/1990.

ARTÍCULO 408. CONTENIDO DE LA SENTENCIA

Modif. Art. 7 Dcto. 204/1957. El Juez negará el permiso que hubiere solicitado el empleador para despedir a un trabajador amparado por el fuero sindical, o para desmejorarlo, o para trasladarlo, si no comprobare la existencia de una justa causa.

Si en el caso de que trata el inciso primero del artículo 118 del Código Procesal del Trabajo se comprobare que el trabajador fue despedido sin sujeción a las normas que regulan el fuero sindical, se ordenará su reintegro y se condenará al empleador a pagarle, a título de indemnización, los salarios dejados de percibir por causa del despido.

Igualmente, en los casos a que se refiere el inciso tercero del mismo artículo, se ordenará la restitución del trabajador al lugar donde antes prestaba sus servicios o a sus anteriores condiciones de trabajo, y se condenará al empleador a pagarle las correspondientes indemnizaciones.

Nota de vigencia: Los dos apartes subrayados fueron declarados exequibles por la Corte Constitucional en Sentencia C-201/2002, M.P. Jaime Araújo Rentería, en donde se presentaron los siguientes argumentos:
«Debe recordarse que, al tenor del artículo 16 de la Ley 446 de 1998, "dentro de cualquier proceso que se surta ante la Administración de Justicia, la valoración de daños irrogados a las personas y a las cosas, atenderá los principios de reparación integral y equidad y observará los criterios técnicos actuariales".
En consecuencia, la norma acusada vulnera los principios de justicia y equidad que informan el ordenamiento constitucional (Preámbulo y art. 2 CP) y menoscaba el derecho de asociación sindical (Art. 39 CP), en la medida en que restringe ilegítimamente el alcance de la acción de reintegro y, por tanto, de la garantía del fuero sindical.
Se concluye entonces que el daño sufrido por el trabajador aforado, provocado por el despido sin justa causa declarada mediante sentencia judicial, debe ser reparado de manera integral, esto es, de acuerdo con lo que se logre probar en cada caso, lo cual incluye, además del pago de los salarios no devengados, con sus reajustes y prestaciones, cualquier otro valor dejado de percibir o pagado por el trabajador, como consecuencia directa del despido injusto. Siendo entendido, además, que la reparación integral incorpora la correspondiente indexación.
Por consiguiente, la Corte declarará la constitucionalidad de la expresión "a título de indemnización" contenida en la norma acusada, en el entendido de que la indemnización a que tiene derecho el trabajador aforado despedido ilegalmente, según sentencia judicial, debe ser integral en la medida de lo judicialmente probado».

Concord. Arts. 113 y 116 C. Pol., Art. 410 CST y Arts. 2, 113, 116, 118 y 118-A CPTSS.

ARTÍCULO 409. EXCEPCIONES

~~1. Los trabajadores que sean empleados públicos de acuerdo con el artículo 5o. del Código de Régimen Político y Municipal.~~

~~2. Los trabajadores oficiales y particulares que desempeñen puestos de dirección, de confianza o de manejo~~

Nota de vigencia: La Corte Constitucional Declaró inexequible el art. 409 CST en, Sentencia C-593/1993, M.P. Carlos Gaviria Díaz, por lo siguiente para el numeral 1):
«Resulta entonces que las garantías para los sindicatos y la sindicalización, son significativamente más amplias en la Constitución de 1991, de lo que eran en la Constitución de 1.886. Ello no se debe a un capricho del constituyente, ni es resultado de acuerdos obligados por la composición multiestamentaria de la Asamblea Nacional Constituyente; en la regulación actual de las garantías y libertades sindicales y de sindicalización, se desarrolla el Título I de la Carta, "De los Principios Fundamentales" y, en especial, el artículo 1°, que constituye a Colombia como un Estado social de derecho, cuya forma de organización republicana se funda, entre otros valores,

en el trabajo. Así mismo, el artículo 2° del Estatuto Superior que, al definir los fines esenciales del Estado, incluyó entre ellos: "...facilitar la participación de todos en las decisiones que los afectan y en la vida económica... de la Nación;... asegurar la convivencia pacífica y la vigencia de un orden justo".

En consecuencia, los empleados públicos tienen el derecho de constituir sus sindicatos sin intervención del Estado, de inscribir las correspondientes Actas de Constitución que les otorgan reconocimiento jurídico y, en consecuencia, tendrán legalmente unos representantes sindicales a los cuales no se puede negar que el Constituyente de 1991 reconoció: "el fuero y las demás garantías necesarias para el cumplimiento de su gestión"».

Y para el numeral 2:

«El numeral 2 del mismo artículo, que autorizaba la restricción estatutaria de la admisión de altos empleados en los sindicatos de empresa, fue expresamente derogado por el artículo 116 de la Ley 50 de 1990. En consecuencia, los trabajadores que ocupan puestos de dirección, confianza o manejo, también pueden, según la legislación colombiana, ingresar a los sindicatos; y mal haría la Corte en pretender desconocerles un derecho que la ley les otorga, aduciendo para justificar tal exabrupto, una interpretación de un Convenio que, en su texto vigente, expresamente niega toda autorización a la desmejora del estatuto y derechos de tales trabajadores».

Concord. Art. 4 CST

ARTÍCULO 410. JUSTAS CAUSAS DEL DESPIDO

Modif. Art. 8 D.L. 204/1957. Son justas causas para que el Juez autorice el despido de un trabajador amparado por el fuero:

a) La liquidación o clausura definitiva de las empresa o establecimiento y la suspensión total o parcial de actividades por parte del {empleador} durante más de ciento veinte (120) días, y

b) Las causales enumeradas en los artículos 62 y 63 del Código Sustantivo del Trabajo para dar por terminado el contrato.

Concord. Arts. 51, 62, 63, 405 y 408 CST y Art. 8 Dcto. 254/2000.

ARTÍCULO 411. TERMINACIÓN DEL CONTRATO SIN PREVIA CALIFICACIÓN JUDICIAL

Modif. Art. 9 D.L. 204/1957. La terminación del contrato de trabajo por la realización de la obra contratada, por la ejecución del trabajo accidental, ocasional o transitorio, por mutuo consentimiento o por sentencia de autoridad competente, no requiere previa calificación judicial de la causa en ningún caso.

Concord. Arts. 6, 45 y 61 CST

ARTÍCULO 412. SUSPENSIÓN DEL CONTRATO DE TRABAJO

Modif. Art. 10 D.L. 204/1957. Las simples suspensiones del contrato de trabajo no requieren intervención judicial.

Concord. Arts. 51 y 112 CST

ARTÍCULO 413. SANCIONES DISCIPLINARIAS

El fuero sindical no impide aplicar al trabajador que de él goce, las sanciones disciplinarias distintas del despido en los términos del respectivo reglamento de trabajo.

Concord. Arts. 108, 111, 112, 113, 114, 115 y 381 CST

CAPÍTULO IX
TRABAJADORES OFICIALES

ARTÍCULO 414. DERECHO DE ASOCIACIÓN

El derecho de asociación en sindicatos se extiende a los trabajadores de todo servicio oficial, con excepción de los miembros del Ejército Nacional y de los cuerpos o fuerzas de policía de cualquier orden, pero los sindicatos de empleados públicos tienen sólo las siguientes funciones:

1. Estudiar las características de la respectiva profesión y las condiciones de trabajo de sus asociados.
2. Asesorar a sus miembros en la defensa de sus derechos como empleados públicos, especialmente los relacionados con la carrera administrativa.
3. Representar en juicio o ante las autoridades los intereses económicos comunes o generales de los agremiados, o de la profesión respectiva.
4. Presentar a los respectivos jefes de la administración memoriales respetuosos que contengan solicitudes que interesen a todos sus afiliados en general, o reclamaciones relativas al tratamiento de que haya sido objeto cualquiera de éstos en particular, o sugestiones encaminadas a mejorar la organización administrativa o los métodos de trabajo.
5. Promover la educación técnica y general de sus miembros.
6. Prestar socorro a sus afiliados en caso de desocupación, de enfermedad, invalidez o calamidad.

7. Promover la creación, el fomento o subvención de cooperativas, cajas de ahorro, de préstamos y de auxilios mutuos, escuelas, bibliotecas, institutos técnicos o de habilitación profesional, oficinas de colocación, hospitales, campos de experimentación o de deporte y demás organismos adecuados a los fines profesionales, culturales, de solidaridad y de previsión, contemplados en los estatutos.

8. Adquirir a cualquier título y poseer los bienes inmuebles y muebles que requieran para el ejercicio de sus actividades. Y

9. Adic. Art. 58 L. 50/1990. Está permitido a los empleados oficiales constituir organizaciones sindicales mixtas, integradas por trabajadores oficiales y empleados públicos, las cuales, para el ejercicio de sus funciones, actuarán teniendo en cuenta las limitaciones consagradas por la ley respecto al nexo jurídico de sus afiliados para con la administración.

Nota de vigencia: La Corte Constitucional Declaró exequible el art. 414 CST en Sentencia C-110/1994, M.P. José Gregorio Hernández Galindo, por lo siguiente:
«La norma no viola la Constitución por cuanto se circunscribe a definir —dentro del campo de aplicación que la Carta prevé e inclusive con idéntica limitación a la contemplada en ella— cuál es el ámbito personal del derecho de asociación en sindicatos de trabajadores, es decir, mediante el precepto se señala quiénes pueden constituirlos. Si, como arriba se expresa, el Constituyente no introdujo entre los servidores del Estado distinción alguna en punto de la asociación sindical, aparte de la relacionada con la Fuerza Pública, es necesario concluir que el legislador quedó facultado a la luz de la normatividad superior —lo estaba inclusive antes de la Carta del 91— para disponer en forma expresa que el indicado derecho cobija a todos los trabajadores del servicio oficial con la excepción dicha.
(…)
A juicio de la Corte, esta norma, aunque de difícil aplicación dada la diferencia de regímenes previsto en la ley, no colide con la Constitución, pues se limita a garantizar el derecho de asociación y a señalar el régimen jurídico al que deben someterse los sindicatos mixtos de servidores públicos. Ese régimen está compuesto por las normas vigentes establecidas para sindicatos de empleados públicos y trabajadores oficiales, de tal manera que, en lo concerniente a su contenido, habida cuenta de la remisión, el estudio de constitucionalidad debe efectuarse frente a cada una de las disposiciones correspondientes. A ello no se procede ahora, ya que tales normas no han sido demandadas».

Concord. Arts. 59, 353, 354, 373, 429 y 430 CST, Art. 48 L. 50/1990, Art. 1 Dcto. 1950/1973, Arts. 1, 3 y 5 Dcto. 1848/1969 y Art. 5 Dcto. 3135/1968.

ARTÍCULO 415. ATENCIÓN POR PARTE DE LAS AUTORIDADES

Las funciones señaladas en los apartes 3o y 4o del artículo anterior implican para las autoridades, y especialmente para los superiores jerárquicos de los asociados, la obligación correlativa de recibir oportunamente a los representantes del sindicato y de procurar la adecuada solución a sus solicitudes.

Concord. Arts. 375, 415 y 448 CST

ARTÍCULO 416. LIMITACIÓN DE LAS FUNCIONES

Los sindicatos de empleados públicos no pueden presentar pliegos de peticiones ni celebrar convenciones colectivas, pero los sindicatos de los demás trabajadores oficiales tienen todas las atribuciones de los otros sindicatos de trabajadores, y sus pliegos de peticiones se tramitarán en los mismos términos que los demás, aun cuando no puedan declarar o hacer huelga.

Nota de Vigencia: El art. 416 CST tuvo dos pronunciamientos de la Corte Constitucional. En un primer momento, la Sentencia C-110/1994, M.P. José Gregorio Hernández Galindo, declaró el artículo exequible por lo siguiente:
«La restricción consagrada en la norma para los sindicatos de empleados públicos, sobre presentación de pliegos de peticiones y celebración de convenciones colectivas, tiene sustento en el artículo 55 de la Constitución, que garantiza el derecho de negociación colectiva para regular relaciones laborales, con las excepciones que señale la ley. La que se considera es una de tales excepciones, establecida en norma con fuerza material legislativa.
Obviamente, si los empleados públicos no pueden presentar pliegos de peticiones ni celebrar convenciones colectivas, tampoco pueden declarar ni hacer huelga, lo cual resulta apenas lógico si se tiene en cuenta el vínculo legal y reglamentario existente entre ellos y el Estado. Si pudieran entrar en huelga paralizarían la función pública correspondiente y atentarían contra el interés colectivo, que debe prevalecer según el artículo 1° de la Constitución. La continuidad en el ejercicio de sus funciones resulta esencial para el funcionamiento del Estado. Únicamente bajo esa perspectiva puede garantizarse el logro de los fines estatales a que se refiere el artículo 2° de la Carta.
(...)
En consecuencia, su exequibilidad no es plena. La norma únicamente puede entenderse ajustada a la Constitución en cuanto aluda a sindicatos de trabajadores oficiales que laboren para entidades públicas encargadas de la prestación de servicios públicos calificados por la ley como esenciales. La prohibición legal es contraria a la Constitución en cuanto se refiere a sindicatos de trabajadores que laboren para entidades públicas encargadas de la prestación de servicios públicos no esenciales, según la ley».
De manera posterior, la Corte Constitucional declaró la exequibilidad condicionada de los apartes subrayados, «bajo el entendido que para hacer efectivo el derecho a la negociación colectiva contemplada en los Convenios 151 y 154 de la OIT, que hacen parte de la legislación interna de Colombia, las organizaciones sindicales de empleados públicos podrán acudir a otros medios que garanticen la concertación en las condiciones de trabajo, a partir de la solicitud que al respecto formulen estos sindicatos, mientras el Congreso de la República regule la materia». Esto se desarrolla en la Sentencia C-1234/2005, M.P. Alfredo Beltrán Sierra, y se señala lo siguiente:
«Retomando todo el análisis hecho, las restricciones del artículo 416 del Código Sustantivo del Trabajo son la especie, y, por consiguiente, no obstante que no ha habido desarrollo legislativo sobre el tema por parte del Congreso, la limitación contenida en la disposición legal resulta exequible, porque aunque no la menciona, tampoco prohíbe expresamente el derecho a "la negociación colectiva" de los sindicatos de empleados públicos. Lo que conduce a declarar la exequibilidad de la disposición en lo acusado, pero en forma condicionada hasta que el legislador regule la materia.

Porque esta declaración de exequibilidad no puede entenderse como la prohibición del derecho de los sindicatos de empleados públicos de realizar negociaciones colectivas, en el sentido amplio del concepto. Por el contrario, estas organizaciones pueden presentar reclamos, peticiones, consultas, y deben ser atendidas. Los sindicatos de empleados públicos pueden acudir a todos los mecanismos encaminados a lograr la concertación sobre sus condiciones de trabajo y salarios. A su vez, el ejercicio de este derecho debe armonizarse con las restricciones propias de la condición de empleados públicos de los afiliados a estas organizaciones, es decir, que si bien pueden buscar la concertación, también opera la decisión unilateral del Estado en cuanto a salarios y condiciones laborales.

Por consiguiente, la declaración de exequibilidad de la disposición acusada, se adoptará bajo el entendido que para hacer efectivo el derecho a la negociación colectiva contemplada en los Convenios 151 y 154 de la OIT, que hacen parte de la legislación interna de Colombia, las organizaciones sindicales de empleados públicos podrán acudir a otros medios que garanticen la concertación en las condiciones de trabajo, a partir de la solicitud que al respecto formulen estos sindicatos, mientras el Congreso de la República regule la materia».

Concord. Arts. 4, 429, 430, 444 y 451 CST

ARTÍCULO 416-A

Adic. Art. 13 L. 584/2000. Las organizaciones sindicales de los servidores públicos tienen derecho a que las entidades públicas les concedan permisos sindicales para que, quienes sean designados por ellas, puedan atender las responsabilidades que se desprenden del derecho fundamental de asociación y libertad sindical. El Gobierno Nacional reglamentará la materia, en concertación con los representantes de las centrales sindicales.

Concord. Lit. m) Art. 7 L. 1010/2006, Art. 1 Dcto. 648/2017 (2.2.5.5.18), Arts. 2.2.2.5.1, 2.2.2.5.2 y 2.2.2.5.3 Dcto. 1072/2015.

CAPÍTULO X
FEDERACIONES Y CONFEDERACIONES

ARTÍCULO 417. DERECHO DE FEDERACIÓN

1. Todos los sindicatos tienen, sin limitación alguna, la facultad de unirse o coaligarse en federaciones locales, regionales, nacionales, profesionales o industriales, y éstas en confederaciones. Las federaciones y confederaciones tienen derecho ~~al reconocimiento~~ de personería jurídica propia y las mismas atribuciones de los sindicatos, salvo la declaración de huelga, que compete privativamente, cuando la ley la autoriza, a los sindicatos respectivos o grupos de trabajadores directa o indirectamente interesados.

2. Las confederaciones pueden afiliar sindicatos, si sus estatutos lo permiten.

Nota de vigencia: La Corte Constitucional se pronuncia sobre el art. 417 CST en la Sentencia C-797/2000, M.P. Antonio Barrera Carbonell. En dicha jurisprudencia, se declara inexequible la expresión "al reconocimiento" y se determina exequible el aparte subrayado. Para esos efectos, la Corte Constitucional señala lo siguiente:
«Considera la Corte que la expresión "al reconocimiento" contenida en el art. 417 es inconstitucional porque las federaciones y confederaciones, al igual que los sindicatos, tienen derecho al reconocimiento automático de su personería jurídica, sin la intervención del Estado (art. 39 CP Convenio 87 de la OIT).
(...)
(...) las federaciones y confederaciones son uniones sindicales de segundo y tercer grado, que desarrollan funciones de asesoría de sus organizaciones afiliadas ante los respectivos empleadores en la tramitación de sus conflictos y frente a las autoridades o terceros de cualesquiera reclamaciones y adicionalmente pueden, según sus estatutos, atribuirse "las funciones de tribunal de apelación contra cualquier medida disciplinaria, adoptada por una de las organizaciones afiliadas; la de dirimir las controversias que se susciten entre los miembros de un sindicato afiliado por razón de las decisiones que se adopten, y la de resolver las diferencias que ocurran entre dos o más organizaciones federales" (arts. 418 y 426 CST).
La representación directa de los trabajadores en el conflicto económico que han planteado al empleador a través del pliego de peticiones corresponde exclusivamente a los sindicatos. Igualmente son los trabajadores sindicalizados, reunidos en asamblea, los que toman la decisión de declarar la huelga, cuando no es posible solucionar el conflicto por la vía directa. En tales circunstancias, se justifica constitucionalmente, que las federaciones y confederaciones estén excluidas de una decisión, como es la declaración de huelga, que es una cuestión que toca de manera directa y sustancial con los intereses de los trabajadores afiliados y aun con los no afiliados. Ello es así, si se tiene en cuenta que eventualmente podrían presentarse conflictos de intereses entre los trabajadores afiliados al sindicato o no afiliados y la federación o confederación correspondiente, en el evento de que aquéllos hayan decidido declarar la huelga o no declararla y ésta adopte una determinación contraria».

Concord. Art. 5 L. 26/1976.

ARTÍCULO 418. FUNCIONES ADICIONALES

En los estatutos respectivos de las federaciones y confederaciones pueden atribuirse a éstas las funciones de tribunal de apelación contra cualquier medida disciplinaria adoptada por una de las organizaciones afiliadas; la de dirimir las controversias que se susciten entre los miembros de un sindicato afiliado por razón de las decisiones que se adopten, y la de resolver las diferencias que ocurran entre dos o más de las organizaciones federadas.

Concord. Arts. 141, 381 y 425 CST

ARTÍCULO 419. AUTORIZACIÓN A LOS FUNDADORES

Para la constitución de cualquier federación o confederación de sindicatos, los representantes de éstos que suscriban el acta de fundación deben estar expresamente facultados por las respectivas asambleas generales.

Concord. Arts. 361 y 387 CST

ARTÍCULO 420. ACTA DE FUNDACIÓN

El acta de fundación debe indicar el nombre y domicilio de cada organización afiliada, el número y la fecha de la resolución de reconocimiento de su personería jurídica, el número y la fecha del Diario Oficial en que tal resolución fue publicada, los nombres y cédulas de los miembros de la Directiva provisional, y, si fuere el caso, la empresa o empresas en donde estos últimos trabajan.

Concord. Art. 361 CST

ARTÍCULO 421. FUERO SINDICAL

Para los efectos del fuero sindical, los avisos se darán en la misma forma prescrita en los artículos 363 y 371.

Concord. Art. 405 CST

ARTÍCULO 422. JUNTA DIRECTIVA

Modif. Art. 14 L. 584/2000. Para ser miembro del comité ejecutivo y/o la junta directiva de una organización de segundo o tercer grado, además de las condiciones que se exijan en los estatutos, se debe ser miembro activo de una de las organizaciones afiliadas; la falta de esta condición invalida la elección.

~~En ningún caso el comité ejecutivo y/o la junta directiva podrá estar conformada en su mayoría por personas extranjeras.~~

La condición de ser miembro activo de una de las organizaciones referidas en el primer inciso del presente artículo, no se toma en cuenta cuando se compruebe debidamente que el trabajador está amenazado, despedido o perseguido debido a su actividad sindical, lo cual deberá ser declarado por la mayoría absoluta de la asamblea general o el congreso que haga la elección.

Nota de vigencia: El inciso 2 del art. 422 CST fue declarado inexequible por la Sentencia C-311/2007, M.P. Nilson Pinilla Pinilla, en donde señala la Alta Corporación lo siguiente:
«Se configura así una ostensible violación al artículo 13 de la Carta, pues el trato diferente que contiene el segmento normativo acusado del artículo 422 del CST, modificado por el 14 de la Ley 584 de 2000, no se funda en una justificación objetiva y razonable, sino en el origen nacional del trabajador afiliado a dichas organizaciones de segundo y tercer grado, situación que está expresamente proscrita no sólo por la citada norma superior sino también por el artículo 39 ibídem, en concordancia con lo establecido en los instrumentos internacionales ya citados, de acuerdo con los cuales para poder gozar del derecho de asociación sindical es indiferente el origen nacional de las personas, pues lo relevante es que se trate de trabajadores».
Ahora bien, en la redacción original del texto, la Corte Constitucional había declarado inexequible un apartado en Sentencia C-385/2000, M.P. Antonio Barrera Carbonell, sin embargo, ese apartado fue eliminado de la redacción con la modificación del art. 14 L. 584/2000, de modo que carece de vigencia.

Concord. Art. 388 CST

ARTÍCULO 423. REGISTRO SINDICAL

Modif. Art. 59 L. 50/1990. Para la inscripción en el registro sindical de una federación o confederación se procederá en la misma forma que para los sindicatos, en lo pertinente.

Nota de vigencia: La Corte Suprema de Justicia, en su Sala Plena, declaró exequible el art. 423 CST, modificado por el art. 59 L. 50/1990, por medio de la Sentencia No. 115 del 26 de septiembre de 1991, M.P. Jaime Sanín. Cabe mencionar que la Corte señaló lo siguiente:
«Puede criticare este artículo de contrariar el 44 ibidem conforme al cual "toda organización sindical de trabajadores por el solo hecho de su fundación, y a partir de la fecha de la asamblea constitutiva, goza de personería jurídica", dado que aquél subordina el ejercicio de las funciones y de los derechos —que es en lo que consiste fundamentalmente la personería jurídica— de las organizaciones sindicales al registro respectivo, pero no puede decirse que sea inconstitucional, según se explicó ampliamente cuando se analizó el artículo 39 de la Carta. Lo mismo es aplicable al artículo 59 que se refiere al registro de las federaciones y confederaciones».

Concord. Arts. 363, 365, 366 y 372 CST

ARTÍCULO 424. DIRECTIVA PROVISIONAL

~~La directiva provisional de una federación o confederación sindical ejercerá el mandato hasta la primera reunión posterior al reconocimiento de su personería, que celebre la asamblea general.~~

Nota de vigencia: El Art. 424 CST fue declarado inexequible por la Corte Constitucional en Sentencia C-797/2000, M.P. Antonio Barrera Carbonell, señalando el siguiente fundamento:

«La totalidad de la mencionada disposición será declarada inexequible, por las siguientes razones: porque el artículo 39 dispuso que el reconocimiento jurídico de la organización sindical se produce con la simple acta de su constitución, es decir, en forma automática, y según lo establecido en los artículos 5, 6, 7, del Convenio 87 de la OIT, las organizaciones de los trabajadores y de empleadores tienen el derecho de constituir federaciones y confederaciones, sin necesidad de que el Estado otorgue el reconocimiento de personería jurídica. Además, es cuestión que pertenece al ámbito de la reglamentación estatutaria el determinar lo relativo a la conformación de las directivas de las federaciones y confederaciones sindicales y al carácter de éstas; es decir, su carácter de provisional o definitivo. No le es dable al legislador, por consiguiente, expedir reglamentaciones como las contenidas en la norma acusada, que conciernen con materias que pertenecen al núcleo esencial del derecho de libertad sindical».

ARTÍCULO 425. ESTATUTOS

Modif. Art. 15 L. 584/2000. Las organizaciones de trabajadores de segundo y tercer grado tienen el derecho de redactar libremente sus estatutos y reglamentos administrativos.

Dichos estatutos contendrán, por lo menos:

El período de las directivas o comités ejecutivos reglamentarios y las modalidades de su elección, la integración de los mismos, el quórum y la periodicidad de las reuniones, de las asambleas y/o congresos, la vigencia de los presupuestos y los requisitos para la validez de los gastos.

Nota de vigencia: Antes de ser modificado por el art. 15 L. 58472000, el art. 425 CST tenía la expresión "aprobados por el Ministerio de Trabajo", que había sido declarada inexequible en la Sentencia C-797/2000, M.P. Antonio Barrera Carbonell. Sin embargo, esa expresión fue eliminada del todo en la modificación legislativa, de modo que ya no es vigente.

Concord. Arts. 366 Num. 4 CST

ARTÍCULO 426. ASESORÍA POR ASOCIACIONES SUPERIORES

Toda Organización sindical de segundo o tercer grado puede asesorar a sus organizaciones afiliadas ante los respectivos empleadores en la tramitación de sus conflictos, y también ante las autoridades o ante terceros respecto de cualesquiera reclamaciones.

Concord. Art. 373 C. S.T.

CAPÍTULO XI
DISPOSICIONES FINALES

ARTÍCULO 427. INFORME PARA EL MINISTERIO

Derog. Art. 116 L. 50/1990.

ARTÍCULO 428. CONGRESOS SINDICALES

El Ministerio del Trabajo propiciará la reunión de congresos sindicales, de acuerdo con la reglamentación que estime conveniente.

TÍTULO II
CONFLICTOS COLECTIVOS DE TRABAJO

CAPÍTULO I
DISPOSICIONES GENERALES

ARTÍCULO 429. DEFINICIÓN DE HUELGA

Se entiende por huelga la suspensión colectiva temporal y pacífica del trabajo, efectuada por los trabajadores de un establecimiento o empresa con fines económicos y profesionales propuestos a sus empleadores y previos los trámites establecidos en el presente título.

Nota de vigencia: El art. 429 CST fue Declarado exequible condicionadamente, en su aparte subrayado "con fines económicos y profesionales propuestos a sus empleadores" por parte de la Corte Constitucional en Sentencia C-858/2008, M.P. Nilson Pinilla Pinilla. La exequibilidad fue condicionada en el entendido «que tales fines no excluyen la huelga atinente a la expresión de posiciones sobre políticas sociales, económicas o sectoriales que incidan directamente en el ejercicio de la correspondiente actividad, ocupación, oficio o profesión»., y se fundamentó así:

«En este contexto, queda claro que una interpretación estricta de las expresiones demandadas de los artículos 429 y 450 del Código Sustantivo del Trabajo no se aviene a la amplitud de esa garantía, pues si bien resulta válido que el legislador establezca las finalidades económicas y profesionales de la huelga, también es cierto que no se puede excluir la expresión legítima de las organizaciones sindicales en relación con políticas sociales, económicas y sectoriales que incidan de manera directa y próxima en el ejercicio de la actividad, ocupación, oficio o profesión.

Sobre este particular debe recordarse que según la OIT, el ejercicio del derecho de huelga es perfectamente compatible con la actividad de los sindicatos, como organizaciones encargadas de defender los intereses socioeconómicos y profesionales de los trabajadores, de poder recurrir a la suspensión colectiva y pacífica de labores para apoyar sus posiciones en la búsqueda de soluciones

a los problemas derivados de las grandes cuestiones de política económica y social, que tienen consecuencias inmediatas para sus miembros y para los trabajadores en general, especialmente en materia de empleo, de protección social y de nivel de vida; ese organismo también ha advertido que "la prohibición general de toda actividad política de los sindicatos no sólo sería incompatible con los principios de la libertad sindical, sino que carecería de realismo en cuanto a su aplicación práctica", pues las organizaciones sindicales pueden querer, por ejemplo, manifestar públicamente su opinión sobre la política económica y social que afecta a los trabajadores.
Atendiendo estas pautas, para esta corporación resulta incuestionable que una real garantía del ejercicio del derecho de huelga debe ampliarse para aceptar que sus finalidades no sean puramente económicas y profesionales y que la expresión de esas posiciones no lleve consigo la ilegalidad de la huelga (...)»

Concord. Arts. 12, 51, 374, 416, 444 y 449 CST y Art. 3 L. 26/1976.

ARTÍCULO 430. PROHIBICIONES DE HUELGA EN LOS SERVICIOS PÚBLICOS

Modif. Art. 1 Dcto. 753/1956. De conformidad con la Constitución Nacional, está prohibida la huelga en los servicios públicos.

Para este efecto se considera como servicio público, toda actividad organizada que tienda a satisfacer necesidades de interés general en forma regular y continua, de acuerdo con un régimen jurídico especial, bien que se realice por el Estado, directa o indirectamente, o por personas privadas.

Constituyen, por tanto, servicio público, entre otras, las siguientes actividades:

a) Las que se prestan en cualquiera de las ramas del poder público;

b) Las de empresas de transporte por tierra, agua y aire; y de acueducto, energía eléctrica y telecomunicaciones;

d) Las de establecimientos de asistencia social, de caridad y de beneficencia;

d) Las de establecimientos de asistencia social, de caridad y de beneficencia;

e) ~~Las plantas de leche, plazas de mercado, mataderos y de todos los organismos de distribución de estos establecimientos, sean ellos oficiales o privados;~~

f) Las de todos los servicios de la higiene y aseo de las poblaciones;

g) ~~La de explotación, elaboración y distribución de sal;~~

h) Las de explotación, refinación, transporte y distribución de petróleo y sus derivados, cuando estén destinadas al abastecimiento normal de combustibles del país, a juicio del gobierno, e

i) Derog. Num. 4 Art. 3 L. 48/1968.

Nota de vigencia: El art. 430 CST tiene una extensa lista de pronunciamientos jurisprudenciales, que pueden ser presentados de la siguiente manera:
El inciso 1) del artículo citado fue declarado exequible por la Corte Constitucional en Sentencia C-473/1994, M.P. Alejandro Martínez Caballero, con el siguiente argumento:
«Comienza la Corte por analizar la prohibición de la huelga en los servicios públicos, la cual puede ser descompuesta en dos contenidos normativos complementarios, si tenemos en cuenta que

los servicios públicos esenciales son una especie del género de los servicios públicos: de un lado, el artículo 430 prohíbe la huelga en los servicios públicos esenciales; y de otro lado, este artículo prohíbe también la huelga en los servicios públicos que no son esenciales.

La primera prohibición es constitucional, ya que la huelga no está garantizada en los servicios públicos esenciales; esta prohibición legal se adecúa entonces al ordenamiento constitucional, ya que el Legislador puede prohibir la huelga en los servicios públicos esenciales, con el fin de proteger los derechos constitucionales fundamentales de los usuarios de tales servicios. No corresponde a la Corte en esta sentencia adelantarse a señalar si la no garantía de la huelga en los servicios públicos esenciales, prevista por el artículo 56 superior, es directamente una prohibición constitucional de la huelga en este campo, o si la Constitución simplemente ha establecido que la autoridad facultada para regular la materia —en este caso únicamente el Legislador— tiene la posibilidad de restringir el derecho de huelga en esas actividades, e incluso, en determinadas circunstancias, prohibirlo, si lo considera políticamente necesario y conveniente para proteger los derechos de los usuarios. En efecto, como la demanda versa sobre una prohibición legal de la huelga, corresponde a la Corte únicamente determinar si esa prohibición, en un determinado ámbito de actividades (los servicios públicos esenciales), es o no conforme a la Constitución, sin que deba esta Corporación adelantar otros criterios que puedan condicionar la libertad relativa de configuración del Legislador en esta materia.

La segunda prohibición contenida en el inciso primero del artículo 430 del Código Sustantivo del Trabajo, y que se refiere a los servicios no esenciales, se sitúa, por definición, por fuera del ámbito en donde es restringible el derecho de huelga; ella no es entonces admisible desde el punto de vista constitucional».

El aparte subrayado del lit. b) del artículo fue declarado exequible en Sentencia C-450/1995, M.P. Antonio Barrera Carbonell, por lo siguiente:

«Con respecto al literal b) de la mencionada disposición estima que las actividades de las empresas de transporte por tierra, mar y aire, indudablemente son servicios públicos esenciales, porque están destinadas a asegurar la libertad de circulación (art. 24 CP), o pueden constituir medios necesarios para el ejercicio o la protección de otros derechos fundamentales (vida, salud, educación, trabajo, etc.)».

Así mismo, el lit. d) fue declarado exequible condicionalmente «en el entendido que solo se restringe el derecho de huelga en aquellos establecimientos de asistencia social, de caridad y de beneficencia, que atiendan necesidades básicas de sujetos de especial protección constitucional», por la Corte Constitucional en Sentencia C-122/2012, M.P. Jorge Ignacio Pretelt Chaljub, en donde se argumenta:

«(...) debe tenerse en cuenta que la jurisprudencia de esta Corporación ha señalado que "los aspectos atinentes a la forma de las disposiciones anteriores a la actual Constitución, a diferencia de su contenido material, se rigen por las disposiciones de la Carta Política vigente al momento de su expedición".

En este sentido, el literal d) del artículo 1º del decreto extraordinario 753 de 1956 "por el cual se sustituye el artículo 430 del Código Sustantivo del Trabajo", es anterior a la Constitución Política de 1991, por lo cual al mismo no se le aplicaría la restricción formal contemplada en su artículo 56».

Por otro lado, el lit. e) del art. 430 CST fue declarado inexequible por la Corte Constitucional en Sentencia C-075/1997, M.P. Hernando Herrera Vergara, por lo siguiente:

«En consecuencia, la Corte procederá a declarar la inexequibilidad del literal e) del artículo primero del Decreto Extraordinario 753 de 1956, que subrogó el artículo 430 del Código Sustantivo del Trabajo, pero únicamente en razón a que el Legislador no ha señalado como servicios públicos esenciales las actividades relacionadas con las plantas de leche, plazas de mercado, ma-

taderos y de todos los organismos de distribución de estos establecimientos, sean ellos oficiales o privados, señaladas en dicha disposición, en ejercicio de la facultad constitucional consagrada en el artículo 56 de la Carta Fundamental de 1991».

De igual forma, el lit. g) del art. 430 CST también fue declarado inexequible, sin embargo, esta vez por virtud de la Sentencia C-691/2008, M.P. Manuel José Cepeda Espinosa. En dicha jurisprudencia se menciona:

«Dadas las características de la industria salinera enunciadas anteriormente, considera la Corte que una eventual interrupción temporal de las actividades de explotación, elaboración y distribución de la sal no generaría por sí misma un peligro inmediato para la vida, la seguridad o la salud de la población colombiana. Además, como se observa, en el país existen varios centros de producción de sal, que pueden surtir las necesidades de la misma. Además, nada impide acudir a fuentes externas para proveer en el país la sal necesaria. En consecuencia, las actividades en cuestión no constituyen un servicio público esencial, en el sentido estricto del término, de tal manera que la prohibición de huelga en dicho ámbito es contraria a la Carta Política y será declarada inexequible en la parte resolutiva de esta sentencia».

El lit. h) del art. 430 CST tuvo dos pronunciamientos. El primero, realizado en la Sentencia C-450/1995, M.P. Antonio Barrera Carbonell, declara la exequibilidad del aparte subrayado así:

«Consecuente con los anteriores razonamientos la Corte declarará la exequibilidad de los literales b) y h) del art. 430 del CST Pero debe advertir, que la decisión adoptada en el presente proceso sólo se contrae a la consideración como servicios públicos esenciales de las actividades a que aluden los referidos literales, pues en cada caso concreto sometido a su consideración la Corte examinará si una determinada actividad, atendiendo a su contenido material, corresponde o no a un servicio público esencial».

El segundo pronunciamiento del lit. h) del art. 430 CST fue en la Sentencia C-796/2014, M.P. Jorge Ignacio Pretelt Chaljub, en donde la Corte Constitucional señaló que el literal era declarado exequible por lo siguiente:

«La prohibición que entraña el literal h) del artículo 430 del Código Sustantivo del Trabajo no desborda el concepto de servicios públicos esenciales al que se refiere el artículo 56 de la Carta, tal como ha sido interpretado por esta Corporación con fundamento en los convenios 87, 98 y 154 de la OIT. En efecto, el abastecimiento normal de combustibles derivados del petróleo es esencial para la prestación de servicios básicos tales como la salud y el transporte de pasajeros, y por tanto, su suspensión podría poner en riesgo derechos fundamentales tales como la vida y la salud. De igual manera, a diferencia de lo expresado por el actor, la OIT no ha establecido una prohibición expresa que se clasifiquen en esa categoría de servicio público esencial, las actividades dirigidas específicamente al abastecimiento normal de combustibles derivados del petróleo».

Debe tenerse en cuenta adicionalmente que la Corte Suprema de Justicia en Sentencias SL 1680 de 2020 y SL720 de 2021 ha abierto la posibilidad de que en los servicios públicos esenciales, se analice cada situación concreta para determinar si la huelga limita materialmente la prestación del servicio público esencial poniendo en riesgo la vida, salud y/o seguridad de las personas. Así, se ha abierto la posibilidad de que existan huelgas parciales en sectores como la salud o la educación.

Concord. Art. 56 C. Pol., Arts. 4, 12, 381, 414, 416, 429 y 452 C.S.T, Art. 3 L. 26/1976, Art. 104 Dcto. 222/1995 y Art. 4 L. 100/1993.

ARTÍCULO 431. REQUISITOS

1. No puede efectuarse una suspensión colectiva de trabajo, cualquiera que sea su origen, sin que antes se hayan cumplido los procedimientos que regulan los artículos siguientes.

2. La reanudación de los trabajos implica la terminación de la huelga, y no podrá efectuarse nueva suspensión de labores, mientras no se cumplan los expresados requisitos.

Nota del editor: La Corte Suprema de Justicia ha permitido que se presenten huelgas legales aún sin cumplir el lleno de requisitos legales en casos de huelgas intempestivas imputables al empleador y otros escenarios analizados en concordancia con lo previsto por el Comité de Expertos en Aplicación de Convenios y Recomendaciones de la OIT en el Convenio 87, particularmente en un análisis realizado en la Sentencia SL 1680/20.

Nota de vigencia: La Corte constitucional se declaró inhibida para fallar sobre este artículo en Sentencia C-024/20 M.P. Alejandro Linares Cantillo.

Concord. Arts. 444, 449 y 450 CST

CAPÍTULO II
ARREGLO DIRECTO

ARTÍCULO 432. DELEGADOS

1. Siempre que se presente un conflicto colectivo que pueda dar por resultado la suspensión del trabajo, o que deba ser solucionado mediante el arbitramento obligatorio, el respectivo sindicato o los trabajadores nombrarán una delegación ~~de tres (3) de entre ellos~~ para que presente al empleador, o a quien lo represente, el pliego de las peticiones que formulan.

2. Modif. Art. 16 L. 584/2000. ~~Tales delegados deben ser mayores de edad, trabajadores actuales de la empresa o establecimiento, y que hayan estado al servicio de éste por más de seis (6) meses, o por todo el tiempo que hubiere funcionado el establecimiento cuando fuere menor de seis (6) meses, tratándose de negociaciones colectivas de sindicatos de empresa. En los demás casos el delegado deberá ser trabajador del gremio o de la industria o rama de actividad económica respectivamente según sea el caso.~~

Nota de vigencia: Del aparte tachado del num. 1), y la totalidad del num. 2) del art. 432 CST, se declararon inexequibles en Sentencia C-797/2000, M.P. Antonio Barrera Carbonell, por lo siguiente:

«Estima la Corte que la norma, en lo acusado, desconoce el derecho a la libertad sindical, pues son las organizaciones sindicales las que deben autónomamente determinar cuántos son los delegados que deben presentar ante el empleador el pliego de peticiones y que condiciones deben reunir».

De igual forma, los apartes subrayados del num. 1) del art. 432 CST fueron declarados exequibles en Sentencia C-330/2012, M.P. Humberto Antonio Sierra Porto, según consta:

«Se tiene entonces que por existir finalidades constitucionalmente legítimas se justifica que en materia laboral el principio de voluntariedad del arbitramento deba ceder en ciertos casos, por estar en juego bienes constitucionalmente relevantes tales como la obligación estatal de proveer mecanismos de solución pacífica de controversias laborales, la preservación de la empresa como unidad productiva, e incluso los derechos de los trabajadores y la protección de valores y principios constitucionales relacionados con la protección del trabajo. A lo que se añade que el arbitramento obligatorio es una medida idónea y necesaria para la consecución de estas finalidades, pues por un lado es una medida adecuada para su realización y no existen otras medidas que tengan el mismo grado de efectividad para garantizar la supervivencia de las empresas y los derechos de los trabajadores».

Concord. Arts. 357, 374, 432, 435, 444, 454 y 463 CST

ARTÍCULO 433. INICIACIÓN DE CONVERSACIONES

Modif. Art. 27 Dcto. 2351/1965.

1. El empleador o la representante, están en la obligación de recibir a los delegados de los trabajadores dentro de las veinticuatro horas siguientes a la presentación oportuna del pliego de peticiones para iniciar conversaciones. Si la persona a quién se presentare el pliego considerare que no está autorizada para resolver sobre él debe hacerse autorizar o dar traslado al {empleador} dentro de las veinticuatro horas siguientes a la presentación del pliego, avisándolo así a los trabajadores. En todo caso, la iniciación de las conversaciones en la etapa de arreglo directo no puede diferirse por más de cinco (5) días hábiles a partir de la presentación del pliego.

2. Modif. Art. 21 L. 11/1984. El empleador que se niegue o eluda iniciar las conversaciones de arreglo directo dentro del término señalado será sancionado por las autoridades del trabajo con multas equivalentes al monto de cinco (5) a diez (10) veces el salario mínimo mensual más alto por cada día de mora, a favor del Servicio Nacional de Aprendizaje SENA. Para interponer los recursos legales contra las resoluciones de multa, el interesado deberá consignar previamente su valor a órdenes de dicho establecimiento.

Nota de vigencia: El aparte subrayado "Para interponer los recursos legales contra las resoluciones de multa, el interesado deberá consignar previamente su valor a órdenes de dicho establecimiento", fue declarado exequible por la Corte Constitucional en Sentencia C-741/2013, M.P. José Ignacio Pretelt Chaljub, de la siguiente forma:

«Así las cosas, es constitucionalmente admisible que el legislador adopte medidas tendientes a proteger al trabajador dentro de los procesos de negociación colectiva, que como lo ha reiterado la legislación y la jurisprudencia constitucional, es la parte más débil de la relación laboral, quien, por ende, requiere de una especial protección del Estado, de acuerdo con lo dispuesto en el artículo 13 de la Constitución Política.

En efecto, es a través de dichas medidas como el legislador puede compensar de manera real, la desigualdad existente entre el trabajador y el empleador, en razón no sólo de su situación económica, sino por la subordinación propia del contrato de trabajo. La norma acusada busca que el empleador no evite ni aplace la negociación colectiva, una vez presentado el pliego. Así las cosas, antes que vulnerar el principio de igualdad, la expresión acusada se ajusta a lo dispuesto en el artículo 13 Superior, según el cual es deber del Estado promover las condiciones para que la igualdad sea real y efectiva».

Concord. Arts. 375 y 463 CST; Circular 067/22 Ministerio del Trabajo .

ARTÍCULO 434. DURACIÓN DE LAS CONVERSACIONES

Modif. Arg. 60 L. 50/1990. Las conversaciones de negociación de los pliegos de peticiones en esta etapa de arreglo directo durarán veinte (20) días calendario, prorrogables de común acuerdo entre las partes, hasta por veinte (20) días calendario adicionales.

PARÁGRAFO 1o. Si al término de la etapa de arreglo directo persistieren diferencias sobre alguno o algunos de los puntos del pliego, las partes suscribirán un acta final que registre los acuerdos y dejarán las constancias expresas sobre las diferencias que subsistan.

PARÁGRAFO 2o. Durante esta etapa podrán participar en forma directa en la mesa de negociaciones, como asesores, hasta dos (2) representantes de las asociaciones sindicales de segundo o tercer grado.

Nota de vigencia: El art. 434 tuvo dos pronunciamientos de exequibilidad. El primero fue realizado en la Sentencia C-466/2008, M.P. Jaime Araújo Rentería, en donde la Corte Constitucional determinó que el inciso 1) es exequible, por cuanto:

«(…) considera la Sala que los términos regulados por el artículo 434 del CST para el desarrollo de la etapa de arreglo directo no vulneran el artículo 55 Superior, ni los artículos 2, 3, 4, 5 y 8 del convenio de la OIT, que como se anotó hacen relación al derecho que tienen los trabajadores y empleadores, de constituir las organizaciones que estimen convenientes, sin ninguna distinción y sin autorización previa, de redactar sus estatutos y reglamentos administrativos, de elegir libremente sus representantes, de organizar su administración y sus actividades y formular su programa de acción; a la garantía de disolución o suspensión de dichas organizaciones sólo por vía judicial; al derecho a constituir federaciones y confederaciones nacionales o internacionales; y a la obligación que conlleva el ejercicio de estos derechos de respetar la legalidad, y a la prohibición a la legislación nacional de menoscabar las garantías previstas en el convenio».

El segundo pronunciamiento de exequibilidad fue desarrollado en Sentencia C-018/2015, M.P. Gabriel Eduardo Mendoza Martelo. En esta ocasión la Corporación Constitucional declara exequible el apartado subrayado del parágrafo 2) por lo siguiente:

«Como se observa, aun cuando se trate de una misma acusación, la constitucionalidad o la inconstitucionalidad de los preceptos acusados de limitar o desconocer los derechos de asociación sindical y a la negociación colectiva, depende de las especificidades de cada situación, sin que resulte posible erigir una regla general fundada en el simple parecido que un caso pueda tener con otro.
Lo anterior explica que en esta ocasión no se reitere la Sentencia C-797 de 2000, contentiva de la inexequibilidad de un aparte del artículo 432 del Código Sustantivo del Trabajo que establecía el número de delegados que deben presentar el pliego de peticiones, puesto que, en contra de la asimilación de las circunstancias patente en el concepto del señor Procurador General de la Nación, de conformidad con lo que se ha expuesto, es claro que median importantes diferencias entre lo allí estudiado y lo ahora debatido, como que entonces se trataba del derecho a la libertad sindical y no de la negociación colectiva, de la representación, mas no de la asesoría confiada a las organizaciones de segundo y tercer grado y, en últimas, de los sindicatos encargados de esa representación de los trabajadores y no de las federaciones o confederaciones que, en el estricto sentido prohijado por la jurisprudencia constitucional, no ejercen esa representación que, se repite, está asignada a las organizaciones sindicales de primer grado.
Siendo así, no encuentra la Corte motivo de inconstitucionalidad en la expresión "hasta dos (2)", contenida en el parágrafo 2º del artículo 434 del Código Sustantivo del Trabajo y declarará su exequibilidad, pero solo por los cargos examinados, ya que, conforme se indicó en la primera parte de estas consideraciones, algunos de los cargos planteados no fueron analizados a causa de su ineptitud».

Concord. Art. 426 CST

ARTÍCULO 435. ACUERDO

Modif. Art. 2 L. 39/1985. Los negociadores de los pliegos de peticiones deberán estar investidos de plenos poderes, que se presumen, para celebrar y suscribir en nombre de las partes que representan los Acuerdos a que lleguen en la etapa de arreglo directo, los cuales no son susceptibles de replanteamiento o modificaciones en las etapas posteriores del conflicto colectivo.

Si se llegare a un Acuerdo total o parcial sobre el pliego de peticiones, se firmará la respectiva convención colectiva o el pacto entre los trabajadores no sindicalizados y el empleador, y se enviará una copia al Ministerio de Trabajo y Seguridad Social por conducto del inspector respectivo.

Los Acuerdos que se produzcan en la primera etapa del Trámite de negociación se harán constar en Actas que deberán ser suscritas a medida que avancen las conversaciones y que tendrán carácter definitivo.

Concord. Arts. 454, 467 y 481 CST

ARTÍCULO 436. DESACUERDO

Modif. Art. 3 L. 39/1985. Si no se llegare a un arreglo directo en todo o en parte, se hará constar así en acta final que suscribirán las partes, en la cual se expresará el estado en que quedaron las conversaciones sobre el pliego de peticiones y se indicará con toda precisión cuáles fueron los acuerdos parciales sobre los puntos del pliego y cuáles en los que no se produjo arreglo alguno.

Copia de esta acta final se entregará al día siguiente al Ministerio de Trabajo y Seguridad Social.

Concord. Arts. 435, 444, 452 y 458 CST

CAPÍTULO III
MEDIACIÓN

ARTÍCULO 437. MEDIACIÓN

Derog. Art. 116 L. 50/1990.

ARTÍCULO 438. INICIACIÓN DE LABORES

Derog. Art. 116 L. 50/1990.

ARTÍCULO 439. REPRESENTANTES DE LAS PARTES

Derog. Art. 116 L. 50/1990.

ARTÍCULO 440. OBLIGACIONES DE LOS REPRESENTANTES

Derog. Art. 116 L. 50/1990.

ARTÍCULO 441. DURACIÓN DE LA MEDIACIÓN

Derog. Art. 116 L. 50/1990.

ARTÍCULO 442. DIFERENCIAS PERSISTENTES

Derog. Art. 116 L. 50/1990.

ARTÍCULO 443. COPIA

De todos los nombramientos, actas, convenciones y pactos se entregarán copias a las partes y al Inspector del Trabajo, y en defecto de éste al Alcalde Municipal respectivo, para su remisión al Ministerio del Trabajo.

CAPÍTULO IV
DECLARATORIA Y DESARROLLO DE LA HUELGA

ARTÍCULO 444. DECISIÓN DE LOS TRABAJADORES

Modif. Art. 61 L. 50/1990 y Art. 17 L. 584/2000. Concluida la etapa de arreglo directo sin que las partes hubieren logrado un acuerdo total sobre el diferendo laboral, los trabajadores podrán optar por la declaratoria de huelga o por someter sus diferencias a la decisión de un Tribunal de Arbitramento.

La huelga o la *solicitud de arbitramento serán decididas dentro de los diez (10) días hábiles siguientes a la terminación de la etapa de arreglo directo*, mediante votación secreta, personal e indelegable, por la mayoría absoluta de los trabajadores de la empresa, o de la asamblea general de los afiliados al sindicato o sindicatos que agrupen más de la mitad de aquellos trabajadores.

Para este efecto, si los afiliados al sindicato o sindicatos mayoritarios o los demás trabajadores de la empresa, laboran en más de un municipio, se celebrarán asambleas en cada uno de ellos, en las cuales se ejercerá la votación en la forma prevista en este artículo y, el resultado final de ésta lo constituirá la sumatoria de los votos emitidos en cada una de las asambleas.

Antes de celebrarse la asamblea o asambleas, las organizaciones sindicales interesadas o los trabajadores, podrán dar aviso a las autoridades del trabajo sobre la celebración de las mismas, con el único fin de que puedan presenciar y comprobar la votación.

Nota de vigencia: El art. 444 CST está dotado de diversos pronunciamientos de constitucionalidad. Se pueden catalogar de la siguiente forma:

Las expresiones subrayadas fueron recogidas por la Corte Constitucional en Sentencia C-330/2012, M.P. Humberto Antonio Sierra Porto, y declaradas exequibles por lo siguiente:

«En efecto, el principio democrático es el mecanismo constitucionalmente adecuado, con el que cuentan los trabajadores, para elegir si un conflicto colectivo de trabajo debe ser resuelto por un tribunal de arbitramento, por cuanto con éste se garantiza que cada uno de los empleados participe en el proceso decisorio de uno de los actos más importantes que estos pueden realizar. Además la mayoría decisoria fijada en los preceptos acusados, la mitad más uno de los trabajadores de la empresa o de los trabajadores sindicalizados, no contradice el principio de voluntariedad del arbitramento porque la regla de la mayoría es un instrumento constitucionalmente legítimo para la adopción de decisiones en órganos plurales.

(...)

En este orden de ideas, prever que la decisión de acudir a arbitramento sea tomada por la mayoría absoluta de los trabajadores de la empresa, o de la asamblea general de los afiliados al sindicato o sindicatos que agrupen más de la mitad de aquellos trabajadores no riñe con el artículo 116 Constitucional».

Ahora bien, el inciso 3) del art. 444 CST fue declarado exequible por la Corte Suprema de Justicia, Sala Plena, en Sentencia No. 115 del 26 de septiembre de 1991, M.P. Jaime Sanín, por lo siguiente:

«Es de anotar, igualmente, que aunque el tamaño de los sindicatos ha aumentado y seguramente seguirá creciendo a medida que se fortalezca el movimiento y se conformen, según la tendencia de los últimos años, los de industria y gremiales, no resulta difícil consultar en forma personal e indelegable a todos y cada uno de los trabajadores sobre su voto para declarar o no la huelga y para convocar o no un tribunal de arbitramento, pues basta considerar la capacidad de los espacios abiertos al público en las ciudades de hoy, tales como estadios, coliseos y plazas de toro, y los medios de que se vale ahora la informática, para concluir que el manejo de votaciones de estos volúmenes está dentro de lo razonable, como se demuestra también con la práctica de certámenes electorales mucho más complejos, no ya de miles sino de millones de participantes, que se realizan periódicamente en el país en un solo día. Además, entre la actividad que de todas maneras habría que desplegar para delegar la representación y la necesaria para votar directamente no parece que haya una diferencia en términos de dificultad, esfuerzo y tiempo que deba considerarse.

De otro lado, dada la gran importancia que esta decisión en particular tiene para todos y cada uno de los trabajadores y su enorme trascendencia para la empresa y la economía en general, a más de que el voto mayoritario afecta no sólo a quienes lo emiten sino también a los disidentes, es lógico y sano que la ley exija esta forma de votación y no conceda la representación de todos los trabajadores a la célula u organización sindical, como sí puede acontecer para otros fes (sic)».

En cuanto al inciso 4) del art. 444 CST, cabe señalar que había sido declarado inexequible por la Sentencia C-797/2000, M.P. Antonio Barrera Carbonell, sin embargo, toda vez que fue modificado posteriormente por el art. 17 L. 584/2000, perdió vigencia.

Sin embargo, el art. 17 L. 584/2000 trajo una nueva expresión al inciso 4) del art. 444 CST, "podrán dar aviso", que fue objeto de pronunciamiento de constitucionalidad por parte de la Corte Constitucional en Sentencia C-449/2005, M.P. Jaime Córdoba Triviño, que la declaró exequible así:

«Considera la Corte que las razones plasmadas en la Sentencia C-797 de 2000 para declarar la inconstitucionalidad del inciso 4 anterior sirven de fundamento ahora para sustentar la constitucionalidad de las expresiones objeto de demanda.

En efecto, la no exigencia para los trabajadores y para la organización sindical de dar aviso sobre la celebración de la asamblea o asambleas es consecuencia de su libertad sindical y de su derecho de asociación, garantizado en la Carta Política y en los tratados de la OIT».

Concord. Arts. 51, 357, 373, 385, 429, 432, 436, 452, 374, 384 y 436 C.S.T y Art. 2.2.2.9.2. Num. 5 Dcto. 1072/2015.

ARTÍCULO 445. DESARROLLO DE LA HUELGA

Modif. Art. 62 L. 50/1990.

1. La cesación colectiva del trabajo, cuando los trabajadores optaren por la huelga, sólo podrá efectuarse transcurridos dos (2) días hábiles a su declaración y no más de diez (10) días hábiles después.

2. Durante el desarrollo de la huelga, la mayoría de los trabajadores de la empresa o la asamblea general del sindicato o sindicatos que agrupen más de la mitad de aquellos trabajadores, podrán determinar someter el diferendo a la decisión de un Tribunal de Arbitramento.

3. Dentro del término señalado en este artículo las partes si así lo acordaren, podrán adelantar negociaciones directamente o con la intervención del Ministerio de Trabajo y Seguridad Social.

Nota de vigencia: El art. 445 CST tuvo tres pronunciamientos de exequibilidad.
En el primero, las expresiones subrayadas del numeral 1) fueron declaradas exequibles por la Corte Suprema de Justicia en su Sala Plena, en Sentencia No. 115 del 26 de septiembre de 1991, M.P. Jaime Sanín, por lo siguiente:
«Estas normas establecen que una vez declarada legalmente la huelga ésta no puede llevarse a efecto sino después de 2 días y antes de que transcurran los diez días siguientes a la declaratoria, pues de lo contrario la cesación colectiva del trabajo sería un paro ilegal con las consecuencias conocidas, entre ellas la posibilidad de despedir a quienes hubieren intervenido o participado en él: la acusación, aquí también, respecto a la modificación que opera la ley en relación con el régimen anterior que fijaba otros plazos, para decir que no se respetan los derechos adquiridos, es evidentemente inane.
También lo es el cargo de que atentan contra el derecho de huelga que reconoce el artículo 56 constitucional, pues este canon claramente atribuye a la ley la competencia para reglamentar su ejercicio dentro de lo cual cabe ampliamente esta normación que solamente busca que la cesación colectiva de trabajo se lleve a efecto dentro de determinados términos y en forma organizada, pero libre y efectiva».
En el segundo pronunciamiento, fueron declaradas exequibles las expresiones subrayadas en el numeral 2), mediante Sentencia C-085/1995, M.P. Jorge Arango Mejía, expedida por la Corte Constitucional. Los argumentos esbozados fueron:
«Pues bien, tal exigencia se ajusta perfectamente a la Constitución. Para demostrarlo no es menester acudir a complicadas lucubraciones. Basta considerar que de conformidad con el inciso segundo del artículo 39 de la misma Constitución, "La estructura interna y el funcionamiento de los sindicatos y organizaciones sociales y gremiales se sujetarán al orden legal y a los principios democráticos". Si en la vida de un sindicato uno de los actos más importantes es la declaración de huelga, resulta inaceptable la pretensión de que precisamente ese acto se sustraiga a los principios democráticos. Principios entre los cuales se destaca el de la primacía de la voluntad de la mayoría.

En cuanto a la decisión de someter el diferendo a la decisión de árbitros, es lógico que ella se adopte también por la mayoría. Lo contrario no tendría sentido a la luz de los mismos principios democráticos. Esto, en relación con el numeral 2 del artículo 445 del Código Sustantivo de Trabajo, modificado por el artículo 62 de la ley 50 de 1990».

Y el tercer pronunciamiento fue sobre la exequibilidad de la totalidad del num. 2) del art. 445 CST, en donde la Corte Constitucional, mediante Sentencia C-330/2012, M.P. Humberto Antonio Sierra Porto, señaló lo siguiente:

«Afirma la sentencia en mención, que al tratarse de una medida excepcional que tiende a evitar que se produzcan situaciones que perturben y afecten los intereses de la economía nacional considerada en su conjunto ésta se ajusta a la Carta Política, dado que "desde el mismo Preámbulo de la Constitución se estableció la finalidad de fortalecer la unidad de la Nación y asegurar a sus integrantes el trabajo, dentro de un marco que garantice entre otras "un orden económico y social justo". Igualmente cabe destacar que dentro de los principios fundamentales consagrados en la Carta Política se encuentra el de la prevalencia del interés general artículo 1o. CP— y como finalidades esenciales del Estado se establece la de servir a la comunidad, promover la prosperidad general y garantizar la efectividad de los principios, derechos y deberes consagrados en la Constitución, para la vigencia de un orden justo —artículo 2o. CP—"».

Concord. Arts. 12, 60, 385, 429, 452, 448 y 450 CST.

ARTÍCULO 446. FORMA DE LA HUELGA

Cumplidos los procedimientos previos de arreglo directo y conciliación*, si el sindicato o grupo de trabajadores no sindicalizados declare la huelga, ésta debe efectuarse en forma ordenada y pacífica.

Nota de vigencia: Los arts. 431, 446 y 450 (parciales) del CST fueron sujetos de una Acción Pública de Inconstitucionalidad con Radicado D-13270. El proyecto del fallo fue registrado por la Corte Constitucional el 16 de octubre de 2019, pero no se ha expedido la Sentencia de Constitucionalidad.

Adicionalmente, merece la pena mencionar que la conciliación fue reemplazada por la medicación establecida en el Art. 437 CST, la cual fue derogada por el Art. 116 L. 50/1990.

Concord. Arts. 60 Num. 4 y 374 Num. 4 CST

ARTÍCULO 447. COMITÉS DE HUELGA

Los directores del movimiento pueden constituir "Comités de Huelga" que sirvan de agentes de información de los trabajadores y de comunicación con los empleadores o con sus representantes.

Concord. Art. 445 CST

ARTÍCULO 448. FUNCIONES DE LAS AUTORIDADES

Modif. Art. 63 L. 50/1990.

1. Durante el desarrollo de la huelga, las autoridades policivas tienen a su cargo la vigilancia del curso pacífico del movimiento y ejercerán de modo permanente la acción que les corresponda, a fin de evitar que los huelguistas, los empleadores, o cualesquiera personas en conexión con ellos excedan las finalidades jurídicas de la huelga, o intenten aprovecharla para promover desórdenes o cometer infracciones o delitos.

2. Mientras la mayoría de los trabajadores de la empresa persista en la huelga, las autoridades garantizarán el ejercicio de este derecho y no autorizarán ni patrocinarán el ingreso al trabajo de grupos minoritarios de trabajadores aunque estos manifiesten su deseo de hacerlo.

3. Modif. Art. 18 L. 584/2000. Declarada la huelga, el sindicato o sindicatos que agrupen la mayoría de los trabajadores de la empresa o, en defecto de estos, de los trabajadores en asamblea general, podrán someter a votación la totalidad de los trabajadores de la empresa, si desean o no, sujetar las diferencias persistentes a fallo arbitral. Si la mayoría absoluta de ellos optare por el tribunal, no se suspenderá el trabajo o se reanudará dentro de un término máximo de tres (3) días hábiles de hallarse suspendido.

4. Modif. Art. 1 L. 1210/2008. Cuando una huelga se prolongue por sesenta (60) días calendario, sin que las partes encuentren fórmula de solución al conflicto que dio origen a la misma, el empleador y los trabajadores durante los tres (3) días hábiles siguientes, podrán convenir cualquier mecanismo de composición, conciliación o arbitraje para poner término a las diferencias.

Si en este lapso las partes no pudieren convenir un arreglo o establecer un mecanismo alternativo de composición para la solución del conflicto que les distancia, de oficio o a petición de parte, intervendrá una subcomisión de la Comisión de Concertación de Políticas Salariales y Laborales, al tenor de lo dispuesto en el artículo 9o de la Ley 278 de 1996.

Esta subcomisión ejercerá sus buenos oficios durante un término máximo de cinco (5) días hábiles contados a partir del día hábil siguiente al vencimiento del término de los tres (3) días hábiles de que trate este artículo. Dicho término será perentorio y correrá aun cuando la comisión no intervenga. Si vencidos los cinco (5) días hábiles no es posible llegar a una solución definitiva, ambas partes solicitarán al Ministerio de la Protección Social la convocatoria del tribunal de arbitramento. *Efectuada la convocatoria del Tribunal de Arbitramento los trabajadores tendrán la obligación de reanudar el trabajo dentro de un término máximo de tres (3) días hábiles.*

Sin perjuicio de lo anterior la comisión permanente de concertación de políticas salariales y laborales, podrá ejercer la función indicada en el artículo 9o de la Ley 278 de 1996.

PARÁGRAFO 1o. La Comisión Nacional de Concertación de Políticas Laborales y Salariales designará tres (3) de sus miembros (uno del Gobierno, uno de los trabajadores y uno de los empleadores) quienes integrarán la subcomisión encargada de intervenir para facilitar la solución de los conflictos laborales. La labor de estas personas será ad honorem.

~~**PARÁGRAFO 2o.** Si una huelga, en razón de su naturaleza o magnitud, afecta de manera grave la salud, la seguridad, el orden público o la economía en todo o en parte de la población, el Presidente de la República, previo concepto favorable de la Sala Laboral de la Corte Suprema de Justicia, puede ordenar en cualquier momento la cesación de la huelga y que los diferendos que la provocaron sean sometidos a fallo arbitral.~~

En caso de vacancia judicial, el concepto previo corresponde al Procurador General de la Nación. En ambas circunstancias, el concepto debe ser expedido dentro de los tres (3) días siguientes a la solicitud.

Nota de vigencia: Los apartados subrayados del num. 2) fueron declarados exequibles por la Corte Constitucional en Sentencia C-085/1995, M.P. Jorge Arango Mejía, fundamentándose en lo siguiente:

«Pues bien, tal exigencia se ajusta perfectamente a la Constitución. Para demostrarlo no es menester acudir a complicadas lucubraciones. Basta considerar que de conformidad con el inciso segundo del artículo 39 de la misma Constitución, "La estructura interna y el funcionamiento de los sindicatos y organizaciones sociales y gremiales se sujetarán al orden legal y a los principios democráticos". Si en la vida de un sindicato uno de los actos más importantes es la declaración de huelga, resulta inaceptable la pretensión de que precisamente ese acto se sustraiga a los principios democráticos. Principios entre los cuales se destaca el de la primacía de la voluntad de la mayoría. En cuanto a la decisión de someter el diferendo a la decisión de árbitros, es lógico que ella se adopte también por la mayoría. Lo contrario no tendría sentido a la luz de los mismos principios democráticos. Esto, en relación con el numeral 2 del artículo 445 del Código Sustantivo de Trabajo, modificado por el artículo 62 de la ley 50 de 1990».

Por otro lado, la expresión subrayada de los nums. 3) y 4) del art. 448 CST fueron declaradas exequibles por la Corte Constitucional en Sentencia C-330/2012, M.P. Humberto Antonio Sierra Porto, alegando lo siguiente;

«(...) la equiparación de las relaciones entre capital y trabajo, y la consecuente protección a los trabajadores, es la visión que debe imperar al momento de analizar cualquier norma del ordenamiento laboral, dado que al ser conquistas de carácter social y garantías de orden constitucional, cualquier interpretación que no tuviera en cuenta esta concepción desdibujaría los ideales plasmados en el Texto Superior.

Se tiene entonces que por existir finalidades constitucionalmente legítimas se justifica que en materia laboral el principio de voluntariedad del arbitramento deba ceder en ciertos casos, por estar en juego bienes constitucionalmente relevantes tales como la obligación estatal de proveer mecanismos de solución pacífica de controversias laborales, la preservación de la empresa como unidad productiva, e incluso los derechos de los trabajadores y la protección de valores y principios constitucionales relacionados con la protección del trabajo. A lo que se añade que el arbitramento obligatorio es una medida idónea y necesaria para la consecución de estas finalidades, pues por un lado es una medida adecuada para su realización y no existen otras medidas que tengan el mismo grado de efectividad para garantizar la supervivencia de las empresas y los derechos de los trabajadores.

Por lo tanto se declarar la exequibilidad de la expresión "ambas partes solicitarán al Ministerio de la Protección Social la convocatoria del tribunal de arbitramento" contenida en el artículo 1 de la Ley 1210 de 2008; los literales a) y b) del artículo 19 de la Ley 584 de 2000; el término "obligatorio" de los numerales 2 y 3 del artículo 3 de la Ley 48 de 1968; las palabras "arbitramento obligatorio" del numeral 1 del artículo 432 del Código Sustantivo del Trabajo y el artículo 143 del Decreto-Ley 2158 de 1948, por el cargo examinado en la presente decisión».

Ahora bien, la Corte Constitucional ha declarado inexequible el parágrafo 2) del art. 448 CST en Sentencia C-349/2009, M.P. Mauricio González Cuervo, aduciendo lo siguiente:

«La norma asigna a esos organismos una función que, en lo que atañe a la Corte Suprema, riñe con el cometido fundamental asignado a la función judicial, consistente en "[H]acer efectivos los derechos, las obligaciones, garantías y libertades consagradas" en la Constitución y la Ley, "con el fin de realizar la convivencia social y lograr y mantener la concordia nacional". Efectivamente no hace parte de esa altísima misión, emitir un concepto, sin sujeción a procedimiento alguno, acerca de la orden presidencial de suspender el ejercicio de un derecho. La cláusula del numeral 7° del artículo 235 CP, que asigna a la Corte "Las demás atribuciones que señale la Ley" no podría amparar la facultad en cuestión, puesto el contenido de esa cláusula debe estar acorde con la misión central antes reseñada».

Concord. Arts. 60 Num. 4, 375, 385, 415, 459 y 462 CST, Art. 9 L. 278/1996 y Art. 2 Dcto. 4108/2011.

ARTÍCULO 449. EFECTOS JURÍDICOS DE LA HUELGA

Modif. Art. 64 L. 50/1990. La huelga sólo suspende los contratos de trabajo por el tiempo que dure. El empleador no puede celebrar entretanto nuevos contratos de trabajo para la reanudación de los servicios suspendidos, salvo en aquellas dependencias cuyo funcionamiento sea indispensable a juicio del respectivo inspector de trabajo, para evitar graves perjuicios a la seguridad y conservación de los talleres, locales, equipos, maquinarias o elementos básicos y para la ejecución de las labores tendientes a la conservación de cultivos, así como para el mantenimiento de semovientes, y solamente en el caso de que los huelguistas no autoricen el trabajo del personal necesario de estas dependencias.

PARÁGRAFO. El Inspector de Trabajo deberá pronunciarse sobre las solicitudes del inciso anterior en un término no mayor a cuarenta y ocho (48) horas, contados a partir de su presentación.

Nota de Vigencia: La expresión subrayada: "La huelga sólo suspende los contratos de trabajo por el tiempo que dure", fue declarada exequible condicionadamente en Sentencia C-1369/2000,

M.P. Antonio Barrera Carbonell por la Corte Constitucional. Originalmente, el análisis de Constitucionalidad de la norma estaba en la Sentencia C-993/2000, pero dicha providencia fue declarada nula por el Auto 91 del 11 de octubre de 2000, y se ordenó una nueva expedición de la Sentencia, que resulta ser la vigente.

De este modo, el motivo de la exequibilidad fue:

«(...)

Situación diferente se presenta cuando, según el art. 449 del CST, es posible la reanudación de los servicios suspendidos en aquellas dependencias cuyo funcionamiento sea indispensable "a juicio del respectivo inspector de trabajo, para evitar graves perjuicios a la seguridad y conservación de los talleres, locales, equipos, maquinarias o elementos básicos y para la ejecución de las labores tendientes a la conservación de cultivos así como para el mantenimiento de semovientes", mediante la contratación de nuevos trabajadores, o con la utilización del personal necesario cuyo trabajo autoricen los huelguistas.

Para la Corte resulta claro que los trabajadores minoritarios no holgados, no pueden continuar sus labores, como en forma equivocada lo plantean los demandantes, pues como bien lo apunta Mario de la Cueva la huelga resulta ser un derecho de las mayorías de las clases trabajadoras, el cual se garantiza de manera efectiva como se indica en la norma antes transcrita.

No existe en consecuencia rompimiento de la igualdad porque la situación fáctica y jurídica es diferente. Quienes en razón de la huelga, no imputable al empleador, no presten el servicio se les aplican las consecuencias de la suspensión del contrato de trabajo previstas en el art. 53 del CST, no así quienes en las circunstancias antes anotadas laboren en la empresa durante el cese de actividades».

Concord. Arts. 51, 60, 380, 431, 448 y 450 CST, Art. 22 Num. 8 Dcto. 4369/2006 y Art. 2 Dcto. 4108/2011.

CAPÍTULO V
SUSPENSIÓN COLECTIVA ILEGAL DEL TRABAJO

ARTÍCULO 450. CASOS DE ILEGALIDAD Y SANCIONES

Modif. Art. 65 L. 50/1990.

1. La suspensión colectiva del trabajo es ilegal en cualquiera de los siguientes casos:

a) Cuando se trate de un servicio público;

b) Cuando persiga fines distintos de los profesionales o económicos;

c) Cuando no se haya cumplido previamente el procedimiento del arreglo directo;

d) Cuando no se haya sido declarada por la asamblea general de los trabajadores en los términos previstos en la presente ley;

e) Cuando se efectuare antes de los dos (2) días o después de diez (10) días hábiles a la declaratoria de huelga;

f) Cuando no se limite a la suspensión pacífica del trabajo, y

g) Cuando se promueva con el propósito de exigir a las autoridades la ejecución de algún acto reservado a la determinación de ellas.

2. Declarada la ilegalidad de una suspensión o paro del trabajo, el empleador queda en libertad de despedir por tal motivo a quienes hubieren intervenido o participado en él, y respecto a los trabajadores amparados por el fuero el despido no requerirá calificación judicial.

3. El Ministerio de Trabajo y Seguridad Social, el Ministerio Público o el empleador afectado, podrán solicitar a la justicia laboral la suspensión o cancelación de la personería jurídica del sindicato, conforme al procedimiento señalado en el artículo 52 de esta ley.

4. Las sanciones a que se refiere el inciso anterior no excluyen la acción del empleador contra los responsables para la indemnización de los perjuicios que se le hayan causado.

Notas de vigencia: El lit. a) del num. 1) del art. 450 CST fue declarado exequible en Sentencia C-473/1994, M.P. Alejandro Martínez Caballero, por lo siguiente:

«La primera prohibición es constitucional, ya que la huelga no está garantizada en los servicios públicos esenciales; esta prohibición legal se adecúa entonces al ordenamiento constitucional, ya que el Legislador puede prohibir la huelga en los servicios públicos esenciales, con el fin de proteger los derechos constitucionales fundamentales de los usuarios de tales servicios. No corresponde a la Corte en esta sentencia adelantarse a señalar si la no garantía de la huelga en los servicios públicos esenciales, prevista por el artículo 56 superior, es directamente una prohibición constitucional de la huelga en este campo, o si la Constitución simplemente ha establecido que la autoridad facultada para regular la materia —en este caso únicamente el Legislador— tiene la posibilidad de restringir el derecho de huelga en esas actividades, e incluso, en determinadas circunstancias, prohibirlo, si lo considera políticamente necesario y conveniente para proteger los derechos de los usuarios. En efecto, como la demanda versa sobre una prohibición legal de la huelga, corresponde a la Corte únicamente determinar si esa prohibición, en un determinado ámbito de actividades (los servicios públicos esenciales), es o no conforme a la Constitución, sin que deba esta Corporación adelantar otros criterios que puedan condicionar la libertad relativa de configuración del Legislador en esta materia.

(...)

Consideraciones similares se pueden efectuar con respecto a la declaratoria de ilegalidad de las suspensiones colectivas de trabajo en los servicios públicos prevista por literal a del artículo 450 del Código Sustantivo del Trabajo. Ella es exequible para aquellos servicios públicos que son esenciales, pero no es admisible cuando se trate de servicios no esenciales, caso en el cual no podrá darse aplicación al ordinal 2 de este mismo artículo».

Aunado a lo anterior, la Corte Constitucional en Sentencia C-858/2008, M.P. Nilson Pinilla Pinilla, declara condicionalmente exequible el lit. b) del núm. 1) del art. 450 CST «en el entendido de que tales fines no excluyen la huelga atinente a la expresión de posiciones sobre políticas sociales, económicas o sectoriales que incidan directamente en el ejercicio de la correspondiente actividad, ocupación, oficio o profesión»., el razonamiento fue el siguiente:

«En principio, la asignación de finalidades económicas y profesionales a la huelga (art. 429 CST), como su calificación de ilegal cuando se aparta de esos objetivos (literal b art. 450 ib.), no son medidas irrazonables, puesto que apuntan a la consecución de un objetivo constitucional-

mente valioso, como es la preservación del orden público, mediante el adecuado ejercicio de esa garantía superior para beneficio de la clase trabajadora y como mecanismo legítimo de presión hacia equitativas condiciones laborales. Sin tales parámetros, el derecho de huelga sería nugatorio e impracticable y afectaría profundamente las relaciones entre trabajadores y empleadores, que deben desarrollarse en un espíritu de coordinación económica y equilibrio social.

Tampoco se advierte desproporción alguna en la no consagración de la huelga política, pues el derecho de los trabajadores a la defensa de sus intereses mediante el empleo de un instrumento legítimo de presión como la huelga, debe ceder cuando con ello se ocasiona o se puede causar un mal más grave que el que los huelguistas experimentarían si su reivindicación o pretensión no tuviera éxito, lo cual sucedería de permitir su ejercicio con finalidades distintas a las de carácter económico y profesional, que podría conllevar desestabilización a las instituciones democráticas y perjudicar, finalmente, a los mismos trabajadores.

Además, está claro que el derecho de huelga puede experimentar limitaciones o restricciones en su ejercicio, derivadas de su conexidad con otros derechos o bienes constitucionalmente protegidos, sin rebasar su contenido esencial, ni obstruirlo más allá de lo razonable, ni despojarlo de la necesaria protección, que es precisamente lo que previenen las normas acusadas, al limitar el ejercicio de esa garantía constitucional a la suspensión colectiva de labores que procura mejoras en las condiciones de trabajo, objetivo que por ser de interés general y de utilidad pública, está en consonancia con la Carta Política».

De manera adicional, el lit. c) del num. 1) del art. 450 fue declarado exequible por la Corte Constitucional en Sentencia C-085/1995, M.P. Jorge Arango Mejía. Los fundamentos de la Corporación fueron los siguientes:

«(...) el arreglo directo es la demostración concreta del ánimo conciliador de las partes. Por esto, el artículo 55, en su inciso segundo, establece: "Es deber del Estado promover la concertación y los demás medios para la solución pacífica de los conflictos colectivos de trabajo". A este fin está dirigida la exigencia de la norma acusada.

Sin que sobre anotar que esta norma se acomoda perfectamente a lo previsto en el inciso segundo del artículo 56 de la Constitución, según el cual la ley reglamentará el derecho de huelga. Mientras una ley no reglamente expresamente el derecho de huelga, están vigentes las disposiciones anteriores a la Constitución, que regulan esta materia, en cuanto no sean contrarias a la misma Constitución.

Por todo lo anterior, es erróneo afirmar que la disposición aquí demandada desconoce "el contenido esencial" del derecho de huelga. No, esta norma apenas "reglamenta su ejercicio", como lo ordena la Constitución».

En ese orden de ideas, tanto el lit. e) del num. 1), como el num. 2) del art. 450 CST fueron declarados exequibles por la Corte Suprema de Justicia en su Sala Plena, en Sentencia No. 115 del 26 de septiembre de 1991, M.P. Jaime Sanín, por lo siguiente:

«Estas normas establecen que una vez declarada legalmente la huelga ésta no puede llevarse a efecto sino después de 2 días y antes de que transcurran los diez días siguientes a la declaratoria, pues de lo contrario la cesación colectiva del trabajo sería un paro ilegal con las consecuencias conocidas, entre ellas la posibilidad de despedir a quienes hubieren intervenido o participado en él: la acusación, aquí también, respecto a la modificación que opera la ley en relación con el régimen anterior que fijaba otros plazos, para decir que no se respetan los derechos adquiridos, es evidentemente inane.

También lo es el cargo de que atentan contra el derecho de huelga que reconoce el artículo 56 constitucional, pues este canon claramente atribuye a la ley la competencia para reglamentar su ejercicio dentro de lo cual cabe ampliamente esta normación que solamente busca que la cesación colectiva de trabajo se lleve a efecto dentro de determinados términos y en forma organizada, pero libre y efectiva».

Por último, los arts. 431, 446 y 450 (parciales) del CST fueron sujetos de una Acción Pública de Inconstitucionalidad con Radicado D-13270. El proyecto del fallo fue registrado por la Corte Constitucional el 16 de octubre de 2019, pero no se ha expedido la Sentencia de Constitucionalidad.

Concord. Art. 56 C. Pol, Arts. 379, 380, 385, 401, 416, 431, 434, 444, 462 y 464 CST y Art. 2 Dcto. 4108/2011.

ARTÍCULO 451. DECLARACIÓN DE ILEGALIDAD

Modif. Art. 2 L. 1210/2008.

1. La legalidad o ilegalidad de una suspensión o paro colectivo del trabajo será declarada judicialmente mediante trámite preferente. En primera instancia, conocerá la Sala Laboral del Tribunal Superior competente. Contra la decisión procederá el recurso de apelación que se concederá en el efecto suspensivo y se tramitará ante la Sala Laboral de la Corte Suprema de Justicia. La providencia respectiva deberá cumplirse una vez quede ejecutoriada.

2. La reanudación de actividades no será óbice para que el Tribunal profiera la declaratoria de la legalidad o ilegalidad correspondiente.

3. En la calificación de suspensión o paro colectivo de trabajo por las causales c) y d) del artículo anterior, no se toman en cuenta las irregularidades adjetivas de trámite en que se haya podido incurrir.

Nota de vigencia: el artículo citado fue declarado exequible por la Corte Constitucional mediante Sentencia C-432/1996, M.P. Carlos Gaviria Díaz, señalando lo siguiente:

«La regulación de la declaratoria de la ilegalidad de la huelga que hace el artículo objeto de acusación, no contraviene ninguno de los preceptos constitucionales señalados por el actor, y tampoco confiere a la administración un poder desmedido frente a los particulares.

No se restringe indebidamente el derecho a la huelga, y por esta vía los derechos al trabajo y de asociación sindical, cuando se radica en la administración la facultad para determinar cuándo una suspensión colectiva de labores es ilegal, puesto que esta decisión no es más que el desarrollo de la función de policía que la Constitución encarga a la rama ejecutiva del poder público.

Tampoco se limita el derecho de huelga más allá de lo permitido por la Constitución por la manera en la que está configurado el procedimiento administrativo que conduce a la decisión. Como se explicó, en este procedimiento está suficientemente garantizado el derecho de defensa de los posibles afectados. El hecho de que se excluya la procedencia de los recursos de la vía gubernativa, no representa un privilegio desmedido para la administración en su tarea de conservar el orden público, por el contrario, esta exclusión está plenamente justificada a la luz de los preceptos constitucionales».

Concord. Arts. 416, 431 y 450 CST y Art. 2 CPTSS.

CAPÍTULO VI
ARBITRAMENTO

ARTÍCULO 452. PROCEDENCIA DEL ARBITRAMENTO

Modif. Art. 19 L. 584/2000.

1. Serán sometidos a arbitramento obligatorio:

a) Los conflictos colectivos de trabajo que se presenten en los servicios públicos esenciales y que no hubieren podido resolverse mediante arreglo directo;

b) Los conflictos colectivos del trabajo en que los trabajadores optaren por el arbitramento, conforme a lo establecido en el artículo 444 de este Código;

c) Los conflictos colectivos del trabajo de sindicatos minoritarios, siempre y cuando la mayoría absoluta de los trabajadores de la empresa no hayan optado por la huelga cuando esta sea procedente.

Los conflictos colectivos en otras empresas podrán ser sometidos a arbitramento voluntario por acuerdo de las partes.

Nota de vigencia: Vale la pena señalar que las normas del arbitraje laboral consagradas en el Código Sustantivo de Trabajo continúan vigentes, según se desprende de la doctrina jurisprudencial de la Corte Suprema de Justicia, en Sentencia AL 2314-2014 Rad. 62867 del 12 de marzo de 2014, M.P. Clara Cecilia Dueñas Quevedo.

Dicho lo anterior, los lits. a) y b) del num. 1) del art. 452, así como el artículo en su integridad, fueron declarados exequibles por la Sentencia C-330/2012, M.P. Humberto Antonio Sierra Porto, que señala lo siguiente:

«(...) la equiparación de las relaciones entre capital y trabajo, y la consecuente protección a los trabajadores, es la visión que debe imperar al momento de analizar cualquier norma del ordenamiento laboral, dado que al ser conquistas de carácter social y garantías de orden constitucional, cualquier interpretación que no tuviera en cuenta esta concepción desdibujaría los ideales plasmados en el Texto Superior.

Se tiene entonces que por existir finalidades constitucionalmente legítimas se justifica que en materia laboral el principio de voluntariedad del arbitramento deba ceder en ciertos casos, por estar en juego bienes constitucionalmente relevantes tales como la obligación estatal de proveer mecanismos de solución pacífica de controversias laborales, la preservación de la empresa como unidad productiva, e incluso los derechos de los trabajadores y la protección de valores y principios constitucionales relacionados con la protección del trabajo. A lo que se añade que el arbitramento obligatorio es una medida idónea y necesaria para la consecución de estas finalidades, pues por un lado es una medida adecuada para su realización y no existen otras medidas que tengan el mismo grado de efectividad para garantizar la supervivencia de las empresas y los derechos de los trabajadores».

Concord. Arts. 430, 436, 444, 445, 446 y 448 Num. 1 CST, Art. 1 L. 1210/2008 y Arts. 130 ss. CPTSS.

ARTÍCULO 453. TRIBUNALES ESPECIALES

Art. 183 D.E. 1818/1998; Derog. Art. 118 L. 1563/2012.

Concord. Art. 385 CST y Art. 138 CPTSS

ARTÍCULO 454. PERSONAS QUE NO PUEDEN SER ÁRBITROS

Art. 183 D.E. 1818/1998; Derog. Art. 118 L. 1563/2012.

Concord. Arts. 385 y 463 CST

ARTÍCULO 455. TRIBUNALES VOLUNTARIOS

Art. 184 D.E. 1818/1998; Derog. Art. 118 L. 1563/2012.

Concord. Arts. 130 y 431 CST

CAPÍTULO VII
PROCEDIMIENTO ARBITRAL

ARTÍCULO 456. QUORUM

Art. 186 D.E. 1818/1998; Derog. Art. 118 L. 1563/2012.

Concord. Art. 2.2.2.9 Dcto. 1072/2015 y Art. 3 CPTSS

ARTÍCULO 457. FACULTADES DEL TRIBUNAL

Art. 186 D.E. 1818/1998; Derog. Art. 118 L. 1563/2012.

ARTÍCULO 458. DECISIÓN

Art. 187 D.E. 1818/1998; Derog. Art. 118 L. 1563/2012.

Concord. Art. 436 CST y Art. 142 CPTSS

ARTÍCULO 459. TÉRMINO PARA FALLAR

Art. 188 D.E. 1818/1998; Derog. Art. 118 L. 1563/2012.

Concord. Art. 135 CPTSS

ARTÍCULO 460. NOTIFICACIÓN

Art. 189 D.E. 1818/1998; Derog. Art. 118 L. 1563/2012.

Concord. Art. 385 CST y Art. 138 CPTSS

ARTÍCULO 461. EFECTO JURÍDICO Y VIGENCIA DE LOS FALLOS

Art. 190 D.E. 1818/1998; Derog. Art. 118 L. 1563/2012.

Concord. Art. 431 y 467 CST y Art. 141 CPTSS

CAPÍTULO VIII
DISPOSICIONES COMUNES A LOS CAPÍTULOS ANTERIORES

ARTÍCULO 462. RESPONSABILIDAD PENAL

El hecho de terminar la huelga por arreglo entre las partes o por decisión arbitral no exime de responsabilidad por los delitos cometidos durante ella.

Concord. Art. 450 CST y Arts. 198, 199 y 200 CP

ARTÍCULO 463. PERSONAS QUE NO PUEDEN INTERVENIR

~~No pueden ser representantes o voceros de los trabajadores ni de los empleadores~~, ni conciliadores*, ni miembros de tribunales de arbitramento, individuos condenados a sufrir pena aflictiva que no hubieren sido rehabilitados.

Nota de vigencia: El apartado tachado fue declarado inexequible, así como el apartado subrayado exequible, por la Corte Constitucional en Sentencia C-691/2008, M.P. Manuel José Cepeda Espinosa. La Alta Corporación presenta los siguientes argumentos:
«La sanción de prisión comporta la inhabilitación para el ejercicio de derechos y funciones públicas. Si ello es así, es razonable que aquellos individuos condenados a prisión y que aún no han sido rehabilitados en el ejercicio de sus derechos y funciones públicas no pueden asumir, en ningún contexto, funciones de árbitro, debido a la naturaleza de "función pública" que dicho título implica. En consecuencia, el artículo 463 CST que establece dicha prohibición en el ámbito del

derecho laboral, es simplemente reiterativa de las implicaciones directas de la sanción penal de inhabilitación para el ejercicio de derechos y funciones públicas del artículo 44 del Código Penal. En razón de lo anterior, se declarará la exequibilidad de esta norma del artículo 463 CST».

Concord. Arts. 433 y 454 CST

CAPÍTULO IX
CIERRE DE EMPRESAS

ARTÍCULO 464. EMPRESAS DE SERVICIOS PÚBLICOS

Las empresas de servicios públicos que no dependan directa ni indirectamente del Estado no pueden suspender ni paralizar labores sino mediante permiso del Gobierno o dándole aviso a éste, con seis meses de anticipación cuando menos, a fin de que puedan tomarse oportunamente las providencias que aseguren la continuidad del servicio.

Concord. Arts. 51 y 450 CST

ARTÍCULO 465. INTERVENCIÓN DEL GOBIERNO

En cualquier caso en que se presentare, de hecho, la suspensión de los servicios en algunas de las empresas a que se refiere el artículo anterior, el Gobierno queda autorizado para asumir su dirección y tomar todas las providencias necesarias para restablecer los servicios suspendidos y garantizar su mantenimiento.

Concord. Art. 78 C. Pol., Arts. 380 y 448 CST y Art. 2 Dcto. 4108/2011.

ARTÍCULO 466. EMPRESAS QUE NO SON DE SERVICIOS PÚBLICOS

Modif. Art. 66 L. 50/1990. Las empresas que no sean de servicio público no pueden clausurar labores, total o parcialmente, en forma definitiva o temporal, sin previa autorización del Ministerio de Trabajo y Seguridad Social, salvo fuerza mayor o caso fortuito, y sin perjuicio de las indemnizaciones a que haya lugar por razón de contratos de trabajo concertados por un tiempo mayor. Para tal efecto la empresa deberá presentar la correspondiente solicitud y en forma simultánea informar por escrito a sus trabajadores tal hecho.

La suspensión de actividades o clausura temporal de la empresa, establecimiento o negocio, en todo o en parte, hasta por ciento veinte (120) días, suspende los contratos de trabajo. Cuando la empresa reanudare actividades deberá admitir de preferencia al personal licenciado, en condiciones no inferiores a las que disfrutaba en el momento de la clausura. Para tal efecto, deberá avisar a los trabajadores la fecha de reanudación de labores. Los trabajadores que debidamente avisados no se presenten dentro de los tres (3) días siguientes, perderán este derecho preferencial.

PARÁGRAFO. El Ministerio de Trabajo y Seguridad Social resolverá lo relacionado con la solicitud en un plazo no mayor de dos meses. El incumplimiento injustificado de este término hará incurrir al funcionario responsable en causal de mala conducta, sancionable con arreglo al régimen disciplinario vigente.

Concord. Arts. 28, 51, 53, 61 lit e), 140, 194 y 410 C.S.T y Art. 67 L. 50/1990.

TÍTULO III
CONVENCIONES PACTOS COLECTIVOS Y CONTRATOS SINDICALES

CAPÍTULO I
CONVENCIONES COLECTIVAS

ARTÍCULO 467. DEFINICIÓN

Convención colectiva de trabajo es la que se celebra entre uno o varios empleadores o asociaciones patronales, por una parte, y uno o varios sindicatos o federaciones sindicales de trabajadores, por la otra, para fijar las condiciones que regirán los contratos de trabajo durante su vigencia.

Nota de vigencia: La Corte Constitucional declaró exequible el aparte subrayado en la Sentencia C-009/1994, M.P. Antonio Barrera Carbonell, de acuerdo con lo siguiente:

«Es de la naturaleza de la convención colectiva, el que se ocupe de regular las condiciones de trabajo durante una vigencia limitada, en lo concerniente a los aspectos jurídicos y económicos, por cuanto ellas vienen a suplir la actividad legislativa, en lo que respecta al derecho individual y la seguridad social, y a reglamentar la parte económica, en lo que se refiere al campo salarial, prestacional e indemnizatorio, y a los demás beneficios laborales, que eventualmente se puedan reconocer a los trabajadores, considerando las especiales circunstancias de la empresa, en un momento dado, tanto en lo jurídico, como en lo económico; por lo tanto, las normas de la convención no pueden tornarse indefinidas por cuanto ellas requieren adaptarse a las necesidades cambiantes de las relaciones laborales, aunque deben respetarse los derechos adquiridos por los trabajadores en dicha convención, según las precisiones que han quedado consignadas».

Ahora bien, de manera posterior en la Sentencia C-201/2002, M.P. Jaime Araújo Rentería, la Corte Constitucional encuentra exequible el art. 467 CST por lo siguiente:

«Con fundamento en consideraciones similares, la Corte Suprema de Justicia también ha encontrado justificada la restricción al derecho de negociación colectiva de los sindicatos de empleados públicos, señalando además que aquélla "no se contrapone a los Convenios 151 y 154 de la OIT,

aprobados por las Leyes N° 411 del 5 de Noviembre de 1997 y 524 del 12 de Agosto de 1999 respectivamente, porque en tales instrumentos internacionales se consagra la negociación colectiva para los empleados públicos como una de las opciones que puede adoptar la autoridad nacional competente o también como una medida deseable para que las organizaciones que representan a aquéllos participen con las autoridades públicas competentes en el establecimiento de las condiciones de trabajo, así como en la solución de sus diferencias laborales. Por ello, se hace en estos una invitación a los Estados para que, de acuerdo con las situaciones propias de cada nación, se adelanten campañas de estímulo y fomento de tal mecanismo de concertación en el sector público. Lo que, además, por mandato constitucional —inciso dos del artículo 55 de la CP— constituye un deber para el Estado colombiano".

Por las razones expuestas, la Corte declarará exequibles las normas demandadas, pues deben armonizarse con el artículo 416 del CST, el cual restringe el derecho de negociación colectiva para los sindicatos de empleados públicos en el sentido de prohibirles presentar pliegos de condiciones y celebrar convenciones colectivas, restricción que la Corte reiteradamente ha considerado acorde con la Constitución Política.

Sin embargo, la Corte debe advertir que, estando garantizado constitucionalmente el derecho de negociación colectiva para todas las relaciones laborales, incluidas las de los empleados públicos, y existiendo una amplia facultad de configuración normativa en esta materia por parte del legislador, este último podría en el futuro permitirle a dichos empleados presentar pliegos de condiciones».

Concord. Arts. 53 y 55 C. Pol., Arts. 373, 374, 379, 416, 435, 461, 470, 473 y 481 CST, Art. 4 L. 27/1976 y Art. 35 Num. 1 L. 734/2002.

ARTÍCULO 468. CONTENIDO

Además de las estipulaciones que las partes acuerden en relación con las condiciones generales de trabajo, en la convención colectiva se indicarán la empresa o establecimiento, industria y oficios que comprenda, el lugar o lugares donde ha de regir la fecha en que entrará en vigor, el plazo de duración y las causas y modalidades de su prórroga, su desahucio o denuncia y la responsabilidad que su incumplimiento entrañe.

Concord. Arts. 13, 43 y 477 CST, Art. 4 L. 27/1976 y Art. 30 Inc. 6 L. 789/2002.

ARTÍCULO 469. FORMA

La convención colectiva debe celebrarse por escrito y se extenderá en tantos ejemplares cuantas sean las partes y uno más, que se depositará necesariamente en el Departamento Nacional de Trabajo, a más tardar dentro de los quince (15) días siguientes al de su firma. Sin el cumplimiento de todos estos requisitos la convención no produce ningún efecto.

Concord. Art. 467 y 468 CST.

ARTÍCULO 470. CAMPO DE APLICACIÓN

Modif. Art. 37 Dcto. 2351/1965. Las convenciones colectivas entre empleadores y sindicatos cuyo número de afiliados no exceda de la tercera parte del total de los trabajadores de la empresa, solamente son aplicables a los miembros del sindicato que las haya celebrado, y a quienes adhieran a ellas o ingresen posteriormente al sindicato.

Nota de vigencia: El art. 470 CST fue Declarado exequible por la Corte Constitucional en Sentencia. C-710/1996, M.P. Jorge Arango Mejía, que argumenta lo siguiente:
«En verdad, no se observa cómo la norma acusada pueda desconocer derechos como la igualdad y el trabajo.
La norma se limita a establecer el campo de aplicación de la convención colectiva de trabajo, cuando el número de trabajadores sindicalizados es minoritario, en relación con los trabajadores de la empresa.
Los demandantes no tienen en cuenta que, en esta materia, el derecho a pertenecer a un sindicato (derecho de asociación positivo), como el derecho a no ser parte de él (derecho de asociación negativo), son igualmente importantes, no existe preeminencia entre ellos, y gozan de la misma protección. Si la mayoría de trabajadores de una empresa ha decidido no sindicalizarse, ese derecho debe respetársele. Una manifestación de esa protección, consiste, precisamente, en que el acuerdo suscrito entre el patrono y el sindicato no se les aplique, teniendo en cuenta que los trabajadores no sindicalizados cuentan con un mecanismo de negociación para regir las relaciones con su empleador».

Concord. Art. 30 Inc. 6 L. 789/2002 y Art. 471 CST

ARTÍCULO 471. EXTENSIÓN A TERCEROS

Modif. Art. 38 Dcto. 2351/1965.

1. Cuando en la convención colectiva sea parte un sindicato cuyos afiliados excedan de la tercera parte del total de los trabajadores de la empresa, las normas de la convención se extienden a todos los trabajadores de la misma, sean o no sindicalizados.
2. Lo dispuesto en este artículo se aplica también cuando el número de afiliados al sindicato llegare a exceder del límite indicado, con posterioridad a la firma de la convención.

Concord. Arts. 10, 357 y 470 CST y Art. 9 L. 4/1992.

Nota vigencia: La Corte Suprema de Justicia declaró exequible el artículo 2 del Decreto 18 de 1958, según su Sentencia del 28 de noviembre de 1960.

ARTÍCULO 472. EXTENSIÓN POR ACTO GUBERNAMENTAL

1. Cuando haya convenciones colectivas que comprendan más de las dos terceras partes de los trabajadores de una rama industrial en una determinada región económica, el Gobierno puede hacerlas extensivas, en todo o en parte, a las demás empresas de la misma industria de esa región, que sean de igual o semejante capacidad técnica y económica, pero siempre que en dichas empresas no existan convenciones que consagren mejores condiciones para los trabajadores.

2. Para los fines a que se refiere el inciso anterior, el Gobierno puede dividir el país en regiones económicas y catalogar las empresas de igual o semejante capacidad técnica y económica de cada rama industrial.

Concord. Art. 68 L. 50/1990.

ARTÍCULO 473. SEPARACIÓN DEL EMPLEADOR DEL SINDICATO PATRONAL

Si firmada una convención colectiva el empleador se separa del sindicato patronal que la celebró, continúa, sin embargo, obligado al cumplimiento de esa convención.

ARTÍCULO 474. DISOLUCIÓN DEL SINDICATO CONTRATANTE

Si es disuelto el sindicato que hubiere celebrado una convención, ésta continúa rigiendo los derechos y obligaciones del empleador y los trabajadores.

Nota de vigencia: El art. 474 CST fue declarado exequible por la Corte Constitucional en Sentencia C-902/2003, M.P. Alfredo Beltrán Sierra, que señaló los siguientes fundamentos:
«Finalmente, la Corte considera que los argumentos planteados por el ciudadano demandante no pueden ser admitidos, pues sería tanto como aceptar que en los procesos de liquidación de entidades u organismos del Estado, luego de la orden de supresión o disolución por parte del Gobierno y su posterior liquidación, se desconocieran los derechos laborales de los trabajadores, cuando es precisamente el Estado el que debe propender por una convivencia pacífica, y ello se logra, en gran medida, reconociendo los derechos derivados de las convenciones colectivas producto de negociaciones y acuerdos entre empleadores y trabajadores (art. 55 CP), reconocidos no solamente por el derecho interno, sino por tratados y convenios internacionales incorporados a nuestra legislación y, por ello, de obligatorio cumplimiento (CP art. 93). En ese sentido, lo que corresponde es armonizar las normas del ordenamiento superior que reconocen y protegen los derechos de los trabajadores, con las disposiciones legales que regulan los procesos liquidatorios en las entidades públicas, a fin de que puedan tener pleno efecto tanto los derechos aludidos, como la finalidad perseguida con los procesos de reestructuración administrativa».

Concord. Arts. 401, 467 y 484 CST

ARTÍCULO 475. ACCIONES DE LOS SINDICATOS

Los sindicatos que sean parte de una convención colectiva tienen acción para exigir su cumplimiento o el pago de daños y perjuicios.

Concord. Arts. 373 y 374 CST y Arts. 3 y 27 CPTSS.

ARTÍCULO 476. ACCIONES DE LOS TRABAJADORES

Los trabajadores obligados por una convención colectiva tienen acción para exigir su cumplimiento o el pago de daños y perjuicios, siempre que el incumplimiento les ocasione un perjuicio individual. Los trabajadores pueden delegar el ejercicio de esta acción en su sindicato.

Concord. Art. 373 y 374 CST y Arts. 3, 27, 33 y 34 CPTSS.

ARTÍCULO 477. PLAZO PRESUNTIVO

Cuando la duración de la convención colectiva no haya sido expresamente estipulada o no resulte de la naturaleza de la obra o trabajo, se presume celebrada por términos sucesivos de seis (6) en seis (6) meses.

Concord. Arts. 47, 467 y 468 CST

ARTÍCULO 478. PRÓRROGA AUTOMÁTICA

A menos que se hayan pactado normas diferentes en la convención colectiva, si dentro de los sesenta (60) días inmediatamente anteriores a la expiración de su término, las partes o una de ellas no hubieren hecho manifestación escrita de su expresa voluntad de darla por terminada, la convención se entiende prorrogada por períodos sucesivos de seis en seis meses, que se contarán desde la fecha señalada para su terminación.

Nota de vigencia: El art. 478 CST tuvo dos pronunciamientos de exequibilidad. El primero fue mediante la Sentencia C-1050/2001, M.P. Manuel José Cepeda Espinosa, que señala:
«La Corte comparte los argumentos expuestos por el Procurador General de la Nación en el sentido de que el Legislador de 1961 estaba habilitado para incorporar como legislación permanente los artículos 478 del Código Sustantivo del Trabajo y 14 del Decreto 616 de 1954 que, no obstante haber sido dictados en ejercicio de las facultades de Estado de Sitio, podían convertirse en ley por voluntad legislativa. Esta era una facultad que tenía el Congreso de la República al amparo de la Constitución de 1886. Con ello se le otorgaba carácter permanente a decretos

excepcionales cuya vigencia terminaba con el levantamiento del Estado de Sitio. La Corte no encuentra que el contenido de las normas demandadas —prórroga automática de la convención colectiva y denuncia de la misma— sea de tal naturaleza que impidiera la incorporación de dichas normas al ordenamiento jurídico en calidad de normas con fuerza de ley con carácter permanente en virtud de la cláusula general de competencia del Congreso. En consecuencia, se procederá a declarar la exequibilidad del artículo 1° de la Ley 141 de 1961 en cuanto adoptó como ley los artículos 478 del C.S.T y 14 del Decreto Legislativo 616 de 1954, modificatorio del artículo 479 del CST»

El segundo pronunciamiento de la Corte Constitucional fue en la Sentencia C-902/2003, M.P. Alfredo Beltrán Sierra, en donde la Alta Corporación determina que:

«(...) la ley acogiendo para ello los principios, derechos y valores que consagra la Constitución Política, ha implementado procesos en los cuales se regula el régimen para la liquidación de las entidades públicas del orden nacional, adoptando medidas que persiguen fines constitucionales. En efecto, los derechos convencionales reconocidos a los trabajadores en convenciones colectivas, en un proceso de liquidación deberán sujetarse al orden de prelación de créditos que para el efecto establece la ley. Siendo ello así, a juicio de la Corte no existe la pretendida incompatibilidad entre el cumplimiento de las convenciones colectivas y la liquidación de una entidad pública, que justifique la renuncia de los trabajadores a los derechos que les han sido reconocidos mediante una convención, menos si se tiene en cuenta que en todo proceso de liquidación corresponde al liquidador el cumplimiento del pago de las obligaciones laborales, que deben ser satisfechas con el producto de la venta de los bienes de la entidad en liquidación.

Ciertamente las convenciones colectivas rigen los contratos de trabajo mientras la relación laboral subsista. De ahí, que en un proceso de liquidación de una entidad u organismo administrativo nacional, la convención que se encuentre vigente al momento de la liquidación del organismo, debe ser aplicada hasta la terminación del proceso de liquidación, caso en el cual lógicamente se dan por terminados los contratos de trabajo ante la desaparición de la entidad, sin que se pueda colegir, como lo hace el demandante, una vigencia indeterminada de la misma aun en el evento de la disolución y liquidación de una entidad, pues, como lo expresa la vista fiscal eso contradice toda lógica, como quiera que terminadas las relaciones laborales a consecuencia de la disolución y posterior liquidación de una entidad, pierden vigencia las normas convencionales que regían las mismas».

Concord. 467, 468 y 477 CST

ARTÍCULO 479. DENUNCIA

Modif. Art. 14 Dcto. 616/1954.

1. Para que sea válida la manifestación escrita de dar por terminada una convención colectiva de trabajo, si se hace por una de las partes, o por ambas separadamente, debe presentarse por triplicado ante el Inspector del Trabajo del lugar, y en su defecto, ante el Alcalde, funcionarios que le pondrán la nota respectiva de presentación, señalando el lugar, la fecha y la hora de la misma. El original de la denuncia será entregado al destinatario por dicho funcionario, y las copias serán

destinadas para el Departamento Nacional de Trabajo y para el denunciante de la convención.

2. Formulada así la denuncia de la convención colectiva, ésta continuará vigente hasta tanto se firme una nueva convención.

Nota de vigencia: La Corte Constitucional se pronunció del art. 479 CST en las mismas Sentencias del art. 478 CST, declarando igualmente su exequibilidad. Es por ese motivo que la Corte Constitucional en Sentencia C-902/2003, M.P. Alfredo Beltrán Sierra realiza un recuento de los fundamentos de derecho de la Sentencia C-1050/2001, M.P. Manuel José Cepeda Espinosa para reiterar su exequibilidad.

Concord. 478 CST y Art. 2 Dcto. 4108/2011.

ARTÍCULO 480. REVISIÓN

Las convenciones colectivas son revisables cuando quiera que sobrevengan imprevisibles y graves alteraciones de la normalidad económica. Cuando no haya acuerdo entre las partes acerca de la revisión fundada en tales alteraciones, corresponde a la justicia del Trabajo decidir sobre ellas; y entretanto estas convenciones siguen en todo su vigor.

Concord. Arts. 50 y 467 CST y Art. 3 CPTSS.

CAPÍTULO II
PACTOS COLECTIVOS

ARTÍCULO 481. CELEBRACIÓN Y EFECTOS

Modif. Ar. 69 L. 50/1990. Los pactos entre empleadores y trabajadores no sindicalizados se rigen por las disposiciones establecidas en los Títulos II y III, Capítulo I, Parte Segunda del Código Sustantivo del Trabajo, pero solamente son aplicables a quienes los hayan suscrito o adhieran posteriormente a ellos.

Concord. Art. 435 y 467 CST, Art. 3 CPTSS. y Art. 70 L. 50/1990.

Nota de vigencia: El artículo fue declarado exequible condicionalmente por la Corte Constitucional (Sentencia C-288-24, 17/jul/2024), con la salvedad de que los pactos colectivos no deben vulnerar la negociación colectiva ni la asociación sindical. Ponente: Dra. Cristina Pardo Schlesinger.

ARTÍCULO. PROHIBICIÓN

Adic. Art. 70 L. 50/1990. Cuando el sindicato o sindicatos agrupe más de la tercera parte de los trabajadores de una empresa, ésta no podrá suscribir pactos colectivos o prorrogar los que tenga vigentes.

Nota de vigencia: La Corte Constitucional declaró exequible el aparte subrayado 'más de la tercera parte de los' en la Sentencia C-1491 de 2000 (M.P. Fabio Morón Díaz), bajo la siguiente línea interpretativa:
«[...] la expresión numérica del artículo 70 de la Ley 50 de 1990 es razonable y no discriminatoria, pues todos los sindicatos —incluidos los minoritarios— comparten la finalidad constitucional de defender los intereses de los trabajadores (artículos 39 y 55 C.P.). Dicho artículo desarrolla los principios de las Convenciones 87 y 98 de la OIT, integradas al bloque de constitucionalidad (artículos 92 y 93 C.P.)».
Asimismo, mediante sentencia C-288-24 (comunicado de prensa del 17 de julio de 2024, M.P. Dra. Cristina Pardo Schlesinger), el tribunal reiteró la exequibilidad del artículo por las razones expuestas en dicha providencia.

CAPÍTULO III
CONTRATOS SINDICALES

ARTÍCULO 482. DEFINICIÓN

Se entiende por contrato sindical el que celebren uno o varios sindicatos de trabajadores con uno o varios empleadores o sindicatos patronales para la prestación de servicios o la ejecución de una obra por medio de sus afiliados. Uno de los ejemplares del contrato sindical debe depositarse, en todo caso, en el Ministerio de Trabajo, a más tardar quince (15) días después de su firma. La duración, la revisión y la extinción del contrato sindical se rigen por las normas del contrato individual de trabajo.

Concord. Arts. 23, 27, 45, 50, 61, 62, 63 y 469 CST y Arts. 2.2.2.1.16, 2.2.2.1.17, 2.2.2.1.18, 2.2.2.1.19, 2.2.2.1.20, 2.2.2.1.21, 2.2.2.1.22, 2.2.2.1.23, 2.2.2.1.24, 2.2.2.1.25, 2.2.2.1.26, 2.2.2.1.27, 2.2.2.1.28, 2.2.2.1.29, 2.2.2.1.30, 2.2.2.1.31 y 2.2.2.1.32 Dcto. 1072/2015.

ARTÍCULO 483. RESPONSABILIDAD

El sindicato de trabajadores que haya suscrito un contrato sindical, responde tanto por las obligaciones directas que surjan del mismo como por el cumplimiento de las que se estipulen para sus afiliados, salvo en los casos de simple suspensión del contrato, previstos por la ley o la convención, y tiene personería para ejercer tanto los derechos y acciones que le correspondan directamente, como las que correspondan a cada uno de sus afiliados. Para estos efectos, cada una de las partes contratantes debe constituir caución suficiente; si no se constituyere, se entiende que el patrimonio de cada contratante responde de las respectivas obligaciones.

Concord. Arts. 34, 35 y 36 C.S.T y Art. 2.2.2.1.20 Dcto. 1072/2015.

ARTÍCULO 484. DISOLUCIÓN DEL SINDICATO

En caso de disolución del sindicato de trabajadores que haya sido parte de un contrato sindical, los trabajadores continuarán prestando sus servicios en las condiciones estipuladas, mientras dure la vigencia del contrato. La caución que haya prestado el sindicato disuelto subsistirá para garantizar las obligaciones de los respectivos trabajadores.

Concord. Arts. 401 y 474 CST y Art. 2.2.2.1.32 D. 1072/2015.

TERCERA PARTE
VIGILANCIA, CONTROL Y DISPOSICIONES FINALES

TÍTULO I
VIGILANCIA Y CONTROL

ARTÍCULO 485. AUTORIDADES QUE LOS EJERCITAN

La vigilancia y el control del cumplimiento de las normas de Este Código y demás disposiciones sociales se ejercerán por el Ministerio del Trabajo en la forma como el Gobierno, o el mismo Ministerio, lo determinen.

Concord. Arts. 9, 17, 118 y 352 CST, Art. 32 L. 1562/2012, Dcto. 728/2008, Dcto. 1670/2007, Dcto. 1931/2006, Arts. 115 y 118 Dcto. 2150/1995, Art. 47 L. 1437/2011, L. 1016/2013 y Art. 2 Dcto. 4108/2011.

ARTÍCULO 486. ATRIBUCIONES Y SANCIONES

Subrog. Art. 41 Dcto. 2351/1965.

1. Modif. Art. 20 L. 584/2000. Los funcionarios del Ministerio de Trabajo podrán hacer comparecer a sus respectivos despachos a los empleadores, para exigirles las informaciones pertinentes a su misión, la exhibición de libros, registros, planillas y demás documentos, la obtención de copias o extractos de los mismos. Así mismo, podrán entrar sin previo aviso, y en cualquier momento mediante su identificación como tales, en toda empresa con el mismo fin y ordenar las medidas preventivas que consideren necesarias, asesorándose de peritos como lo crean conveniente para impedir que se violen las disposiciones relativas a las condiciones de trabajo y a la protección de los trabajadores en el ejercicio de su profesión y del derecho de libre asociación sindical. Tales medidas tendrán aplicación inmediata sin perjuicio de los recursos y acciones legales consignadas en ellos. Dichos funcionarios no quedan facultados, sin embargo, para declarar derechos individuales ni definir controversias cuya decisión esté atribuida a los jueces, aunque sí para actuar en esos casos como conciliadores.

Los funcionarios del Ministerio del Trabajo y Seguridad Social tendrán las mismas facultades previstas en el presente numeral respecto de trabajadores, directivos o afiliados a las organizaciones sindicales, siempre y cuando medie solicitud de parte del sindicato y/o de las organizaciones de segundo y tercer grado a las cuales se encuentra afiliada la organización sindical.

2. Modif. Art. 7 L. 1610/2013. Los funcionarios del Ministerio del Trabajo y Seguridad Social que indique el Gobierno, tendrán el carácter de autoridades de

policía para lo relacionado con la vigilancia y control de que trata el numeral anterior y están facultados para imponer cada vez multas equivalentes al monto de uno (1) a cinco mil (5.000) veces el salario mínimo mensual vigente según la gravedad de la infracción y mientras esta subsista, sin perjuicio de las demás sanciones contempladas en la normatividad vigente. Esta multa se destinará al Servicio Nacional de Aprendizaje, SENA.

La imposición de multas, de otras sanciones o de otras medidas propias de su función como autoridades de policía laboral por parte de los funcionarios del Ministerio del Trabajo que cumplan funciones de inspección, vigilancia y control, no implican en ningún caso, la declaratoria de derechos individuales o definición de controversias.

3. Las resoluciones de multas que impongan los funcionarios del Ministerio del Trabajo prestarán mérito ejecutivo. De estas ejecuciones conocerán los jueces del trabajo conforme al procedimiento especial de que trata el capítulo 16 del Código de Procedimiento del Trabajo.

Nota de vigencia: La Corte Constitucional Declaró exequible el aparte subrayado "siempre y cuando medie solicitud de parte del sindicato y/o de las organizaciones de segundo y tercer grado a las cuales se encuentra afiliada la organización sindical" del Inc. 2 del Num. 1 en Sentencia C-449/2005, M.P. Jaime Córdoba Triviño. El razonamiento detrás de la decisión se encuentra así:

«Considera la Corte que sujetar el ejercicio de las atribuciones que otorga el artículo a los funcionarios del Ministerio de la Protección Social, cuando se trata de trabajadores, directivos o afiliados a las organizaciones sindicales, a que medie solicitud por parte de dichas organizaciones en nada vulnera los preceptos superiores indicados por la impugnante.

En efecto, el ejercicio del poder de policía en materia laboral encuentra límites en la Carta Política, en los tratados y en la ley, y justamente para dar plena garantía al derecho de asociación sindical y garantizar la autonomía de las organizaciones sindicales, se hace necesario que la intervención de la autoridad del trabajo en asuntos privados de la organización, tales como estatutos, libros, registros y demás documentos propios de su actividad, se haga previa solicitud de aquélla».

Concord. Art. 221 L. 1735/2015, Art. 4 Dcto. 2798/2013, Arts. 9, 17, 31, 118, 145, 352 y 355 CST, Arts. 100 ss. CPTSS, Art. 32 L. 1562/2012, Art. 24 L. 986/2005, Art. 8 L. 1/1963. Arts. 47 y 48 L. 1437/2011 y Arts. 164 y 165 CGP

ARTÍCULO 487. FUNCIONARIOS DE INSTRUCCIÓN

El Jefe del Departamento de Supervigilancia Sindical y los Inspectores del Trabajo que intervengan en asuntos de competencia de este departamento, tendrán el carácter de funcionarios de instrucción para efectos de las investigaciones de actividades ilícitas de los organismos sindicales.

Concord. Art. 31 CST, Art. 47 L. 1437/2011, Arts. 1 y 2 L. 1610/2013 y Art. 2 Dcto. 4108/2011.

TÍTULO II
DISPOSICIONES FINALES

CAPÍTULO I
PRESCRIPCIÓN DE ACCIONES

ARTÍCULO 488. REGLA GENERAL

Las acciones correspondientes a los derechos regulados en este código prescriben en tres (3) años, que se cuentan desde que la respectiva obligación se haya hecho exigible, salvo en los casos de prescripciones especiales establecidas en el Código Procesal del Trabajo o en el presente estatuto.

Nota de vigencia: La Corte Constitucional Declaró exequible, mediante Sentencia C-072/2004, M.P. Vladimiro Naranjo Mesa el art. 488 CST, señalando lo siguiente como justificación de los términos de prescripción:

«(...) la Corte considera que las normas acusadas, lejos de atentar contra la dignidad del trabajador, se caracterizan por establecer una seguridad jurídica, por razones de beneficio mutuo de los extremos de la relación laboral, que se ven en situación de inmediatez y prontitud, razón por la cual una prescripción de largo plazo dificultaría a patronos y a trabajadores la tenencia o conservación de pruebas que faciliten su demostración en el juicio. Es por ello que la prescripción trienal de la acción laboral es proporcionada con las necesidades, y por tanto no es contraria a la igualdad, ya que ésta consiste en una equivalencia proporcional, y no en una homologación jurídica absoluta de materias diversas, lo cual sería, a todas luces, un absurdo.

Las normas acusadas son en beneficio directo del trabajador, pues buscan la seguridad en la vida jurídica. Se le brinda a aquel la oportunidad para reclamar el derecho que le ha sido concedido, pero ponen a dicha oportunidad un límite temporal, determinado por la inmediatez que emana de la relación laboral. Después de ese lapso, no hay un verdadero interés en el reclamo, puesto que no ha manifestado su pretensión dentro de un tiempo prudente para exteriorizar su razón jurídica».

Concord. Arts. 13, 267 y 489 CST, Arts. 2513, 2514, 2515, 2516, 2517, 2518, 2519, 2520, 2521, 2522, 2523, 2524, 2525, 2526, 2527, 2528, 2529, 2530, 2531, 2532, 2533, 2534 y 2535 CC, Arts. 118 y 151 CPTSS. y Art. 4 L. 1066/2006.

ARTÍCULO 489. INTERRUPCIÓN DE LA PRESCRIPCIÓN

El simple reclamo escrito del trabajador, recibido por el empleador, acerca de un derecho debidamente determinado, interrumpe la prescripción por una sola vez, la cual principia a contarse de nuevo a partir del reclamo y por un lapso igual al señalado para la prescripción correspondiente.

Nota de vigencia: La Corte Constitucional ha declarado exequible el artículo mediante Sentencia C-412/1997, M.P. Hernando Herrera Vergara. El fundamento jurídico que compone la parte motiva es el siguiente:

«(...) no se vulnera el principio de igualdad consagrado en el artículo 13 constitucional, ya que el precepto acusado no establece discriminación alguna entre los trabajadores; por el contrario, este brinda al trabajador la oportunidad para reclamar en tiempo su derecho debidamente determinado, y en beneficio de la seguridad jurídica.

Finalmente, en cuanto al argumento expuesto por el actor para justificar la inconstitucionalidad del precepto acusado, según el cual los trabajadores que tengan una relación laboral y pretendan obtener el reconocimiento de sus derechos, se verán obligados a renunciar a ellos ya que el reclamo por escrito presentado ante el patrono para efectos de interrumpir la prescripción puede dar lugar a la terminación del contrato de trabajo, estima la Corte que dicha apreciación no fundamento alguno, por cuanto, de una parte, el legislador está habilitado constitucionalmente para fijar los requisitos y las condiciones para el reconocimiento de los derechos laborales dentro de los plazos fijados por el mismo, y de la otra, por cuanto el actor parte de una presunción equivocada y totalmente desvirtuable, según la cual por el hecho de que el trabajador formule el reclamo por escrito al patrono para interrumpir la prescripción, será despedido. Dicha afirmación del actor no tiene sustento jurídico alguno y se basa en un simple temor que hace improcedente el cargo de inconstitucionalidad, ya que además, es propio de la naturaleza de la acción pública, demostrar la violación de la norma superior a través de la confrontación con la norma de inferior jerarquía, lo que no se configura en este asunto, ni es de recibo por esta Corporación. Por este motivo, tampoco procede el cargo».

Concord. Arts. 6 y 151 CPTSS. y Art. 91 C.P.C.

CAPÍTULO II
VIGENCIA DE ESTE CÓDIGO

ARTÍCULO 490. FECHA DE VIGENCIA

El presente Código principia a regir el día primero (1o) de enero del año de mil novecientos cincuenta y uno (1951).

ARTÍCULO 491. DISPOSICIONES SUSPENDIDAS

1. Desde la fecha en que principie la vigencia de este Código, quedan suspendidas todas las leyes, decretos, resoluciones y demás preceptos anteriores de carácter nacional, reguladores de las materias contempladas en éste Código, en cuanto han venido rigiendo los derechos individual y colectivo de trabajo entre

empleadores y trabajadores particulares y los del derecho colectivo de trabajo entre la Administración Pública y sus servidores.

2. Suspéndanse los artículos 121, 122, 123, 124, 125, 126, 127, 128 y 129 del Decreto 2158 de 1948, adoptado como Ley por el Decreto 4133 de 1948.

Concord. Arts. 3, 4, 145 y 268 CST, Art. 17 L. 6/1945 y Dcto. 3135/1968.

ARTÍCULO 492. DISPOSICIONES NO SUSPENDIDAS

Quedan vigentes las normas que regulan el salario mínimo, el seguro social obligatorio y el derecho individual del trabajo en cuanto se refiere a los trabajadores oficiales.

Concord. Art. 25 y 53 C. Pol., Art. 2 L. 278/1996, Primera Parte CST, L. 100/1993.

CÓDIGO PROCESAL DEL TRABAJO Y DE LA SEGURIDAD SOCIAL

DECRETO-LEY 2158 DE 1948

(MODIFICADO POR LAS LEYES 16 DE 1968; 712 DE 2001; 1149 DE 2007 Y 1564 DE 2012, Y EL DECRETO 528 DE 1964)

Sobre los procedimientos en los juicios del trabajo

EL PRESIDENTE DE LA REPÚBLICA DE COLOMBIA, en ejercicio de las facultades que le confiere el artículo 121 de la Constitución Nacional, y

CONSIDERANDO:

1) Que según decretos número 1239 y 1259 del presente año, se declaró turbado el orden público y en estado de sitio de todo el territorio de la República;

2) Que lo relativo al procedimiento que deba seguirse en los *procesos* de trabajo es de orden público, lo que hace pertinente la expedición de un estatuto completo sobre esta materia;

3) Que en diversas legislaturas, atendiendo a la expresión de una necesidad nacional, ha sido motivo de discusión, provocada por iniciativa oficial, la obligación de un Código Procesal del Trabajo.

Nota del Editor: Con ocasión de la pandemia COVID-19, el Gobierno Nacional decretó la emergencia económica, social y ecológica, mediante el Decreto Legislativo 417 del 17 de Marzo de 2020, que fue prorrogada por el Decreto Legislativo 637 del 6 de mayo de 2020. Al amparo de estas disposiciones, y teniendo en consideración las restricciones a la movilidad y reunión de personas, que afectaron la ejecución ordinaria procesos judiciales en todas las especialidades, tuvo lugar una suspensión general de términos procesales. Con el objeto de aliviar esa situación, el Gobierno Nacional expidió el Decreto 806 del 4 de junio de 2020, por medio del cual se establecieron unas medidas dirigidas a permitir el trámite de las actuaciones judiciales mediante el uso de las tecnologías de la comunicación y de la información-TICS.

Considerando que el Decreto 806 de 2020 tendría una vigencia temporal, de dos años contados a partir de su promulgación, el Estado Colombiano, concurriendo armónicamente entre Las Ramas Ejecutiva, Legislativa y Judicial, con el apoyo de organizaciones civiles y académicas, promovió el trámite y la promulgación de la que terminó siendo la Ley 2213 de 2022, por medio de la cual se adoptaron, como legislación permanente, las disposiciones contenidas en el Decreto 806 de 2020.

Ahora bien, y teniendo en cuenta que se trata de disposiciones generales, el efecto lo dispuesto en la Ley 2213 de 2022 se surte en el procedimiento laboral por efecto de la remisión analógica

prevista por el artículo 145 CPTSS, de manera que las normas que se reseñan a continuación, tienen aplicación en las actuaciones procesales laborales:
– Art. 1º - Implementación de las TICS en los trámites procesales;
– Art. 2º - Uso de las TICS en los procesos en curso;
– Art. 3º - Deberes de los sujetos procesales;
– Art. 4º - Acceso a los expedientes;
– Art. 5º - Poderes;
– Art. 8º - Notificaciones Personales de Particulares, concurrente con el Régimen establecido en el Código General del Proceso, en sus artículos 290 y 291.
– Art. 9º - Notificaciones por Estado - Traslados.
– Art. 11 - Comunicaciones, despachos y oficios.
En cuanto a las disposiciones especiales, el artículo 13 de la Ley 2213 de 2022, modifica el trámite de la apelación/consulta en los procesos ordinarios de primera instancia.

DECRETA:

CAPÍTULO I
JURISDICCIÓN

ART. 1o. APLICACIÓN DE ESTE CÓDIGO

Modif. Art. 1° L. 712/2001. Los asuntos de que conoce la Jurisdicción Ordinaria en sus especialidades laboral y de seguridad social se tramitarán de conformidad con el presente Código.

Concord. Art. 5º num. 1º L. 57/1887; art. 15 CGP

ART. 2o. COMPETENCIA GENERAL

Art. 2° L. 712/2001. La Jurisdicción Ordinaria, en sus especialidades laboral y de seguridad social conoce de:

1. Los conflictos jurídicos que se originen directa o indirectamente en el contrato de trabajo.

2. Las acciones sobre fuero sindical, cualquiera sea la naturaleza de la relación laboral.

3. La suspensión, disolución, liquidación de sindicatos y la cancelación del registro sindical.

4. Modif. Art. 624 L. 1564/2012. Las controversias relativas a la prestación de los servicios de la seguridad social que se susciten entre los afiliados, beneficiarios o usuarios, los empleadores y las entidades administradoras o prestadoras, salvo los de responsabilidad médica y los relacionados con contratos.

5. La ejecución de obligaciones emanadas de la relación de trabajo y del sistema de seguridad social integral que no correspondan a otra autoridad.

6. Los conflictos jurídicos que se originan en el reconocimiento y pago de honorarios o remuneraciones por servicios personales de carácter privado, cualquiera que sea la relación que los motive.

7. La ejecución de las multas impuestas a favor del Servicio Nacional de Aprendizaje, por incumplimiento de las cuotas establecidas sobre el número de aprendices, dictadas conforme al numeral 13 del artículo 13 de la Ley 119 de 1994.

8. El recurso de anulación de laudos arbitrales.

9. El recurso de revisión.

10. Adic. Art. 3° L. 1210/2008. La calificación de la suspensión o paro colectivo del trabajo.

El art. 12 de la L. 1010/2006 establece lo siguiente: «Corresponde a los jueces de trabajo con jurisdicción en el lugar de los hechos adoptar las medidas sancionatorias que prevé el artículo 10 de la presente ley, cuando las víctimas del acoso sean trabajadores o empleados particulares».

ART. 3o. EXCLUSIÓN DE CONFLICTOS ECONÓMICOS

La tramitación de los conflictos económicos entre empleadores y trabajadores se continuará adelantando de acuerdo con las Leyes especiales sobre la materia.

ART. 4o. JURISDICCIÓN TERRITORIAL*

El Tribunal Supremo del Trabajo ejerce su jurisdicción en todo el territorio nacional y tiene su sede en la capital de la república.

Los Tribunales Seccionales del Trabajo la ejercen en los Departamentos en cuya capital tienen su sede, y en la Intendencias y Comisarías que la ley les adscribe. Este territorio se denomina Distrito Judicial del Trabajo.

Los Jueces del Trabajo ejercen en el mismo territorio señalado por la ley a los respectivos Jueces del Circuito en lo Civil. Este territorio se denomina Círculo Judicial del Trabajo.

**Según lo dispuesto por la LEAJ. 270/1996, y conforme con lo establecido por el art. 15 del CPTSS, la Jurisdicción Ordinaria en su especialidad Laboral está compuesta por los siguientes jueces: Juez Laboral del Circuito; Tribunal Superior de Distrito Judicial - Sala de Decisión Laboral; Corte Suprema de Justicia - Sala de Casación Laboral.*

La Sala Administrativa del Consejo Superior de la Judicatura cuenta con la facultad de crear Jueces Laborales de Pequeñas Causas, con competencia en asuntos de única instancia (art. 12 CPTSS)

La L. 17812016 creó la Sala de Descongestión de la Sala de Casación Laboral de la Corte Suprema de Justicia.

CAPÍTULO II
COMPETENCIA

ART. 5o. COMPETENCIA POR RAZÓN DEL LUGAR

Modif. Art. 3° L. 712/2001. La competencia se determina por el último lugar donde se haya prestado el servicio, o por el domicilio del demandado, a elección del demandante.

Concord. Art. 5° num. 1° L. 57/1887.

ART. 6o. RECLAMACIÓN ADMINISTRATIVA

Modif. Art. 4° L. 712/2001. Las acciones contenciosas contra la Nación, las entidades territoriales y cualquiera otra entidad de la administración pública sólo podrán iniciarse cuando se haya agotado la reclamación administrativa. Esta reclamación consiste en el simple reclamo escrito del servidor público o trabajador sobre el derecho que pretenda, y se agota cuando se haya decidido o cuando transcurrido un mes desde su presentación no ha sido resuelta.*

~~Mientras esté pendiente el agotamiento~~ de la reclamación administrativa se suspende el término de prescripción de la respectiva acción.

Cuando la ley exija la conciliación extrajudicial en derecho como requisito de procedibilidad, ésta reemplazará la reclamación administrativa de que trata el presente artículo.

**La expresión «o cuando transcurrido un mes desde su presentación no ha sido resuelta» fue declarada exequible condicionalmente mediante Sent. C-792/2006.*

ART. 7o. COMPETENCIA EN LOS PROCESOS CONTRA LA NACIÓN

Modif. Art. 5° L. 712/2001. En los procesos que se sigan contra la Nación será competente el juez laboral del circuito del último lugar donde se haya prestado el servicio o el del domicilio del demandante, a elección de este, cualquiera que sea la cuantía.

En los lugares donde no haya Juez Laboral del Circuito conocerá de estos procesos el respectivo Juez del Circuito en lo Civil.

ART. 8o. COMPETENCIA EN LOS PROCESOS CONTRA LOS DEPARTAMENTOS

Modif. Art. 6o. L. 712/2001. En los procesos que se sigan contra un departamento será competente el juez laboral del circuito del último lugar donde se haya prestado el servicio, dentro del respectivo departamento o el de su capital, a elección del demandante, cualquiera que sea su cuantía.

En los lugares donde no haya juez laboral del circuito conocerá de estos procesos el respectivo juez del circuito en lo civil.

ART. 9o. COMPETENCIA EN LOS PROCESOS CONTRA LOS MUNICIPIOS

Modif. Art. 7o. L. 712/2001. En los procesos que se sigan contra un municipio será competente el juez laboral del circuito del lugar donde se haya prestado el servicio. En los lugares donde no haya juez laboral del circuito conocerá el respectivo juez civil del circuito.

ART. 10. COMPETENCIA EN LOS PROCESOS CONTRA LOS ESTABLECIMIENTOS PÚBLICOS

En los procesos que se sigan contra un establecimiento público, o una entidad o empresa oficial, será Juez competente el del lugar del domicilio del demandado, o el del lugar en donde se haya prestado el servicio, a elección del actor.

ART. 11. COMPETENCIA EN LOS PROCESOS CONTRA LAS ENTIDADES DEL SISTEMA DE SEGURIDAD SOCIAL INTEGRAL

Modif. Art. 8o. L. 712/2001. En los procesos que se sigan en contra de las entidades que conforman el sistema de seguridad social integral, será competente el juez laboral del circuito del lugar del domicilio de la entidad de seguridad social demandada o el del lugar donde se haya surtido la reclamación del respectivo derecho, a elección del demandante.

En los lugares donde no haya juez laboral del circuito conocerá de estos procesos el respectivo juez del circuito en lo civil.

ART. 12. COMPETENCIA POR RAZÓN DE LA CUANTÍA

Modif. Art. 46 L. 1395/2010. Los jueces laborales de circuito conocen en única* instancia de los negocios cuya cuantía exceda del equivalente a veinte (20) veces el salario mínimo legal mensual vigente, y en primera instancia de todos los demás.

Donde no haya juez laboral de circuito, conocerá de estos procesos el respectivo juez de circuito en lo civil.

Los jueces municipales de pequeñas causas y competencia múltiple, donde existen conocen en única instancia de los negocios cuya cuantía no exceda del equivalente a veinte (20) veces el salario mínimo legal mensual vigente.

**Debe entenderse «primera». La regla de competencia es la siguiente: i) asuntos cuyas pretensiones se valoren en 20 Salarios Mínimos Legales Mensuales vigentes son de competencia del Juez Laboral de Circuito en Primera Instancia; ii) asuntos cuyas pretensiones sean inferiores a 20 Salarios Mínimos Legales Mensuales vigentes, son de competencia del Juez Laboral de Circuito en única instancia.*

En los circuitos en los que la Sala Administrativa del Consejo Superior de la Judicatura haya establecido Juzgados Laborales de Pequeñas Causas, éstos conocerán de los asuntos cuyas pretensiones sean inferiores a 20 Salarios Mínimos Legales Mensuales vigentes.

ART. 13. COMPETENCIA EN LOS ASUNTOS SIN CUANTÍA

De los asuntos que no sean susceptibles de fijación de cuantía, conocerán en primera instancia los (Jueces Laborales del Circuito)* salvo disposición expresa en contrario.

En los lugares en donde no funcionen Juzgados (Laborales del Circuito)*, conocerán de estos asuntos, en primera instancia, los Jueces del Circuito en lo Civil.

**Reemplaza la expresión «Jueces del trabajo».*

ART. 14. PLURALIDAD DE JUECES COMPETENTES

Cuando la demanda se dirija simultáneamente contra dos o más personas, y, por tanto, tengan competencia para conocer de ella dos o más Jueces, el actor elegirá entre éstos.

El Tribunal Supremo conocerá del recurso de casación y de la (anulación)* de los laudos arbitrales de que trata el artículo 143.

**Reemplaza la expresión «homologación».*

ART. 15. COMPETENCIA DE LA SALA DE CASACIÓN LABORAL DE LA CORTE SUPREMA DE JUSTICIA Y DE LAS SALAS LABORALES DE LOS TRIBUNALES SUPERIORES DE DISTRITO JUDICIAL

Modif. Art. 10 L. 712/2001.

A- La Sala de Casación Laboral de la Corte Suprema de Justicia conoce:

1. Del recurso de casación.

2. Del recurso de anulación de los laudos proferidos por tribunales de arbitramento que decidan conflictos colectivos de carácter económico.

3. Del recurso de queja contra los autos que nieguen el recurso de casación o el de anulación.

4. De los conflictos de competencia que se susciten entre tribunales de dos o más distritos judiciales, entre un tribunal y un juzgado de otro distrito judicial y entre juzgados de diferente distrito judicial.

5. Del recurso de revisión que no esté atribuido a los Tribunales Superiores de Distrito Judicial.

B- Las Salas Laborales de los Tribunales Superiores de Distrito Judicial conocen:

1. Del recurso de apelación contra los autos señalados en este código y contra las sentencias proferidas en primera instancia.

2. Del recurso de anulación de los laudos proferidos por tribunales de arbitramento que decidan conflictos de carácter jurídico.

3. Del grado de consulta en los casos previstos en este código.

4. Del recurso de queja contra los autos que nieguen el recurso de apelación o el de anulación.

5. De los conflictos de competencia que se susciten entre dos juzgados del mismo distrito judicial.

6. Del recurso de revisión, contra las sentencias dictadas por los jueces de circuito laboral.

PARÁGRAFO. Corresponde a la sala de decisión dictar las sentencias, los autos interlocutorios que decidan los recursos de apelación y de queja y los que resuelvan los conflictos de competencia. Contra estos autos no procede recurso alguno. El Magistrado ponente dictará los autos de sustanciación.

CAPÍTULO III
MINISTERIO PÚBLICO

ART. 16. INTERVENCIÓN DEL MINISTERIO PÚBLICO

Modif. Art. L. 172/2001. El Ministerio Público podrá intervenir en los procesos laborales de conformidad con lo señalado en la ley.

ART. 17. INTERVENCIÓN DEL MINISTERIO PÚBLICO EN FAVOR DE INCAPACES

Derog. Art. 53 L. 712/2001.

ART. 18. INTERVENCIÓN DEL MINISTERIO PÚBLICO EN NOMBRE DEL ESTADO

Derog. Art. 53 L. 712/2001.

CAPÍTULO IV
CONCILIACIÓN

ART. 19. OPORTUNIDAD DEL INTENTO DE CONCILIACIÓN

La conciliación podrá intentarse en cualquier tiempo, antes o después de presentarse la demanda.

ART. 20. CONCILIACIÓN ANTES DEL PROCESO

Derog. Art. 53 L. 712/2001.

ART. 21. CASOS EN QUE NO ES NECESARIA LA AUDIENCIA DE CONCILIACIÓN

Derog. Art. 53 L. 712/2001.

ART. 22. CONCILIACIÓN DURANTE EL PROCESO

También podrá efectuarse la conciliación en cualquiera de las instancias, siempre que las partes, de común acuerdo, lo soliciten.

Incorporado al Decreto 1818 de 1998. Estatuto de Mecanismos Alternativos de Solución de Conflictos. Art. 52.

ART. 23. IMPROCEDENCIA DE LA CONCILIACIÓN

Inexequible. Sent. C-033/1996.

ART. 24. FALTA DE ÁNIMO CONCILIATORIO

Derog. Art. 53 L. 712/2001.

CAPÍTULO V
DEMANDA Y RESPUESTA

ART. 25. FORMA Y REQUISITOS DE LA DEMANDA

Modif. Art. 12 L. 712/2001. La demanda deberá contener:

1. La designación del juez a quien se dirige.

2. El nombre de las partes y el de su representante, si aquellas no comparecen o no pueden comparecer por sí mismas.

3. El domicilio y la dirección de las partes, y si se ignora la del demandado o la de su representante si fuere el caso, se indicará esta circunstancia bajo juramento que se entenderá prestado con la presentación de la demanda.

4. El nombre, domicilio y dirección del apoderado judicial del demandante, si fuere el caso.

5. La indicación de la clase de proceso.

6. Lo que se pretenda, expresado con precisión y claridad. Las varias pretensiones se formularán por separado.

7. Los hechos y omisiones que sirvan de fundamento a las pretensiones, clasificados y enumerados.

8. Los fundamentos y razones de derecho.

9. La petición en forma individualizada y concreta de los medios de prueba, y

10. La cuantía, cuando su estimación sea necesaria para fijar la competencia.

Cuando la parte pueda litigar en causa propia, no será necesario el requisito previsto en el numeral octavo.

El num. 3º art. 4º L. 1210/2008 establece la forma de la demanda en el proceso de calificación de suspensión o paro de colectivo del trabajo. Esta disposición incorporó al CPTSS el art. 129A.

Nota del Editor: Para efectos del cumplimiento de lo previsto por el Numeral 4º del presente artículo, debe observarse lo dispuesto por el artículo 3º de la Ley 2213 de 2022, tanto el demandante como su apoderado, deben aportar con la demanda, la información referente a la dirección electrónica, el correo electrónico, la plataforma digital, y demás datos que sean útiles para su ubicación y su comparecencia remota al proceso.

ART. 25 A. ACUMULACIÓN DE PRETENSIONES

Modif. Art. 13 L. 712/2001. El demandante podrá acumular en una misma demanda varias pretensiones contra el demandado, aunque no sean conexas, siempre que concurran los siguientes requisitos:

1. Que el juez sea competente para conocer de todas.
2. Que las pretensiones no se excluyan entre sí, salvo que se propongan como principales y subsidiarias.
3. Que todas puedan tramitarse por el mismo procedimiento.

En la demanda sobre prestaciones periódicas, podrá pedirse que se condene al demandado a las que se llegaren a causar entre la presentación de aquella y la sentencia de cada una de las instancias.

También podrá acumularse en una demanda pretensiones de varios demandantes contra el mismo o varios demandados cuando provengan de igual causa, o versen sobre el mismo objeto, o deban servirse de las mismas pruebas aunque sea diferente el interés jurídico.

En las demandas ejecutivas podrán acumularse las pretensiones de varias personas que persigan, total o parcialmente, unos mismos bienes del demandado.

Cuando se presente una indebida acumulación que no cumpla con los requisitos previstos en los incisos anteriores, pero sí con los tres numerales del inciso primero, se considerará subsanado el defecto cuando no se proponga oportunamente la respectiva excepción previa.

Concord. Arts. 148 a 150 CGP

Nota del Editor: Para efectos del cumplimiento de lo previsto por el Numeral 1º del presente artículo, debe observarse lo dispuesto por el artículo 5º de la Ley 2213 de 2022, en tanto el otorgamiento del poder podrá hacerse por vía electrónica, siempre que quede constancia de que, efectivamente, el poderdante otorgó el poder al apoderado, mediante el aporte del medio electrónico que demuestre dicha circunstancia.

ART. 26. ANEXOS DE LA DEMANDA

Modif. Art. 14 L. 712/2001. La demanda deberá ir acompañada de los siguientes anexos:

1. El poder.
2. Las copias de la demanda para efecto del traslado, tantas cuantos sean los demandados.
3. Las pruebas documentales y las anticipadas que se encuentren en poder del demandante.
4. La prueba de la existencia y representación legal, si es una persona jurídica de derecho privado que actúa como demandante o demandado.
5. La prueba del agotamiento de la reclamación administrativa si fuere el caso.
6. La prueba del agotamiento del requisito de procedibilidad de que trata la Ley 640 de 2001, cuando ella lo exija.

PARÁGRAFO. Ante la imposibilidad de acompañar la prueba de la existencia y representación legal del demandado, se afirmará tal circunstancia bajo juramento que se entenderá prestado con la presentación de la demanda. Esta circunstancia no será causal de devolución. El Juez tomará las medidas conducentes para su obtención.

ART. 27. PERSONAS CONTRA LAS CUALES SE DIRIGE LA DEMANDA

La demanda se dirigirá contra el (empleador), o contra su representante cuando éste tenga la facultad para comparecer en proceso en nombre de aquél.

ART. 28. DEVOLUCIÓN Y REFORMA DE LA DEMANDA

Modif. Art. 15 L. 712/2001. Antes de admitir la demanda y si el juez observare que no reúne los requisitos exigidos por el artículo 25 de este código, la devolverá al demandante para que subsane dentro del término de cinco (5) días las deficiencias que le señale.

La demanda podrá ser reformada por una sola vez, dentro de los cinco (5) días siguientes al vencimiento del término del traslado de la inicial o de la de reconvención, si fuere el caso.

El auto que admita la reforma de la demanda, se notificará por estado y se correrá traslado por cinco (5) días para su contestación. Si se incluyen nuevos demandados, la notificación se hará a estos como se dispone para el auto admisorio de la demanda.

ART. 29. NOMBRAMIENTO DEL CURADOR AD LITEM Y EMPLAZAMIENTO DEL DEMANDADO

Modif. Art. 16 L. 712/2001. Cuando el demandante manifieste bajo juramento, que se considera prestado con la presentación de la demanda, que ignora el domicilio del demandado, el juez procederá a nombrarle un curador para la litis con quien se continuará el proceso y ordenará su emplazamiento por edicto, con la advertencia de habérsele designado el curador.

El emplazamiento se efectuará en la forma prevista en el inciso segundo del artículo 318 del Código del Procedimiento Civil* y no se dictará sentencia mientras no se haya cumplido.

Cuando el demandado no es hallado o se impide la notificación, también se aplicará lo dispuesto en los incisos anteriores, previo cumplimiento de lo establecido en los numerales 1 y 2 del artículo 320 del Código de Procedimiento Civil**. En el aviso se informará al demandado que debe concurrir al juzgado dentro de los diez (10) días siguientes al de su fijación para notificarle el auto admisorio de la demanda y que si no comparece se le designará un curador para la litis.

**El art. 318 CPC fue derogado por el literal c) del art. 626 CGP (L. 1564/2012); Corresponde al art. 293 CGP*

*** El art. 320 CPC fue derogado por el numeral 6o. del art. 627 CGP (L. 1564/2012); Corresponde al art. 292 CGP.*

ART. 30. PROCEDIMIENTO EN CASO DE CONTUMACIA

Modif. Art. 17 L. 712/2001. Cuando notificada personalmente la demanda al demandado o a su representante, no fuere contestada o ninguno de estos compareciere a las audiencias, sin excusa debidamente comprobada, se continuará el proceso sin necesidad de nueva citación.

Si el demandante o su representante no concurrieren a las audiencias, sin excusa debidamente comprobada, se continuará el proceso sin su asistencia.

Si no compareciere ninguna de las partes se seguirá la actuación sin asistencia de ellas. Todo lo anterior sin perjuicio de lo dispuesto en el artículo 77.

Si se presentaren las partes o una de ellas antes de dictarse la sentencia, y el juez estimare justo el motivo de la inasistencia, podrá señalar día y hora para la celebración de audiencia de trámite.

PARÁGRAFO. Si transcurridos seis (6) meses a partir del auto admisorio de la demanda o de la demanda de reconvención, no se hubiere efectuado gestión alguna para s u notificación el juez ordenará el archivo de las diligencias o dispondrá que se continúe el trámite con la demanda principal únicamente.

ART. 31. FORMA Y CONTESTACIÓN DE LA DEMANDA

Modif. Art. 18 L. 712/2001. La contestación de la demanda contendrá:

1. El nombre del demandado, su domicilio y dirección; los de su representante o su apoderado en caso de no comparecer por sí mismo.

2. Un pronunciamiento expreso sobre las pretensiones.

3. Un pronunciamiento expreso y concreto sobre cada uno de los hechos de la demanda, indicando los que se admiten, los que se niegan y los que no le constan. En los dos últimos casos manifestará las razones de su respuesta. Si no lo hiciere así, se tendrá como probado el respectivo hecho o hechos*.

4. Los hechos, fundamentos y razones de derecho de su defensa.

5. La petición en forma individualizada y concreta de los medios de prueba, y

6. Las excepciones que pretenda hacer valer debidamente fundamentadas.

PARÁGRAFO 1o. La contestación de la demanda deberá ir acompañada de los siguientes anexos:

1. El poder, si no obra en el expediente.

2. Las pruebas documentales pedidas en la contestación de la demanda y los documentos relacionados en la demanda, que se encuentren en su poder.

3. Las pruebas anticipadas que se encuentren en su poder, y

4. La prueba de su existencia y representación legal, si es una persona jurídica de derecho privado.

PARÁGRAFO 2o. La falta de contestación de la demanda dentro del término legal se tendrá como indicio grave en contra del demandado*.

PARÁGRAFO 3o. Cuando la contestación de la demanda no reúna los requisitos de este artículo o no esté acompañada de los anexos, el juez le señalará los defectos de que ella adolezca para que el demandado los subsane en el término de cinco (5) días, si no lo hiciere se tendrá por no contestada en los términos del parágrafo anterior*.

**Exequible Sent. C-102/2005.*

Nota del Editor: Para efectos del cumplimiento de lo previsto por el Numeral 1° del parágrafo 1° del presente artículo, debe observarse lo dispuesto por el artículo 5° de la Ley 2213 de 2022, en tanto el otorgamiento del poder podrá hacerse por vía electrónica, siempre que quede constancia de que, efectivamente, el poderdante otorgó el poder al apoderado, mediante el aporte del medio electrónico que demuestre dicha circunstancia.

ART. 32. TRÁMITE DE LAS EXCEPCIONES

Modif. Art. 1o. L. 1149/2007. El juez decidirá las excepciones previas en la *audiencia de conciliación, decisión de excepciones previas, saneamiento y fijación del litigio.* También podrá proponerse como previa la excepción de prescripción cuando no haya discusión sobre la fecha de exigibilidad de la pretensión o de su interrupción o de su suspensión, y decidir sobre la excepción de cosa juzgada. Si el demandante tuviere que contraprobar deberá presentar las pruebas en el acto y el juez resolverá allí mismo.

Las excepciones de mérito serán decididas en la sentencia.

Concord. Arts. 100, 282 CGP

Exequible Sentencias C-539/1996; C-820/2011.

CAPÍTULO VI
REPRESENTACIÓN JUDICIAL

ART. 33. INTERVENCIÓN DE ABOGADO EN LOS PROCESOS DEL TRABAJO

Para litigar en causa propia o ajena se requerirá ser abogado inscrito, salvo las excepciones de que trata la ley 69 de 1945*. Las partes podrán actuar por sí mismas, sin intervención de abogados, en procesos de única instancia y en las audiencias de conciliación.

**Se refiere al derecho de postulación, establecido en el art. 73 CGP.*

ART. 34. REPRESENTACIÓN DE LAS PERSONAS JURÍDICAS

Las personas jurídicas comparecerán en proceso por medio de sus representantes constitucionales, legales o convencionales, según el caso*.

**Son aplicables las reglas de representación judicial y de capacidad para ser parte procesal establecidas por los artículos 53 a 59 CGP.*

ART. 35. ASESORÍA AL MINISTERIO PÚBLICO

Derog. Art. 53 L. 712/2001.

ART. 36. PRUEBA DE LA PERSONERÍA

Derog. Art. 53 L. 712/2001.

CAPÍTULO VII
INCIDENTES

ART. 37. PROPOSICIÓN Y TRÁMITE DE INCIDENTES

Modif. Art. 2o. L. 1149/2007. Los incidentes sólo podrán proponerse en la audiencia de conciliación, decisión de excepciones previas, saneamiento y fijación del litigio, a menos de que se trate de hechos ocurridos con posterioridad; quien los propone deberá aportar las pruebas en la misma audiencia; se decidirán en la sentencia definitiva, salvo los que por su naturaleza y fines requieren de una decisión previa.

Concord. Arts. 127 a 131 CGP

ART. 38. AUDIENCIA Y FALLO

Derog. Art. 17 L. 1149/2007.

CAPÍTULO VIII
ACTUACIÓN

ART. 39. PRINCIPIO DE GRATUIDAD

La actuación en los procesos del trabajo se adelantará en papel común, no dará lugar a impuesto de timbre nacional ni a derechos de secretaría, y los expedientes, despachos, exhortos y demás actuaciones cursarán libres de porte por los correos nacionales.

ART. 40. PRINCIPIO DE LIBERTAD

Los actos del proceso para los cuales las leyes no prescriban una forma determinada, los realizará el Juez o dispondrá que se lleven a cabo, de manera adecuada al logro de su finalidad.

CAPÍTULO IX
NOTIFICACIONES

ART. 41 FORMA DE LAS NOTIFICACIONES

Las notificaciones se harán en la siguiente forma:

A. Personalmente.

1. Al demandado, la del auto admisorio de la demanda y, en general, la que tenga por objeto hacerle saber la primera providencia que se dicte.

2. La primera que se haga a los empleados públicos en su carácter de tales, y

3. La primera que se haga a terceros*.

B. En estrados, oralmente, las de las providencias que se dicten en las audiencias públicas. Se entenderán surtidos los efectos de estas notificaciones desde su pronunciamiento.

C. Por estados:

1. Derog. Art. 17 L. 1149/2007.

2. Las de los autos que se dicten fuera de audiencia.

Los estados se fijarán al día siguiente al del pronunciamiento del auto respectivo y permanecerán fijados un día, vencido el cual se entenderán surtidos sus efectos.

D. Por edicto:

1. La de la sentencia que resuelve el recurso de casación.

2. La de la sentencia que decide el recurso de anulación.

3. La de la sentencia de segunda instancia dictada en los procesos de fuero sindical.

4. La de la sentencia que resuelve el recurso de revisión.

E. Por conducta concluyente.

PARÁGRAFO. NOTIFICACIÓN DE LAS ENTIDADES PÚBLICAS. Cuando en un proceso intervengan Entidades Públicas, el auto admisorio de la demanda se debe notificar personalmente a sus representantes legales o a quien éstos hayan delegado la facultad de recibir notificaciones.

Sin embargo, si la persona a quien deba hacerse la notificación, o su delegado, no se encontrare o no pudiere, por cualquier motivo recibir la notificación, ésta se practicará mediante entrega que el notificador haga al secretario general de la entidad o en la oficina receptora de correspondencia, de la copia auténtica de la demanda, del auto admisorio y del aviso.

En los asuntos del orden nacional que se tramiten en lugar diferente al de la sede de la entidad demandada, la notificación a los representantes legales debe hacerse por conducto del correspondiente funcionario de mayor categoría de la entidad demandada que desempeñe funciones a nivel seccional, quien deberá al día siguiente al de la notificación, comunicarle lo ocurrido al representante de la entidad. El incumplimiento de esta disposición constituye falta disciplinaria.

Para todos los efectos legales, cuando la notificación se efectúe de conformidad con lo dispuesto en los dos incisos anteriores, se entenderá surtida después de cinco (5) días de la fecha de la correspondiente diligencia.

En el expediente se dejará constancia de estos hechos, en diligencia que deberán suscribir el notificador y el empleado que lo reciba.

**Exequible conforme la Sentencia C-803/2000.*

Concord. arts, 290, 291, 292, 294, 295, 296, 297, 298, 299, 300, 301 CGP.

Nota del Editor: Para efectos de la práctica de las notificaciones que deban surtirse en el trámite del proceso laboral, debe tenerse en cuenta lo dispuesto por los artículos 8° y 9° de la Ley 2213 de 2022.

CAPÍTULO X
AUDIENCIAS

ART. 42. PRINCIPIOS DE ORALIDAD Y PUBLICIDAD

Modif. Art. 3° L. 1149/2007. Las actuaciones judiciales y la práctica de pruebas en las instancias, se efectuarán oralmente en audiencia pública, so pena de nulidad, salvo las que expresamente señalen la ley, y los siguientes autos:

1. Los de sustanciación por fuera de audiencia.
2. Los interlocutorios no susceptibles de apelación.
3. Los interlocutorios que se dicten antes de la *audiencia de conciliación, saneamiento, decisión de excepciones y fijación del litigio* y con posterioridad a las sentencias de instancias.

PARÁGRAFO 1o. En los procesos ejecutivos sólo se aplicarán estos principios en la práctica de pruebas y en la decisión de excepciones.

PARÁGRAFO 2o. El juez limitará la duración de las intervenciones de las partes y de sus apoderados, respetando el derecho a la defensa.

Nota del Editor: Para efectos del proceso laboral, debe tenerse en cuenta lo dispuesto por los artículos 1°, 2°, 3°, 7°, 9° y 11 de la Ley 2213 de 2022.

ART. 43. EXCEPCIÓN AL PRINCIPIO DE LA PUBLICIDAD

No obstante lo dispuesto en el artículo anterior, el Juez que dirige la audiencia podrá ordenar que se efectúe privadamente por razones de orden público o de buenas costumbres.*

**La expresión «buenas costumbres» es exequible conforme con la Sent. C-382/2019.*

ART. 44. CLASES DE AUDIENCIAS

Modif. Art. 4° L. 1149/2007. Las audiencias serán dos: una de conciliación, decisión de excepciones previas, saneamiento y fijación del litigio; y otra de trámite y de juzgamiento.

Nota del Editor: Para efectos del proceso laboral, debe tenerse en cuenta lo dispuesto por los artículos 1º, 2º, 3º, 7º, 9º y 11 de la Ley 2213 de 2022.

ART. 45. SEÑALAMIENTO DE AUDIENCIAS

Modif. Art. 5° L. 1149/2007. Antes de terminar la audiencia el juez señalará fecha y hora para efectuar la siguiente, esta deberá ser informada mediante aviso colocado en la cartelera del Juzgado en un lugar visible al día siguiente.

Las audiencias no podrán suspenderse, se desarrollarán sin solución de continuidad dentro de las horas hábiles, hasta que sea agotado su objeto, sin perjuicio de que el juez como director del proceso habilite más tiempo*.

En ningún caso podrán celebrarse más de dos (2) audiencias.

**Exequible Sent. C-583/2016.*

Nota del Editor: Para efectos del proceso laboral, debe tenerse en cuenta lo dispuesto por los artículos 1º, 2º, 3º, 7º, 9º y 11 de la Ley 2213 de 2022.

ART. 46. ACTAS Y GRABACIÓN DE AUDIENCIAS

Modif. Art. 6° L. 1149/2007. Las audiencias serán grabadas con los medios técnicos que ofrezcan fidelidad y seguridad de registro, los cuales deberán ser proporcionados por el Estado, o excepcionalmente, con los que las partes suministren.

Si la audiencia es grabada, se consignará en el acta el nombre de las personas que intervinieron como partes, apoderados, testigos y auxiliares de la justicia.

El acta será firmada por el juez y el secretario y de ella hará parte el formato de control de asistencia de quienes intervinieron.

Cualquier interesado podrá solicitar una copia de las grabaciones o del acta, y para su obtención deberá proporcionar los medios necesarios para ello.

En ningún caso se hará la reproducción escrita de las grabaciones. Las grabaciones se incorporarán al expediente.

Nota del Editor: Para efectos del proceso laboral, debe tenerse en cuenta lo dispuesto por los artículos 1º, 2º, 3º, 7º, 9º y 11 de la Ley 2213 de 2022.

ART. 47. FIRMA DEL ACTA DE AUDIENCIA

El acta se firmará por el Juez, las demás personas que hayan intervenido en la audiencia y el Secretario. Si alguna de ellas no puede o no quiere firmar, se hará constar al pie de la misma esa circunstancia y firmará un testigo en lugar suyo.

Nota del Editor: Para efectos del proceso laboral, debe tenerse en cuenta lo dispuesto por los artículos 1º, 2º, 3º, 7º, 9º y 11 de la Ley 2213 de 2022.

CAPÍTULO XI
PODERES DEL JUEZ

ART. 48. JUEZ DIRECTOR DEL PROCESO

Modif. Art. 7º L. 1149/2007. El juez asumirá la dirección del proceso adoptando las medidas necesarias para garantizar el respeto de los derechos fundamentales y el equilibrio entre las partes, la agilidad y rapidez en su trámite.

ART. 49. PRINCIPIO DE LEALTAD PROCESAL

Las partes deberán comportarse con lealtad y probidad durante el proceso, y el Juez hará uso de sus poderes para rechazar cualquier solicitud o acto que implique una dilación manifiesta o ineficaz del litigio, o cuando se convenza de que cualquiera de las partes o ambas se sirven del proceso para realizar un acto simulado o para perseguir un fin prohibido por la ley.

ART. 50. FACULTADES ULTRA Y EXTRA PETITA

El Juez (de primera instancia)* podrá ordenar el pago de salarios, prestaciones o indemnizaciones distintos de los pedidos, cuando los hechos que los originen hayan sido discutidos en el proceso y estén debidamente probados, o condenar al pago de sumas mayores que las demandadas por el mismo concepto, cuando aparezca que éstas son inferiores a las que corresponden al trabajador, de conformidad con la ley, y siempre que no hayan sido pagadas.

**La expresión «de primera instancia» fue declarada inexequible por la Sent. C-662/1998.*

CAPÍTULO XII
PRUEBAS

ART. 51. MEDIOS DE PRUEBA

Son admisibles todos los medios de prueba establecidos en la ley, pero la prueba pericial sólo tendrá lugar cuando el Juez estime que debe designar un perito que lo asesore en los asuntos que requieran conocimientos especiales.

ART. 52. PRESENCIA DEL JUEZ EN LA PRÁCTICA DE LAS PRUEBAS

Modif. Art. 23 L. 712/2001. El juez practicará personalmente todas las pruebas. Cuando le fuere imposible hacerlo por razón del lugar, comisionará a otro juez para que las practique.

ART. 53. RECHAZO DE PRUEBAS Y DILIGENCIAS INCONDUCENTES

Modif. Art. 8° L. 1149/2007. El juez podrá, en decisión motivada, rechazar la práctica de pruebas y diligencias inconducentes o superfluas en relación con el objeto del pleito.

En cuanto a la prueba de testigos, el juez limitará el número de ellos cuando considere que son suficientes los testimonios recibidos o los otros medios de convicción que obran en el proceso.

ART. 54. PRUEBAS DE OFICIO

Además de las pruebas pedidas, el Juez podrá ordenar a costa de una de las partes, o de ambas, según a quien o a quienes aproveche, la práctica de todas aquellas que a su proceso sean indispensables para el completo esclarecimiento de los hechos controvertidos.

ART. 54 A. VALOR PROBATORIO DE ALGUNAS COPIAS

Modif. Art. 24 L. 712/2001. Se reputarán auténticas las reproducciones simples de los siguientes documentos:

1. Los periódicos oficiales.
2. Las resoluciones y certificaciones emanadas del Ministerio del Trabajo y Seguridad Social.
3. Las convenciones colectivas de trabajo, laudos arbitrales, pactos colectivos, reglamentos de trabajo y estatutos sindicales.
4. Las certificaciones que expida el DANE y el Banco de la República sobre indicadores de su competencia.
5. Las certificaciones que emanen del registro mercantil.

Las reproducciones simples de las constancias y certificaciones que hagan parte o deban anexarse a cualquiera de los documentos previstos en los numerales 2, 3, 4 y 5 también se reputarán auténticas.

PARÁGRAFO. En todos los procesos, salvo cuando se pretenda hacer valer como título ejecutivo, los documentos o sus reproducciones simples presentados por las partes con fines probatorios se reputarán auténticos, sin necesidad de autenticación ni presentación personal, todo ello sin perjuicio de lo dispuesto en relación con los documentos emanados de terceros.

ART. 54 B. EXHIBICIÓN DE DOCUMENTOS

Modif. Art. 25 L. 712/2001. Las partes podrán pedir la exhibición de documentos en forma conjunta o separada de la inspección judicial.

ART. 55. DILIGENCIA DE INSPECCIÓN JUDICIAL

Cuando se presenten graves y fundados motivos o para aclarar hechos dudosos, el Juez podrá decretar inspección judicial*, siempre que tal diligencia pueda cumplirse sin grave daño para las partes o los terceros, y sin obligarlos a violar secretos profesionales, comerciales o artísticos.

Para lograr la verificación de la prueba el Juez podrá valerse de los apremios legales.

**La expresión «judicial» reemplaza la original «ocular».*

ART. 56. RENUENCIA DE LAS PARTES A LA PRÁCTICA DE LA INSPECCIÓN

Modif. Art. 26 L. 712/2001. Si decretada la inspección, ésta no se llevare a cabo por renuencia de la parte que deba facilitarla, se tendrán como probados en su contra los hechos que la otra parte se proponía demostrar en los casos en que sea admisible la prueba de confesión, el juez así lo declarará en el acto, y si no fuere admisible la prueba de confesión se le condenará sin más actuaciones al pago de una multa equivalente hasta de cinco (5) salarios mínimos mensuales vigentes a favor del Consejo Superior de la Judicatura.

ART. 57. RENUENCIA DE LOS TERCEROS

Modif. Art. 27 L. 712/2001. Si la inspección judicial no se llevare a efecto por renuencia de un tercero, sin que aduzca causa justificada para ello, se le impondrá breve y sumariamente una multa de tres (3) salarios mínimos legales mensuales a favor del Consejo Superior de la Judicatura.

ART. 58. TACHAS

El perito único podrá ser tachado por las mismas causales que los jueces.

Las tachas del perito y las de los testigos se propondrán antes de que aquél presente su dictamen o sea rendida la respectiva declaración; se acompañará la prueba sumaria del hecho en que se funde y se resolverá de plano, si la tacha fuere contra el perito, o en la sentencia definitiva si fuere contra los testigos.

ART. 59. COMPARECENCIA DE LAS PARTES

Modif. Art. 9º L. 1149/2007. El juez podrá ordenar la comparecencia de las partes a las audiencias a fin de interrogarlas libremente sobre los hechos controvertidos; la renuencia de las partes a comparecer tendrá los efectos previstos en el artículo 77.

Exequible Sent. C-102/2005.

ART. 60. ANÁLISIS DE LAS PRUEBAS

El Juez, al proferir su decisión, analizará todas las pruebas allegadas en tiempo.

ART. 61. LIBRE FORMACIÓN DEL CONVENCIMIENTO

El Juez no estará sujeto a la tarifa legal de pruebas y por lo tanto formará libremente su convencimiento, inspirándose en los principios científicos que informan la crítica de la prueba y atendiendo a las circunstancias relevantes del pleito y a la conducta procesal observada por las partes. Sin embargo, cuando la ley exija determinada solemnidad ad substantiam actus, no se podrá admitir su prueba por otro medio.

En todo caso, en la parte motiva de la sentencia el juez indicará los hechos y circunstancias que causaron su convencimiento.

CAPÍTULO XIII
RECURSOS

ART. 62. RECURSOS

Modif. Art. 28 L. 712/2001. Contra las providencias judiciales procederán los siguientes recursos.

1. El de reposición.
2. El de apelación.
3. El de súplica*.
4. El de casación.
5. El de queja.
6. El de revisión**.
7. El de anulación.

**El recurso de súplica se tramita conforme con las reglas de los arts. 223 y 332 CGP*

***El recurso de revisión se tramita conforme con las reglas de los arts. 30 a 35 L. 712/2001*

ART. 63. RECURSO DE REPOSICIÓN

El recurso de reposición procederá contra los autos interlocutorios, se interpondrá dentro de los dos días siguientes a su notificación cuando se hiciere por estados, y se decidirá a más tardar tres días después. Si se interpusiere en audiencia, deberá decidirse oralmente en la misma, para lo cual podrá el juez decretar un receso de media hora.

Exequible Sent. C-803/2000.

ART. 64. FIRMEZA DE LOS AUTOS DE SUSTANCIACIÓN

Contra los autos de sustanciación no se admitirá recurso alguno, pero el Juez podrá modificarlos o revocarlos de oficio, en cualquier estado del proceso.

ART. 65. RECURSO DE APELACIÓN

Modif. Art. 29 L. 712/2001. Son apelables los siguientes autos proferidos en primera instancia:

1. El que rechace la demanda o su reforma y el que las dé por no contestada.
2. El que rechace la representación de una de las partes o la intervención de terceros.
3. El que decida sobre excepciones previas.
4. El que niegue el decreto o la práctica de una prueba.
5. El que deniegue el trámite de un incidente o el que lo decida.
6. El que decida sobre nulidades procesales.
7. El que decida sobre medidas cautelares.
8. El que decida sobre el mandamiento de pago.
9. El que resuelva las excepciones en el proceso ejecutivo.
10. El que resuelva sobre la liquidación del crédito en el proceso ejecutivo.
11. El que resuelva la objeción a la liquidación de las costas respecto de las agencias en derecho.
12. Los demás que señale la ley.

El recurso de apelación se interpondrá:

1. Oralmente, en la audiencia en que fue proferido el auto y allí mismo se concederá si es procedente.
2. Por escrito, dentro de los cinco (5) días siguientes cuando la providencia se notifique por estado. El juez resolverá dentro de los dos (2) días siguientes.

Este recurso se concederá en el efecto devolutivo enviando al superior copia de las piezas del proceso que fueren necesarias, salvo que la providencia recurrida impida la continuación del proceso o implique su terminación, caso en el cual se concederá en el efecto suspensivo.

El recurrente deberá proveer lo necesario para la obtención de las copias dentro de los cinco (5) días siguientes al auto que concedió el recurso. En caso contrario se declarará desierto*.

Las copias se autenticarán gratuitamente por el secretario. Cumplido lo anterior deberán enviarse al superior dentro de los tres (3) días siguientes.

La sentencia definitiva no se pronunciará mientras esté pendiente la decisión del superior, cuando esta pueda influir en el resultado de aquella.

** Exequible Sent. C-102/2003.*

En cuanto a los efectos en los que se concede el recurso de apelación, es aplicable lo dispuesto por el art. 323 CGP

ART. 66. APELACIÓN DE LAS SENTENCIAS DE PRIMERA INSTANCIA

Modif. Art. 10 L. 1149/2007. Serán apelables las sentencias de primera instancia, en el efecto suspensivo, en el acto de la notificación mediante la sustentación oral estrictamente necesaria; interpuesto el recurso el juez lo concederá o denegará inmediatamente.

En cuanto a los efectos en los que se concede el recurso de apelación, es aplicable lo dispuesto por el art. 323 CGP

Exequible Sent. C-803/2000 y C-493/2016.

ART. 66 A. PRINCIPIO DE CONSONANCIA

Modif. Art. 35 L. 712/2001. La sentencia de segunda instancia, así como la decisión de autos apelados, deberá estar en consonancia con las materias objeto del recurso de apelación.

Exequible Sent. C-968/2003 y C-070/2010.

ART. 67. APELACIÓN DE DECISIONES DEL CONSEJO DIRECTIVO DEL INSTITUTO DE SEGUROS SOCIALES

También procederá el recurso de apelación para ante el Tribunal Seccional del Trabajo de Bogotá, contra las providencias del Consejo Directivo del Instituto

Colombiano de Seguros Sociales, que impongan multas en cuantía superior a quinientos pesos ($500.00).

Esta apelación se concederá en el efecto devolutivo, se tramitará y decidirá como la de los autos interlocutorios.

ART. 68. RECURSO DE QUEJA

Procederá el *recurso de queja* para ante el inmediato superior contra la providencia del Juez que deniegue el de apelación o contra la del Tribunal que no concede el de casación.

Concord. Art. 353 CGP

ART. 69. GRADO JURISDICCIONAL DE CONSULTA

Modif. Art. 14. L. 1149/2007. Además de estos recursos existirá un grado de jurisdicción denominado de «consulta».

Las sentencias de primera instancia, cuando fueren totalmente adversas a las pretensiones del trabajador, afiliado o beneficiario serán necesariamente consultadas con el respectivo Tribunal si no fueren apeladas.*

También serán consultadas las sentencias de primera instancia cuando fueren adversas a la Nación, al Departamento o al Municipio o a aquellas entidades descentralizadas en las que la Nación sea garante. En este último caso se informará al Ministerio del ramo respectivo y al Ministerio de Hacienda y Crédito Público sobre la remisión del expediente al superior.

**Exequible Sent. C-090/2002 y C-424/2015*

CAPÍTULO XIV
PROCEDIMIENTO ORDINARIO

I. ÚNICA INSTANCIA

ART. 70. FORMA Y CONTENIDO DEMANDA VERBAL

En los negocios de única instancia no se requerirá demanda escrita. Propuesta verbalmente se extenderá un acta en que consten: los nombres y domicilios del demandante y demandado; lo que se demanda y los hechos en que se funda la acción. En la misma diligencia, que se firmará por el Juez, el demandante y el Secretario, se dispondrá la citación del demandado para que comparezca a contestar la demanda en el día y hora que se señale.

ART. 71. PROCEDIMIENTO EN CASO DE REBELDÍA

Si el demandante no comparece sin excusa legal en la oportunidad señalada se continuará la actuación sin su asistencia. Si es el demandado quien no comparece se seguirá el proceso sin nueva citación a él.

ART. 72. AUDIENCIA DE TRAMITE, PRACTICA DE PRUEBAS Y JUZGAMIENTO

Modif. Art. 36 L. 712/2001. En el día y hora señalados, el juez oirá a las partes y dará aplicación a lo previsto en el artículo 77 en lo pertinente. Si fracasare la conciliación, el juez examinará los testigos que presenten las partes y se enterará de las demás pruebas y de las razones que aduzcan. Clausurado el debate, el juez fallará en el acto, motivando su decisión, contra la cual no procede recurso alguno.

Si el demandado presentare demanda de reconvención, el juez, si fuere competente, lo oirá y decidirá simultáneamente con la demanda principal.

ART. 73. REGISTRO DE LO ACTUADO

Modif. Art. 37 L. 712/2001. En la audiencia podrá utilizarse el sistema de grabación electrónica o magnetofónica siempre que se disponga de los elementos técnicos adecuados y así lo ordene el juez. Cuando así ocurra, en el acta escrita se dejará constancia únicamente de las personas que intervinieron como partes, apoderados, testigos y auxiliares de la justicia, de los documentos que se hayan presentado, del auto que en su caso haya suspendido la audiencia y ordenado reanudarla y se incorporará la sentencia completa que se profiera.

Cualquier interesado podrá pedir reproducción magnetofónica de las grabaciones proporcionando los medios necesarios para ello.

En estos casos la grabación se incorporará al expediente.

II. PRIMERA INSTANCIA

ART. 74. TRASLADO DE LA DEMANDA

Modif. Art. 38 L. 712/2001. Admitida la demanda, el juez ordenará que se dé traslado de ella al demandado o demandados para que la contesten y al Agente del Ministerio Público si fuere el caso, por un término común de diez (10) días, traslado que se hará entregando copia del libelo a los demandados.

ART. 75. DEMANDA DE RECONVENCIÓN

El demandado, al contestar la demanda, podrá proponer la reconvención, siempre que el Juez sea competente para conocer de esta o sea admisible la prórroga de jurisdicción.

ART. 76. FORMA Y CONTENIDO DE LA DEMANDA DE RECONVENCIÓN

La reconvención se formulará en escrito separado del de la contestación y deberá contener los mismos requisitos de la demanda principal.

De ella se dará traslado común por tres días al reconvenido y al Agente del Ministerio Público, en su caso, y de allí en adelante se sustanciará bajo una misma cuerda y se decidirá en una misma sentencia.

ART. 77. AUDIENCIA OBLIGATORIA DE CONCILIACIÓN, DECISIÓN DE EXCEPCIONES PREVIAS, SANEAMIENTO Y FIJACIÓN DEL LITIGIO

Modif. Art. 11 art. 1149/2007. Contestada la demanda principal y la de reconvención si la hubiere, o cuando no hayan sido contestadas en el término legal, el juez señalará fecha y hora para que las partes comparezcan personalmente, con o sin apoderado, a audiencia pública, la cual deberá celebrarse a más tardar dentro de los tres (3) meses siguientes a la fecha de notificación de la demanda.

Para efectos de esta audiencia, el juez examinará previamente la totalidad de la actuación surtida y será él quien la dirija.

En la audiencia de conciliación se observarán las siguientes reglas:

Si alguno de los demandantes o de los demandados fuere incapaz, concurrirá su representante legal.

Si antes de la hora señalada para la audiencia, alguna de las partes presenta prueba siquiera sumaria de una justa causa para no comparecer, el juez señalará nueva fecha para celebrarla, la cual será dentro de los cinco (5) días siguientes a la fecha inicial, sin que en ningún caso pueda haber otro aplazamiento*.

Excepto los casos contemplados en los dos (2) incisos anteriores, si el demandante o el demandado no concurren a la audiencia de conciliación, el juez la declarará clausurada y se producirán las siguientes consecuencias procesales:

1. Si se trata del demandante se presumirán ciertos los hechos susceptibles de confesión contenidos en la contestación de la demanda y en las excepciones de mérito.

2. Si se trata del demandado, se presumirán ciertos los hechos de la demanda susceptibles de confesión.

Las mismas consecuencias se aplicarán a la demanda de reconvención.

3. Cuando los hechos no admitan prueba de confesión, la no comparecencia de las partes se apreciará como indicio grave en su contra.

4. En el caso del inciso quinto de este artículo, la ausencia injustificada de cualquiera de los apoderados dará lugar a la imposición de una multa a favor del Consejo Superior de la Judicatura, equivalente a un (1) salario mínimo mensual vigente.

Instalada la audiencia, si concurren las partes, con o sin apoderados, el juez los invitará para que en su presencia y bajo su vigilancia concilien sus diferencias, si fueren susceptibles de solución por este medio, y si no lo hicieren, deberá proponer las fórmulas que estime justas sin que ello signifique prejuzgamiento y sin que las manifestaciones de las partes impliquen confesión. En esta etapa de la audiencia sólo se permitirá diálogo entre el juez y las partes, y entre estas y sus apoderados con el único fin de asesorarlos para proponer fórmulas de conciliación.

Si se llegare a un acuerdo total se dejará constancia de sus términos en el acta correspondiente y se declarará terminado el proceso. El acuerdo tendrá fuerza de cosa juzgada. Si el acuerdo fuese parcial se procederá en la misma forma en lo pertinente.

PARÁGRAFO 1o. Procedimiento para cuando fracase el intento de conciliación. Ante la imposibilidad de llegar a un acuerdo total, el juez declarará terminada la etapa de conciliación y en la misma audiencia:

1. Decidirá las excepciones previas conforme a lo previsto en el artículo 32.

2. Adoptará las medidas que considere necesarias para evitar nulidades y sentencias inhibitorias.

3. Requerirá a las partes y a sus apoderados para que determinen los hechos en que estén de acuerdo y que fueren susceptibles de prueba de confesión, los cuales se declararán probados mediante auto en el cual desechará las pruebas pedidas

que versen sobre los mismos hechos, así como las pretensiones y excepciones que queden excluidas como resultado de la conciliación parcial.

Igualmente, si lo considera necesario las requerirá para que allí mismo aclaren y precisen las pretensiones de la demanda y las excepciones de mérito.

(Inciso declarado inexequible por la Sentencia C-470/2011)

4. A continuación el juez decretará las pruebas que fueren conducentes y necesarias, señalará día y hora para audiencia de trámite y juzgamiento, que habrá de celebrarse dentro de los tres (3) meses siguientes; extenderá las órdenes de comparendo que sean del caso, bajo los apremios legales, y tomará todas las medidas necesarias para la práctica de pruebas en la audiencia de trámite y juzgamiento; y respecto al dictamen pericial ordenará su traslado a las partes con antelación suficiente a la fecha de esta audiencia**.

* *Exequible Sent. C-317/2008.*

** *Exequible Sent. C-204/2003.*

ART. 78. ACTA DE CONCILIACIÓN

En el día y hora señalados el juez invitará a las partes a que, en su presencia y bajo su vigilancia, procuren conciliar su diferencia. Si se llegare a un acuerdo se dejará constancia de sus términos en el acta correspondiente, tendrá fuerza de cosa juzgada y su cumplimiento se llevará a cabo dentro del plazo que él señale. Si el acuerdo fuere parcial se ejecutará en la misma forma en lo pertinente, y las pretensiones pendientes se tramitarán por el procedimiento de instancia.

Incorporado al D. 1818 de 1998. Estatuto de Mecanismos Alternativos de Solución de Conflictos. Art. 54.

ART. 79. PROCEDIMIENTO CUANDO FRACASE LA CONCILIACIÓN

Derog. Art. 53 L. 712/2001.

ART. 80. AUDIENCIA DE TRÁMITE Y JUZGAMIENTO EN PRIMERA INSTANCIA

Modif. Art. 12 L. 1149/2007. En el día y hora señalados el juez practicará las pruebas, dirigirá las interpelaciones o interrogaciones de las partes y oirá las alegaciones de estas. Los testigos serán interrogados separadamente, de modo que no se enteren del dicho de los demás. En el mismo acto dictará la sentencia correspondiente o podrá decretar un receso de una (1) hora para proferirla y se notificará en estrados.

ART. 81. AUDIENCIA DE JUZGAMIENTO

Derog. Art. 17 L. 1149/2007.

III. SEGUNDA INSTANCIA

ART. 82. AUDIENCIA DE TRÁMITE Y FALLO EN SEGUNDA INSTANCIA

Modif. Art. 13 L. 1149/2007; Modif. Art. 13 Ley 2213/2022.- El recurso de apelación contra las sentencias y autos dictados en materia laboral se tramitará así:

1. Ejecutoriado el auto que admite la apelación o la consulta, si no se decretan pruebas, se dará traslado a las partes para alegar por escrito por el término de cinco (5) días cada una, iniciando con la apelante. Surtidos los traslados correspondientes, se proferirá sentencia escrita.

Si se decretan pruebas, se fijará la fecha de la audiencia para practicar las pruebas a que se refiere el artículo 83 del Código Procesal del Trabajo y de la Seguridad Social. En ella se oirán las alegaciones de las partes y se resolverá la apelación.

2. Cuando se trate de apelación de un auto se dará traslado a las partes para alegar por escrito por el término de cinco (5) días y se resolverá el recurso por escrito.

Exequible Sent. C-420-2020.

ART. 83. PRÁCTICA DE PRUEBAS EN SEGUNDA INSTANCIA

Modif. Art. 41 L. 712/2001. Las partes no podrán solicitar del Tribunal la práctica de pruebas no pedidas ni decretadas en primera instancia.

Cuando en la primera instancia y sin culpa de la parte interesada se hubieren dejado de practicar pruebas que fueron decretadas, podrá el tribunal, a petición de parte, ordenar su práctica y la de las demás pruebas que considere necesarias para resolver la apelación o la consulta.

Si en la audiencia no fuere posible practicar todas las pruebas, citará para una nueva con ese fin, que deberá celebrarse dentro de los diez (10) días siguientes.

Exequible Sent. C-1270/2008.

ART. 84. VALORACIÓN DE PRUEBAS INCORPORADAS EN SEGUNDA INSTANCIA

Las pruebas pedidas en tiempo, en la primera instancia, practicadas o agregadas inoportunamente, servirán para ser consideradas por el superior cuando los autos lleguen a su estudio por apelación o consulta.

ART. 85. TRÁMITE DE LA APELACIÓN DE AUTOS

Derog. Art. 17 L. 1149/2007.

ART. 85 A. MEDIDA CAUTELAR EN PROCESOS ORDINARIOS

Modif. Art. 37 A L. 712/2001. Cuando el demandado, en *proceso* ordinario, efectúe actos que el juez estime tendientes a insolventarse o a impedir la efectividad de la sentencia, o cuando el juez considere que el demandado se encuentra en graves y serias dificultades para el cumplimiento oportuno de sus obligaciones, podrá imponerle caución para garantizar las resultas del proceso, la cual oscilará de acuerdo a su prudente *proceso* entre el 30 y el 50% del valor de las pretensiones al momento de decretarse la medida cautelar.

En la solicitud, la cual se entenderá hecha bajo la gravedad del juramento, se indicarán los motivos y los hechos en que se funda. Recibida la solicitud, se citará inmediatamente mediante auto dictado por fuera de audiencia a audiencia especial al quinto día hábil siguiente, oportunidad en la cual las partes presentarán las pruebas acerca de la situación alegada y se decidirá en el acto. La decisión será apelable en el efecto devolutivo.

Si el demandado no presta la caución en el término de cinco (5) días no será oído hasta tanto cumpla con dicha orden.

CAPÍTULO XV
CASACIÓN

ART. 86. SENTENCIAS SUSCEPTIBLES DEL RECURSO

Modif. Art. 43 L. 712/2001. A partir de la vigencia de la presente ley y sin perjuicio de los recursos ya interpuestos en ese momento, sólo serán susceptibles del recurso de casación los procesos cuya cuantía exceda de ciento veinte (120) veces el salario mínimo legal mensual vigente.

ART. 87. CAUSALES O MOTIVOS DEL RECURSO

Subrog. Art. 60 DL. 528/1964; Modif. Art. 7o. L. 16 de 1969. En materia laboral el recurso de casación procede por los siguientes motivos:

1. Ser la sentencia violatoria de la ley sustancial, por infracción directa, aplicación indebida o interpretación errónea.

El error de hecho será motivo de casación laboral solamente cuando provenga de falta de apreciación o apreciación errónea de un documento auténtico, de una confesión judicial o de una inspección (judicial)*; pero es necesario que se alegue por el recurrente sobre este punto, demostrando haberse incurrido en tal error y siempre que éste aparezca de manifiesto en los autos.

2. Contener la sentencia de decisiones que hagan más gravosa la situación de la parte que apeló de la de primera instancia, o de aquella en cuyo favor se surtió la consulta.

3. Derog. Art. 23 L. 16/1968.

Exequible Sent. C-140/1995; C-596/2000.

Concord. Art. 162 L. 446/1998, art. 51 DE. 2651/1965.

**Reemplaza la expresión «ocular»*

ART. 88. PLAZO PARA INTERPONER EL RECURSO

El recurso de casación podrá interponerse de palabra en el acto de la notificación, o por escrito dentro de los cinco días siguientes. Interpuesto de palabra, en la audiencia, allí mismo se decidirá si se otorga o se deniega. Si se interpone por escrito se concederá o denegará dentro de los dos días siguientes. Al conceder el recurso, se ordenará la inmediata remisión de los autos al Tribunal Supremo*.

Debe entenderse como Sala de Casación Laboral-Corte Suprema de Justicia.

ART. 89. INTERPOSICIÓN DEL RECURSO «PER SALTUM»

El recurso de casación per saltum contra las sentencias de los Jueces del Círculo judicial del Trabajo de que trata la letra b) del artículo 86, se propondrá y se concederá o denegará dentro de los términos y en la misma forma que el de apelación.

La parte que desee saltar la instancia de apelación deberá obtener el consentimiento escrito de la contraparte o de su apoderado, que deberá presentarse personalmente por su signatario ante el mismo Juez. La impugnación en casación por salto sólo podrá fundarse en la causal primera del artículo 87.

ART. 90. REQUISITOS DE LA DEMANDA DE CASACIÓN

La demanda de casación deberá contener:

1. La designación de las partes;
2. La indicación de la sentencia impugnada;
3. La relación sintética de los hechos en litigio;
4. La declaración del alcance de la impugnación;
5. La expresión de los motivos de casación, indicando:

a) El precepto legal sustantivo, de orden nacional, que se estime violado, y el concepto de la infracción, si directamente, por aplicación indebida o por interpretación errónea.

b) En caso de que se estime que la infracción legal ocurrió como consecuencia de errores de hecho o de derecho en la apreciación de pruebas, citará éstas singularizándolas y expresará qué clase de error se cometió.

Exequible Sent. C-596/2000.

ART. 91. PLANTEAMIENTO DE LA CASACIÓN

El recurrente deberá plantear sucintamente su demanda, sin extenderse en consideraciones jurídicas como en los alegatos de instancia.

Exequible Sent. C-596/2000.

ART. 92. ESTIMACIÓN DE LA CUANTÍA

Cuando sea necesario tener en consideración la cuantía de la demanda y haya verdadero motivo de duda acerca de este punto, el Tribunal o Juez, antes de conceder el recurso, dispondrá que se estime aquella por un perito que designará él mismo.

El justiprecio se hará a costa de la parte recurrente, y si dejare de practicarse por su culpa se dará por no interpuesto el recurso y se devolverá el proceso al Juzgado de primera instancia o se archivará, según el caso.

Exequible Sent. C-596/2000.

ART. 93. ADMISIÓN DEL RECURSO

Modif. Art. 49 L. 1395/2010. Repartido el expediente en la Corte, la Sala, dentro de los veinte días hábiles siguientes, decidirá si es o no admisible el recurso. Si fuere admitido, dispondrá el traslado al recurrente o recurrentes para que dentro de este término presenten las demandas de casación. En caso contrario se procederá a la devolución del expediente al sentenciador de origen.

Presentada en tiempo la demanda de casación, la Sala resolverá si se ajusta a los requisitos antes señalados. Si así lo hallare ordenará el traslado de ella a quienes no sean recurrentes, por quince días hábiles a cada uno, para que formulen sus alegatos.

Si la demanda [...] no se presentare en tiempo, se declarará desierto el recurso [...].

**La expresión «no reúna los requisitos, o» fue declarada inexequible mediante la Sentencia C-203/2011;*

La expresión «y se impondrá al apoderado judicial una multa de 5 a 10 salarios mínimos mensuales» fue declarada inexequible mediante Sent. C-492/2016.

ART. 94. TRASLADOS

Admitido el recurso de mandará dar traslado al recurrente por veinte días para que formule la demanda de casación y al opositor por diez días para que la conteste.

Concord. Arts. 64 a 66 DL. 528/1964.

ART. 95. TRASLADO EN CASO DE PLURALIDAD DE OPOSITORES

Si son dos o más los litigantes que forman la parte opositora, el traslado para la réplica será común para todos ellos y se surtirá en la Secretaría, donde se mantendrán los autos a su disposición por el término de diez días.

Concord. Arts. 64 a 66 DL. 528/1964.

ART. 96. DECLARATORIA DE DESERCIÓN

Vencido el plazo del traslado sin que se haya fundado el recurso, (el Tribunal)* lo declarará desierto, condenará en costas al recurrente y ordenará devolver el expediente al Tribunal o Juzgado de origen.

Concord. Arts. 64 a 66 DL. 528/1964.

**Debe entenderse como Sala de Casación Laboral de la Corte Suprema de Justicia.*

ART. 97. AUDIENCIA

Expirado el término del traslado al opositor, se señalará día y hora con el fin de oír a las partes en audiencia pública, si alguna de ellas lo solicitare dentro de los tres días siguientes, para lo cual el expediente permanecerá en la Secretaría por dicho término.

También podrá celebrarse la audiencia, cuando (el Tribunal)* lo estimare conveniente.

Cuando se verifique audiencia podrá (el Tribunal Supremo)* proferir allí mismo el fallo.

Concord. Arts. 64 a 66 DL. 528/1964.

**Debe entenderse como Sala de Casación Laboral de la Corte Suprema de Justicia.*

ART. 98. TÉRMINO PARA FORMULAR PROYECTO

Expirado el término para solicitar audiencia, o practicada esta sin que haya sido proferido el fallo, los autos pasarán al ponente para que dentro de veinte días formule el proyecto de sentencia que dictará (el Tribunal)* dentro de los treinta días siguientes.

**Debe entenderse como Sala de Casación Laboral de la Corte Suprema de Justicia.*

ART. 99. DECISIÓN DEL RECURSO

Si (el Tribunal)* hallare justificada alguna de las causales del artículo 87 de este Decreto, decidirá sobre lo principal del pleito o sobre los capítulos comprendidos en la casación. En este caso informado el fallo, podrá (el Tribunal)* dictar auto para mejor proveer.

**Debe entenderse como Sala de Casación Laboral de la Corte Suprema de Justicia.*

CAPÍTULO XVI
PROCEDIMIENTOS ESPECIALES

I. PROCESO EJECUTIVO

ART. 100. PROCEDENCIA DE LA EJECUCIÓN

Será exigible ejecutivamente el cumplimiento de toda obligación originada en una relación de trabajo, que conste en acto o documento que provenga del deudor o de su causante o que emane de una decisión judicial o arbitral firme.

Cuando de fallos judiciales o laudos arbitrales se desprendan obligaciones distintas de las de entregar sumas de dinero, la parte interesada podrá pedir su cumplimiento por la vía ejecutiva de que trata este Capítulo, ajustándose en lo posible a la forma prescrita en los artículos (987 y siguientes del Código Judicial)*, según sea el caso.

**Debe entenderse que la remisión se hace al trámite del proceso ejecutivo previsto por el CGP.*

ART. 101. DEMANDA EJECUTIVA Y MEDIDAS CAUTELARES

Solicitado el cumplimiento por el interesado, y previa denuncia de bienes hecha bajo juramento, el Juez decretará inmediatamente el embargo y secuestro de los bienes muebles o el mero embargo de inmuebles del deudor, que sean suficientes para asegurar el pago de lo debido y de las costas de la ejecución.

ART. 102. DECRETO DE EMBARGO Y SECUESTRO

En el decreto de embargo o secuestro, el Juez señalará la suma que ordene pagar, citará el documento que sirva de título ejecutivo y nombrará secuestre, si fuere el caso. Si en el decreto se comprenden bienes raíces, se comunicará la providencia inmediatamente al Registrador de Instrumentos Públicos para los fines de los artículos 39 de la ley 57 de 1887 y (1008 del Código Judicial)*.

**Debe entenderse que la remisión se hace al régimen de medidas cautelares previsto por la Ley 1564 de 2012, que contiene el Código General del Proceso, concretamente a lo previsto por el Art. 599 CGP.*

ART. 103. DERECHOS DE TERCEROS

Queda a salvo el derecho de terceras personas, si prestan caución de indemnizar a las partes los perjuicios que de su acción se les sigan, para pedir en cualquier tiempo, antes del remate, que se levante el secuestro de bienes, alegando que tenían la posesión de ellos al tiempo en que aquel se hizo.

Junto con su petición, el tercero deberá presentar las pruebas en que la funde y el Juez la resolverá de plano.

ART. 104. DESEMBARGO Y LEVANTAMIENTO DEL SECUESTRO. REMATE

Si el deudor pagare inmediatamente o diere caución real que garantice el pago en forma satisfactoria para el Juez, se decretará sin más trámite el desembargo y el levantamiento del secuestro.

Si no se efectuare pago ni se prestare caución, el Juez ordenará el remate de bienes señalando día y hora para que el acto se verifique.

Si no fuere el caso de remate, por tratarse de sumas de dinero, ordenará que de ellas se pague al acreedor.

ART. 105. CARTELES DE AVISO DEL REMATE

Seis días antes del remate se publicarán y fijarán, en la Secretaría del Juzgado y en tres de los lugares más concurridos, carteles en los que se dé cuenta al público de que se va a verificar, con especificación de los bienes respectivos.

ART. 106. BIENES SITUADOS EN DISTINTOS MUNICIPIOS

Si todos o parte de los bienes que se rematan estuvieren situados en distintos Municipios de aquel en que deba hacerse la subasta, el Juez de la causa librará despacho comisorio a uno de los Jueces del lugar donde se encuentren, para que fije también carteles por seis días en los términos indicados. Sin la devolución del despacho diligenciado no se podrá proceder al remate.

ART. 107. INADMISIBILIDAD DE INCIDENTES O EXCEPCIONES

Inexeq. Sent. CSJ Exp. 2009 29 de marzo de 1990.

ART. 108. NOTIFICACIÓN Y APELACIÓN

Las providencias que se dicten en el curso de este proceso se notificarán por estados, salvo la primera, que lo será personalmente al ejecutado, y solo serán apelables en el efecto devolutivo.

ART. 109. MÉRITO EJECUTIVO DE LAS RESOLUCIONES DEL INSTITUTO COLOMBIANO DE SEGUROS SOCIALES

También prestarán mérito ejecutivo ante la jurisdicción del trabajo las resoluciones del Instituto Colombiano de Seguros Sociales, o de las Cajas Seccionales del mismo, por las cuales declaren la obligación de pagar las cuotas o cotizaciones que se les adeuden, una vez agotado el procedimiento interno de la respectiva entidad.

ART. 110. JUEZ COMPETENTE EN LAS EJECUCIONES PROMOVIDAS POR EL INSTITUTO DE SEGUROS SOCIALES

De las ejecuciones de que trata el artículo anterior y el 32 de la Ley 90 de 1946, conocerán los (jueces laborales del circuito) del domicilio del Instituto Colombiano de Seguros Sociales o de la caja seccional del mismo que hubiere proferido la resolución correspondiente y de acuerdo con las reglas generales sobre competencia por razón o cuantía.*

**Esta competencia queda subsumida por lo dispuesto por el Art. 2o. CPTSS.*

ART. 111. JURISDICCIÓN COACTIVA

De las ejecuciones por razón de multas o apremios, por infracción de las leyes sociales, que solo podrán ser impuestos por los empleados de que trata el artículo 5o. de la ley 75 de 1945, en favor del tesoro público, conocerán los funcionarios con jurisdicción coactiva.*

**Esta competencia queda subsumida por lo dispuesto en el Art. 57 L. 100/1993, y por el Art. 2.2.3.3.3. D. 1833 de 2016.*

II. FUERO SINDICAL

ART. 112. AVISO SOBRE FORMACIÓN DE SINDICATOS Y ELECCIÓN DE DIRECTIVAS

La notificación que haga un número suficiente de trabajadores para constituirse en sindicato, o el aviso de elección de Junta Directiva, cuando no sean hechos directamente al patrono, se verificarán por conducto de un inspector del Trabajo o del respectivo Alcalde Municipal, de acuerdo con las formalidades y el procedimiento del Decreto 2313 de 1946.

ART. 113. DEMANDA DEL EMPLEADOR

Modif. Art. 44 L. 712/2001. La demanda del empleador tendiente a obtener permiso para despedir a un trabajador amparado por fuero sindical, para desmejorarlo en sus condiciones de trabajo, o para trasladarlo a otro establecimiento de la misma empresa o a un municipio distinto, deberá expresar la justa causa invocada.

Con la certificación de inscripción en el registro sindical o la comunicación al empleador de la inscripción se presume la existencia del fuero sindical.

Exequible Sent. C-381/2000.

ART. 114. TRASLADO Y AUDIENCIAS

Modif. Art. 45 L. 712/2001. Recibida la demanda, el juez en providencia que se notificará personalmente y que dictará dentro de las veinticuatro (24) horas siguientes, ordenará correr traslado y citará a las partes para audiencia.

Dentro de esta, que tendrá lugar dentro del quinto (5o) día hábil siguiente a la notificación, el demandado contestará la demanda y propondrá las excepciones que considere tener a su favor. Acto seguido y en la misma audiencia se decidirá las excepciones previas y se adelantará el saneamiento del proceso y la fijación del litigio.

A continuación y también en la misma audiencia se decretarán y practicarán las pruebas y se pronunciará el correspondiente fallo. Si no fuere posible dictarlo inmediatamente, se citará para una nueva audiencia que tendrá lugar dentro de los dos (2) días siguientes.

Exequible Sent. C-381/2000.

ART. 115. INASISTENCIA DE LAS PARTES

Modif. Art. 46 L. 712/2001. Si notificadas las partes de la providencia que señala la fecha de audiencia, no concurrieren, el juez decidirá teniendo en cuenta los elementos de proceso de que disponga, o los que de oficio juzgue conveniente allegar.

ART. 116. CONTENIDO DE LA SENTENCIA

Cuando la sentencia fuere adversa al patrono, deberá contener a cargo de éste la obligación alternativa de conservar al trabajador o de prescindir de sus servicios mediante el pago, a título de indemnización especial, de una cantidad líquida de dinero equivalente a seis meses de salarios, sin perjuicio de sus demás derechos y prestaciones legales.

ART. 117. APELACIÓN

Modif. Art. 47 L. 712/2001. La sentencia será apelable en el efecto suspensivo. El Tribunal decidirá de plano dentro de los cinco (5) días siguientes al en que sea recibido el expediente.

Contra la decisión del Tribunal no cabe recurso alguno.

ART. 118. DEMANDA DEL TRABAJADOR

Modif. Art. 48 L. 712/2001. La demanda del trabajador amparado por el fuero sindical, que hubiere sido despedido o desmejorado en sus condiciones de trabajo o trasladado sin justa causa previamente calificada por el juez laboral, se tramitará conforme al procedimiento señalado en los artículos 113 y siguientes.

Con la certificación de inscripción en el registro sindical o la comunicación al empleador de la elección, se presume la existencia del fuero del demandante.

Exequible Sent. C-381/2000.

ART. 118 A. PRESCRIPCIÓN

Modif. Art. 49 L. 712/2001. Las acciones que emanan del fuero sindical prescriben en dos (2) meses. Para el trabajador este término se contará desde la fecha de despido, traslado o desmejora. Para el empleador desde la fecha en que tuvo conocimiento del hecho que se invoca como justa causa o desde que se haya agotado el procedimiento convencional o reglamentario correspondiente, según el caso.

Durante el trámite de la reclamación administrativa de los empleados públicos y trabajadores oficiales, se suspende el término prescriptivo.

Culminado este trámite, o presentada la reclamación escrita en el caso de los trabajadores particulares, comenzará a contarse nuevamente el término, de dos (2) meses.

Exequible Sent C-1232/2005.

ART. 118 B. PARTE SINDICAL

Adic. Art. 50 L. 712/2001. La organización Sindical de la cual emane el fuero que sirva de fundamento a la acción, por conducto de su representante legal podrá intervenir en los procesos de fuero sindical así:

1. Instaurando la acción por delegación del trabajador.

2. De toda demanda, instaurada por el empleador o por el trabajador aforado, deberá serle notificado el auto admisorio por el medio que el Juez considere más expedito y eficaz para que coadyuve al aforado si lo considera.

3. Podrá efectuar los actos procesales permitidos para el trabajador aforado, salvo la disposición del derecho en litigio.

Exequible sent. C-240/2005.

III. PERMISOS A MENORES

ART. 119. REQUISITOS PARA SOLICITAR Y OTORGAR LOS PERMISOS*

Los permisos a menores entre Catorce y diez y ocho años para celebrar contrato de trabajo, en los casos, exigidos por la ley, se otorgarán por el Inspector del Trabajo, y en su defecto, por el Alcalde del lugar en donde vaya a prestar sus servicios el menor.

Cuando falten los padres o los representantes legales del menor, el permiso para celebrar el contrato podrá solicitarse verbalmente ante el respectivo funcionario quien lo concederá una vez que se cerciore de que el menor no sufrirá perjuicios morales o fisiológicos, que será contratado para trabajos adecuados a su edad y que, cuando sea menor de diez y seis años, la jornada no exceda de seis horas diurnas.

El menor no necesitará acompañar documentos a su solicitud; le bastará identificarse y demostrar su edad por cualquier medio.

**Lo dispuesto debe observar lo previsto por los Arts. 35 y 113 de la L. 1098/2006, que contiene el Código de la Infancia y la Adolescencia.*

ART. 120. EJERCICIO DE ACCIONES

Para el ejercicio de las acciones que emanen del contrato de trabajo cuando faltaren los representantes legales del menor, a este le bastará presentarse ante el Juez respectivo y manifestar verbalmente su voluntad de demandar, caso en el cual el Juez, informado de los hechos confirmará el nombramiento de curador que hiciere el menor, si el nombrado fuere idóneo o en su defecto, le dará un curador para la litis, de todo lo cual, dejará constancia en acta.

IV. HUELGAS

NOTA DEL EDITOR: Las disposiciones originales del Código, contenidas en los artículos 121 a 129, fueron suspendidas por efecto de lo previsto por el artículo 47 del Decreto 3743 de 1950, el cual, a su vez, fue incorporado al artículo 491 del Código Sustantivo del Trabajo.
Con la promulgación de la Ley 1210 de 2008 se adicionó el artículo 129 A, que regula en su integridad el trámite del proceso judicial de calificación de la suspensión o paro colectivo del trabajo.
En esta publicación se incorpora el texto del artículo 4o. de la Ley 1210 de 2008.

ART. 4o. L. 1210/2008

Créase el artículo 129 A del Código Procesal del Trabajo y de la Seguridad Social:

1. Procedimiento especial: Calificación de la suspensión o paro colectivo del trabajo. A través de procedimiento especial, la Sala Laboral del Tribunal del Distrito Judicial competente conocerá, en primera instancia, sobre la calificación de la suspensión o paro colectivo del trabajo, a solicitud de parte o del Ministerio de la Protección Social.

2. Competencia: Es competente para conocer, la Sala Laboral del Tribunal Superior en cuya jurisdicción territorial se haya producido la suspensión o paro colectivo del trabajo. Si por razón de las distintas zonas afectadas por ella fueren varios los Tribunales competentes, el primero que avoque el conocimiento del asunto prevendrá e impedirá a los demás conocer del mismo.

3. Demanda: La demanda tendiente a obtener la calificación de la suspensión o paro colectivo del trabajo deberá contener, además de lo previsto en el artículo 25 del Código Procesal del Trabajo y de la Seguridad Social, la causal invocada, la justificación y una relación pormenorizada de las pruebas que la demuestren, las cuales no podrán ser aportadas en otra oportunidad procesal. Esta podrá ser presentada por una de las partes o por (el Ministerio de la Protección Social)*.

El acta de constatación de cese de actividades que levantará el Inspector de Trabajo, debe ser adjuntada con la demanda, sin perjuicio de los demás medios de prueba.

4. Traslado y audiencia: Admitida la demanda, el Tribunal en auto que se notificará personalmente y que dictará dentro del día hábil (1) siguiente citará a las partes para audiencia.

Esta tendrá lugar el tercer (3er) día hábil siguiente a la notificación y en ella se contestará la demanda. Acto seguido, se adelantará la audiencia pública para el saneamiento del proceso, decisión de excepciones previas, la fijación del litigio, el decreto y la práctica de las pruebas, se dará traslado a las partes, para el ejercicio del derecho de contradicción, para que oralmente expongan sus razones, las cuales versarán sobre las pruebas admitidas. Si la Sala estimare necesario otra u otras pruebas para su decisión, las ordenará y practicará sin demora alguna y pronunciará el correspondiente fallo, que se notificará en estrados contra el cual procederá el recurso de apelación en el efecto suspensivo, que se interpondrá y sustentará, en el acto de notificación; interpuesto el recurso la Sala lo concederá o denegará inmediatamente.

Contra la Providencia que niegue la apelación procederá el recurso de queja que se tramitará de conformidad con lo dispuesto en el Código Procesal del Trabajo y de la Seguridad Social.

La decisión del recurso de apelación se hará a más tardar dentro de los cinco (5) días hábiles siguientes a la fecha en que el proceso entre al despacho del magistrado ponente.

5. Término de calificación: En todo caso, la decisión sobre la legalidad o ilegalidad de una suspensión o paro colectivo del trabajo deberá pronunciarse, a más tardar dentro de los diez (10) días hábiles siguientes, contados a partir de la recepción de la demanda.

6. Prevenciones a las partes: La providencia en que se declare la legalidad o la ilegalidad de una suspensión o paro colectivo de trabajo deberá contener, además, las prevenciones del caso para las partes en conflicto y se hará conocer al (Ministerio de la Protección Social)*.

7. Calificación en época de vacancia judicial: Durante la vacancia judicial se acudirá a la Sala Administrativa del Consejo Seccional o Superior de la Judicatura, según el caso, para que designe al funcionario competente para cada instancia.

PARÁGRAFO 1o. Los procesos de calificación de la suspensión o paro colectivo del trabajo que conozca (el Ministerio de la Protección Social)*, antes de la vigencia de la presente ley, continuarán hasta su culminación en sede gubernativa.

PARÁGRAFO 2o. Cuando para el conocimiento del proceso de calificación de legalidad o ilegalidad de una suspensión o paro colectivo del trabajo, exista conflicto de intereses; el magistrado se declarará impedido y esta situación, al igual que la recusación, se resolverá de conformidad con las normas procesales previstas en la ley.

**Debe entenderse como Ministerio del Trabajo.*

CAPÍTULO XVII
ARBITRAMENTO

NOTA DEL EDITOR: Los artículos 130 a 143 del Código Procesal del Trabajo y de la Seguridad Social, que regulaban el arbitramento en materia laboral para la resolución de conflictos jurídicos, fueron compilados en los artículos 172 a 180, y 191 y 195 del Decreto 1818 de 1998. El artículo 118 de la Ley 1563 de 2012 —Estatuto de Arbitraje Nacional e Internacional—, derogó expresamente los artículos 111 a 238 del Decreto 1818 de 1998.
Según lo dicho por la Corte Constitucional en la Sentencia C-558 de 1992, se entiende que en el evento en el que la Autoridad competente lleva a cabo una compilación como la efectuada mediante el Decreto 1818 de 1998, subsume la norma compilada en la compilación, de tal modo que establece una nueva disposición.

En ese orden de ideas, se entiende que, al decretarse la derogatoria de los artículos 172 a 180, y 191 a 195 del Decreto 1818 de 1998, las disposiciones compiladas —los artículos 130 a 143 CPTSS— se ven afectadas por dicha derogatoria. Así pues, desde la entrada en vigencia de la Ley 1563 de 2012 estas disposiciones están derogadas.

Con el propósito de evitar confusiones respecto de la vigencia y la aplicabilidad de estas disposiciones, el editor se abstiene de incorporar en esta obra el contenido de los artículos 130 a 143 CPTSS.

En todo caso, es importante tener presente que el Arbitramento en materia Laboral es procedente para la resolución de Conflictos Económicos, en sede del Conflicto Colectivo del Trabajo, conforme con lo previsto por el artículo 3o. CPTSS y los artículos 452 a 463 del Código Sustantivo del Trabajo.

En el momento en el que se edita este documento —septiembre de 2019— la Sala de Casación Laboral de la Corte Suprema de Justicia ha establecido, en providencia AL 2314-2014, que el procedimiento arbitral se mantiene vigente para la resolución de los conflictos colectivos del trabajo. El editor considera que dicha posición es procedente, habida cuenta de la naturaleza jurídica del conflicto colectivo, de carácter eminentemente económico, y de la expresa exclusión de los conflictos de índole económica de la competencia de la jurisdicción ordinaria en su especialidad laboral (art. 3o. CPTSS).

Consecuente con lo anterior, Con el propósito disponer de la referencia normativa invocada por la Sala de Casación Laboral de la Corte Suprema de Justicia, respecto de la vigencia y la aplicabilidad de estas disposiciones, el editor incorpora en esta obra el contenido de los artículos 130 a 143 CPTSS.

ART. 130

Los patrones y los trabajadores podrán estipular que las controversias que surjan entre ellos por razón de sus relaciones de trabajo sean dirimidas por arbitradores.

ART. 131

Modif. art. 51 L. 712/2001.- La cláusula compromisoria sólo tendrá validez cuando conste en convención o pacto colectivo, y el compromiso cuando conste en cualquier otro documento otorgado por las partes con posterioridad al surgimiento de la controversia.

ART. 132

Las partes podrán designar uno o varios árbitros, como a bien lo tengan, y comprometer en corporaciones nacionales de cualquier clase.

Si las partes no hubieren acordado la manera de hacer la designación, cada una de ellas nombrará un árbitro, y éstos, como primera providencia, designarán un tercero que con ellos integre el Tribunal. Si los dos arbitradores escogidos por las partes no se pusieren de acuerdo en el término de veinticuatro horas, será tercero el respectivo Inspector Seccional del Trabajo, y en su defecto el Alcalde del lugar.

Si la parte obligada a nombrar árbitro no lo hiciere o se mostrare renuente, el Juez del lugar, previo requerimiento de tres días, procederá a designarlo.

ART. 133

En caso de falta o impedimento de alguno de los árbitros, se procederá a reemplazarlo en la misma forma en que se hizo la designación. Si una de las partes se mostrare renuente, a reemplazar al árbitro que le corresponde, los dos restantes, previo requerimiento a la parte renuente con un término de tres días, procederán a hacer tal designación.

ART. 134

El árbitro o los árbitros señalarán día y hora para oír a las partes, examinar los testigos que presenten, enterarse de los documentos que exhiban y de las razones que aleguen.

ART. 135

Los árbitros proferirán el fallo dentro del término de diez días, contados desde la integración del Tribunal. Las partes podrán ampliar este plazo.

ART. 136

El laudo se extenderá a continuación de lo actuado y deberá acomodarse en lo posible a las sentencias que dicten los Jueces en los procesos del trabajo.

ART. 137

Cuando fuere el caso, se aplicará el artículo 1219 del Código Judicial.

Solo como referencia histórica, se trae el texto del artículo 1219 del Código Judicial:

ARTÍCULO 1219. *Si sobre el asunto que es objeto del arbitramento existe litigio, el Presidente ocurre al Juzgado o Tribunal en donde curse el juicio, para que se le entreguen los autos.*
Esta solicitud se firma por dicho Presidente y por los interesados, y se presenta por ellos al Juez respectivo. Hecho esto, el Jaez ordena que se entregue el proceso al Presidente, bajo recibo.
Terminadas las funciones del Tribunal, el Presidente, y en defecto o por omisión del mismo, los otros dos arbitradores deben devolver el expediente al Tribunal o Juzgado de donde se tomaron, con copia de la sentencia pronunciada, autorizada por el Secretario.

ART. 138

Los honorarios y gastos del Tribunal se pagarán por partes iguales, salvo que los interesados acuerden otra forma de pago.

ART. 139

Cuando en una convención colectiva las partes estipulen el establecimiento de tribunales o comisiones de arbitraje de carácter permanente, se estará a los términos de la convención, en todo lo relacionado con su constitución, competencia y procedimiento para la decisión de las controversias correspondientes, y sólo a falta de disposición especial se aplicarán las normas del presente Capítulo.

ART. 140

El fallo arbitral se notificará personalmente a las partes, hará tránsito a cosa juzgada y sólo será susceptible del recurso de anulación de que trata el artículo siguiente.

ART. 141

Establécese un recurso extraordinario de homologación para ante el respectivo Tribunal Seccional del Trabajo, contra los laudos arbitrales de que tratan los artículos anteriores.

Este recurso deberá interponerse por cualquiera de las partes dentro de los tres días siguientes a la notificación del laudo, y si así sucede, el proceso se enviará original al Tribunal Seccional respectivo, dentro de los dos que siguen.

ART. 142

Recibido el expediente en el Tribunal y efectuado el reparto, el Magistrado sustanciador presentará proyecto de sentencia dentro de diez días y el Tribunal resolverá dentro de los diez días siguientes. Si el laudo se ajustare a los términos del compromiso o de la cláusula compromisoria y no afectare derechos o facultades reconocidos por la Constitución, o por las leyes o por normas convencionales a cualquiera de las partes, el Tribunal lo homologará. En caso contrario, lo anulará y dictará la providencia que lo reemplace. Contra estas decisiones del Tribunal Seccional no habrá recurso alguno.

ART. 143

El laudo que profiera un Tribunal especial de arbitramento, cuando el arbitraje fuere de carácter obligatorio, será remitido con todos sus antecedentes al Tribunal Supremo del Trabajo, para su homologación, a solicitud de una de las partes o de ambas, presentada dentro de los tres días siguientes al de su notificación.

El Tribunal, dentro del término de cinco días, verificará la regularidad del laudo y lo declarará exequible, confiriéndole fuerza de sentencia, si el Tribunal de Arbitramento no hubiere extralimitado el objeto para el cual se le convocó, o lo anulará en caso contrario.

Si el Tribunal hallare que no se decidieron algunas de las cuestiones indicadas en el Decreto de convocatoria, devolverá el expediente a los árbitros, con el fin de que se pronuncien sobre ellas, señalándoles plazo al efecto, sin perjuicio de que ordene, si lo estima conveniente, la homologación de lo ya decidido.

CAPÍTULO XVIII
DISPOSICIONES VARIAS

ART. 144. GENERALIDADES DEL PROCEDIMIENTO ORDINARIO

Las controversias que no tengan señalado un procedimiento especial, como las de disolución y liquidación de asociaciones profesionales, etc., se tramitarán conforme al procedimiento ordinario señalado en este Decreto.

ART. 145. APLICACIÓN ANALÓGICA

A falta de disposiciones especiales en el procedimiento del trabajo, se aplicarán las normas análogas de este Decreto, y, en su defecto, las del (Código Judicial)*.

**Debe entenderse como Código General del Proceso.*

ART. 146. AVISOS SOBRE ACCIDENTES DE TRABAJO Y ENFERMEDADES PROFESIONALES*

Los avisos de que tratan los artículos 12 y 13 de la ley 57 de 1915 se darán a los Inspectores del Trabajo y, en su defecto, a los Alcaldes, por los (empleadores), por los lesionados mismos, por los causahabientes o beneficiarios de estos o por el Sindicato respectivo. En Bogotá se darán al Jefe de la Sección de Medicina e Higiene Industriales.

Dichos funcionarios llevarán un registro de tales avisos, como también de los informes que recibieren sobre enfermedades profesionales y expedirán certificaciones acerca de lo que en ellos conste. Recibido el aviso, el funcionario ordenará el inmediato examen del accidentado por médicos especializados, a falta de estos por los médicos legistas y, en su defecto, por cualquiera otro médico.

**Lo dispuesto por este artículo queda subsumido por lo establecido por los artículos 220, y 221 del Código Sustantivo del Trabajo, y en el régimen de Seguridad Social en Riesgos Laborales, contenido en la L. 100 de 1993, el DL 1295 de 1994, La L. 1562 de 2012 y el D. 1072 de 2015.*

ART. 147. QUEJAS SOBRE DEFICIENCIA EN LOS SERVICIOS DE PREVISIÓN*

A los mismos Inspectores o Alcaldes podrá acudirse en solicitud de intervención para que los servicios de previsión o de asistencia sociales se presenten sin demora y eficientemente.

**Lo dispuesto en este artículo tiene alcance respecto de las entidades que ejercen funciones de policía administrativa respecto del Sistema de Seguridad Social, tales como los Ministerios de Trabajo, de Salud y Protección Social, las Superintendencias Financiera, de Salud, y del Subsidio Familiar. Así mismo, alcanza a las entidades que conforman el Ministerio Público en los niveles territorial y nacional-Personerías, Defensoría del Pueblo, Procuraduría General de la Nación.*
Estas quejas de pueden presentar en ejercicio del Derecho de Petición, consagrado por el art. 23 de la Constitución Política de 1991 y regulado por la L. 1755 de 2015.
En la medida en que la «previsión» encuadra dentro del concepto de Seguridad Social, que a su vez tiene el carácter de derecho fundamental, la Acción de Tutela es procedente para los efectos de esta disposición.

ART. 148. PERMISO PARA LA LIQUIDACIÓN PARCIAL DE CESANTÍAS

El permiso para liquidación parcial de cesantías y para renunciar prestaciones sociales, en los casos previstos en la ley, será concedido por el correspondiente Inspector del Trabajo o Alcalde Municipal, con conocimiento de causa*.

**Lo dispuesto por este artículo queda subsumido en lo previsto por el artículo 256 CST, así como por lo previsto por el art. 102 de la L. 50 de 1990.*

ART. 149. CLASIFICACIÓN DE LOS TRABAJADORES

No procederá en ningún caso la clasificación general de trabajadores.

La clasificación individual sólo podrá hacerse en proceso.

ART. 150. CONSULTAS SOBRE INTERPRETACIÓN DE LAS LEYES SOCIALES

Ninguna autoridad judicial podrá absolver consultas acerca de la interpretación o aplicación de las leyes sociales.

ART. 151. PRESCRIPCIÓN

Las acciones que emanen de las leyes sociales prescribirán en tres años, que se contarán desde que la respectiva obligación se haya hecho exigible. El simple reclamo escrito del trabajador, recibido por el (empleador), sobre un derecho o prestación debidamente determinado, interrumpirá la prescripción pero sólo por un lapso igual.

Exequible Sent. C-072/1994.

ART. 152. CONFLICTOS DE COMPETENCIA

Mientras no funcione el Tribunal de Conflictos, en los asuntos de competencia suscitados entre el Tribunal Supremo del Trabajo y la Corte Suprema de Justicia o el Consejo de Estado, la insistencia del primero prevalecerá.

Los conflictos de competencia entre dos o más Tribunales Seccionales del Trabajo o entre uno de éstos y un Tribunal ordinario o administrativo, o entre un Tribunal del Trabajo y un Juez de otro Distrito Judicial, o entre dos Juzgados de distintos Distritos Judiciales, serán dirimidos por el Tribunal Supremo del Trabajo.

Los que se susciten entre dos (Jueces Laborales del Circuito) de un mismo Distrito Judicial, o entre un juez laboral del circuito y uno del Circuito del mismo Departamento, serán dirimidos por el respectivo (Tribunal Seccional del Trabajo)*.

Los que se susciten entre dos o más Jueces Municipales, de un mismo Distrito Judicial, por asuntos del Trabajo, serán dirimidos por el correspondiente (Tribunal Seccional del Trabajo)*. Los que se susciten entre dos o más Jueces Municipales de distintos Distritos Judiciales, por asuntos del trabajo, serán dirimidos por el (Tribunal Seccional del Trabajo)* que sea el superior del Juez que promovió la competencia.

**Debe entenderse como Tribunal Superior de Distrito Judicial, conforme con lo previsto por el numeral 5o. del Lit. B. del Art. 15 CPTSS.*

ART. 153

Autorízase al Gobierno para organizar una comisión que elabore una codificación de las disposiciones sustantivas del trabajo o que formule un proyecto de Código sobre la materia.

ART. 154

Las disposiciones de este Decreto se aplicarán a los procesos pendientes en el momento en que principie a regir; pero los términos no vencidos y los recursos interpuestos se regirán por la ley aplicable al tiempo en que empezó el término o se interpuso el recurso.

ART. 155

Quedan suspendidas las disposiciones legales contrarias al presente Decreto.

ART. 156

Este decreto regirá cinco días después de su expedición.

COMUNÍQUESE Y PUBLÍQUESE.

Dado en Bogotá a 24 de Junio de 1948.

ÍNDICE ANALÍTICO. CÓDIGO SUSTANTIVO DEL TRABAJO

D

E

F

H

S

R

V

ÍNDICE ANALÍTICO. CÓDIGO PROCESAL DEL TRABAJO Y LA SEGURIDAD SOCIAL

NOTAS